NCS 직업기초능력편

대인관계능력

하나연
박진주
정경옥
김정란
전예숙
공저

학지사

머리말

인간은 누구나 어떤 방법으로든 사회에 참여함으로써 삶의 가치와 보람을 얻고 자아를 실현한다. 또한 사회의 구성원으로서 자격을 부여받아 사회에 기여하게 된다.

사회생활이란 사회에 필요한 능력을 갖추고 사회에 중요한 역할을 하는 것이다. 하지만 최근에는 자신의 능력이나 소질, 흥미 등을 배제한 채 경제적 원리에 의한 전공 선택이 이루어지고 있어 대학 진학 후에 취업까지 원활하게 이루어지지 않는 경향이 나타나고 있다. 또한 평생직장의 개념이 무너지면서 과거에 없었던 다양한 대인관계가 형성되고 사람과의 관계에 대한 선택의 폭이 넓어지게 된 반면에 상대적으로 상호작용 능력과 선택 과정에서 혼돈이나 고충을 겪는 경우가 많아졌다. 자신의 대인관계능력을 고려하지 않고 사람과의 관계를 선택함으로써 삶의 질이 낮아지고 타인에게 고통받기도 하며, 그로 인해 피해를 입기도 한다. 인터넷과 IT 기술의 발달로 더욱더 개인주의가 완연해지고 개인이 고립되어 가고 있으며, 협동과 단결을 무의미한 것으로 전락시키는 경향이 높다. 이는 결국 교육을 실행하는 교수자나 배움을 갈구하는 학습자들이 대인관계능력을 향상시킬 필요가 있음을 시사한다.

현재 우리는 자본주의를 중심으로 무한 경쟁시대에 살고 있다고 해도 과언이 아니다. 현대사회는 복잡해지고 직업세계는 전문화 · 다양화되고 있어 인간은 누구나 일정한 직업을 근거로 하여 생계를 유지하고 사회에 참여함으로써 삶의 가치와 보람을 얻고 자아를 실현하게 된다.

논어에 절차탁마(切磋琢磨)라는 말이 있다. 직역을 하면 '끊고 갈고 쪼고 갈다.'라는 뜻으로 학문이나 덕행을 갈고닦는 것을 비유하는 말이다. 즉, '더 나은 사람이 되기 위해 여러 방면으로 갈고닦으며 노력한다.'는 뜻이다. 따라서 개인적 흥미와 적성, 자질, 재능에 따라 전공을 선택할 수 있어야 하며, 자신을 개발하고 사회 곳곳에서 요구하는 전문성과 인성을 두루 갖춘 인격체로 성장할 수 있어야 한다. 올바른 전공을 선택하고 직업을 결정하여 목표를 이루기 위해서는 먼저 자신의 능력, 흥미, 가치관, 성격 등을 충분히 고려해야 하며, 무엇보다도 자신의 적성에 맞는 것을 찾아 보다 깊이 있는 전문성을 개발해 나가는 것이 중요하다. 그런 점에서 국가직무능력표준(National Competency Standards: NCS)이라는 산업현장과 대학에서의 맞춤 학습모듈이 개발 · 활용되어 호응을 얻고 있다.

정부는 학벌중심 사회에서 능력중심 사회로 전환하기 위하여 NCS 정책을 권장하고 있다. NCS는 사회, 산업 수요 기반 특성화를 통해 전문대학 경쟁력을 강화하고 지역 · 산업 맞춤형 전문 인력을 양성하기 위해 만들었다. NCS의 목표는 '기반교육체제 구축'과 '현장중심 창의인재 육성'이며, NCS는 산업현장에서 직무를 수행하는 데 필요한 지식, 기술, 소양 등을 국가가 산업 부문별, 수준별로 체계화한 것으로 전문특성화를 말한다.

전문특성화라는 것은 한 개인의 잠재되어 있는 적성과 재능을 개발하여 사회에서 필요로 하는 인성 및 인격으로 전문성을 키우는 것으로, 사회라는 큰 집단에 진출하기 전 최종적으로 자신의 능력을 완성하는 과정이라 할 수 있다.

이 책은 대인관계능력, 팀워크능력, 리더십능력, 갈등관리능력, 협상능력, 고객서비스능력의 6단계로 구성되어 있어 보다 쉽게 접근할 수 있다. NCS직업기초능력 대인관계능력 학습을 통하여 학습자들이 직업사회를 먼저 경험해 보고 대인관계능력에 대한 중요성과 사회와 직업현장에서 보다 행복한 삶을 살아갈 수 있는 능력을 준비할 수 있을 것이다.

이 책이 학생이나 직장인들에게 개인의 역량과 자기개발에 유용한 지침서가 되기를 희망한다. 그럼으로써 원활한 대인관계와 더불어 많은 사람이 긍정적인 사고와 자신의 성장과 변화를 돕는 데 활용되어 진정한 사회의 인재로 거듭나기를 기대한다. 아무쪼록 학습자와 교수의 노력이 취업이라는 결실을 맺어 보람과 행복으로 이어지길 바란다.

끝으로 이 책의 출판을 도와주신 학지사 관계자 여러분께 깊은 감사를 드린다.

저자 일동

활용법과 구성

활용법

이 책은 직업인들의 조직 또는 직장에서의 인간관계를 위한 기초능력으로서의 대인관계능력에 대한 활용지침서이다. 대인관계능력의 하위능력인 팀워크능력, 리더십능력, 갈등관리능력, 협상능력, 고객서비스능력으로 구성되어 학습자들이 손쉽게 대인관계능력을 습득할 수 있는 적절한 교재이다. 학습자 스스로 주도적이고 창의적인 실습과 체험을 통하여 폭넓은 대인관계를 맺을 수 있으며 자신의 대인관계능력을 진단하고 학습할 수 있다.

구성

이 책은 크게 활용안내, 사전평가, 학습이론, 사례 예시 및 탐구활동, Tip, 학습평가, 학습정리 그리고 사후평가로 구성되어 있다.

활용 안내	사전 평가	학습 이론	사례 예시	탐구 활동	Tip	학습 평가	학습 정리	사후 평가

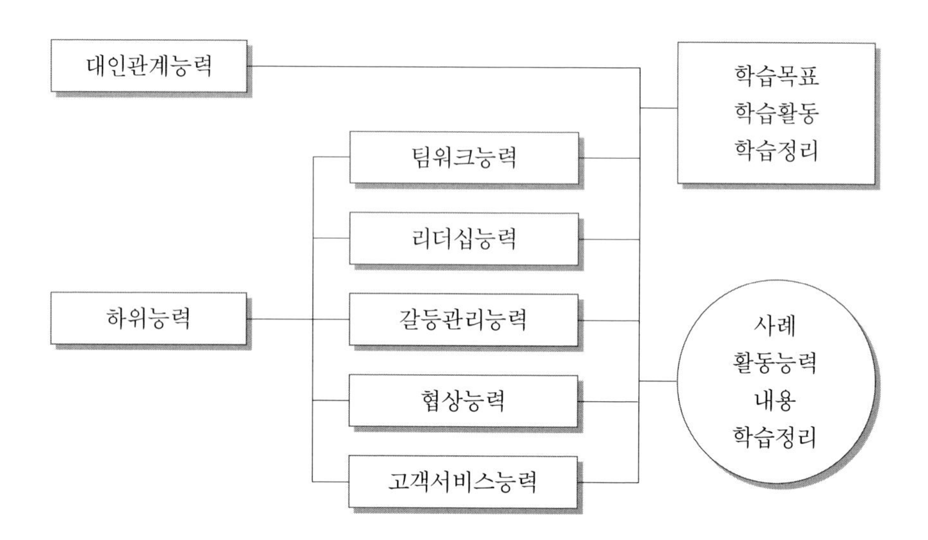

먼저, 사전평가를 통해 NCS직업기초능력 대인관계능력의 각 하위능력에 대한 학습자의 현재 수준을 진단하고, 학습자에게 필요한 학습활동을 안내한다.

학습이론에서는 NCS직업기초능력 중 대인관계능력의 하위능력과 세부요소로 학습목표, 학습활동, 학습정리로 구성되어 있다. 학습이론에는 정확한 목표가 제시되어 있으며 능력별 이론과 실습을 통하여 대인관계능력을 향상시킬 수 있다.

사례 예시에서는 학습자들이 습득한 이론과 관련된 사례 및 교육의 시사점을 제시한다. 학습자들은 사례 예시를 통하여 탐구활동을 할 수 있으며, 이를 통하여 자신의 의견과 생각으로 폭넓게 의견을 넓혀 나갈 수 있다. 또한 사례 예시는 직장 생활 중 해당학습 활동과 관련된 다양한 사례와 사례를 통해 학습하고자 하는 토의주제가 제시되어 있다.

탐구활동에서는 다양한 진단과 체험활동을 통하여 대인관계능력에 대한 자신의 능력을 알아볼 수 있다.

학습평가는 학습자들이 습득한 이론을 바탕으로 문제를 풀어 보면서 실력을 점검할 수 있으며 사례를 통하여 문제의 옳고 그름을 판별할 수 있는 능력을 키울 수 있다. 또한 학습활동과 관련된 지식과 정보 및 학습활동의 성취수준을 파악할 수 있는 문항이 제시되어 있어 학습정리를 통하여 자신의 대인관계능력을 더욱더 단단하게 키워 나갈 수 있다.

NCS직업기초능력 대인관계능력에 대한 학습을 마친 후 사후평가를 통하여 대인관계능력이 향상됨을 알아볼 수 있다. 학습자 본인의 성취수준을 평가하고 부족한 부분에 대해 피드백을 받을 수 있도록 제시되어 있어 학습자의 향상도 체크에도 활용할 수 있다.

사전평가

체크리스트

다음은 대인관계능력 수준을 스스로 알아볼 수 있는 체크리스트이다. 본인의 행동과 일치하는 항목에 체크해 보시오.

문항	그렇지 않은 편이다	그저 그렇다	그런 편이다
1. 나는 대인관계능력의 의미와 중요성을 알고 설명할 수 있다.	1	2	3
2. 나는 대인관계능력 향상 방법을 설명할 수 있다.	1	2	3
3. 나는 팀 구성원들과 효과적으로 의사소통한다.	1	2	3
4. 나는 팀의 규칙 및 규정을 준수한다.	1	2	3
5. 나는 팀 내에서 나에게 주어진 업무를 성실하게 수행한다.	1	2	3
6. 나는 팀의 목표 달성에 필요한 자원과 시간을 파악하고 있다.	1	2	3
7. 나는 조직원들을 동기화할 수 있다.	1	2	3
8. 나는 리더의 행동 특성에 맞는 행동을 한다.	1	2	3
9. 나는 조직성과를 향상시키기 위한 전략을 제시한다.	1	2	3
10. 나는 수시로 조직원에게 코칭을 활용한다.	1	2	3
11. 나는 앞장서서 바람직한 변화를 선도한다.	1	2	3
12. 나는 타인과 의견차이가 있을 때 원인을 파악한다.	1	2	3

13. 나는 타인과 대화할 때 생각과 가치관을 배려한다.	1	2	3
14. 나는 타인과의 갈등을 줄이기 위해서 노력한다.	1	2	3
15. 나는 타인의 갈등을 조절할 수 있는 방법을 활용한다.	1	2	3
16. 나는 대화 시 쟁점사항이 무엇인지 파악한다.	1	2	3
17. 나는 대화 시 상대방의 핵심 요구사항을 파악한다.	1	2	3
18. 나는 대화 시 상대방을 설득하기 위해서 노력한다.	1	2	3
19. 나는 협상할 때 사전에 전략을 수립한다.	1	2	3
20. 나는 고객의 유형에 따라 응대한다.	1	2	3
21. 나는 고객의 요구를 수시로 파악한다.	1	2	3
22. 나는 고객의 불만사항을 해결하려 노력한다.	1	2	3

평가 방법

체크리스트 문항별로 자신이 체크한 결과를 다음의 표를 이용하여 해당하는 개수를 적어 보시오.

문항	수준	개수	학습모듈	교재 페이지
1~2번	그렇지 않은 편이다. (부정)	(　)개	대인관계능력	pp. 16-48
	그저 그렇다. (보통)	(　)개		
	그런 편이다. (긍정)	(　)개		
3~6번	그렇지 않은 편이다. (부정)	(　)개	팀워크능력	pp. 50-114
	그저 그렇다. (보통)	(　)개		
	그런 편이다. (긍정)	(　)개		
7~11번	그렇지 않은 편이다. (부정)	(　)개	리더십능력	pp. 116-185
	그저 그렇다. (보통)	(　)개		
	그런 편이다. (긍정)	(　)개		
12~15번	그렇지 않은 편이다. (부정)	(　)개	갈등관리능력	pp. 186-247
	그저 그렇다. (보통)	(　)개		
	그런 편이다. (긍정)	(　)개		

16~19번	그렇지 않은 편이다. (부정)	(　)개	협상능력	pp. 248-313
	그저 그렇다. (보통)	(　)개		
	그런 편이다. (긍정)	(　)개		
20~22번	그렇지 않은 편이다. (부정)	(　)개	고객서비스능력	pp. 314-375
	그저 그렇다. (보통)	(　)개		
	그런 편이다. (긍정)	(　)개		

출처: 한국산업인력공단(2007).

평가 결과

진단방법에 따라 자신의 수준을 진단한 후 한 문항이라도 '그렇지 않은 편이다.'가 나오면 그 부분이 부족한 것이기 때문에, 제시된 학습내용과 교재 페이지를 참조하여 해당하는 내용을 학습하시오.

차례

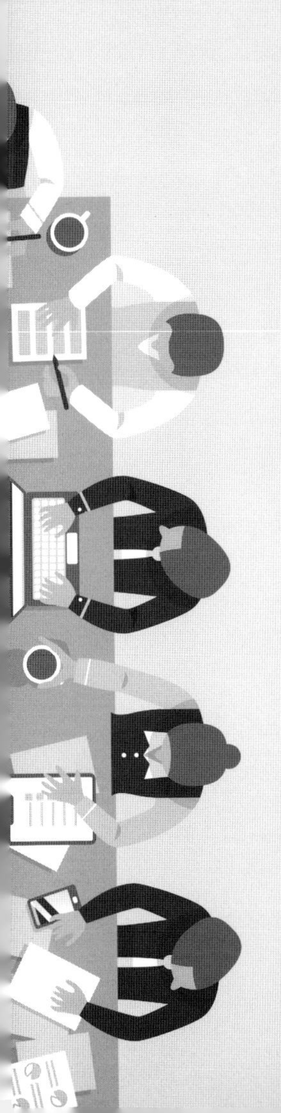

제1장

대인관계능력

학습목표

구분	학습목표
일반목표	직장생활에서 협조적인 관계를 유지하고 조직 구성원들에게 도움을 줄 수 있으며, 조직 내부 및 외부의 갈등을 원만히 해결하고 고객의 요구를 충족시켜 줄 수 있는 능력을 기를 수 있다.
세부목표	1. 대인관계의 능력의 개념과 중요성을 설명할 수 있다. 2. 직장생활에서 대인관계의 행동특징 및 향상 방법을 활용할 수 있다.

1. 대인관계능력의 개념과 정의 및 중요성

2. 대인관계의 행동특징과 향상 방법

 주요용어 정리

대인관계

사전적 의미: 사람을 대하고 사귀는 일

개인이나 집단, 사회적 · 심리적 상호관계이며, 다양한 형태의 태도, 행동 등으로 표출되는 것을 관계를 원만하게 해 나가는 것이다.

대인관계능력

집단 내외에 동료나 부하, 상사, 고객 등 상호 간에 형성되는 어떤 특징적인 심리적 · 사회적 관계를 상호보완적인 관계로 원만하게 이끌어 갈 수 있는 방법을 도출하는 것이다.

대인관계 향상

집단이나 조직, 단체에서 내외에 동료나 부하, 상사, 고객 등 상호 간에 형성되는 어떤 특징적인 심리적 · 사회적 관계를 상호보완적인 관계로 원만하게 이끌어 갈 수 있는 방법과 능력이다.

1. 대인관계능력의 개념과 정의 및 중요성

1) 대인관계능력의 개념과 정의

대인관계란 두 사람 혹은 그 이상의 사람이 여러 상황과 과제해결에 있어 역동적이고 지속적으로 상호작용 하는 관계이며, 사람들이 함께하는 다양한 상황이나 과제에서 상호의존적으로 행동함으로써 만들어지는 두 사람 사이의 연계를 의미한다. 하이더(Heider, 1964)는 대인관계를 두 사람 사이의 관계에서 개인이 타인에 대하여 지각하고, 생각하고, 느끼고, 행동하는 심리적인 양식이라고 하였다. 또한 그는 대인관계를 두 사람 또는 그 이상의 사람들 사이에 지속적인 상호작용으로 맺어지는 관계로서 타인의 행동에 어떤 식으로 반영할지 등의 사람을 대하는 개인의 '보편적 · 심리적 지향성'이라고 하였다.

우리는 흔히 인간관계와 대인관계라는 말을 같이 사용하기도 하지만 인간관계는 1대1의 관계라면 대인관계는 조직과 조직의 효율성을 전제로 하고 있다. 개인이 가지고 있는 인본주의에서는 시각의 차이로 대인관계 속에서의 자신의 태도를 결정한다고 본다고 하였다. 인간은 태어나면서부터 전 생애에 걸쳐 다른 사람과의 관계 속에서 살아간다. 우리의 삶 속에서 대인관계가 차지하는 비중은 매우 크며, 또한 대인관계가 만족스러울수록 잘 적응하고 기능적이며 만족스러운 삶을 영위한다. 효율적인 인간관계는 삶의 질을 좌우하고 타인과의 친밀관계를 유지하며, 행복과 불행, 만족과 불만족을 결정하는 핵심적인 요인이 될 수 있다. 대인관계 경험을 통하여 친밀하고 만족스러운 성장 및 발달을 하기도 하지만 때로는 대인관계의 어려움이 성장의 방해 요인이 되기도 한다. 바람직한 대인관계는 긍정적인 관계, 조력적인 관계, 생산적인 관계 등으로 형성되어 있으며, 자신의 의사를 상대방에게 적절히 표현할 수 있는 동시에 상대방으로부터 이해와 우호적인 피드백을 받을 수 있는 관계이고, 대인 간의 차원에서 개인의 정체감과 독립성이 보장되는 깊은 관계를 유지하면서도 서로에 대한 이해의 폭이 넓고 서로의 성장을 진정으로 바라고 돕는 관계라고 할 수 있다.

NCS 기반의 직업기초능력에서 대인관계능력이란 '직장생활에서 협조적인 관계를 유지하고, 조직 구성원들에게 도움을 줄 수 있으며, 조직 내부 및 외부의 갈등을 원만히 해결하고 고객의 요구를 충족시켜 줄 수 있는 능력'으로 정의된다. 대인관계능력은 업무를 수행함에 있어 접촉하는 사람들과 문제를 일으키지 않고 원만한 관계를 유지하며 업무를 수행하는 능력이다. 우리는 어떤 대상을 파악할 때 거의 대부분 개념에 의존한다. 사전적 의미는 하나의 사물을 나타내는 여러 관념 속에서 공통적이고 일반적인 요소를 추출하고 종합하여 얻은 관념이다. 개념은 특수한 현상들을 보편적인 성격으로 탈바꿈하는 것이면서 누구나 쉽게 받아들일 수 있도록 어떤 기준을 제시하는 것이기도 하다. 대인관계의 개념 또한 하나의 사물을 나타내는 여러 관념 속에서 공통적이고 일반적인 요소를 추출하고 종합하여 얻어낸 관념이라고 볼 수 있다.

2) 인간 행동의 이해

인간은 자기 자신의 이상에 따라 자기의 행동을 선택하고 결정하고 행동하기도 한다. 인간 행동의 이유를 논의함에 있어서 가장 평범하고 명백한 대답은 목표와 목적이다. 인간은 목적을 성취하기 위하여 어떤 일을 수행하는데, 이것은 인간 활동의 한 국면이다(신득렬, 1988). 피터스(Peters)의 인간행동에 대한 과학적 이해는 인과론적 설명으로 구성된다. 즉, 행동에는 원인이 있다는 것이다. 원인의 과학적 개념은 사건의 전후관계에서 선행되는 사건을 의미하며 결과와 논리적인 관계를 가지지 않는다. 그럼에도 불구하고 원인과 결과가 자주 수반되기 때문에 종종 필연적인 관계가 있는 것으로 인식되고 있다고 한다.

아리스토텔레스(Aristoteles)는 '인간은 사회적 동물이다.'라고 하였다. 그는 "인간은 어떤 존재인가?"라는 물음에 '인간은 무한한 잠재능력을 가지고 있으며 행동과

학적인 관점에서 보면 욕구를 가지고 추구하는 존재이며 행동하는 존재'라고 했다. 인간은 함께 먹고 살아가며 공동생활을 하기 때문에 함께 살아가면서 토론하고 주제를 가지고 논의하기도 한다. 인간의 내면에는 잠재능력과 그 잠재능력을 실현하고자 하는 욕구가 있다. 개인의 내적 잠재력을 발굴하고 실현하며 그 성취감을 경험하게 되는 것이며 관계 속에서 가능한 것이다. 인간의 관계 속에는 행복과 불행이 담겨 있다. 그러므로 인간 행동은 그 사회의 규범, 습관 등의 작용에서 규범화되고 사회화되어 간다. 또한 그 사회의 규범 및 문화와 자기 자신의 행동과 타협하며 살아간다. 한 사람의 부정적인 인간관계 경험은 자신의 행복이나 불행에만 관련된 것이 아니라 주변의 환경과 친구나 가정 및 직장 생활뿐 아니라 생산, 서비스에도 영향을 미치며 나아가 자신의 삶의 질도 떨어뜨리는 결과를 초래한다. 좋은 인간관계는 자신의 행복뿐 아니라 주변의 다른 사람들로부터도 필요한 존재로 인정받고 있나는 느낌을 갖게 한나.

우리히(H. Urich)는 인간은 물리적 · 기계적 수단과는 다른 성격을 가진 존재라고 보았다.

- 인간은 기업의 목적 달성을 위한 수단이 아니라 기업이 인간의 목적 실현을 위한 수단이다.
- 인간은 부분적으로 기업에 관여하고 있다. 즉, 기업 활동 이외에 다양한 사회활동과 연결된다.
- 인간은 사고능력과 의지를 지니고 있어 자발적 행동을 할 수 있는 존재이다.
- 인간 행동에는 다양성이 있다.
- 인간의 일이 어떤 결과를 낳는 것은 물리적 조건과 정신의 힘, 그리고 의지가 있기 때문이다.
- 기업은 인간을 살 수 없으며 급여를 지급하고 그의 동의를 얻어 노동력을 살 수 있을 뿐이다.
- 인간은 기업에서 자발적으로 인간행동에 영향을 미치는 공동체를 구성한다.

인간은 태어나면서부터 부모, 친구, 학교 등 다양한 사회 환경에서 성장하게 되는데, 사회화의 과정을 통하여 생존에 필요한 것들을 배우고 인간관계를 형성해 나간다. 인간은 동물과 다른 유사성을 지니고 있으면서 사람마다 차이성과 독특성을 지니고 있다. 그러므로 같은 상황에서도 같은 방법으로 행동하지 않고 다른 생각과 행동을 한다. 즉, 개인차가 있다. 인간행동을 보다 올바르게 이해하기 위해서는 이러한 개인차를 인정해야 한다.

바람직한 관계는 서로 떨어져 있을 때 만나고 싶은 충동을 느끼고, 만나면 즐겁고 오래 머물고 싶은 상태라고 볼 수 있다. 인간관계에 영향을 주는 요인에는 다음과 같은 것이 있다.

① 개성: 사람은 자기만의 독특한 개성을 가지고 있다. 개성은 유전적 요인, 교육, 경험 등의 여러 가지 요인에서 결정된다. 개성은 언어 행동으로 나타나기 때문에 구성원 간에 서로 개성을 인정하고 이해하면 화목한 인간관계를 유지할 수 있으나 이를 이해하지 못하고 수용하지 못하면 대립관계를 갖게 된다. 즉, 사람마다 가치관이 다르며 보는 기준이 다르기 때문에 동일한 대상을 놓고도 해석과 반응이 다르게 나타난다. 그 외에 문화적 배경, 교육의 차이, 빈부의 차이, 욕구의 차이도 개성에 영향을 주게 되며 이러한 요인들이 인간의 성격과 행동에 차이를 가져온다.

② 시간성: 인간관계는 시간성과 밀접한 관계를 지니고 있다. 물론 짧은 시간 동안 깊은 인간관계를 형성하는 경우도 있으나 일반적으로 자주 만나고 많은 대화를 나누어야 인정이 싹트고 친밀한 관계를 맺게 된다. 이런 친밀감은 교제 기간과 인간관계의 질과 밀접한 관련이 있다.

③ 사회성: 인간이 타인과 더불어 공동생활을 하려는 성향을 말하며, 이는 곧 다른 사람이나 주위환경과 사귈 수 있거나 관계를 가질 수 있는 개체의 능력이라고 할 수 있다. 사회성은 인간관계를 통하여 나타나고 발달하며 성공적인 인간관계는 사

회성에 긍정적인 영향을 주게 된다.

3) 대인관계의 중요성

인간관계란 광의로는 대인관계이며 협의로는 인간과 관련된 문제라고 볼 수 있다. 사람은 태어나면서부터 혼자서는 살아갈 수가 없는 존재이다. 우리 모두는 어떤 형태이든지 인간관계를 맺게 되는데 어떤 사람은 많은 사람과 인간관계를 맺고 있고 어떤 사람은 소수의 사람과 인연을 맺고 있다. 또한 어떤 사람은 즐겁고 원만한 인간관계를 맺고 있는가 하면 어떤 사람은 불신과 불만으로, 외로움과 허무로 인간관계를 맺고 살아가기도 한다. 이렇듯 우리가 맺는 인간관계는 삶의 필수이며 우리가 어떤 인간관계를 맺느냐에 따라서 삶도 달라진다. 그러나 인간은 누구나 자기중심적이고 이기적인 속성을 가지고 있기 때문에 인간관계에서의 갈등은 피할 수 없는 부분이기도 하다. 하지만 인간관계를 통해 개인의 정체성이 발달하고 신체 및 정신 건강에도 지대한 영향을 미치며 또한 인간관계 형성의 능력은 자아실현과 삶의 질에 깊이 관련되어 있다. 철학자 키르케고르(Søren Aabye Kierkegaard)는 "행복의 90%는 인간관계에 달려 있다."라고 말했고, 미국의 심리학자 소냐 류보머스키(Sonja Lyubomirsky)는 "사회적 관계에 투자하는 것이 행복을 위한 최고의 전략"이라고 하였다. 우리는 학교나 직장이나 가정에서도 모두 나와 나 이외의 어떤 타인과 서로 의지하고 조화를 이루면서 살아간다. 한 사람인 나를 중심으로 부모, 친척, 직장, 동료, 사회, 국가, 세계인 등으로 그 영역을 넓혀 가면서 인간관계를 형성해 나간다. 우리가 살아가면서 많은 문제들을 발견할 수 있지만 우리 사회에서 일어나는 갈등은 대부분은 원만한 인간관계를 형성하고 유지하지 못하는 데 그 주요 요인이 있다.

인간관계의 중요성은 사람과의 상호작용을 바탕으로 하여 서로의 욕구에 반응하는 법을 배우고 친절, 자비, 배려, 관심, 협동, 사랑 및 사회화를 배우는 것이며, 인간을 가치 있는 존재로 만든다. 인간관계를 통해 개인의 정체성이 발달하며, 원만한 인간관계는 성공적인 직장생활의 중요한 요인이 된다. 인간관계 속에서 애정경험이 신체발달에 관련이 있는 성장호르몬의 분비를 왕성하게 함으로써 신체발육을 촉진시키고, 원만한 유대관계를 형성하며, 긍정적인 성장발달의 열쇠가 된다.

바람직한 대인관계는 한 개인의 성장과 발달뿐 아니라 행복한 가정생활과 직장생활에 긍정적인 영향을 미치며, 대인관계가 좋지 않을 경우 모두에게 부정적인 영향을 미치게 되므로 그 중요성이 매우 크다. 특히 직장인들에게는 바람직한 대인관계가 필요하다. 직장에서의 성공과 행복의 기준 또한 이전 세대보다 다양해졌다. 과거 세대는 높은 연봉을 받고 영향력이 큰 임원이나 높은 지위에 오르면 행복해질 것이라 여겼다. 하지만 밀레니엄 세대는 즐길 만한 취미가 있고 건강한 인간관계가 동반되는 의미 있는 삶을 지향한다. 그러나 인간은 누구나 자기중심적이고 이기적인 속성을 가지고 있다. 그렇기 때문에 인간관계의 갈등은 피할 수 없는 부분이다. 평상시에는 잘 느끼지 못하다가 삶 속에서 인간관계의 어려움을 겪은 다음에야 인간관계가 우리의 삶에 있어서 얼마나 소중한지를 깨닫게 된다. 우리는 인간관계가 만족스럽고 효과적일 때, 바로 그러한 인간관계의 경험을 통하여 우리는 한 인간으로서 바람직한 성장 · 발달을 하게 된다. 반대로 우리의 인간관계가 불만스럽고 비효과적일 경우, 우리의 성장 · 발달에 방해를 받게 되는 것이다. 이처럼 우리가 경험하게 되는 인간관계의 질과 양에 따라 우리는 독특한 자아를 형성하고 발달시킬 뿐 아니라 개인의 정체성과 건전한 인격발달에도 지대한 영향을 받게 되므로 효과적이고 생산적인 인관관계는 우리의 삶에 매우 중요한 역할을 한다.

인간관계에서 그저 스쳐 가는 인연이라 해도, 아무 의미 없는 작은 만남이라도 소중하게 생각하는 마인드가 필요하다. 만남에는 가벼운 만남, 중요한 만남은 없다. 높은 인연, 낮은 인연 같은 것도 없고, 누구는 더 중요하고 누구는 덜 중요한 관계도 없다. 누구는 더 가치 있고 누구는 덜 가치 있는 그런 만남도 없다. 똑같이 소중한 사람들이다. 1년 후, 혹은 10년 후, 그 언제가 될지 모르지만 어느 장소에서 어떤 인연으로 다시 만날지 모르는 것이 사람의 관계이다. 사람의 상황은 언제든지 바뀔 수 있다. 오늘 아쉬운 처지에 있다고 내일도 아쉬운 소리를 하는 사람도 없으며, 오늘의 친구가 내일의 적이 되는 세상이다. 이렇듯 알다가도 모르는 것이 인간관계이다. 사람들은 마음의 문을 먼저 여는 것을 꺼려 한다. 상대의 문을 열기 위해서는 먼저 다가서야 한다. 성공한 사람들의 가장 큰 공통점은 대인관계를 잘 형성하고 그들과 끊임없이 소통하고 노력한다는 점이다. "저 사람이 내 인생에 도움이 될까?" 많은 사람들이 내 인생에 도움이 될 만한 누군가를 여기저기 찾아다닌다. 대인관계는 한두 번 공들인다고 되는 관계가 아니다. 현실적인 어려움과 제약도 따른다. 금전적인 문제도 무시할 수 없고, 시간적인 요소도 고려해야 한다. 흔히들 얄팍한 목적으로 다가간다면 그는 대인관계에 실패를 하게 된다. 따라서 가식적인 모습으로 다가가기보다는 진정성 있는 자세, 상대방을 이해하고 배려하며, 존중하는 태도가 요구된다. 말 한 마디, 행동 하나에도 주의를 기울여야 한다.

4) 대인관계는 왜 필요할까

사람들은 대인관계가 좋아지길 원하고 있다. 주변에 항상 사람들이 있고, 상대에게 늘 편안한 사람이 되어 주길 원한다. 하지만 뜻대로 잘 되지 않는다. 다들 단점이 있기에 대인관계가 완벽하게 좋은 사람은 없다. 그래서 대인관계가 좋아지는 것을 포기하곤 하는 사람들도 있지만 대부분의 사람들은 관계의 중요성을 알고 조직화된 집단 속에서 공동생활을 하며 살아가고 있다.

사람들은 흔히 "빽이 있어야 성공한다."라고 한다. 여기서 말한 빽은 인맥을 의미한다. 급변하는 사회일수록 성공을 장담할 수 없기에 좋은 인맥을 형성하는 능력은 성공의 필수 조건이다. 진정으로 성공을 꿈꾸고 열망하는 사람이라면 대인관계가 원활해야 한다. 타인과의 좋은 관계를 지속·유지하고 발전시키는 마인드가 필요하다. 그러기 위해서는 다양한 사람들을 만나 그들로부터 지식과 정보, 미래를 읽을 수 있는 혜안을 길러야 한다. 21세기는 초스피드의 시대이자 눈 깜짝할 사이에 모든 것이 바뀌는 세상이다. 정보는 자신이 구축하고 관리했던 인맥에서 나오는 법이다. 인맥을 통해서 성과를 창출해 낼 수 있다. MS(마이크로소프트)사를 세계 최고의 회사로 성장시킨 사람은 창업자 빌 게이츠의 친구인 최고 경영자(CEO) 스티브 발머

(Steven Anthony Ballmer)였다. 능력이 뛰어난 사람과의 협동은 개인뿐 아니라 회사의 성과를 높일 수 있는 결정적인 역할을 제공해 준다.

플라톤(Platon) 뒤에는 위대한 철학자이자 스승인 소크라테스(Socrates)가 있었고, 『동의보감』으로 유명한 허준 뒤에는 유의태라는 명의가 있었고, 헬렌 켈러(Helen Keller) 뒤에는 설리번(Sullivan) 선생이 있었다. 성공한 사람 뒤에는 항상 든든한 빽이 있다. 그들은 스승과 제자라는 관계의 차원을 넘어서 서로의 든든한 인맥이 되었다.

대인관계에 문제가 있다는 것은 긍정적인 대인관계를 형성하거나 유지하는 데 어려움을 겪거나 부정적인 대인관계를 다루지 못하고 피해자가 되는 것을 말한다(박경애, 이재규, 권해수, 1998). 즉, 소수나 두 사람 사이에 맺어지는 대인관계의 상호작용과정에서 상호만족을 추구하는 관계를 형성하지 못하거나, 그런 관계를 유지하고 발전시켜 나가는 데 필요한 지식이나 기술이 부재하거나 결함이 있거나 혹은 왜곡되었음을 의미한다. 대인관계문제는 인지와 행동, 정서적 측면에서 다양한 연구가 이루어지고 있다. 여기서 말하는 인지적 요소는 대인관계에 대한 왜곡된 지식이나 사고를 말하며, 행동적 요소는 시간과 대상 및 상황에 맞지 않는 행동을, 정서적 요소는 부적응적인 대인관계 상황에서 느껴지는 정서들을 말하는데, 대인관계문제는 이러한 여러 가지 요소들의 상호작용에 의해 형성된다.

인간은 독립적이거나 배타적이지 말아야 하며 서로와 관계를 맺어야 한다. 특히 직장생활에서 빠질 수 없는 것이 대인관계이다. 대인관계의 원만함과 타인의 협력 없이는 성과를 만들어 내지 못한다고 본다.

사례 예시

출세와 성공의 조건

사람들은 누구나 출세와 성공을 원한다. '성공과 출세를 원하지 않은 사람이 몇이나 있을까?' 하는 요즘, 큰 사회문제로 지적되고 있는 과외열풍은 학교공부를 잘해야 출세하고 성공한다는 믿음에서 나온 행동이다. 자신의 가치관을 재정립할 필요가 있다. 특히 예비 사회인으로서, 직업인으로서 삶을 준비하는 과정에서 한 사람의 출세와 성공

에 가장 큰 영향을 주는 변수는 학교성적이 아니라 대인관계능력을 포함한 EQ능력이다. 대인관계능력이 높은 사람이 성공하는 경우가 더 많고, 출세와 성공에 대인관계능력이 미치는 영향이 매우 크다.

IQ가 160인 많은 사람들이 IQ가 100인 사람 밑에서 일을 하고 있다. 전자가 낮은 대인관계 지능지수를 갖고 있고 후자가 뛰어난 대인관계 지능지수를 갖고 있는 경우이다. 일상생활에서는 어떤 지능지수보다도 대인관계 지능지수가 요긴하다. 당신이 이 재능을 갖고 있지 못한다면 당신은 배우자를 선택할 때도 형편없는 선택을 할 것이고, 일자리를 구하는 것과 기타 모든 선택에서도 마찬가지일 것이다.

다니엘 골먼의 『EQ 감성지능』

첫 번째 증거는 하버드 대학교의 졸업생을 대상으로 한 연구로 졸업생 95명을 선정해 그들의 졸업 당시 성적과 20년 후인 40대에서의 출세와 성공순위를 매겨 본 후 비교해 본 결과이다. 출세와 성공의 기준으로 연봉, 지위, 인생만족도, 친구, 가족, 배우자의 관계 등 다양한 내용을 측정했다. 학교 성적과 출세, 성공은 관련성이 없었다.

두 번째 증거는 '보스턴 40년 연구' 결과이다. 헬즈만이라는 보스턴 대학 교수가 7세가 된 아이 450명을 선정하고, 40년이 지난 후 그들의 사회경제적 지위를 조사하였다.
IQ는 물론이고 부모들의 사회경제적 지위를 포함한 여러 변수들을 고려한 결과, 출세 및 성공을 가장 잘 설명해 준 변수는 좌절을 극복하는 태도, 감정통제 능력, 타인과 어울리는 능력 등으로 나타났다.

세 번째 증거는 일리노이 고등학교 졸업자 연구에서 제시된다. 이 고등학교 수석과 차석 졸업자 81명을 대상으로 조사한 결과 그들의 사회적 출세와 성공은 성적이 낮은 집단과 비교했을 때 별다른 차이를 보이지 않았다.

네 번째 증거는 미국 카네기멜론 대학에서의 조사 연구 결과이다. 대인관계가 인생의 성공에 어느 정도 영향을 미치는지에 조사한 결과, 지적 능력이나 재능이 성공에 미치는 건 15%에 불과했고 나머지 85%의 성공률은 절대적인 것으로 나타났다.

출처: 문용린 교수 특강(서울대학교) 수정.

탐구활동

✎ 대인관계의 개념에 대하여 기술하시오.

✎ 직장생활 중 대인관계능력이 필요한 경우를 나름대로 기술하시오.

✎ 자신의 대인관계에서 성공 및 실패 사례와 그에 따른 느낀 점이 있으면 작성해 보시오.

- 성공사례 및 느낀 점

- 실패사례 및 느낀 점

Tip

대인관계 문제 영역별

① 시배성(Domineering)은 사신의 의견이나 신념을 분명히 밝히는 자신감을 나타내지만 지나치면 타인의 행동을 통제하고 조종하려는 공격성을 표현하는 경향을 말한다.

② 보복성(Vindictive)은 자신의 독립성을 강조하는 성향으로 지나치면 타인을 불신하고 의심하며 다른 사람의 필요나 행복을 돌아볼 줄 아는 능력이 부족한 경향을 말한다.

③ 냉담성(Cold)은 애정을 표현하는 데 서투르고 쉽게 친밀감을 느끼지 못하며, 타인과의 관계를 장기적으로 유지하는 것을 어려워하고, 타인과 잘 어울리지 못하고 타인을 용서하는 데 너그럽지 못한 경향을 말한다.

④ 회피성(Socially avoidant)은 내성적인 경향성으로 지나치면 다른 사람들 앞에서 불안해하며 당황해하고, 먼저 감정을 표현한다거나 다가서는 데에 어려움이 있고, 사회적 접촉을 피하는 경향을 말한다.

⑤ 비주장성(Nonassertive)은 자신의 주장을 관철시키지 못하고 지나치면 자신의 욕구를 타인에게 표현하는 데 어려움이 있고 권위적인 역할을 맡는 것을 불편해하고 다른 사람들에게 자신을 효과적으로 이해시키지 못하는 경향을 말한다.

⑥ 피착취성(Exploitable)은 타인에게 상처를 입히는 것을 두려워하고 자신의 내적 감정과 분노를 표현하는 데 어려움이 있고 다른 사람들에게 쉽게 설득당하는 문제를 보이는 영역으로 지나치면 다른 사람들이 자신을 기만하고 이용한다고 믿는다.

⑦ 헌신성(Overly nurturant)은 대개 자신의 이익을 챙기기보다 다른 사람들을 먼저 배려하고 기쁘게 하려고 애쓰는 사람으로, 타인을 잘 믿고 순종적이며 지나치면 자신의 적절한 경계를 설정하지 못하는 경향을 말한다.

⑧ 간섭성(Intrusive)은 타인에게 많은 관심을 기울이면서 부적절한 자기노출도 많이 하는 문제를 보이며 혼자 있는 시간을 힘들어하고 다른 사람들과의 관계에서 주목받기를 원하며 참견을 지나치게 많이 하는 경향을 말한다.

출처: Horowitz & Leary, 대인관계 문제 척도(Inventory of Interpersonal Problems Scale: IIP)

학습평가

정답 및 해설 p. 381

※ 다음 문장의 내용에서 맞으면 ○, 틀리면 × 표시를 하시오.

1. 인간관계는 대인관계와 같은 역할관계로 형성된다. (　　)

2. 인간관계란 광의로는 대인관계이며 협의로는 인간과 관련된 문제라고 볼 수 있다. (　　)

3. 대인관계 중 상대방에 대한 이해력은 직무능력과 무관하다. (　　)

4. 대인관계는 두 사람 또는 그 이상의 사람들 사이에 지속적인 상호작용으로 맺어지는 관계이다. (　　)

5. 대인관계는 한 개인의 성장과 발달뿐 아니라 행복한 가정생활과 직장생활에 긍정적인 영향을 미치며, 대인관계가 좋지 않을 경우 모두에게 부정적인 영향을 미치게 되므로 그 중요성이 매우 크다. (　　)

※ NCS 기반의 직업기초능력에서 대인관계능력의 정의 중 괄호 안에 알맞은 말을 넣으시오.

6. 대인관계능력이란 직장생활에서 (　　　　　　) 관계를 유지하고 조직 구성원들에게 도움을 줄 수 있으며, 조직 내부 및 외부의 (　　　　　　)을 원만히 해결하고 고객의 요구를 충족시켜 줄 수 있는 능력이다.

7. 바람직한 대인관계는 긍정적인 관계, (　　　　　　), 생산적인 관계 등으로 표현할 수 있다.

8. 대인관계란 두 사람이 함께하며 여러 상황과 과제 해결에 있어 (　　　　　　)으로 행동함으로써 만들어지는 두 사람 사이의 연계를 의미하는 것으로 사람을 대하는 개개인의 보편적인 (　　　　　　)이다.

※ 다음 문항을 읽고 물음에 답하시오.

9. 인간관계에서 중요하다고 생각하는 것을 고르시오. (　　)

① 역지사지와 배려

② 영리추구를 위해 과열

③ 외적 위주의 사고

④ 영리추구를 위한 피상적인 사고

10. 직장생활에서 대인관계가 필요한 이유로 바르지 않은 것을 고르시오. (　　)

① 행복한 사회의 원천

② 조직의 성과 향상

③ 활기찬 조직구성

④ 개인의 영리목적

사례 예시

직장에서 성공비결은 대인관계

취업포털 인크루트는 직장인 314명을 대상으로 설문조사한 결과 '동료 판단 기준 1위는 인성'이라는 내용을 발표해 화제이다.

이에 따르면 조사대상자의 71%가 '인성을 본다.'고 답했다는 것. 인성을 판단하는 기준으로는 원만한 대인관계(28.0%), 업무를 성실하게 처리하는가(27.7%), 타인을 많이 배려하는가(24.5%), 성품이 정직한가(18.2%) 순이었다. 또한 '어떤 직원이 더 높은 평가(연봉과 진급)를 받아야 한다고 생각하느냐'는 질문에는 업무능력은 떨어지지만 인성이 뛰어난 동료(55.4%)가 인성은 다소 나쁘지만 업무능력은 뛰어난 동료(44.6%)보다 높게 나타났다.

(부산일보, 2012. 3. 13.)

취업포털 잡코리아가 출판사 '새로운 제안'과 함께 남녀 직장인 1,005명을 대상으로 설문조사를 진행한 결과, 성공적인 직장생활을 위해 꼭 필요한 능력에 △대인관계능력(46.3%)과 △스피치능력(19.4%)이 각각 1, 2위에 올라, △업무 관련 자격증(10.5%) △전공지식(7.7%) △컴퓨터능력(6.6%) 등 업무 스펙보다 직장 내 소통 능력이 더 중요한 것으로 나타났다.

대기업에 근무 중인 직장인 절반 이상(51.6%)은 대인관계능력을 꼽아 타 기업 근무 직장인들에 비해 가장 높았으며, 공기업의 경우는 스피치 능력을 직장 내 성공을 위한 필수 능력으로 꼽은 비율이 26.6%로 타 기업에 비해 가장 높았다. 외국계 기업은 업무 관련 자격증을 선택한 직장인들이(18.4%) 상대적으로 많아 차이가 있었다.

(잡코리아, 2016. 5. 13.)

2. 대인관계의 행동특징과 향상 방법

1) 대인관계 행동특징

인간관계를 형성할 때 상대가 어떤 말을 하고 어떻게 행동하느냐보다는 그 사람의 됨됨이를 먼저 보게 된다. 우리의 말이나 행동이 피상적이라면 상대방도 이중성을 감지하게 되고, 깊은 내면에서의 행동과 말이라 할지라도 상대는 느낄 것이다. 인간관계는 성공적인 직장생활의 중요한 요인이 된다. 탁월한 기술과 재능이 생산성을 높이는 중요한 요인이 되기도 하지만, 다른 동료들과 효과적으로 일을 할 수 없으면 그 직장에서 살아남기가 힘들며, 실제로 직장인들은 회사 내에서 인간관계 불화가 직장을 그만두고 싶은 가장 큰 요인으로 나타났다. 박규상(2008)은 대인관계 성향이나 행동, 이미지는 대인 간 상호작용을 통해 타인의 평가가 반영되어 형성된 자기라고 볼 수 있다고 한다. 우리는 대인관계를 둘러싸고 여러 가지 문제로 고민을 하며 우리들의 문제는 어떤 상황하에 생기는 것이 아니고 각자의 생활환경과 성장과정에서의 문제와 깊은 관련이 있다고 한다. 인간의 대인관계 성향이나 행동은 대인 간 상호작용에서 자신에 대한 이미지를 형성하고 타인과의 관계를 유지하는 데 중요한 역할을 한다고 볼 수 있다. 두 사람이 상호작용할 때, 각자는 마음속에 자신 및 타인에 대한 일련의 상(image)을 구성하며, 이러한 상은 그 상황 속에서의 개인의 지각장(perceptual field)을 의미한다. 자신에 대한 지각장은 평가적 반응 또는 대인관계 상황에서의 자신에 대한 성향과 지각을 포함하며, 사회적 상호작용에서 자신의 대인관계 성향이나 행동의 내용과 방식의 의미에 초점을 둔다(박정애, 2000에서 재인용). 따라서 개인을 규정지어 주는 독특한 대인관계 성향이나 행동에 대한 평가는 상호관계 속에서 서로 주고받는 교류에 근거한 것이며, 다른 사람들과 관계를 맺으면서 상호작용을 하는 동안 자신에 대한 이미지나 행동성향을 구축해 간다. 그러므로 대인관계를 형성할 때 가장 중요한 요소는 무엇을 말하고 어떻게 행동하느냐가 아닌 사람 됨됨이라고 할 수 있다. 대인관계에 있어서 정말로 중요한 기법이나 기술은 독립적인 개인의 성품으로부터 자연스럽게 나오는 것이어야 한다. 이처럼 대인관계의 본질과 속성에 대해서 어떤 신념과 태도를 가지느냐에 따라서 한 개인의 행동도 달라진다. 대인관계의 중요한 영향을 미치는 행동을 보면 다음과 같다.

① 인간관계의 중요성에 대한 신념이 있어야 한다. 삶에서 인간관계가 중요하다고 믿는 사람은 많은 시간과 노력을 투자할 것이다. 반대로 그렇지 않은 사람은 소극적인 행동으로 나타나게 된다.
② 인간관계의 영역에서는 사람마다의 가치관이 다르다. 사람은 삶에서 가족관계, 친구관계, 직장동료관계, 이성관계 등 다양한 형태의 관계를 맺고 있다. 인간관계에 대한 관심과 중요시하는 관계가 다르지만 믿을 만한 사람이 없다고 생각하기도 하고, 가치가 없다고 생각하여 다른 사람과의 관계에 소홀할 수 있다.
③ 이상적인 관계를 폭넓고 많은 사람과의 인간관계를 맺는 것으로 보는 사람이 있는 반면, 소수의 사람과 깊은 인간관계를 맺는 것으로 보는 사람이 있으며, 강력한 구속을 원하는가 하면 자유로운 관계를 원하기도 한다.

대인관계의 동기는 인간관계를 지향하게 하고 사회적 행동을 유발하는 동기 및 특정한 목표를 향해 행동하게 하는 내면적인 원동력, 즉 사고과정의 개입 없이 일어나는 인간의 행동을 설명해 준다. 동기의 유사어는 욕구(need 또는 desire), 충동(impulse), 본능(instinct)이다. 동기는 행동의 방향을 결정하고 목표지향적 행동을 유발 및 조절하며 행동을 지속하게 하는 추진력, 즉 에너지를 제공하기도 한다.

대인동기의 기능은, 첫째, 목표지향적인 행동을 유발하는 기능을 하며, 둘째, 목표지향적인 행동을 지속하게 하는 추진력을 제공하고, 셋째, 목표지향적인 행동을 조절하는 기능을 한다.

대인관계의 동기에는 생리적 동기, 심리적 동기, 선천적 동기, 후천적 동기가 있다. 생리적 동기는 출생 시부터 존재하는 것으로 개체와 종족 보존, 생리적 욕구가 있고, 심리적 동기에는 학습의 영향과 개인차가 존재하며, 동기충족 방법도 개별적 요인이 된다. 선천적 동기는 유전적이고, 인간의 군집성이 있으며, 후천적 동기에는 후천적 학습의 영향과 경험의 영향, 부모의 양육태도가 후천적 동기에 영향을 미치고 있다.

인간관계에 영향을 주는 심리학자 아들러(Adler)는 "의미란 장면 그 자체에 의해 결정되는 것이 아니고 우리가 그 장면에 의미를 부여함으로써 그 의미를 결정한다."라고 했다. 이처럼 인간은 의미를 부여하고 의미를 창조하는 존재이다. 관계에서 여러 사건들이 일어나며 그 사건에 대하여 그 의미를 추론 및 부여하기도 한다. 의미추론 과정에서 도출된 것들은 사실일 수도 있고, 아닐 수도 있으며 왜곡될 수도 있다.

사례 예시

사례 A

동아리에서 12명의 단원이 설악산에 캠핑을 갔다. 저녁 무렵에 목적지에 도착하자 짐을 옮기고 텐트를 치고, 식사와 여흥 준비도 해야 하기 때문에 할 일이 많아졌다. 이런 일에 늘 앞장서는 사람은 철수였다. 철수는 부지런히 짐을 나르고 땀을 흘리며 텐트를 치고 식사준비를 하였다. 그런데 정호는 편한 곳을 찾아 자리를 깔고 은혜와 이야기꽃을 피우기 시작했다. 이윽고 식사가 마련되자 정호는 가장 좋은 자리를 먼저 차지하고 식사를 하였다. 철수는 모든 일에 솔선수범하고 희생하였고, 정호는 언제나 자신에게 유리한 기회만 찾아다니곤 하였다.

사례 B

직장동료 K는 상사가 보는 앞에서는 매우 예의가 바른 사람이다. 그런데 어느 날 나와 단둘이 있을 때, 상사를 비난하기 시작하였다. 나는 순간 K에 대해 의심이 들었다. 내가 없을 때 그가 나에 대한 비난과 악담을 하지 않을까? 하는 생각을 하게 되었다.

사례 C

직장동료 H는 업무상의 문제로 나와 자주 갈등을 빚곤 한다. 처음에는 H가 "제 잘못이었습니다."라는 식으로 사과를 하였지만 매번 실수를 한다. 그때마다 "제 잘못이에요."라고 사과를 하니 이제는 별로 신뢰가 가지 않는다. 그로 인해 잦은 갈등과 불신을 가져왔으며 신뢰가 가지 않았다.

사례 D

업무설명서를 작성하는 것이 당신과 상사 중 누구의 역할인지에 대해 의견차이가 발생하는 경우를 생각해 보자. 거의 모든 대인관계에서 나타나는 어려움은 역할과 목표 사이의 갈등이다. 서로의 눈치만 보며 누가 어려운 일을 해결할 것인가 등의 문제를 다룰 때, 우리는 불분명한 기대가 오해와 실망을 불러온다는 것을 알 수 있다.

사례 E

P치과의 원장은 의술이 뛰어날 뿐만 아니라 마음씨가 따뜻하고 사려 깊은 사람이다. 그가 입사한 지 얼마 안 되는 L간호사와 주고받는 대화이다. "L간호사, 우리 병원에 온 지 얼마나 되었지?" "3개월 되었습니다." "그렇게밖에 되지 않았는데 정말 놀랍게 잘하네. 아주 마음먹고 잘 해 보겠다고 결심한 모양이지? L간호사가 우리 병원에 와 준 것이 너무 자랑스러워." 그러고 나서 원장은 이런저런 상황의 업무들을 친절하게 설명하였다.

반면에, S치과의 원장은 간호사의 실수에 늘 못마땅하여 "그것을 아직도 못해?"라고 핀잔을 주기가 일쑤였다. 그러다 보니 S치과는 간호사가 자주 바뀌었고, 사소한 일들도 원장이 직접 해야 했다. P치과는 이직률이 낮고 간단한 일은 대부분 간호사가 다 처리하였다. 따라서 의사가 더 많은 환자를 진료할 수 있었다.

출처: 한국산업인력공단(2007).

탐구활동

✐ 사례를 읽고 자신의 대인관계능력 향상과 관련하여 느낀 감정을 어떻게 표현할 것인가에 대하여 자유롭게 적어 보시오.

사례	사례를 통하여 느낀 감정을 표현
A	
B	
C	
D	
E	

2) 대인관계 향상 방법

아무리 일을 잘하는 사람이라도 조직의 사람들과 잘 융화하지 못하면 그 능력을 발휘하지 못하는 것이 요즘 직업 현장의 흐름이다. 특히 사회가 민주화되고 수평적 네트워크 체제가 보편화된 현대사회의 직업인에게 대인관계능력은 매우 중요한 요소이다. 인간관계를 형성하는 출발점은 자신의 내면이고 자신의 영향력인 내적 성품이다. 앞의 사례에서 보았듯이 취업포털 '인크루트' 조사대상자의 71%가 '인성을 본다.'고 답하였다. 이처럼 사람의 성품이나 인성은 대인관계를 향상시키는 것과 밀접한 연관이 있다.

우리가 스스로 독립적 인격을 갖추게 될 때, 주도적이고 올바른 원칙에 중심을 두고, 가치 지향적이고, 생활에서 소중한 것부터 우선적으로 계획하고, 성실하게 실행할 때에야 비로소 다른 사람과의 관계를 풍부하고 지속적이며 생산적으로 만들 수 있다. 어떤 사람은 자신이 원하는 대로 다른 사람과 좋은 관계를 성공적으로 이끌어 갈 수 있는 세련된 사교적 기술을 가지고 있는 반면, 어떤 사람은 타인과 사귀고 싶어도 미숙한 행동 때문에 어려움을 겪기도 한다.

가치관의 차이나 철학의 빈곤, 상호이해관계의 문제 등의 갈등으로 돌이킬 수 없는 과오를 저지르게 되기도 한다. 대인관계에서의 미숙한 행동의 요인 중에 스트레스도 포함된다. 자신이 받는 스트레스를 해소하지 못하였을 때에도 대인관계에 영향을 미친다. 정인아(1993)는 대인관계와 관련된 스트레스와 그 정도, 스트레스 수준 및 사회적 지지 수준에 따라 대인관계 행동이 다르게 나왔으며, 원만한 대인관계가 이루어지지 않을 때에는 주변의 관계 또는 직장에서의 대인관계마저도 어려움을 겪게 된다고 하였다.

또한 프리엘(Priel)과 샤하르(Shahar)는 자기비난적인 사람이 의존적인 사람보다 스트레스를 주는 사건을 더 많이 경험하고 사회적 지지가 적기 때문에 정서적 디스트레스(distress)를 보다 많이 경험한다고 보고하였다. 이유가 무엇이든 바람직한 대인관계는 개인의 성장과 발달 및 가정의 행복과 성공적인 직장생활과도 영향을 미친다. GE코리아 이채욱 회장은 "진정한 성공은 가까운 사람에게 존경받을 수 있어야 한다."고 하였고, 공자는 "근자열 원자래(近者悅 遠者來)"라고 "가까이 있는 사람을 기쁘게 하면 멀리 있는 사람도 찾아온다."라고 하였다. 가까운 사람들로부터 인정받고, 존경받아야 다른 사람들로부터 존경을 받을 수 있다.

대인관계능력을 향상시키기 위해서 평소에 자신의 관리가 중요하며, 또한 대인관계를 성공적으로 이끌어 가기 위한 향상 방법의 기술이 필요하다. 그러기 위하여 상대방을 바라보는 관점을 역지사지로 생각해 보면 간단하다. NCS직업기초능력에서는 대인관계를 향상시키는 실천 방법으로 다음과 같은 여섯 가지를 추천하고 있다.

① 상대방에 대한 이해와 양보

대인관계에서 가중 중요한 것은 바로 이해와 양보의 미덕을 기반으로 이루어지며, 이러한 심성이 주변사람들을 편안하게 해 주고 조직을 부드럽게 하는 윤활유 같은 역할을 한다. 상대방의 입장에서 양보하고 배려하는 노력과 나보다 상대방의 입장을 먼저 이해하고 배려하는 노력이 있어야 한다. 다른 사람들에 대한 이해와 양보는 그들과의 유대관계를 강화하고 당신에 대한 인격과 신뢰를 쌓게 되는 것이다. 상대방의 입장에서 생각해 보고 공감대를 찾아 서로 이해하면 나의 작은 희생과 양보가 계속 쌓여 나중에는 큰 이익으로 돌아올 수 있는 것이다.

② 사소한 일에 대한 관심을 가져라

"사소한 것에 목숨을 건다."는 말이 있다. 사람들은 보편적으로 큰일은 대범하게 처리하는 경우가 많지만 사소한 것에 오해를 하고 사이가 나빠진다. 보통은 자신이 생각했을 때 별일이 아니더라도 상대가 생각하기에 큰일일 수 있다. 인간관계에서의 커다란 손실은 사소한 것으로부터 비롯된다. 사람들은 매우 상처받기 쉽고 내적으로 민감하다. 이 점은 나이나 경험과는 별 상관이 없으며, 비록 외적으로 대단히 거칠고 냉담하게 보이는 사람도 내적으로는 민감한 느낌과 감정을 누구나 갖고 있다. 사소한 일에 오해가 생기지 않게 하기 위해서는 상대에 대한 경청과 관심, 예의는 매우 중요하다.

③ 작은 약속이라도 꼭 지켜라

약속은 상대와의 신뢰 관계를 유지하는 가장 기초가 된다. 책임을 지고 약속을 지키는 것은 중요한 대인관계의 출발점이며, 약속을 어기는 것은 중대한 대인관계의 손실행위이다. 사실 어떤 사람에게 대단히 중요한 약속을 해 놓고 어기는 일보다 더 큰 신뢰를 깨트리는 행위는 없다. 그러한 행위가 발생하고 나면 다음에 약속을 해도 상대가 믿지 않게 마련이다. 사람들은 대개 약속에 대한 기대가 크다. 하나의 약속을 어기면 그 나머지도 신뢰가 가지 않는다. 약속은 모든 인간관계의 바탕이다. 작은 약속이라도 반드시 지켜야 하며, 만약 당신이 스스로 한 약속을 항상 지키는 습관을 갖는다면 당신과 동료 사이에 이해의 간격을 이어 주는 신뢰의 다리를 놓게 될 것이다.

④ 칭찬하고 감사하는 마음

『칭찬은 고래도 춤추게 한다』라는 베스트셀러가 있었다. 상대방에 대한 칭찬과 감사의 표시는 상호 신뢰관계를 형성하고 사람의 마음을 움직여 중요한 감정 행위가 된다. 그러나 상대방에 대한 불만과 불평은 커다란 불신을 가져온다. 대인관계의 손상은 상호 간에 신뢰가 무너지고 불신과 불만이 쌓일 때부터 비롯된다. 사람들은 작은 칭찬과 배려, 감사하는 마음에 감동하게 되지만, 사소한 무관심과 불만에 쉽게 상처를 받게 된다.

⑤ 언행일치

개인의 언행일치는 신뢰를 가져오고 대인관계에서의 언행일치는 정직 그 이상의 의미를 갖는다. 정직은 사실대로 말하는 것으로 우리가 하는 말을 사실과 일치시키는 것이다. 언행일치는 사실을 우리의 말에 일치, 즉 실현시키는 것으로 약속을 지키고 기대를 충족시키는 것이다.

⑥ 진지한 사과

가끔 사람은 신이 아닌 이상 실수할 수 있다. 그러나 실수를 저지르는 것과 그것을 인정하지 않는 것은 완전히 별개의 문제이다. 사람들은 실수를 기꺼이 용서하려고 한다. 왜냐하면 실수란 보통 순간적인 판단 착오로 빚어지기 때문이다. 그러나 사람들은 의도적인 실수, 즉 나쁜 취지나 나쁜 동기 혹은 처음의 실수를 덮어 버리려는 오만한 정당화 등에 대해서는 쉽게 용서하려 들지 않는다. 실수를 한 다음에 중요한 것은 진심으로 정중한 사과를 하는 것이다. 평소에 어떤 유대관계를 형성하고 사느냐에 따라서 잘 받아들이는 사람과 잘 받아들이지 못하는 사람이 있다. 진지한 사과는 인간관계에 따라서 다르게 나타난다. 그러나 반복되는 사과는 불성실한 사과로써 그 효력이 떨어지게 된다. 데일 카네기(Dale Carnegie)의 『인간관계론』을 보면 사람을 움직이는 것은 그 사람에 대하여 비난, 비평, 불평을 하지 않는 것이며 솔직하고 진지하게 칭찬하는 것이라고 한다. 그 외에도 대인관계를 향상하기 위한 다음과 같은 방법이 있다.

- 상대방을 대할 때는 먼저 마음에 문을 열고 다가선다.
- 작은 문제라도 정성을 다하고 최선을 다하는 모습을 보여 준다.
- 자신의 말을 하려 하기보다는 상대방의 말에 주목하고 공감한다.
- 서로 다름을 인정하고 상대를 대한다.
- 바람직한 대인관계를 유지하기 위한 기법을 끊임없이 익혀야 한다.
- 상대방의 현재 관심사가 무엇인지 알아본다. 예를 들어, 직업, 가족 등등의 화제를 가져 본다.
- 지식을 넓혀라. 인문학적 소양은 대화의 질을 향상하는 데 도움이 된다.
- 다양한 취미생활을 접한다. 상대방과 같은 취미를 공유할 수 있다면 그 관계가 급속히 진전된다.
- 자신의 주변 사람들에 대한 불평보다 소중히 여기고 감사하는 마음을 가진다.
- 자신의 감정을 남에게 지나치게 노출해서는 안 되며, 객관적인 판단과 행동을 해야 한다.

대인관계 향상 방법으로 비언어적 대인관계 기술과 언어적 대인관계 기술이 있다.

비언어적 대인관계 기술은 밝은 얼굴 표정과 눈 맞춤, 몸동작(신체언어), 가까운 거리 유지, 마주보고 앉기 및 같은 공간에 머무르기 등의 방법이 있다.

언어적 대인관계 기술은 경청하기, 질문하기, 공감하기, 상호 간에 신뢰 · 존중하기이다.

3) 대인관계 양식검사: STROKE 대인관계 양식검사

이 검사는 STROKE에 대한 검사이다. STROKE의 사전적 의미는 '치기'이다. 테니스를 칠 때 라켓을 사용하여 공을 STROKE한다고 하는데, 즉 '볼을 치려는 의사를 갖고 클럽을 전방으로 움직이는 행위'를 뜻한다. 대인관계에서도 말과 행동을 통해 다양한 STROKE를 주고받는다. 여기서 STROKE는 대인관계에서 주고받는 영향을 의미하는 것이라고 할 수 있다. 대인관계에서 나는 상대방에게 어떤 자극과 영향을 주고 있는지, 또한 나는 상대방으로부터 어떤 자극과 영향을 받고 있는지를 알아보자.

항목	아니다	조금 그렇다	매우 그렇다
1. 나는 분위기 파악을 잘한다.	⓪	①	②
2. 나는 신경질적인 면이 있다.	⓪	①	②
3. "우리 조직에서 당신은 필요한 사람이에요."라는 말을 듣는다.	⓪	①	②
4. 싫은 얘기를 듣고 있다.	⓪	①	②
5. 내 일이 아니면 상관하지 않는다.	⓪	①	②
6. 꼭 먼저 아는 체한다.	⓪	①	②
7. 다른 사람의 잘못이 발견되면 듣기 싫은 소리라도 즉시 하는 편이다.	⓪	①	②
8. "고맙다."라는 말을 많이 듣는다.	⓪	①	②
9. 내 잘못이 아닌 일로 오해를 사거나 꾸중을 들어 화가 난 적이 있다.	⓪	①	②

10. "안녕하세요?"라고 인사하는 것이 부담스럽다.	⓪	①	②
11. "자기 일 외에 다른 일에 참견하는 일이 너무 많다."는 말을 자주 듣는다.	⓪	①	②
12. 내 말을 안 들으면 울화통이 터진다.	⓪	①	②
13. 내 주변에는 좋은 사람이 많다.	⓪	①	②
14. 내 주변에 짜증을 잘 내는 사람이 많다.	⓪	①	②
15. 내가 싫어하는 스타일(유형)의 사람이 있다.	⓪	①	②
16. "고맙다."라는 말을 잘한다.	⓪	①	②
17. 식당이나 상점 등에서 서비스가 나쁘면 말한다.	⓪	①	②
18. 기분 좋은 서프라이즈 경험(깜짝 이벤트)이 있다.	⓪	①	②
19. 우리 조직에는 권위 있는 사람이 많다.	⓪	①	②
20. 직장이나 가정에서 식사를 할 때 사정이 있어서 혼자 식사하게 되면 해방감을 느낀다.	⓪	①	②
21. 가족 생일은 꼭 기억해 두었다가 먼저 축하해 준다.	⓪	①	②
22. 불의를 보면 못 참는다.	⓪	①	②
23. 내게는 힘들고 외롭고 지쳤을 때, 손만 내밀면 와 줄 사람이 두 명은 있다. (가족 제외)	⓪	①	②
24. 우리 팀의 분위기는 다른 팀의 분위기보다 딱딱하다.	⓪	①	②
25. 회식 등 모임 날짜가 겹치면 잘 됐다는 생각이 들 때가 있다.	⓪	①	②

출처: 김종운(2017).

채점 및 해석

모든 문항에 응답하였으면 문항의 점수를 더한다.

하위요인	문항번호	합계
A	1, 6, 11, 16, 21	
B	2, 7, 12, 17, 22	
C	3, 8, 13, 18, 23	
D	4, 9, 14, 19, 24	
E	5, 10, 15, 20, 25	

검사 결과는 다음과 같다.

A: 내가 상대방에게 주는 긍정적 자극과 영향

점수가 높을수록 상대방에게 긍정적 자극과 영향을 주는 것이다. 점수가 높을수록 내가 상대에게 주는 사랑의 양이 많다는 뜻이며, 7점 이상이 좋은 상태라고 볼 수 있다.

B: 내가 상대방에게 주는 부정적 자극과 영향

점수가 높을수록 상대방에게 부정적 자극과 영향을 주는 것이다. 점수가 높을수록 남을 비판하거나 비난하는 말과 행동이 남에게 상처를 주지는 않는지 한 번쯤 생각해 보자. 점수가 낮다고 무조건 좋은 것은 아니다. 낮을수록 남에게 싫은 소리를 못하는 경우가 많다. 5~6점 정도가 적당하다.

C: 내가 상대방에게 받고 있는 긍정적 자극과 영향

점수가 높을수록 '나는 사랑받는 사람'이라고 느끼는 사람이다. 받은 사랑만큼 돌려줄 수 있는 당신이라면 더욱 행복한 사람일 것이다.

D: 내가 상대방에게 받고 있는 부정적 자극과 영향

내가 상대로부터 느끼는 '미움의 양'이다. 관계에서 오는 스트레스의 정도라고 보면 된다. 점수가 높은 경우 쇄골 7cm 아래를 손가락으로 눌렀을 때 상당한 통증을 느낀다.

E: 무자극 정도, 편견이나 주변의 영향으로부터의 자유

남의 시선, 편견, 주변의 영향에 어느 정도 민감한지를 나타내는 점수이다. 대개 4점 이하의 사람은 편견으로부터 자유로운 사람이다. 5~7점은 보통 농담반 진담반으로 용서는 하지만 기억은 지우지 않는 사람, 8점 이상은 완벽을 지향하는 사람이라고 할 수 있다.

검사 결과를 통해 상대방으로부터 받는 자극 혹은 영향과 상대방에게 주는 자극과 영향에서 개선해야 할 점을 적어 보시오.

탐구활동

✎ 당신은 누구와 교류를 하며 어떤 말들(긍정의 말, 부정의 말)을 하는가? 한다면 얼마나 많이 하는지 순서를 작성하고 빈도에 해당되는 곳에 체크하시오.

	이름	긍정의 말	부정의 말	만남의 빈도			
				거의 매일	주 1~2회	월 1~2회	6개월
1							
2							
3							
4							
5							

✎ 당신이 인간적으로 도움을 주고받는 사람은 누구이고 얼마나 자주 만나는가? 도움이 되는 순서대로 작성하시오.

	이름	만남의 빈도			
		거의 매일	주 1~2회	월 1~2회	6개월
1					
2					
3					
4					
5					

✎ 자신의 사회적 관계망의 강점과 약점은 무엇이며 사회적 관계망을 확대하기 위해서는 어떤 부분을 강화시켜야 하는지를 적어 보시오.

사회적 관계망의 강점	사회적 관계망의 약점
사회적 관계망의 강화를 위한 행동	

Tip

사람들은 보통 자신의 감정을 노골적으로 드러내지 않는다. 실제로 마음속에서는 "아니요"라고 생각을 하면서 경우에 따라서는 "예"라고 하는 경우가 많다. 따라서 상대방의 마음을 읽기 위해서는 직관을 이용하여 사람의 마음과 입이 서로 다른 말을 하고 있다는 것을 드러내는 '누수' 신호를 잘 관찰해 보라. 사람들은 자신의 생각을 감추는 데 그다지 능숙하지 못하다. 조금만 노력을 기울이면 마음을 읽을 수 있다. 사람들은 불편함을 느낄 때 자신의 감정을 숨기거나 평상시와 다른 방법으로 반응하기 때문이다.

학습평가

정답 및 해설 p. 382

※ 다음 문장을 읽고 내용이 맞으면 ◯, 틀리면 × 표시를 하시오.

1. 대인관계는 서로에게 의미를 부여하고 의미를 창조하는 것이다. ( )

2. 대인관계에서 나보다 상대방의 입장을 먼저 이해하고 배려하는 노력이 있어야 하지만 경우에 따라서 나에게 이득이 되는 쪽으로 행동해야 한다. ( )

3. 대인관계 성향이나 행동, 이미지는 대인 간 상호작용을 통해 타인의 평가가 반영되어 형성된 자기라고 볼 수 있다. ( )

4. 대인관계의 향상 방법에서 정말 중요한 기법이나 기술은 독립적인 성품으로부터 자연스럽게 나오는 것이며 인간관계를 형성하는 것은 자신의 돌봄이다. ( )

5. 대인관계능력을 향상시키기 위해서 평소에 자신의 관리가 중요하며, 대인관계를 성공적으로 이끌어 가기 위한 향상 방법의 기술이 필요하다. ( )

※ 괄호 안에 알맞은 말을 넣으시오.

6. 다음은 NCS직업기초능력에서 대인관계를 향상시키는 실천방법 여섯 가지이다. 그중 실천방법 세 가지를 적어 보시오.
   ① 상대방에 대한 이해와 양보
   ② 사소한일에 대한 관심
   ③ ( )
   ④ 칭찬하고 감사하는 마음
   ⑤ ( )
   ⑥ ( )

7. 대인관계를 향상시키는 방법으로 바르지 않은 것을 고르시오. (　　)

① 작은 문제라도 정성과 최선을 다하는 모습을 보여 준다.

② 자신의 말을 하려 하기보다는 상대방의 말에 주목하고 공감한다.

③ 서로 다름을 인정하고 상대를 대한다.

④ 서로의 생각을 존중하되 이익이 우선되어야 한다.

8. 대인관계를 형성할 때 가장 중요한 요소는 무엇인지 고르시오. (　　)

① 사람 됨됨이

② 탁월한 언변

③ 지식과 학문

④ 집안의 배경

9. 다음은 비언어적 대인관계 기술이다. 괄호 안에 들어갈 기술을 적어 넣으시오.

① (　　　　　　　　　　)

② 눈 맞춤

③ 몸동작(신체언어)

④ 가까운 거리 유지, 마주보고 앉기

10. 다음은 언어적 대인관계 기술이다. 괄호 안에 들어갈 기술을 적어 넣으시오.

① 경청하기

② 질문하기

③ 공감하기

④ (　　　　　　　　　　)

학습정리

1. 대인관계능력은 직장생활이나 조직생활에서 협조적인 관계를 유지하고 조직 구성원들에게 도움을 줄 수 있으며, 조직 내부 및 외부의 갈등을 원만히 해결하고 고객의 요구를 충족시켜 줄 수 있는 능력이다.

2. 인간관계를 형성할 때 상대가 어떤 말을 하고 어떻게 행동하느냐보다는 그 사람의 됨됨이를 먼저 보게 된다. 우리의 말이나 행동이 피상적이라면 상대방도 이중성을 감지하게 되고, 깊은 내면에서의 행동과 말이라 할지라도 상대는 느낄 것이다.

3. 대인관계에 있어서 정말로 중요한 기법이나 기술은 독립적인 성품으로부터 자연스럽게 나오는 것이어야 한다.

4. 대인관계를 향상시키는 방법으로는 상대방에 대한 이해와 양보와, 사소한 일에 대한 관심, 약속이행, 칭찬하고 감사하는 마음, 언행일치, 진지한 사과 및 비언어적 대인관계 기술과 언어적 대인관계 기술이 있다.
비언어적 대인관계 기술은 밝은 얼굴 표정과 눈 맞춤, 몸동작(신체언어), 가까운 거리 유지, 마주보고 앉기 및 같은 공간에 머무르기 등이다.
언어적 대인관계 기술은 경청하기, 질문하기, 공감하기, 상호 간에 신뢰 · 존중하기이다.

제2장

팀워크능력

학습목표

구분	학습목표
일반목표	직장생활에서 다른 구성원들과 목표를 공유하고 원만한 인간관계를 유지하며, 자신의 역할을 이해하고 책임감 있게 업무를 수행하는 능력을 기를 수 있다.
세부목표	1. 팀과 팀워크의 개념과 특성을 알 수 있다. 2. 팀워크의 발달의 중요성을 알 수 있다. 3. 멤버십의 의미를 설명할 수 있다. 4. 팀워크 촉진 방법을 활용할 수 있다. 5. 팀워크 촉진을 위한 게임 방법을 활용할 수 있다.

1. 팀과 팀워크의 개념과 특성
2. 팀워크 발달의 중요성
3. 멤버십과 팔로워십의 의미
4. 팀워크 촉진 방법
5. 팀워크 촉진을 위한 게임 방법

 주요용어 정리

팀

팀(Team)	
T	Together
E	Everyone
A	Achieve
M	More

팀워크

팀워크[Teamwork(Team+Work)]는 조직체의 구성원 간의 협동 동작 · 작업, 또는 그들의 연대(連帶). 팀의 성원(成員)이 공동의 목표를 달성하기 위하여 각 역할에 따라 책임을 다하고 협력적으로 행동하는 것을 이르는 말이다.

멤버십

목표 또는 과업의 달성을 위해 고도의 상호보완성으로 연결된 집단의 구성원으로서의 자격을 갖는 것이다.

1. 팀과 팀워크의 개념과 특성

1) 팀

팀(Team)이란 상호보완적인 능력을 가진 구성원들이 공동의 목표 달성을 위해 공동으로 작업하고 그 결과에 대해 공동 책임을 지는 집단이다. 집단과 같은 개념으로 쓰이기도 하는 팀은 작은 팀을 의미하며 엄밀히 말해서 집단과 상이하다. 팀은 부서 또는 조직의 목적에 관련된 공동의 목적을 달성하기 위한 협력적인 사람들의 집단이고, 조직에 의해 의사결정과 목적 설정에서의 참여 등의 권한이 공식적으로 부여된, 즉 권한과 책임이 위양된 집단이라고 할 수 있다. 팀 구성원의 역할과 다양성은 구성원들 간의 유사짐 및 차이짐으로 구분되어 딤 행동에 영향을 미친다. 경영자가 팀 구성원들의 기본적인 성격이나 특성 등을 바꿀 수 없으며, 이러한 역할들은 공식적으로 과업 지향적 역할, 관계 지향적 역할, 자기 지향적 역할로 구분한다. 각 구성원들은 시간이 지남에 따라 이러한 역할을 수행할 수 있는 잠재력을 가지게 된다.

과업 지향적 역할 팀은 팀 구성원들의 과업과 관련하여 의사결정을 촉진 · 조정하며 관계 지향적 역할 팀은 팀 중심의 감정과 사회적 상호작용을 구축하려고 한다. 그리고 자기 지향적 역할 팀은 집단을 희생시키는 행동을 유발한다. 효과적인 팀은 대부분 과업 지향적인 역할을 모두 수행할 수 있는 구성원들로 이루어진다. 그리고 높은 가치를 인정받는 구성원들은 상대적으로 팀 내에서 높은 지위를 차지하고 있다. 팀은 보통 그 구성원들이 서로 보충적인 기술들을 보유하며, 공동의 업무수행을 통하여 개인의 강점을 최대화시키고, 약점은 최소화하여 시너지 효과를 만들어 낸다. 그러므로 팀 구성원들은 다른 구성원들과 서로 돕는 방법을 배워야 하고, 다른 구성원들이 자신의 진정한 잠재력을 깨달을 수 있도록 도울 수 있어야 하며, 모든 이들이 자신의 한계를 넘어설 수 있도록 환경을 조성할 수 있어야 한다.

〈표 2-1〉 팀의 종류와 특징

팀 종류	팀의 특징
비공식적팀	네트워크 디자인 조직으로도 불리는 독립적인 과업을 수행하는 개인이 서로 협력이 필요할 때 수시로 업무를 처리하거나 필요한 정보를 교환하는 조직이다.
공식적팀	팀이 지속되는 정도와 팀의 기본과제가 기업 활동의 기본적 활동인가 아니면 개선이나 문제해결을 위한 곳이냐에 따라서 여러 가지 형태로 구분이 가능하다.
프로젝트팀	업무 성격상 기존조직의 형태를 유지하면서 특수한 목적에 따라 프로젝트나 특수 업무를 수행하기 위해 별도로 조직하는 형태의 개발연구만을 담당하는 연구소 조직형으로 구분한다.
작업팀	제품을 생산하거나 서비스를 창출하는 등 기업의 지속적이고 기본적인 과업을 수행하기 위해 문제점을 분석하고 이를 해결하기 위하여 임시적으로 운용하는 팀이 여기에 속한다.
병렬형팀 1	한시적으로 운영되는 팀으로, 예를 들면 특정지역의 재난으로 인한 항만파괴로 발생한 물류문제를 해결하기 위하여 문제점을 분석하고 이를 해결하기 위해 임시적으로 운용되는 팀이 있다.
병렬형팀 2	병렬형팀 1보다 비교적 자율적으로 운영되고 팀의 존속기간이 길다.
문진형팀	팀 조직이 형태를 납작하게 설계하여 운영하는 형태이다.
대부대과형팀	기존의 조직 명칭만을 바꾸고 조직을 일부 슬림화시켜 축소한 형태로 성공적인 대부대과형 팀제의 경우, 구조의 형태보다 운용 측면이 중요하며 기존 조직과 현저하게 차이가 난다.
혼합형팀	동일한 팀 형태로 전체적으로 통일시켜 일률적으로 운영하지 않고 각각의 부서의 특성에 따라 다양한 형태의 팀을 도입하는 경우이다.
자율경영팀	팀 구성원은 스스로 생산결정을 하고 관리하도록 권한을 부여받는다. 단 구성원 스스로 팀장을 선정하지 못하고 기존의 리더가 그 역할을 수행할 때 이런 팀을 준자율경영팀이라고 한다.
완전자율경영팀	자율경영팀의 특징과 권한을 가질 뿐 아니라 팀 자체에 대한 설계, 즉 팀의 수행과업의 결정권, 팀의 구성 권한까지 갖고 있는 팀의 유형이다.

이러한 팀의 정의들 가운데 공동적으로 강조하는 측면은 팀이란 과업과 관련하여 명확히 정의된 공동의 목표를 성공시키기 위해서 상호보완적으로 일하는 개인들이 모인 집단이라는 점이다. 집단은 단순한 개인들의 집합체로 인식하면서 암묵적으로 공동의 목표를 추구할 수 있는 기초가 된다고 보며, 팀은 처음부터 특정한 목표를 달성하기 위하여 이루어진 집단으로 의미를 구분할 수 있다. 결론적으로 모든 팀은 집단이 될 수 있으나 모든 집단을 팀으로 볼 수는 없다.

팀과 집단 간 정도의 차이를 보면 다음과 같다.

① 팀은 집단보다 구성원 간의 정체성이 강하다.
② 팀은 집단보다 공동목적이나 과업을 가지고 있다.
③ 팀은 집단보다 과업에 대한 의존도가 높다.
④ 팀의 구성원들은 집단의 구성원들보다 차별화·전문화된 역할수행을 잘 한다.

2) 팀워크

'팀워크(Teamwork)'란 구성원이 공동의 목적을 달성하기 위하여 상호관계성을 가지고 서로 협력하여 업무를 수행하는 것을 말한다(Teamwork = Team + Work). 팀은 단순히 구성원들의 집합만이 아니고 공동의 목표를 가지고 상호의존적으로 일한다는 기본 속성을 가지고 있기 때문에 팀의 효과성을 높이기 위해서는 팀 내의 자원들이 원활히 기능할 수 있어야 한다. 이것을 가능하게 하는 것의 중요한 요인이 팀원들 간의 팀워크이다.

여기에서 볼 수 있듯이 팀워크의 정의는 팀(team)과 일(work)이라는 키워드를 지니고 있다.

단순히 모이는 것을 중요시하는 것이 아니라 목표 달성의 의지를 가지고 성과를 내는 것이며, 또한 팀워크란 공동의 목표 달성을 위해 상호보완적인 능력을 가진 구성원들이 관계성 있는 공동 작업을 통해 시너지를 창출하고, 그 결과에 대해 공동 책임을 지는 일단의 그룹이며 구성원 자신들이 상호 간에 책임을 질 수 있는 공동의 목적과 수행목표와 추진방법에 전념하기로 한 소수의 상호 보완적인 기술을 가진 사람의 모임이 바로 팀워크이다.

상호보완이란 사회 속에서 이루어지는 개인들 및 집단 간의 관계이며 두 가지의 특성을 가진다. 첫째, 공유하고 있는 문화 혹은 상징을 밑바탕으로 하여 발생하며, 둘째, 사회적 상호작용이 일정기간 동안 지속적으로 일어나면 그것은 어떤 형태로든 유형화되어 사회구조를 이루게 된다.

사회구조는 사회체계의 부분들, 혹은 사회의 구성요소들이 상호의존적 또는 상호 관련되어 있는 양상을 말한다. 사회구조의 가장 중요한 요소로는 규범, 지위, 역할, 집단, 제도 등이 있다. 사회적 상호작용의 유형에는 협동, 경쟁, 갈등 등이 있다. 협동적 상호작용이란 동일한 목표를 달성하기 위하여 여러 사람이 공동으로 업무를 분담하거나 서로 돕는 상태를 말한다. 즉, 무거운 짐을 운반하는 것이나, 축구경기에서 승리하기 위해서 팀의 소속원들이 서로 잘하려고 애쓰는 것, 사람들이 안전한 통행을 위하여 교통신호를 따르는 것과 같은 것이 그 예이다.

팀워크의 정의는 학자들마다 다양하게 제시되었다. 이것을 이해하는 것이 팀워크를 향상시키는 데 첫 번째 단계라 할 수 있다. 팀워크에 대한 정의는 다음과 같이 내릴 수 있다.

〈표 2-2〉 팀워크의 개념적 정의

연구자	팀워크의 개념적 정의
샌드스톰 (Sandstom, 1990)	조직의 특정 목표에 대하여, 책임을 공유하는 상호 의존적 개인들의 모임
숀크(Shonk, 1992)	공동의 목표를 달성하기 위해 형성된 사람들의 모임
카첸과 스미스 (Katzen & Smith, 1993)	상호보완적인 기능을 가진 소수의 사람이 공동의 목표를 달성을 위해 상호 책임을 공유하고 문제해결을 위한 공동의 접근방법을 사용하는 조직단위
코헨과 레드포드 (Cohen & Ledford, 1994)	전체적인 업무에 대한 자기 규제가 가능한 상호보완적인 개인들의 집단
휴스크조 (Huszczo, 1996)	둘 이상의 사람들이 공동의 목적을 달성하기 위해 서로 상호작용하는 조직
유키 (Yuki, 2004)	구성원들이 공동의 목적, 상호 의존된 역할 그리고 서로를 보완해주는 기술을 가지고 있는 소규모 과제 집단
김병목(2005)	공동의 목표와 상호 의존적으로 일하는 사람들이 모인 집단

출처: 구동우(2009)에서 재인용.

3) 집단과 응집력

집단이란 “많은 사람이나 물건이 모여서 무리를 이룬 형태”라고 정의된다. 따라서 동일한 관심을 가지고 모여 일관되고, 획일적인 활동을 하는 사람들의 집합을 집단이라고 한다. 집단은 2인 이상의 집합체로서 일정한 성원이 있고 서로가 동일한 무리에 소속되어 있다는 집단의식과 공동의 목적이나 관심사가 있으며, 이들 목적 성취에 있어 상호 의존적이며, 의사소통, 인지 그리고 반응을 통하여 상호작용하며, 단일한 행동을 할 수 있는 능력이 있는 모임을 지칭한다. 또한 집단의 역할에 있어서 중요한 결과를 초래하는 모임이나 개인 성원들의 행동을 규제하는 가치와 규범들로 이루어져 있는 사회단위 등으로 정의할 수 있으며, 규모, 구조, 속성, 목적 등의 기준으로 분류한다고 한다.

팀과 유사한 개념으로 가장 많이 이루어진 개념은 집단응집력이다.

집단응집력(group cohesiveness)은 레빈(K. Lewin)이 창설한 그룹 다이나믹스(Group Dynamics)에서 집단의 통합을 나타내는 용어로 처음으로 사용하였다. 페스팅거(Festinger)는 집단응집력을 집단에 계속 머물러 있도록 구성원들에게 작용하는 모든 힘들의 합력(resultant force)으로 정의하였다.

집단응집력이란 한 집단의 구성원들이 서로를 신뢰하고, 집단의 일원으로 자부심을 느끼며, 집단의 일원으로서 계속적으로 존재하고 싶어 하는 정도를 의미하는 것으로 응집력이 높은 집단의 구성원들은 유대가 강하고, 구성원 상호 간의 행위에 서로 많은 영향을 주고받으며, 집단 활동에 보다 적극적으로 참여하는 경향이 있다.

그렇다면 응집력과 팀워크는 어떤 차이가 있을까? 응집력은 "사람들로 하여금 집단에 머물도록 만들고, 그 집단의 멤버로서 계속 남아 있기를 원하게 만드는 힘"이라 할 수 있다. 즉, 팀이 성과는 내지 못하면서 분위기만 좋은 것은 팀워크가 좋은 것이 아니고 응집력이 좋은 것이다.

팀워크	응집력
팀 구성원이 공동의 목적을 달성하기 위해 상호 관계성을 가지고 서로 협력하여 일을 해 나가는 것	사람들로 하여금 집단에 머물도록 만들고 그 집단의 멤버로서 계속 남아 있기를 원하게 만드는 힘

응집력이 높은 집단의 특징은 ① 집단의 목적과 개인의 목적이 일치하고, ② 지도자의 리더십이 효과적으로 발휘되며, ③ 집단의 과업을 효과적·효율적으로 달성한다. 또한, ④ 집단성원 간의 의사소통이 원활하게 이루어지고, ⑤ 상호 신뢰하고 협동하여 집단의 성장과 발전에 장애가 되는 방해요인들을 성공적으로 극복하며, ⑥ 강한 동질감을 느끼고 목표 달성에 적극적이고 개방적이다.

사례 예시

코치 카터(Coach Carter)

'코치 카터'는 2005년에 개봉된 실화를 바탕으로 한 영화로, 캘리포니아 주에서 가난한 흑인들이 거주하는 리치몬드 고등학교 농구부를 중심으로 만든 이야기이다. 그 지역의 흑인 아이들은 대부분 학업을 중단하고 반항적이고 제멋대로인 아이들이 많은 곳이었는데 그곳 리치몬드 고등학교에 졸업생이자 농구 스타인 켄 카터가 코치로 부임하였다. 그때부터 4년째 최하위 팀에 머물고 있는 리치몬드 고등학교 농구부를 다시 옛날의 영광을 되찾게 하기 위한 카터의 노력이 시작된다.

카터 코치는 아이들의 농구 성적뿐 아니라 희망이 없는 아이들의 인생을 찾아 주기 위하여 노력을 하며 모두가 반대하는 성적을 올리기 위하여 학부모와의 투쟁을 하며 농구팀을 이끌어 나갔다.

카터 코치는 경기에 이겼지만 운동만 하고 뒷자리에서 잡담만 하는 학생은 현명한 선수가 되기 힘들다는 생각과, 학생들이 뜻대로 풀리지 않으면 앞날을 장담할 수 없다는 생각에서 체육관의 문을 잠그고 학생들에게 공부할 것을 강요한다. 운동만 잘하면 된다는, 공부하지 않는 것을 무슨 특혜인 양 행동하는 학생들의 사고를 바꾸기 위함이었다. 그러나 체육관 문을 잠그는 일이 알려지면서 학부모들의 반대와 학생들의 반발에 부딪친다. 카터는 학부모와 학생들이 원한다면 코치직을 그만두겠다는 말을 하며 자신이 가진 통솔력과 강한 카리스마로 설득을 하였으나 결국 투표에서 물러나라는 결정이 내려졌고, 카터 코치는 자신의 물건을 가지러 체육관에 들어가서는 놀라운 광경을 목격한다. 학생들이 체육관에서 책상을 놓고 공부를 하고 있었던 것이다.

학생들이 코치의 마음을 이해하고 코치의 열정에 마음을 열어 하나의 팀으로 뭉친다. 운동에서든, 공부에서든 한마음을 가지는 팀워크를 형성하였기에 농구의 승리뿐 아니라 인생의 승리도 함께 이루게 된 것이다. 그 후 리치몬드 농구부에서는 기적적인 일들이 일어났다.

탐구활동

✎ 팀과 팀워크란 어떤 개념인지 각자의 생각을 적어 보시오.

팀과 팀워크의 개념

✎ 우리는 흔히 팀워크를 응집력이라 표현하기도 한다. 팀워크와 응집력의 차이에 대하여 각자의 생각을 적어 보시오.

팀워크	응집력

✎ 자신이 생각하는 팀워크는 무엇이라고 생각하는지를 자유롭게 적어 보시오.

Tip

당신이라면 거뜬히 해낼 수 있는 일을 팀원 가운데 한 명이 못 해내서 씨름하고 있다고 가정해 보자. 그때 당신이 나서서 완벽하게 일을 해결하는 것은 오히려 상황을 악화시킬 수 있다. 그러한 행동은 오히려 그 사람 스스로 인지하고 있는 부족함을 더 각인시킬 뿐이다. 이렇게 하기 전에 그 사람에 대한 이해심으로 접근을 해 보자. "사실은 나도 너처럼 잘 되지 않았어. 걱정하지 마. 처음 몇 번 만에 되는 사람은 없으니까. 내가 이렇게 되기까지 연습의 힘이었어."와 같이 접근하는 것이 현명하다.

팀워크란 몇 가지 원칙들을 오랜 기간에 걸쳐 꾸준히 실천할 수 있느냐의 문제로 귀착된다. 팀의 성공여부는 잘 짜인 이론을 숙달하는 데 달려 있는 것이 아니라, 꾸준한 연습과 인내심을 가지고 이 원칙들을 실천에 옮기는 것이다.

한 사람의 능력으로 처리할 수 있는 일은 극히 드물다. 100에 10~20도 안 된다. 나머지 80~90은 팀의 협력과 공존을 통해서 이룰 수 있다. 자기 잘난 맛에 사는 사람, 팀과 조직의 분위기를 해치는 사람, 타인과 협력하지 못하고 소화를 이루지 못하는 사람은 결코 성공할 수 없으며 어디를 가도 환영받지 못한다. 많은 기업들이 팀워크와 조직의 화합을 강조하는 것은 경쟁과 협력을 통하여 사람은 성장해 나가기 때문이다.

학습평가

정답 및 해설 p. 383

※ 다음 문장을 읽고 내용이 맞으면 ○, 틀리면 × 표시를 하시오.

1. 팀워크란 팀 구성원이 공동의 목적을 달성하기 위해 상호관계성을 가지고 협력하여 일을 해 나가는 것을 의미한다. (　　)

2. 팀워크란 사람들로 하여금 집단에 머물도록 만들고 그 집단의 멤버로서 계속 남아 있기를 원하게 만드는 힘을 의미한다. (　　)

3. 팀워크를 위해서는 공동의 목표의식과 상호 신뢰가 중요하다. (　　)

4. 효과적인 팀워크를 형성하기 위해서는 명확한 팀 비전과 목표설정을 공유하여야 한다. (　　)

5. 집단 응집력이란 한 집단의 구성원들이 서로를 신뢰하고, 집단의 일원으로 자부심을 느끼며, 집단의 일원으로서 계속적으로 존재하기를 원한다. (　　)

※ 괄호 안에 알맞은 말을 넣으시오.

6. (　　　　　　) : 팀이 지속되는 정도와 팀의 기본과제가 기업 활동의 기본적 활동인가 아니면 개선이나 문제해결을 위한 곳이냐에 따라서 여러 가지 형태로 구분이 가능하다.

7. (　　　　　　) : 제품을 생산하거나 서비스를 창출하는 등, 기업의 지속적이고 기본적인 과업을 수행하기 위해 문제점을 분석하고 이를 해결하기 위하여 임시적으로 운용하는 팀이 여기에 속한다.

8. (　　　　　　) : 동일한 팀 형태로 전체적으로 통일시켜 일률적으로 운영하지 않고 각각의 부서의 특성에 따라 다양한 형태의 팀을 도입하는 경우를 말한다.

9. (　　　　　　) : 자율 경영팀의 특징과 권한을 가질 뿐 아니라 팀 자체에 대한 설계, 즉 팀의 수행과업의 결정권, 팀의 구성 권한까지 갖고 있는 팀의 유형이다.

10. (　　　　　　) : 업무 성격상 기존조직의 형태를 유지하면서 특수한 목적에 따라 프로젝트나 특수 업무를 수행하기 위해 별도로 조직하는 형태의 개발연구만을 담당하는 연구소 조직형으로 구분한다.

2. 팀워크 발달의 중요성

먼저 팀워크의 중요성을 이해하기 위해서는 팀워크에 대한 업무수행이 대규모 그룹 조직 속에서 개개인이 발휘하는 업무성과보다 왜 월등한 것인지, 조직 효율성에는 어떠한 유효성을 가지고 있는지를 살펴보자(김희곤, 2010). 개인이 갖고 있는 기술이나 경험보다 훨씬 월등한 상호보완적인 경험과 기술을 동원하여 조직 유효성을 높일 수 있으며 팀의 광범위한 기술과 노하우를 합치면 다면적인 문제에 유효하게 대응할 수 있게 됨으로써 급변하는 환경에 신속하고 탄력적으로 대응할 수 있는 조직의 유연성을 높여 준다. 또한 팀의 유효성은 생산성의 증대, 품질의 증가, 직무만족과의 연계, 직장생활의 질 향상, 비용의 절감, 이직과 결근율의 감소, 갈등의 해소, 혁신의 증대, 그리고 조직의 적응력과 유연성을 향상시키는 도구이다.

팀워크는 경제적 · 행정적 측면을 보강하는 독특한 사회적 요인을 제공하며, 팀워크가 제대로 이루어진다면 팀의 구성원이 업무수행 시 나타내는 여러 장애를 극복하기 위해 열심히 노력하게 되어 팀에 참여한 사람과의 상호 신뢰와 자신감을 구축하여 팀원 간의 불만과 부서의 이기적인 요인이 타파되어 업무에 대한 상승효과를 가져온다. 또한 행동의 변화도 팀워크란 배경 속에서 적극적으로 일어난다.

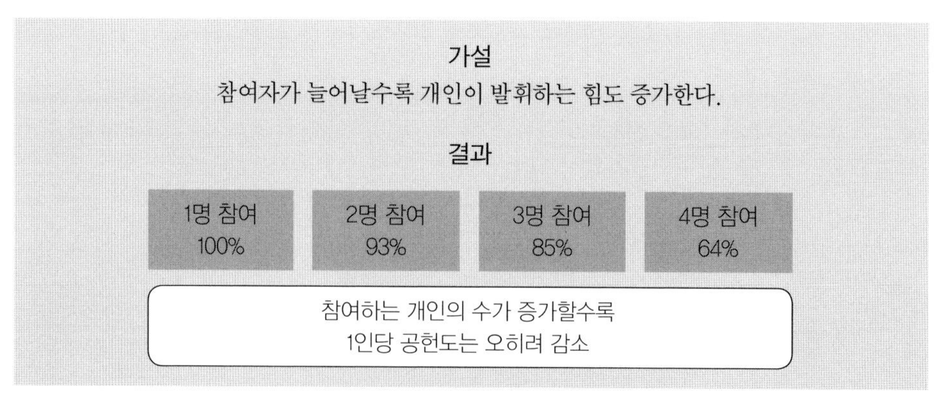

[그림 2-1] 링겔만의 줄다리기 실험

독일의 맥시밀리언 링겔만(Maximilien Ringelmann)의 줄다리기 실험에 따르면, 참여자 수가 100%라고 할 때, 인원이 늘어날 때마다 개인의 힘이 늘어나는 것이 아니라 줄어들었다고 한다.

이처럼 어떤 일을 수행함에 있어서 참여하는 수가 늘어날수록 각 개인별 공헌도가 떨어지는 현상을 링겔만 효과라고 한다. 자신의 존재감을 인식하지 못하고, '나 하나쯤이야.'라는 생각이 회사에 침투할 경우 업무에 최선을 다하지 않는 무임 승차자들이 늘어 조직의 분위기가 악화되고, 생산성이 저하되는 부작용이 나타날 수 있다.

이런 링겔만 효과를 시너지 효과로 바꾸려면 직원 개개인의 자부심을 제고하여야 하며 공정한 평가와 팀워크가 구축되어야 한다. 더더욱 중요한 것은 개개인의 진정한 배려심과 이해심, 존중하는 마음이 있어야 하며, 구성원 모두가 주인의식을 가지고 업무에 임하여야 한다.

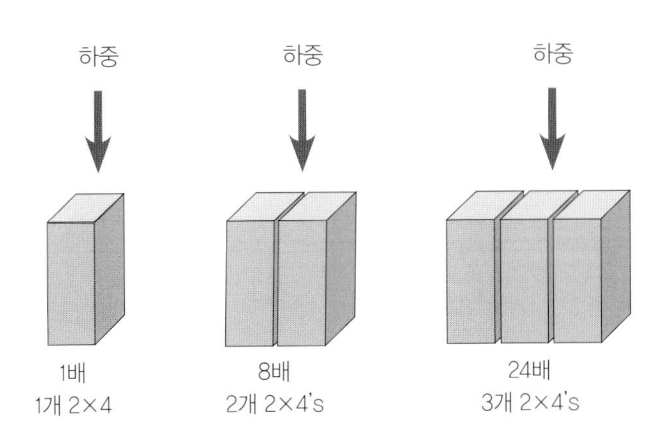

[그림 2-2] 시너지 효과(s: 시너지 효과)

아프리카 원주민의 속담에서도 "빨리 가려면 혼자 가고 멀리 가려거든 함께 가라."는 말이 있다. 빌 게이츠는 "팀 협력은 성공을 위한 담보이다. 팀의 협력을 중시하지 않는 기업은 성공할 수 없다."라며 큰 성공은 팀이 만들고 작은 성공은 개인이 만든다고 하였고, 성공의 비결은 팀워크라는 말을 하였다. 이는 모두 팀워크를 강조하고 있는 말이다.

한 조직의 성공은 리더 개인의 지혜와 능력에 의한 것이기도 하지만, 더욱 중요한 것은 팀의 역량과 지혜이다. 성공한 대다수의 조직에서 관리자의 공헌은 20%를 넘지 않는다. 어떠한 조직의 성공은 모두 개인이 아닌 팀에 달려 있다. 가장 훌륭한 CEO는 팀 구축을 통해 꿈을 이루는 사람이다. 즉, 경영의 성공은 개인의 용맹과 전진과 고군분투가 아니라 부하 직원을 통솔해 함께 나아가는 것이다.

1) 효과적인 팀의 특성과 특징

NCS직업기초능력에서 효과적인 팀이란 팀 에너지를 최대로 활용하는 고성과 팀으로, 팀원들의 감정을 잘 인식하고 이들 강점을 잘 활용하여 팀 목표를 달성하는 자신감에 찬 팀이다. 효과적인 팀은 또한 업무지원과 피드백, 그리고 동기부여를 위해 구성원들이 서로 의존하는 팀이다. 한마디로 말해서 효과적인 팀은 다른 팀보다 뛰어나고 공통적으로 어떤 핵심적인 특징을 가지고 있다. 팀은 공동의 목적과 목표가 있어야 하고, 역할 분담, 독립성과 상호 의존성 및 공동책임을 질 줄 알아야 한다.

효과적인 팀의 핵심적인 특징은 다음과 같다.

- 팀의 사명과 목표를 명확하게 기술한다.

팀은 명확하게 기술된 목적과 목표를 가질 필요가 있다. 이는 지금 당장 해야 할 일을 이해할 뿐만 아니라 팀이 전체적으로 초점을 맞추고 있는 부분을 이해하는 것이다. 목표와 목적을 공유하면, 팀원들은 팀에 헌신하게 된다. 따라서 효과적인 팀의 리더는 팀의 목표를 규정하는 데 모든 팀원을 참여시킨다.

- 창조적으로 운영된다.

실험정신과 창조력은 효과적인 팀의 중요한 지표이다. 이러한 팀은 서로 다른 업무수행 방식을 시도해 봄으로써 의도적인 모험을 강행한다. 실패를 두려워하지 않으며, 새로운 프로세스나 기법을 실행할 수 있는 기회를 추구한다. 또한 효과적인 팀은 문제를 다루거나 결정을 내릴 때 유연하고 창조적으로 행동한다.

• 결과에 초점을 맞춘다.

필요할 때 필요한 것을 만들어 내는 능력은 효과적인 팀의 진정한 기준이 된다. 효과적인 팀은 개별 팀원의 노력을 단순히 합친 것 이상의 결과를 성취하는 능력을 가지고 있다. 이러한 팀의 구성원들은 지속적으로 시간, 비용 및 품질 기준을 충족시켜 준다. '최적 생산성'은 바로 팀원 모두가 공유하는 목표이다.

• 역할과 책임을 명료화한다.

효과적인 팀은 모든 팀원의 역할과 책임을 명확하게 규정한다. 팀원 각자는 자신에게 기대되는 바가 무엇인지를 잘 알고 있으며 동료 팀원의 역할도 잘 이해하고 있다. 효과적인 팀은 변화하는 요구와 목표 그리고 첨단 기술에 뒤처지지 않도록 역할과 책임을 새롭게 수행한다.

• 조직화가 잘 되어 있다.

조직적인 팀은 출발에서부터 규약, 절차, 방법을 명확하게 규정한다. 잘 짜인 구조를 가진 팀은 자체적으로 해결해야 하는 모든 업무과제의 요구에 부응할 수 있다.

• 개인의 강점을 활용한다.

스포츠 팀의 코치는 운동선수가 지닌 역량을 끊임없이 파악한다. 이와 마찬가지로 효과적인 팀의 리더는 팀이 지닌 지식, 역량 및 재능을 정기적으로 파악한다. 팀 리더는 팀원의 강점과 약점을 잘 인식하며, 따라서 팀원 개개인의 능력을 효율적으로 활용한다.

• 리더십 역량을 공유하며 구성원 상호 간에 지원을 아끼지 않는다.

효과적인 팀은 팀원 간에 리더십 역할을 공유한다. 이러한 팀은 모든 팀원에게 각각 리더로서 능력을 발휘할 기회를 제공한다. 또한, 팀의 공식 리더가 팀 노력을 지원하고 팀원 개개인의 특성을 존중하기 때문에 팀원들은 감독자의 역할을 충분히 이해할 수 있다.

• 팀 풍토를 발전시킨다.

효과적인 팀의 구성원은 높은 참여도와 집단 에너지(즉, 시너지)를 갖고서 열정적으로 함께 일한다. 팀원들은 협력하여 일하는 것이 더욱 생산적이라고 느끼며 팀 활동에 흥미와 원기를 회복시킨다고 본다. 이러한 팀은 고유한 성격을 더욱 발전시켜 나간다.

• 의견의 불일치를 건설적으로 해결한다.

어떤 팀에서든 의견의 불일치는 발생한다. 그러나 논쟁은 나쁘거나 파괴적이지만은 않다. 논쟁이 있어야 팀에 발전도 있으며 발전적인 팀은 갈등이 있을 때 이를 개방적으로 다룬다. 팀원은 갈등의 소재를 인정하며, 상호 신뢰를 바탕으로 솔직하게 토의함으로써 갈등을 해결한다.

• 개방적으로 의사소통한다.

효과적인 팀의 구성원들은 서로 직접적이고 솔직하게 대화한다. 팀원 각자는 상대방으로부터 조언을 구하고, 상대의 말을 충분히 고려하며, 아이디어를 적극적으로 활용한다.

• 객관적인 결정을 내린다.

효과적인 팀은 문제를 해결하고 의사결정을 하는 데 있어 잘 정리되고 전향적인 접근 방식을 갖추고 있다. 결정은 합의를 통해 이루어진다. 따라서 모든 사람들은 내려진 결정을 준수하고 기꺼이 이를 지원하고자 한다. 팀원들은 어떠한 결정에 대해서든 각자의 생각을 자유롭게 개진한다. 이를 통해 결정을 명확하게 이해하고 수용하며, 상황별 대응계호기(예비계획)를 마련한다.

• 팀 자체의 효과성을 평가한다.

팀은 자체의 운영방식에 대해 일상적으로 점검할 필요가 있다. '지속적인 개선'과 '전향적 관리'는 효과적인 팀의 운영원리이다. 따라서 만약 업무수행에 문제가 발생하더라도 심각한 상태가 되기 전에 해결할 수 있다.

팀을 구축했다고 해서 자동적으로 생산성이나 성과가 향상되는 것은 아니다. 오히려 이러한 팀은 최고 경영층에게 실망을 가져다주는 결과를 보여 줄 수도 있다.

높은 성과를 보이는 팀은 수행해야 할 목표에 대한 명확한 이해와, 그러한 목표의 달성에 가치가 있고 중요한 의미를 가지고 있다는 신념을 가지고 있다. 더욱이 이러한 목표의 중요성은 개인의 관심을 팀의 목표로 승화시킬 수 있다. 효과적인 팀에서는 구성원이 팀의 목표를 정확히 이해하고 그것에서 성취하고자 하는 것이 무엇인지 알고 있고, 이러한 목표를 향해 어떻게 협력할 것인가를 이해하고 있다.

2) 팀의 발달 단계

팀의 발달은 일반적으로 예측 가능한 팀원들의 소속감이나 효율적인 팀의 발전을 위하여 단계가 필요하다. 터크먼(Bruce W. Tuckman)은 형성기, 격동기, 규범기, 성취기, 휴식기의 5단계로 구분하였다.

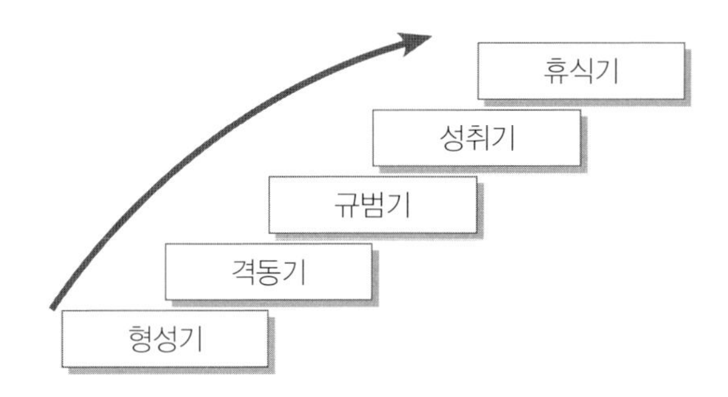

(1) 1단계: 형성기(forming)

먼저 형성기 단계에서 팀원들은 안전하고 예측할 수 있는 행동에 대한 안내와 지침이 필요하기 때문에 리더에게 상당히 의지한다. 팀원들은 팀에서 인정받기를 원하며, 다른 팀원들을 신뢰할 수 있는지 확인하고 싶어 한다. 그들은 팀에 대한 기대를 형성하면서 팀원들 사이의 유사성과 논쟁을 피하기 위해 단순하게 유지되며, 심각한 주제들과 생각들에 대한 논의는 회피한다. 팀원들은 서로에게뿐만 아니라 과제에 몰두하기 위해 노력한다. 논의는 주로 과제의 범위를 정하고, 그것에 접근하는 방법에 집중하여 이루어진다.

여기서 다음 단계로 성장하기 위해 팀원들은 비위협적인 주제에 안주할 생각을 접고 마찰의 가능성을 각오해야 한다.

(2) 2단계: 격동기(storming)

격동기 단계의 특징은 경쟁과 마찰이다. 팀원들이 과제를 수행하기 위해 체계를 갖추게 되면서 필연적으로 마찰이 일어난다. 개인은 그룹의 기준과 기대에 맞추기 위해 고집을 꺾고, 그들의 아이디어, 태도, 감정, 믿음이 어우러지게 해야 한다. 팀원 간의 마찰이 그룹의 문제로 표면화될 수도 있고 아닐 수도 있지만, 그것은 존재하기 마련이다.

어떤 일에 대한 책임을 누가 질 것인지, 규칙은 무엇인지, 보상체계는 어떠한지, 그리고 평가기준은 어떻게 되는지에 대한 질문들이 제기될 것이다. 따라서 리더십, 구조, 권한, 권위에 대한 문제 전반에 걸쳐서 경쟁심과 적대감이 나타난다.

다음 단계로 전진하기 위해 팀원들은 시험과 검증의 자세에서 문제해결의 자세로 바꿀 수 있는 길을 찾아야 한다. 그렇게 될 수 있도록 돕는 가장 효과적인 도구는 효과적으로 경청하고 의사소통을 할 수 있는 능력이다.

(3) 3단계: 규범기(norming)

규범기 단계에 이르면 인간관계에 더욱 응집력이 생긴다. 팀원 전체의 기여에 대해 더 잘 이해하고 인정한다. 공동체 형성과 팀의 문제해결에 더욱 집중한다. 다른 팀원들과 의견이 엇갈릴 때는 개인적인 사심 또는 고집을 버리고 적극적으로 논의하며, 리더십이 공유되고 파벌이 사라지기 시작한다. 팀원들이 서로를 알게 되고 파악하기 시작하면 신뢰수준이 향상되고, 이는 단결력을 심화시켜 준다. 팀원들은 상호 간의 마찰을 해결함에서 얻는 만족감과 공동체 의식을 경험하기 시작한다.

이 단계에서도 가장 중요한 가능은 팀원 간의 의사소통이다. 솔직하게 감정과 생각을 나누고, 서로 간에 피드백을 주고 요청하며, 과제와 관련된 대처사항들을 체계적으로 조사하기 시작하면서 창의력과 생산성이 왕성해진다. 솔직한 의사소통과 응집력이 어우러지는 이 단계에 이르면, 팀원들은 팀의 일부라는 것에 대해 만족해한다.

(4) 4단계: 성취기(performing)

모든 팀들이 성취기 단계에 이르는 것은 아니다. 팀원들이 이 지점으로 전진하기 위해 그들의 역량과 인간관계의 깊이를 확장함으로써 진정한 상호의존성을 달성할 수 있어야 한다. 동등한 효율성을 발휘하는 팀 또는 총체적인 단위로서 독립적으로 일할 수 있도록 말이다. 그들의 역할과 권한들이 팀과 팀원 개개인들의 변화 욕구에 역동적으로 따라 주어야 한다. 이것이 가장 생산적인 팀의 모습이다.

생산적인 팀에서는 팀원들이 스스로 책임을 지게 되고, 전체의 인정을 받으려는 욕구는 더 이상 중요하게 생각되지 않는다. 팀원들은 대단히 과제 지향적이자 인간 지향적이며, 조화를 이루고 사기 충전하며 팀으로서의 충성심을 보여 준다. 전체적인 목표는 문제해결과 일을 통한 생산성이며, 이는 팀이 이룰 수 있는 최적의 단계로 이끌어진다.

(5) 5단계: 휴식기(adjourning)

팀은 계획된 바에 따라 휴식단계로 들어갈 수도 있고 임의적으로 휴식단계에 다다를 수도 있다. 계획된 경우란 집단 및 개인이 설정한 목표를 완수했거나 시간과 재원을 모두 소진한 경우이다. 이와 반대로 임의적인 휴식은 집단의 상호작용이 더 이상 계속될 수 없도록 만드는 예기치 않은 문제가 야기되었을 때 일어난다. 집단이 실패를 거듭하게 되면 구성원들이나 어떤 외부의 힘이 그 집단을 유지하는 것이 시간과 재원의 낭비라고 규정지을 수도 있다. 만약 집단이 성원들의 사회적 욕구와 대인욕구를 충족시켜 주지 못하면 구성원들은 일거에 해당 집단을 버리고 다른 집단으로 이동하게 될 것이다.

한편, 훌륭한 팀워크 발달을 유지하기 위해 팀원들이 갖추어야 할 기본 요소는 다음과 같다.

- 팀원 간에 공동의 목표의식과 강한 도전의식을 갖는다.
- 팀원 간에 상호 신뢰하고 존중한다.
- 서로 협력하면서 각자의 역할과 책임을 다한다.
- 강한 자신감으로 상대방의 사기를 드높인다.

팀워크의 발달과 팀 구성원들이 공동의 목적을 달성하기 위해 각자가 맡은 역할에 따라 서로 협력적으로 행동하는 팀워크를 저해하는 요소는 다음과 같다.

- 조직에 대한 이해 부족
- 자기중심적인 이기주의
- '내가'라는 자아의식의 과잉
- 질투나 시기로 인한 파벌주의
- 그릇된 우정과 인정
- 사고방식의 차이에 대한 무시

사례 예시

A반이 B반과의 축구시합에서 졌다. A반 학생들은 모두 안타까워했고 다음에는 꼭 이기겠다는 강한 욕구가 생겼다. A반은 자연스럽게 한 학생의 제안으로 충분한 회의를 거쳐 반 회비를 약간씩 걷어 축구공을 사고, 베스트 멤버를 차출하여 방과 후에 1시간씩 연습을 하게 되었다. 베스트 멤버가 아닌 많은 학생들도 대부분 남아서 연습을 지켜보며 박수도 보내고 질책도 하였다.

그 결과, 다음 반 대항 체육대회에서 A반이 B반뿐만 아니라 전 반을 꺾고 전교에서 우승을 했다. A반 학생들은 선수로 뛴 학생만 선수가 아니라 모두가 선수였으며 모두가 감독이고 코치이자 관중이 되었다. 심지어는 심판까지 되어서 그라운드가 떠나가도록 고함을 질러 댔다.

A반은 프로팀은 아니었지만 성취감과 동기애가 남달랐으며, 그 후 다른 일에서도 주도적인 팀워크를 스스로 발휘하고 모두가 참여하였다.

만약에 담임교사가 주도적으로 반 회비를 거두고 방과 후에 남아 축구 연습을 하게 했다면, 이와 같은 결과를 얻을 수 있었을까를 생각해 보자. 아마도 약간의 실력 향상은 있었겠지만, 그 이상의 좋은 결과가 쉽게 예상되지는 않는다. 뿐만 아니라 자발적 참여와 성취감을 맛보게 할 수는 없었을 것이다.

출처: 한국산업인력공단(2007).

문항평가

※ 다음의 문항에 대해 여러분의 팀을 평가해 보시오.
(아직 팀을 구축하지 않았다면, 과거에 몸담았던 팀을 평가해 보시오. 효과적인 팀의 특징과 관련하며 당신의 팀을 7점 척도상에서 평가하시오.)

문항	매우 부족함〈···〉매우 우수함						
1. 팀의 사명과 목표가 명확하다.	1	2	3	4	5	6	7
2. 창조적으로 운영된다.	1	2	3	4	5	6	7
3. 결과에 초점을 맞춘다.	1	2	3	4	5	6	7
4. 역할과 책임을 명료화시킨다.	1	2	3	4	5	6	7
5. 조직화가 잘 되어 있다.	1	2	3	4	5	6	7
6. 개인의 강점을 활용한다.	1	2	3	4	5	6	7
7. 리더십 역할을 공유하며 구성원 상호 간에 지원을 아끼지 않는다.	1	2	3	4	5	6	7
8. 팀 풍토를 발전시킨다.	1	2	3	4	5	6	7
9. 의견의 불일치를 건설적으로 해결한다.	1	2	3	4	5	6	7
10. 개방적으로 의사소통한다.	1	2	3	4	5	6	7
11. 객관적인 결정을 내린다.	1	2	3	4	5	6	7
12. 팀 자체의 효과성을 평가한다.	1	2	3	4	5	6	7

※ 7점은 당신의 팀이 매우 뛰어남을, 1점은 매우 부족한 상태임을 의미한다.

점수 구분	내용해석
75~84	축하할 만한 일이다. 당신의 팀은 거의 최고의 수행수준에 도달해 있다. 이처럼 높은 수준의 팀을 계속 유지하는 것이 당신의 목표가 될 것이다.
65~74	꽤 훌륭하다. 개선의 여지가 있긴 하지만, 여러분의 팀은 바람직한 상태에 있다.
55~64	여러분의 팀은 문제를 안고 있다. 그중 어떤 문제들은 심각하다. 문제해결을 위해서 가장 점수가 낮은 특징을 개선하는 데 중점을 둘 필요가 있다.
54 이하	팀원들은 팀의 일원으로 기능을 하지 못하고 있다. 여러분의 팀은 팀 빌딩의 기초부터 시작할 필요가 있다.

탐구활동

※ 팀의 목표를 달성하기 위하여 자신이 속해 있는 팀과 관련하여 다음 사항을 논의해 보시오.

✎ 팀의 강점은 무엇인가? 높은 점수를 받게 된 이유는 무엇인가?

팀의 강점	높은 점수를 받은 이유

✎ 팀의 개선영역은 무엇인가? 이들 영역에서 높은 점수를 받지 못한 이유는 무엇인가?

팀의 개선영역	낮은 점수의 원인

✎ 보다 활력에 찬 팀을 만들기 위해 당신은 어떤 아이디어를 가지고 있는가?

Tip

팀을 위기에 빠뜨리기 쉬운 함정

• 신뢰의 결핍

신뢰의 결핍은 팀원들이 동료의 비판을 기꺼이 받아들일 준비가 되어 있지 않을 때 생긴다. 진심으로 마음을 열고 상대방의 실수와 약점을 조언할 수 없다면 팀의 구성원들은 신뢰의 기반을 쌓기가 쉽지 않기 때문이다.

• 충돌의 두려움

신뢰 구축의 실패는 충돌의 두려움을 불러온다. 신뢰가 없는 팀은 상대방의 생각에 대해 거리낌 없이 비판을 하는 논쟁을 벌일 수 있기 때문에 그들은 솔직하지 못한 토론과 자기방어적인 수사법에만 의존하게 된다.

• 헌신의 결핍

건전한 충돌의 결핍은 헌신의 결핍을 가져온다. 개방적이면서도 충돌 속에서 서로의 의견을 조율하지 못한다면, 주어진 결정사항을 진심으로 받아들여 매진하기 어렵기 때문이다.

• 책임의 회피

헌신을 다해 팀의 목표에 매진하지 않은 것은 물론이고 팀의 목표에 어긋나는 결과를 불러일으킨 동료에게 책임을 추궁할 수 없게 된다.

• 무관심

서로에 대한 책임을 묻지 못한다면 팀원들이 자신의 경력이나 대외 인지도 등 개인적 욕구를 공동 목표보다 우위에 놓을 때 결과에 대한 무관심이 발생한다.

학 습 평 가

정답 및 해설 p. 384

※ 효과적인 팀의 발달단계이다. 다음 문장을 읽고 내용이 맞으면 ○, 틀리면 × 표시를 하시오.

1. 형성기는 팀에 대한 기대를 형성하면서 팀원들 사이의 유사성과 논쟁을 피하기 위해 단순하게 유지되며, 심각한 주제들과 생각들에 대한 논의는 회피된다. (　　)

2. 격동기 단계의 특징은 경쟁과 마찰이다. 팀원들이 과제를 수행하기 위해 체계를 갖추게 되면서 필연적으로 마찰이 일어난다. (　　)

3. 규범기 단계에 이르면 인간관계에 응집력은 떨어진다. (　　)

4. 성취기는 팀원들은 대단히 과제 지향적이자 인간 지향적이며, 조화를 이루고 사기 충전하며 팀으로서의 충성심을 보여 준다. (　　)

5. 팀의 발달단계 중 형성기에는 구성원이 어떤 유형의 행동이 허용되는지를 결정하기 위해 상황을 살핀다. (　　)

※ 다음 괄호 안에 들어갈 낱말을 넣으시오.

6. 팀은 자체의 운영방식에 대해 일상적으로 점검할 필요가 있다. '지속적인 개선'과 '전향적 관리'는 (　　　　　　　)이다.

7. 조직적인 팀은 출발에서부터 규약, 절차, (　　　　　　　)을 명확하게 규정한다. 잘 짜인 구조를 가진 팀은 자체적으로 해결해야 하는 모든 업무과제의 요구에 부응할 수 있다.

※ 다음 문항을 읽고 물음에 답하시오.

8. 팀워크의 발달과 팀 구성원들이 공동의 목적을 달성하기 위해 각자가 맡은 역할에 따라 서로 협력적으로 행동하는 것을 말하는데 이러한 팀워크를 저해하는 요소가 아닌 것을 고르시오. ( )

① 조직에 대한 이해 부족
② '내가'라는 자아의식의 과잉
③ 상대를 배려하는 우정과 인정
④ 사고방식의 차이에 대한 무시

9. 효과적인 팀의 특성으로 적절하지 않은 것을 고르시오. ( )

① 팀 에너지를 최대로 활용하는 고성과 팀이다.
② 팀원의 장점을 잘 인식하는 팀이다.
③ 업무지원과 피드백, 그리고 구성원들이 서로 의존하지 않는 팀이다.
④ 팀의 강점을 최대한 활용해 팀의 목표를 달성하며 서로를 격려하는 팀이다.

10. 효과적인 팀의 특성으로 적절한 것을 고르시오. ( )

① 결과에 초점을 맞춘다.
② 개인의 단점을 활용한다.
③ 개인화가 잘 되어 있어야 한다.
④ 주관적인 결정을 한다.

3. 멤버십과 팔로워십의 의미

1) 멤버십의 의미

흔히 조직이 성공하기 위해서는 리더십과 멤버십을 잘 발휘하는 우수한 구성원이 있어야 한다고 한다. 리더십과 멤버십은 분명히 서로 다른 개념이다. 그러나 두 개념은 독립적인 관계가 아니라 상호보완적이며 필수적인 관계이다.

멤버십(membership)은 단체의 구성원인 사실 또는 구성원으로서의 자격이나 지위로 정의된다. 멤버십은 회원의 권리라고 할 수 있는 것으로 정의되기도 한다(체육학대사전, 2000. 2. 25.). 멤버십이란 조직의 구성원으로서 자격과 지위를 갖는 것으로 훌륭한 멤버십은 팔로워십의 역할을 충실하게 잘 수행하는 것이다.

좋은 리더가 나쁜 멤버를 만난 경우 좋은 리더가 나빠질 수 있고, 나쁜 리더가 좋은 멤버를 만난 경우 나쁜 리더가 좋은 리더가 될 수 있음을 상기하여야 한다. 결국 어떠한 리더를 만나더라도 멤버로서 해야 할 역할을 정확히 인식하는 것이 중요하다.

리더십과 멤버십은 서로 다른 개념이며 각기 별도의 역할을 가지고 있다. 그러나 두 개념은 독립적인 관계가 아니라 상호 보완적이며 필수적인 관계이기 때문에 두 역할 모두가 성공을 거둘 수도 있고, 실패할 수도 있다. 조직이 성공을 거두려면 양자가 최고의 기량을 발휘해야만 한다. 즉, 리더십을 잘 발휘하는 탁월한 리더와 멤버십을 잘 발휘하는 탁월한 멤버, 둘 다 있어야 한다.

멤버십이란 조직의 구성원으로서 자격과 지위를 갖는 것으로 훌륭한 멤버십은 팔로워십의 역할을 충실하게 잘 수행해 내는 것이다. 결국 멤버십과 팔로워십은 같은 개념으로 볼 수 있다. 팔로워십이란 리더를 따르는 것으로, 따르는 사람들은 헌신, 전문성, 용기와 정직하고 현명한 평가 능력이 있어야 한다. 따르는 자는 융화력과 겸손함이 있어야 하며, 리더의 결점이 보일 때도 덮어 주는 아량이 있어야 한다. 따르는 자들이 제대로 서 있는 집단만이 어떤 일을 성취해 낼 수 있다. 미국에서 실시한 여론조사에서 리더에게 가장 원하는 것은 정직, 비전, 강화력, 추진력인 데 비하여, 따르는 자들에게 가장 원하는 것은 정직, 나의 부족함을 보충해 주는 포용력, 성실, 협동심 등이었다.

2) 팔로워 및 팔로워십의 의미

21세기 정보화 시대에서 리더와 팔로워의 개념은 확연히 구분되지 않는다. 사회는 과거처럼 수직적이고 권위적인 시대가 아니기 때문이다. 정보혁명으로 인해 조직의 구조는 수평적으로 변화하면서 리더와 팔로워의 관계도 변화하고 있다. 팔로워십의 의미를 파악하기 위해 팔로워의 개념을 분명히 정의할 필요가 있다. 팔로워의 개념은 리더와 비교해서 파악할 수 있다. 리더와 팔로워에 대한 개념은 위치와 행위, 그리고 역할에 의해 정의할 수 있다.

리더와 팔로워의 개념의 차이는 위치에 있다. 국어사전에서 리더는 조직이나 단체 따위에서 전체를 이끌어 가는 위치에 있는 사람으로 정의한다. 리더는 사전적인 정의에서 알 수 있듯이 위치(지위)에 의해 발생된다. 켈리(Kelley, 1992)는 팔로워와 리더를 대등한 관계로 본다(김효석, 이인환, 2012에서 재인용).

일반적으로 팔로워는 리더와 함께 일하는 사람 또는 리더를 따르는 사람 등으로 인식되고 있다. 하지만 팔로워십을 연구한 학자들이 바라보는 팔로워는 윤리적이고 용기가 있으며 전문지식을 보유한 가운데 독립적으로 행동하는 사람(Kelley, 1992) 또는 리더와 함께 목적을 공유하는 사람(Chaleff, 1995)이라고 할 수 있다.

켈리(Kelley, 1992)는 팔로워가 리더나 조직에 의존하는 수동적인 존재가 아니라 리더의 1차적인 보조자(first assistant)로서 실질적인 업무를 수행하고 리더와 조직의 성공을 좌우하는 역할을 한다고 했다. 찰레프(Chaleff, 1995) 및 딕슨과 웨스트브룩(Dixon & Westbrook, 2003)도 팔로워가 일방적으로 리더를 추종하는 전통적 개념의 부하와 같은 의미는 아니라고 했으며 캐블(Cavell, 2007)은 팔로워와 리더는 공통적인 역량을 보유한 가운데 상호 간에 영향을 미친다고 했다.

일반적으로 팔로워십과 리더십의 관계는 팔로워와 리더에 대한 관점의 차이로 설명되는데, 팔로워를 리더와 독립적으로 인식하는 경우(Kelley, 1992), 리더와 관계적으로 인식하는 경우(Cavell, 2007; Chaleff, 1995; Frisina, 2005) 그리고 팔로워십을 리더십 안에 포함되어 있는 개념으로 인식하는 경우가 있다(Hurwitz & Hurwitz, 2009). 팔로워십은 그 어원에서 알 수 있듯이 따르는 자의 마음가짐을 말한다. 우리말로 풀어 쓰면 추종자 정신, 심지어는 '하인정신'으로도 번역하여 자칫 생각 없는 '예스맨'이나 힘없는 사람들의 마음가짐 같은 부정적인 의미로 생각하기 쉽다. 흔히 조직을 이끌어 가는 마음가짐인 리더십의 반대말로 간단하게 설명되기도 하며, 실제로 영어권에서 팔로워십은 사전적인 뜻 그대로 리더에게 순종하고 따르며 헌신하는 자세를 의미하기도 했다.

그러나 최초로 팔로워십이라는 말을 분류해 낸 켈리는 현대 사회를 살아가는 사람들이 대부분 리더보다는 팔로워의 위치에서 살아가기에 올바른 팔로워의 자세를 강조하였다. 즉, 바람직한 팔로워십을 탐구하는 것에 따르면 조직의 성공에서 리더십이 기여하는 바는 20%에 지나지 않고, 나머지 80%의 기여는 오직 팔로워십에 달려 있다는 것이다. 또한 바람직한 팔로워십을 가진 사람은 조직을 성공으로 이끌어 갈 수 있다. 팔로워십을 소유한 사람들은 상관에게는 훌륭한 부하이며, 조직 전체에서는 우수한 구성원이다. 좋은 상사와 훌륭한 부하직원의 역할을 동시에 해낼 수 있는 사람들은 팔로워십을 소유한 사람이다.

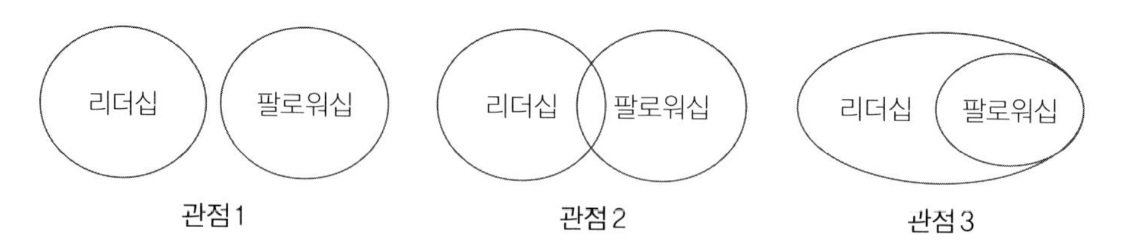

[그림 2-3] 팔로워십과 리더십의 관계

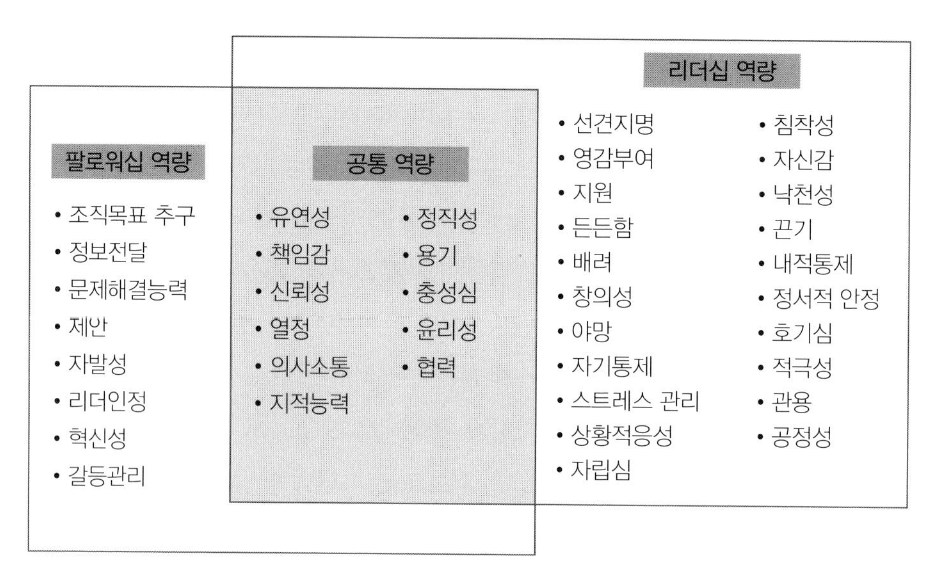

[그림 2-4] 팔로워십 역량과 리더십 역량 비교

팔로워십의 유형을 나누는 두 가지 축은 마인드를 나타내는 독립적 사고 측과 행동을 나타내는 적극적 실천 측으로 나누어진다. 팔로워의 유형을 수동형(passive), 소외형(alienated), 순응형(conformist), 실무형(pragmatist), 모범형(exemplary) 팔로워로 구분했다.

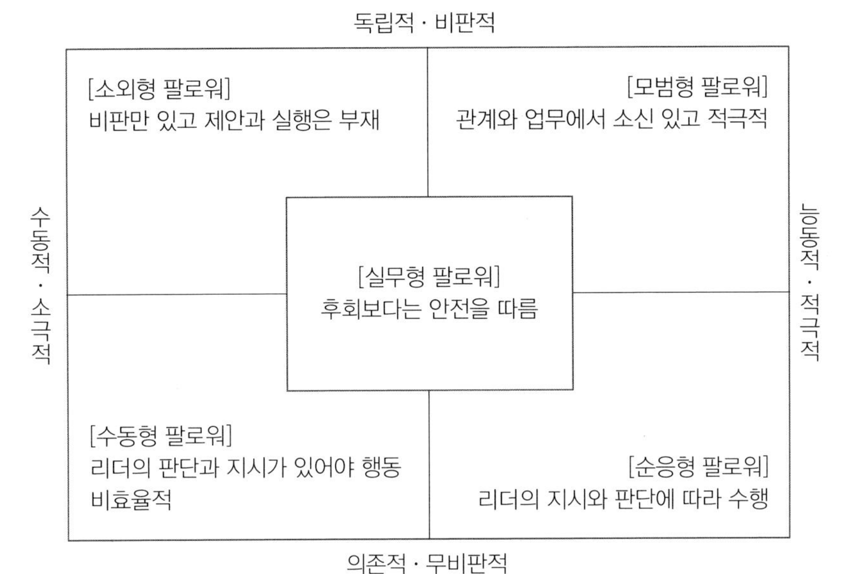

[그림 2-5] 팔로워의 유형

출처: 김희봉(2013).

탐구활동

※ 다음은 멤버십 자가진단표이다. 다음의 질문에 해당한다고 생각하는 곳에 체크하시오.

질 문	거의 드물다 〈…〉거의 언제나						
1. 당신의 일은 자신에게 중요한 그 어떤 사회적 목표나 개인적인 꿈을 성취하는 데 도움이 되는가?	1	2	3	4	5	6	7
2. 당신 개인의 업무목표가 조직의 최고목표와 일치하는가?	1	2	3	4	5	6	7
3. 당신은 최선의 아이디어와 능력을 일과 조직에 쏟아붓고 지극히 헌신적이며 정열적으로 임하는가?	1	2	3	4	5	6	7
4. 당신의 열의가 확산되어 동료 직원들을 활기차게 만드는가?	1	2	3	4	5	6	7
5. 리더의 지시를 기다리거나 떠밀지 않고 조직에 가장 중요한 목표를 성취하기 위해 무엇이 중요한 활동인지를 자신이 판단하는가?	1	2	3	4	5	6	7
6. 리더와 조직에 더욱 가치 있는 사람이 되기 위해서 당신은 독특한 능력을 적극적으로 발휘하는가?	1	2	3	4	5	6	7
7. 새로운 일이나 임무가 시작되었을 때 리더가 중요한 의미라고 생각하는 부분에서 곧바로 공적을 세우는가?	1	2	3	4	5	6	7
8. 당신이 부족한 점을 채울 것이라는 점을 믿고 리더는 어려운 임무를 당신에게 맡기는가?	1	2	3	4	5	6	7
9. 당신은 자신의 업무범위를 벗어나는 일도 찾아내서 성공적으로 완수하기 위해 솔선수범하는가?	1	2	3	4	5	6	7
10. 리더의 부재 시에도 맡은 일보다 많은 일을 하고 능력껏 일하는가?	1	2	3	4	5	6	7
11. 리더나 조직의 목표에 크게 공헌할 수 있는 새로운 아이디어를 독자적으로 고안해서 적극적으로 제기하는가?	1	2	3	4	5	6	7

12. 리더에게 의존해서 어려운 문제를 해결하기보다는 스스로 해결하려 하는가?	1	2	3	4	5	6	7
13. 자신은 아무런 인정을 받지 못할 때라도 다른 동료들이 좋은 평가를 받도록 돕는가?	1	2	3	4	5	6	7
14. 필요한 경우 일부러 반대의견을 개선해서라도 리더와 팀이 실패의 위험성을 볼 수 있도록 돕는가?	1	2	3	4	5	6	7
15. 리더의 요구나 목표 제약을 이해하고 그것을 충족시키기 위해서 열심히 하는가?	1	2	3	4	5	6	7
16. 자신에 대한 평가를 미루기보다는 장점과 약점을 적극적이고 솔직하게 인정하는가?	1	2	3	4	5	6	7
17. 단지 지시받은 일을 하는 것에서 탈피하여 리더가 내린 판단이 얼마나 현명한가를 스스로 평가해 보는 습관이 있는가?	1	2	3	4	5	6	7
18. 리더가 전문분야나 개인적인 흥미에 정면으로 배치되는 일을 줄 때 'NO'라고 하는가?	1	2	3	4	5	6	7
19. 리더나 팀의 기준이 아니라 자신의 윤리적 기준에 따라 행동하는가?	1	2	3	4	5	6	7
20. 당신이 속한 집단과 의견이 다르거나 리더로부터 질책을 당한다고 해도 당신은 중요한 이슈에 대해서 자기 견해를 주장하는가?	1	2	3	4	5	6	7

출처: 한국산업인력공단(2007).

※ 멤버십 진단결과를 작성해 보고, 멤버십 유형을 확인해 보시오.

A	점수	B	점수
1		2	
5		3	
11		4	
12		6	
14		7	

16		8	
17		9	
18		10	
19		13	
20		15	
총점		총점	

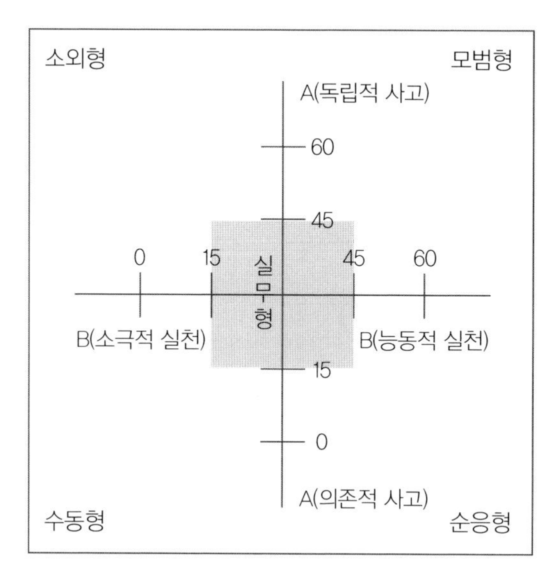

〈표 2-3〉 팔로워의 유형별 특성과 행동

유형	특성	행동
수동형	책임감 결여, 방관자적 입장으로 비효율적이며 조직에서 존재 가치가 없이 무기력하다.	판단, 사고를 리더에게 의존하고 지시가 있어야 행동한다. 하는 일이 없고 제 몫을 하지 못하며 노력과 공헌을 해도 아무 소용이 없다고 느낀다. 또한 주어진 일만 한다.
소외형	냉소적이고 무조건적이며 비판적이다.	불만스런 침묵과 행동의 적극성이 부족하며, 자립적인 사람이며 일부러 반대의견을 제시하고, 냉소적이고 피해의식이 있으며 자신을 인정해주지 않는다고 느낀다.
순응형	친밀관계를 유지하고, 리더나 상사의 말에 잘 따른다.	팀플레이를 하며 리더나 조직을 믿고 헌신하고 아이디어가 없다. 획일적인 태도 행동에 익숙하다고 느낀다.
실무형	성실하나 창의성이 부족하고 적당주의적이고 생존주의적이다.	조직의 운영방침에 민감하며 사건을 균형 잡힌 시각으로 본다. 실패에 따른 후회보다는 안전을 선택하며 개인의 이익을 극대화하기 위한 흥정에 능하고 리더와 부하 간의 비인간적인 풍토를 느낀다.
모범형 (주도형)	새로운 관점을 제시하고 조직의 목표와 개인의 목표를 잘 일치시키며 솔선수범적이다.	주도형이라고도 하며 조직과 팀의 목적달성을 위해 독립적, 혁신적으로 사고하고 역할을 적극적으로 실천하는 사람이다. 스스로 생각하고 건설적 비판을 하며 개성이 있고 혁신적이며 창조적인 특성을 가진다. 그리고 적극적 참여와 실천 측면에서 솔선수범하고 주인의식을 가지고 있다.

사례 예시

위나라 조조는 촉나라 유비와 한중 땅을 놓고 싸우다가 고민에 빠졌다. 한중이라는 땅이 막대한 희생을 치러서 내 땅으로 만들기에는 실속이 없고, 그렇다고 그냥 유비에게 넘겨주기에는 아까운 곳이었기 때문이다. 그날 밤도 밤늦게 암호를 정리하려고 찾아온 부하를 앞에 놓고 조조는 그저 "계륵"이라고만 되뇌고 있었다. 다른 사람들은 계륵이라는 암호의 뜻을 몰라 어리둥절해하고 있는데, 양수라는 장수가 조조의 속마음을 알아차리고 군사들에게 후퇴 준비를 시켰다. 이유를 묻는 사람에게 양수는 "닭의 갈비는 먹을 만한 살이 없지만 그냥 버리기는 아깝다는 것이다. 그러니까 조만간 후퇴 명령이 있을 것이다." 라고 말했다. 이는 고사성어인 계륵(溪肋)과 관련된 이야기이다.

양수는 똑똑하고 명석한 인물이지만 뛰어난 재능만 믿고 인생에서 꼭 필요한 팔로워십을 배우지 못하여 결국 조조에게 참수를 당한다. 내 재능만으로 살 수 없는 세상이다. 우리 주변에는 의외로 양수처럼 재능만 믿고 자신만만하게 사는 사람이 많다. 이들은 조직 생활을 이겨 내지 못하고 개인플레이를 하면서 스스로 소외되고 만다. 직장에서도 한창 일을 추진할 때는 실적을 인정받고 잘나가는 것 같지만 결국 조직원들의 인사평가에서 좋은 점수를 받지 못해 불행의 늪에 빠지는 경우를 많이 접하게 된다. 세상은 양수와 같은 재능을 필요로 하기보다는 양수가 갖추지 못한 팔로워십을 더욱 요구하고 있기 때문이다.

사람들은 인정받고 싶은 욕구를 누리기 위해 누구나 조직의 리더가 되고 싶어 한다. 훌륭한 리더가 되기 위해서는 먼저 팔로워십을 알아야 한다. 자신과 조직의 입장만 내세우며 일방적인 희생만을 강요하는 리더를 사람들은 결코 진정으로 따르지 않는다. 앞에서는 그의 말을 잘 따르는 것처럼 하지만 공적인 관계를 벗어나면 명예도 친분도 얻지 못하는 소외자가 되기 쉽다. 팔로우를 실천하는 사람이야말로 진정한 리더이다.

진정한 리더가 되기 위해서는 상대를 설득하는 능력이 있어야 한다. 설득력을 높이려면 상대와의 친분을 형성하고 상대의 반응을 내 마음의 거울로 보듯 동감하는 것이 중요하다.

탐구활동

※ 멤버십이란 무엇인지 각자의 생각을 적어 팀원과 토의해 보시오.

※ 나는 어떤 유형의 팔로워 유형이며 모범형이 되기 위해 노력해야 할 점은 무엇인지 팀과 함께 논의하여 적어 보시오.

나의 유형	
팔로워 유형의 모범형이 되기 위해 노력해야 할 점	

Tip

경주 최 부자댁의 팔로워십

• 주인과 종이 다르지 않다.

1671년 경주 지역에는 큰 흉년이 들었다. 농사가 전부였던 시기라 굶어 죽는 사람이 생기기 시작했고, 전염병까지 번져서 하루하루가 고통의 연속이었다. 이때 경주 최 부자댁의 바깥마당에 큰솥이 내걸렸다. 그리고 창고를 열어 연일 죽을 끓였다. 인근 지역의 사람들이 소문을 듣고 몰려들었다. 경주 최 부자댁은 흉년 때마다 그 당시 경상북도 인구의 10%에 이르는 사람들에게 혜택이 돌아갈 정도로 음식과 쌀을 베풀곤 했다. 굶주림을 면한 사람들은 한결같이 최 부자댁을 칭송했고 1894년 동학농민군들이 부잣집을 습격할 때에도 인근주민이 경주 최 부자댁은 지켜 주어야 된다며 자발적으로 농민군을 막아 주었다는 일화가 있다.

기술이나 가격 경쟁은 기업이 쉽게 모방할 수 있지만 사람의 의욕과 창의성을 극대화시키는 인력개발정책은 쉽게 모방할 수 없는 장기적인 경쟁 우위의 원천이다. 결국은 사람이 일을 하는 것이며 일을 대하는 태도, 성향, 능력에 따라서 상이한 결과를 가져온다.

최 부자의 팔로워십은 위로는 나라의 임금을 섬기고, 아래로는 백성을 따로 분리시켜 생각하지 않고 모두가 자신의 부를 이루게 해 준 근본임을 항상 새기며 그들을 귀하게 여기고 진심으로 대하는 자세를 갖추고 있었던 것이다.

학습평가

정답 및 해설 p. 384

※ 다음 문장을 읽고 내용이 맞으면 ○, 틀리면 × 표시를 하시오.

1. 멤버십이란 팔로워십과 상이한 개념이 아니다. (　　)

2. 멤버십이란 조직의 구성원으로서 자격과 지위를 갖는 것으로 훌륭한 멤버십은 팔로워십의 역할을 충실하게 잘 수행해 내는 것이다. (　　)

3. 우수한 멤버란 멤버십과는 다른 차원의 의미이다. (　　)

4. 리더십과 멤버십은 독립적인 관계가 아니지만 서로 다른 독창성을 가지고 있다. (　　)

5. 팔로워와 리더는 공통적인 역량을 보유한 가운데 상호 간에 영향을 미친다. (　　)

※ 다음 괄호 안에 알맞은 문장을 넣으시오.

6. 리더십과 멤버십은 서로 다른 개념이며 각기 별도의 역할을 가지고 있다. 그러나 두 개념은 독립적인 관계가 아니라 (　　　　　　　　)이며 필수적인 존재이다.

7. 조직의 성공에서 리더십이 기여하는 바는 20%에 지나지 않는다고 한다. 나머지 80%의 기여는 오직 (　　　　　　　　)에 달려 있다.

※ 다음 문항을 읽고 물음에 답하시오.

8. 멤버십 유형 중 '실무형'의 특징으로 적절한 것을 고르시오. (　　)
   ① 실패에 따른 후회보다는 안전을 선택한다.
   ② 스스로 생각하고 건설적 비판을 하며 개성이 있고, 혁신적이며 창조적인 특성을 가진다.
   ③ 리더나 조직을 믿고 헌신하고 아이디어가 없다.
   ④ 판단과 사고를 리더에게 의존하고 지시가 있어야 행동한다.

9. 멤버십 유형 중 '수동형'으로 적절하지 않은 것을 고르시오. ( )

① 책임감 결여

② 방관자적 입장

③ 비효율적

④ 친밀관계를 유지

10. 멤버십 유형으로 적절하지 않은 것을 고르시오. ( )

① 독재형

② 소외형

③ 실무형

④ 순응형

4. 팀워크 촉진 방법

1) 팀워크 촉진 향상

각종 팀을 조직 내에 설치하는 것은 분산되기 쉬운 조직의 힘과 능력을 각 팀에 집중시켜 각종 문제를 해결하기 위한 능력을 기르는 것이다. 흔히 직장에서 일어나기 쉬운 품질 문제, 안전 문제, 생산성 문제, 마케팅 문제, 고객 문제들이 일어날 때 각 팀에서 그 문제를 순조롭게 대처해 나갈 수 있으며 각 팀의 힘이 발휘되어 문제의 해결이나 업무가 합리화 · 간소화될 수 있다. 문제 접근 방법을 찾아서 해결하다 보면 팀의 활동에 참가한 구성원들은 경험을 통해서 많은 것을 습득하게 될 것이며 조직의 목표 달성도 비교적 용이하게 실현될 수 있다. 자립적 · 자주적 운영을 맡게 된 팀원들은 문제의 원인과 그 해결책을 찾고 누가 어느 분야를 담당할 것인지도 자신의 의사로 결정하며 업무진행 방식에 대한 평가도 팀 내에서 결정과 판단을 하게 되며 전체적인 지원이나 지도에서 풍부한 팀의 리더가 될 수 있다.

나무의 가지를 팀으로 비유한다면 그 나무의 뿌리는 팀의 관계에 비유할 수 있다. 뿌리가 튼튼할수록 가지는 더욱 윤기가 나는 것이다. 삶의 성공적인 상황처럼 위대한 팀도 탄탄한 기반인 3R에서 비롯된다. 3R의 기본요소는 Rule(룰), Rights(권리), Respect(존경심)이다. 이 3요소는 팀에서 대인관계능력을 기르는 데 견고한 기반이 된다.

룰(Rule)은 어떤 것은 팀 상황에만 국한되는 특수한 것일 수도 있고 보편적인 행동 양식일 수도 있다. 팀이 새롭게 구성된 상태이거나, 팀 내부에 대립이 있을 때, 혹은 팀원의 관계가 부정적으로 흐를 때 팀은 보편적인 행동규범을 토대로 팀원 모두가 수긍할 수 있는 룰을 정해 두어야 한다.

권리(Rights)란 다른 사람들이 당신의 말을 들으려고 하지 않을 때, 혹은 당신의 말을 무시할 때 얼마나 좌절감이 오는가를 생각해 보자. 당신에게 어떤 권리가 주어져야 한다고 믿든, 자신에게 적용하고 싶어 하는 권리의 혜택을 다른 사람에게 똑같이 적용해야 한다. 마찬가지로 직장이나 단체에서 자신을 포함해 모든 사람에게 보장해 주어야 하는 권리이다. 합당한 권리란, 자신의 의견이 수용될 권리, 차별받지 않을 권리(성별, 나이, 신체장애, 피부색 등), '예' '아니오'라고 말할 권리와 자신의 주장을 당당하게 말할 수 있는 권리이다.

존경(Respect)은 다른 사람을 존경해 주면 당신도 똑같이 존경으로 화답받는 것을 의미하며, 이것이 인지상정이다. 인간관계에서는 당신이 심은 대로 거둔다. 당신이 보기에 상대의 단점이라고 느껴지는 것은 들춰내지 않는다. 예를 든다면, "당신은 강단이 없군."과 같은 표현은 말하는 사람의 자신감도 상실하게 만들고 팀의 관계도 파괴시킨다. 상대를 비난하거나 비방을 한다면 그 비난이 당신에게 돌아간다.

2) 팀워크 촉진 방법

(1) 성공적인 팀을 이루는 핵심

성공적인 팀은 유연한 환경을 통해 급변하는 시장 상황에 신속하게 대응할 수 있도록 하고, 학습기회를 제공함으로써 경쟁력을 쌓도록 도우며, 팀은 리더를 중심으로 팀원 전체가 확실하게 정의된 팀 목표를 공유해야 한다. 또한 목표에 맞춘 팀의 진척 상황을 수시로 확인한다.

리더는 팀에서 최종 결정된 사안에 대해 못마땅하게 여기는 팀원들도 팀의 모든 지침과 절차를 따르도록 지도해야 하고 팀의 기능이 제대로 이루어지고 변화에 적극 대응할 수 있는 시스템 구축에 시간을 할애해야 하며, 절차 및 전략을 개발해야 한다.

성공적인 팀을 이루기 위해서는 팀의 업무성과에 대한 관심과 철저한 업무수행이 이루어져야 한다. 그리고 팀원들 자신이 부서에 중요한 문제점을 제기할 수 있어야 하고, 적극적인 의사결정을 할 수 있는 권한을 부여해야 하며, 리더는 팀원 개개인의 기술, 재능을 명확하게 판단하고 평가해야 한다. 또한 문제점을 가장 잘 처리할 수 있는 팀원이 누구인가를 파악해야 한다. 또한 팀에는 조언자나 지원자의 역할을 담당하는 리더가 있어야 한다. 그리고 이를 통해 시너지가 발생하도록 해야 한다. 리더가 알아야 하는 사항으로는 다음과 같이 다섯 가지가 있다.

- 조직 및 팀 활동이 성공적이기 위해서는 명확하고 간결하며 측정 가능한 목표를 세워 성과를 높인다.
- 리더는 팀의 업무에 영향을 미치는 모든 부분에 관여하여 성과를 높이는 데 집중해야 한다.
- 시간적 여유를 가지고 팀의 발전을 지켜보며, 조직의 이익을 위해 팀원 개개인의 강점을 최대한 활용해야 한다.
- 명확하고 공개적이며 곧바로 효과를 얻는 커뮤니케이션 전략을 장려한다.
- 팀의 노력을 격려하고 모든 팀원들이 자유롭게 의견을 말할 수 있는 분위기를 만든다.

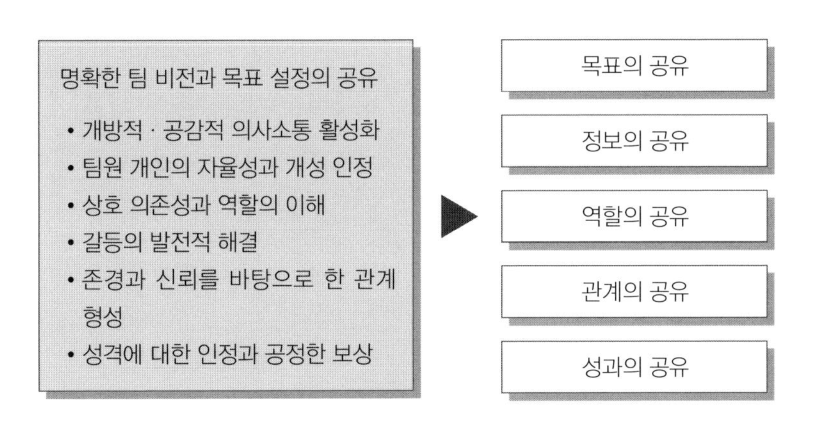

[그림 2-6] 효과적인 팀워크의 요건

(2) 자율적으로 운영되는 팀

자율적으로 운영되는 팀은 대개 팀원들이 기술 수준도 다르고 재능도 다른 직원들과 일선 관리자들로 구성된다. 자율적으로 운영되는 팀은 팀 내부의 리더십에 의해 유지되고, 매일 또는 주간 단위로 경영진이 개입하는 것을 절대 배제한다는 전제하에 구성된다. 팀원들이 모두 리더십을 가지고 서로 협력해서 모두가 공감할 수 있는 전략을 만드는 것이 이상적이다.

많은 경우에 문제는 팀원과 리더 사이의 갈등과 팀원들 사이의 알력에 의해 나타난다. 팀 리더와의 갈등은 종종 과잉동조와 리더에 대한 저항, 독재적인 리더십 스타일, 신뢰의 결여로 이어진다. 또 팀원들 사이의 문제는 종종 언쟁, 신뢰의 결여, 성격적 갈등, 의견 불일치, 파벌, 과업미완성 등으로 이어진다.

팀 내 문제가 있을 때 다음과 같은 비효율적인 징후들이 나타난다. 생산성 하락과 팀원 간의 불평 · 불만으로 서로의 적내감과 갈등이 유발된다. 관계에 대한 혼동으로 할당된 업무를 수행하지 않고 판단 부주의가 일어나며, 선택의 결정 불이행이 생긴다. 팀원 간의 냉담과 전반적인 관심 부족으로 조직의 생산성과 능률이 저하되며, 효율적인 문제해결의 부재가 생겨 혁신적인 아이디어를 낼 수가 없다. 팀원 간의 비능률적인 생산과 회의로 조직이 와해되는 현상이 생긴다. 또한 “내가 아니더라도 리더가 알아서 하겠지.” 하는 리더에 대한 의존도가 나타날 수 있다. 팀에 이러한 징후가 나타나면 팀워크 강화 노력이 필요한 때임을 말하고 있는 것이다.

사례 예시

사례 A

J는 견적서와 주문양식 건이 어떻게 진행되고 있는지를 물으면서 팀원들의 행동을 주의 깊게 지켜보았다. S와 N은 곧바로 견적서를 작성하기 시작했다. J는 그들의 업무진행을 주기적으로 살펴보면서, 그들이 부품을 분류하고 가격 순으로 목록을 작성하고 업무과제를 기대 이상으로 잘 하고 있는 것에 대해 기쁨을 감추지 못했다. 또한 S와 N은 부품 하나하나를 조사하여 영업마케팅팀을 위해 간단한 설명을 붙여 놓았다. J는 그들의 도움에 대해 다시 한 번 감사를 표하였다.

사례 B

팀 회의에서 J는 N과 S가 견적서에 대해 이룩한 진전사항을 공표하였다. 그들은 K가 교정을 본 명세서 복사본을 나누어 주었으며, 다른 팀원들이 추가할 사항들을 주의 깊게 검토하였다. 팀원들은 견적서 때문에 일을 쉽게 할 수 있게 되었다는 점에 동의하였다. J는 M과 A에게 "주문양식은 어떻게 되어 가고 있습니까?" 하고 물었다. M은 A를 가리키면서 말했다. "A에게 물어보아야 할 겁니다. A는 자기가 맡은 일을 제대로 못하고 있습니다." A는 변명하였다. "그것은 사실이 아닙니다." J는 즉각 두 사람의 말을 가로막았다. "회의가 끝난 후에 함께 이야기해 보는 게 어떻겠소." 회의가 끝난 후 J는 두 사람에게 의견 조사지를 건네준 후, 의견 조사지를 취합하여 구체적인 문제점을 발견하였다.

사례 C

팀 회의를 시작하면서 J는 비눗방울이 든 병을 팀원들에게 하나씩 나누어 주고는 긴장을 풀도록 하였다. 팀이 일상에서 벗어나는 행동을 한 것은 어느 정도 팀에 성공적인 결과를 가져다주었다. 실습을 통해서 팀은 새로운 각도에서 생각할 수 있게 되었으며, 팀원들은 많은 아이디어를 내놓았다.

사례 D

팀원들은 각자의 강점과 약점을 정리해 볼 필요가 있다고 결정했다. 팀원을 2인 1조로 짝지은 후 어느 한 영역에서 강점을 가진 구성원들은 그 영역에서 취약한 다른 구성원과 짝을 이루었다. 이따금씩 짝을 바꿈으로써 팀원들은 교차 훈련을 주고받을 수 있었다. 이러한 결정은 모두에게 이익을 주었으며, 모든 팀원은 결정을 실행하는 데 적극적으로 동참하였다.

출처: 한국산업인력공단(2007).

3) 피드백

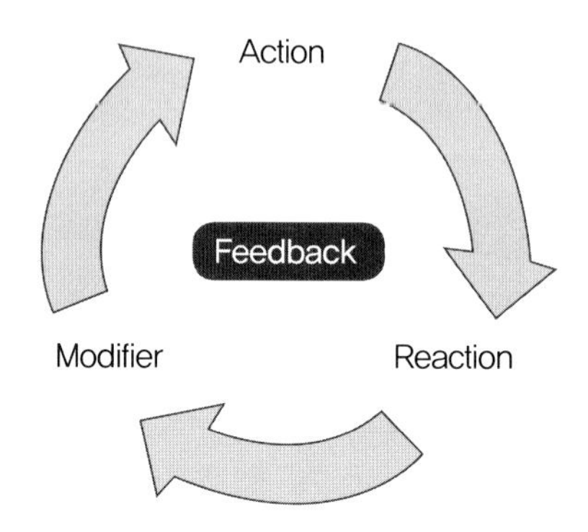

피드백(feedback)이란 어떤 원인에 의해 나타난 결과가 다시 원인에 작용해 그 결과를 줄이거나 늘리는 '자동 조절 원리'를 말한다. 피드백은 제2차 세계대전 당시 미 공군에서 적군을 효율적으로 소탕하기 위해 사용된 전술용어에서 유래되었다고 한다. 적군지에 폭탄을 투하하려면 전투조종사에게 정확한 선로 정보를 주어야 하는데, 이때 교정, 조정에 해당하는 단어가 피드백이다.

현재는 일을 마치고 그것에 대한 평가를 해서 앞으로 같은 일을 했을 때 실수를 반복하지 않고, 더 나은 결과를 얻기 위한 것이라는 뜻으로 사용된다. 피드백을 해 줄 수 있는 누군가가 있다는 것은 행운이다. 그저 습관처럼 같은 일을 반복한다고 실력이 느는 것은 아니다. 적절한 피드백을 받아야 다음 단계로 넘어갈 수 있다. 10년 차 경력인지, 1년 차를 10년간 반복한 것인지는 내 삶에 피드백을 얼마만큼 반영했는가의 차이이다.

팀 목표를 달성하도록 팀원을 고무시키는 환경 조성을 위해서는 동료 피드백이 필요하다. 피드백이 없다면 팀원들은 개선을 이루거나 탁월한 성과를 내고자 하는 노력을 게을리하게 된다. 팀원들이 서로 피드백을 수용할 수 있는 문화가 공유되어야 한다. 팀원들은 개인과 팀 전체에 피드백이 가치가 있다는 확신을 갖고 싶어 한다. 하지만 어떤 면에서는 감정을 자극하는 일이 될 수도 있다. 팀의 피드백이 팀 학습의 중요한 도구라는 것을 인식시켜야 하며, 팀의 피드백을 포용하지 못하면 팀은 앞으로 한 발짝도 나아갈 수 없다. 피드백은 어떤 일이 있어도 피드백의 순수한 동기만을 추구해야 한다. 피드백은 칭찬을 받기 위한 것도 아니고 다른 사람의 장점을 부각시켜서 멋지게 보이려는 요식행위도 아니다. 피드백은 있는 그대로 보는 것이고 오직 조직의 목표 달성을 위해 해야만 한다.

팀에 문제가 생기면 팀원들이 팀 프로세스 때문이라고 인정하지 않고 개인들을 탓하려 들 수도 있다. 문제의 탓을 개인에게 돌리는 예가 바로 갈등과 혼동이다. 팀 내의 갈등과 혼동은 팀 전체의 책임이며, 팀워크 강화 및 촉진을 통해 해결되어야 할 문제인 것이다. 칭찬이 아닌 피드백을 원하는 것은 '고치려는 자세'가 되어 있다는 뜻이기 때문에 지적이나 비난을 하지 말아야 한다.

팀워크를 능률적이고 적극적으로 만들기 위해서는 많은 노력이 필요하다. 특히 팀워크를 촉진시키는 것은 매우 중요한데, 이를 위해서는 동료 피드백 장려하기, 갈등 해결하기, 창의력 조성을 위해 협력하기, 참여적인 의사결정과 원활한 커뮤니케이션이 필요하다.

다음은 동료 피드백을 장려하는 데 도움이 되는 4단계 과정이다.

- 1단계: 명확하게 간명한 목표와 우선순위를 설정하라.
- 2단계: 행동과 수행을 관찰하라.
- 3단계: 즉각적인 피드백을 제공하라.
- 4단계: 뛰어난 수행성과에 대해 인정해 주라.

① 갈등을 해결하기

성공적으로 운영되는 팀은 갈등해결에 능숙하다. 효과적인 갈등 관리로 혼란과 내분을 방지하고 팀 진전과정에서의 방해요소를 미리 없앤다. 활력에 찬 팀은 의견의 불일치를 바로바로 해소하는 방법을 배우게 된다. 그렇지 않으면 갈등은 시간이 지남에 따라 증폭되고, 팀 풍토는 허약해질 것이다.

팀원 사이의 갈등을 발견하게 되면 제삼자로서 재빨리 개입하여 중재해야 한다.

갈등을 일으키고 있는 구성원과의 비공개적인 미팅을 통해 그에게 질문을 하고 의견을 교환하면 갈등해결에 매우 도움이 될 것이다.

② 창의적 조성을 위해 협력하기

성공적인 팀워크를 위해서 언제나 협력이 필요하다. 모든 구성원의 잠재력을 최대로 활용하는 팀은 협력의 중요성을 잘 이해하고 있다. 모든 팀원이 협력하여 일할 때 창의적인 아이디어가 넘쳐 나며 이에 따라 혁신적인 발전도 이루어진다. 창의적 조성을 위한 방법은 다음과 같다.

- 팀원의 말에 흥미를 가지고 대하라.
- 상식에서 벗어난 아이디어에 대해 비판하지 마라.
- 모든 아이디어를 기록하라.
- 아이디어를 개발하도록 팀원을 고무시켜라.
- 많은 양의 아이디어를 요구하라.
- 침묵을 지키는 것을 존중하라.
- 관점을 바꿔 보라.
- 일상적인 일에서 벗어나 보라.

③ 참여적으로 의사결정하기

의사결정을 내릴 수 있다는 것은 임파워먼트(empowerment)를 발휘한다는 것을 의미한다. 임파워먼트(empowerment)란 조직 현장의 구성원에게 업무 재량을 위임하고 자주적이고 주체적인 체제 속에서 사람이나 조직의 의욕과 성과를 이끌어 내기 위한 '권한부여' '권한이양'을 말한다. 또한 자신 있게 미래를 만들어 갈 수 있는 기회가 제공되었음을 뜻한다. 어떠한 팀에서든 의사결정은 내려지게 마련이며, 의사결정을 내리는 사람은 팀을 통제한다. 팀의 리더는 질 높은 의사결정을 올바른 추론 및 논리적인 결정을 통해 내려야 한다. 쟁점의 모든 측면을 고려하였는지, 모든 팀원이 합의를 이루었는지와 팀원의 협의와 팀 외부의 정보를 알기 위해 협의를 하였는가를 파악하여야 한다. 그리고 모든 팀원의 지지를 받는 결정은 팀원의 동참을 이끌어 내어 각자의 역할을 이해하고 의사결정을 수행함에 있어서 열정적으로 실행하고 의사결정에 동참하여 수행하였는지를 파악하여야 한다.

④ 원활한 커뮤니케이션

커뮤니케이션은 삶의 중요한 한 부분이며 일상생활을 유지하는 수단이다. 사회생활에서 매우 중요한 인간관계 역시 커뮤니케이션을 통해 이루어진다. 커뮤니케이션의 본질을 보다 쉽게 이해하기 위해서는 먼저 단어의 어원을 살펴볼 필요가 있다. 커뮤니케이션(communication)은 '공통되는(common)' 혹은 '공유한다(share)'라는 뜻의 라틴어 'communis(파생 단어 가운데에는 '공동체'를 의미하는 'community'가 있다)'에서 유래한다. 커뮤니케이션은 결코 혼자 하는 것이 아니며, 누군가와 나누는 것임을 알 수 있다. 실제로 커뮤니케이션 없는 공동체, 또는 공동체 없는 커뮤니케이션은 상상하기 어렵다.

사회학자인 찰스 호튼 쿨리(Charles Horton Cooley)가 커뮤니케이션을 가리켜 '인간관계가 존재하고 발전하게 되는 메커니즘(mechanism)'이라고 설명한 것은 이러한 맥락에서이다. 인간은 커뮤니케이션을 행하는 가운데 관계를 형성시키고 발전시켜 왔으며, 이는 곧 역사와 문화로 이어져 왔다(네이버 지식백과).

탐구활동

※ 직장생활에서 팀워크를 촉진시키기 위해서는 여러 가지 조치를 취할 필요성이 있다. 팀워크를 촉진시키는 방법에는 어떠한 것들이 있는지 생각해 보자.

Tip

신뢰하는 팀원의 행동

- 약점과 실수를 보완하여야 한다.
- 동료 팀원들의 도움을 청한다.
- 자신의 책임영역에 대해 제기되는 의문과 정보를 수용한다.
- 부정적인 결론을 내리기 전에 문제해결의 정보를 제공한다.
- 위험을 감수하고 기꺼이 피드백과 도움을 준다.
- 동료들의 기술과 경험을 인정하고 활용한다.
- 정치적인 사안이 아니라 정말로 중요한 문제에 시간과 에너지를 쏟는다.
- 실수가 있을 때에는 주저 없이 사과하고 또한 상대방의 사과를 받아들인다.
- 회의시간을 비롯하여 팀으로 일할 수 있는 기회를 환영한다.

학습평가

정답 및 해설 p. 385

※ 다음 문장의 내용에서 맞으면 ○, 틀리면 × 표시를 하시오.

1. 팀 목표를 달성하도록 팀원을 고무시키는 환경 조성을 위해서는 동료 피드백이 필요하다. (　　)

2. 자율적으로 운영되는 팀은 대개 팀원들이 기술 수준은 같지만 재능이 다른 직원들과 일선 관리자들로 구성된다. (　　)

3. 팀 내부에 대립이 있을 때, 혹은 팀원의 관계가 부정적으로 흐를 때, 팀은 보편적인 행동 규범을 토대로 팀원 모두가 수긍할 수 있는 룰을 정해 두어야 한다. (　　)

4. 성공적인 팀워크를 위해서 언제나 협력이 필요하다. 모든 구성원의 잠재력을 최대로 활용하는 팀은 협력의 중요성을 잘 이해하고 있다. (　　)

5. 의사결정을 내릴 수 있다는 것은 임파워먼트(empowerment)를 발휘한다는 것을 의미한다. ( )

※ 다음 괄호 안에 알맞은 말을 넣으시오.

6. 임파워먼트(empowerment)란 조직 현장의 구성원에게 업무 재량을 위임하고 자주적이고 주체적인 체제 속에서 사람이나 조직의 의욕과 성과를 이끌어 내기 위한 '( )' '권한이양'을 말한다.

7. ( )은 현재는 일을 마치고 그것에 대한 평가를 해서 앞으로 같은 일을 했을 때 실수를 반복하지 않고, 더 나은 결과를 얻기 위한 것이라는 뜻으로 사용된다.

※ 다음 문항을 읽고 물음에 답하시오.

8. 팀워크의 창의적 조성을 위해서 바르지 않은 것을 고르시오. ( )
 ① 상식에서 벗어난 아이디어에 대해 비판하지 않는다.
 ② 많은 양의 아이디어를 요구하지 않는다.
 ③ 사람들이 침묵하지 않도록 자극을 준다.
 ④ 관점을 바꿔 보며 팀원의 말에 흥미를 가지고 대한다.

9. 동료 피드백을 장려하는 데 도움이 되지 않는 것을 고르시오. ( )
 ① 명확하게 간명한 목표와 우선순위를 설정하라.
 ② 행동과 수행을 관찰하라.
 ③ 뛰어난 수행성과에 대해 인정해 줘라.
 ④ 개선점은 일이 끝나고 난 후 추후에 피드백을 하라.

10. 팀워크의 조건으로 적절한 것을 고르시오. ( )
 ① 팀원 간의 신뢰를 쌓는다.
 ② 효율적인 문제해결의 부재
 ③ 비혁신적인 아이디어와 의존도
 ④ 팀원 간의 비능률적인 생산

5. 팀워크 촉진을 위한 게임 방법

팀워크는 개념이나 원리를 아는 것보다 참여와 활동을 통해 실제 체험을 통해 적용해 보는 노력이 중요하다. 팀 활동을 통해서 서로를 알아 가며 서로 이해하고 협력하는 법을 배우게 되며 그들의 창의적이고 재치 있는 재능을 발휘하여 생산성을 높일 수 있으며 인내심을 배우는 방법을 터득할 수 있다. 먼저 팀원들은 동료 한 명 한 명에 대해 그 사람이 현재 팀에 기여하는 최대 공헌은 무엇이며, 팀의 이익을 위해 개선하거나 없애야 할 영역은 무엇인지도 알 수 있다. 팀워크 강화를 위한 게임을 실시해 보자.

A: 중고 세탁기 판매

목적

1만 개의 중고 세탁기들을 거래하는 다양한 방법들을 생각해 내는 창의적 판매

창의적 해결책을 생각하고, 다른 사람의 관점에서 사물을 보는 훈련을 한다.

이럴 때 이용해 본다.

- 팀원들이 자신의 욕구에만 너무 초점을 맞추고 있다.
- 창의적인 사고가 활발하지 않다.
- 팀원들이 영업력을 좀 더 연마할 필요가 있다.
- 당신에게 액티비티를 좀 더 세밀하게 준비할 시간이 없고, 특별한 준비물이 없다.

준비물

- 이긴 팀에게 줄 작은 선물(없어도 무방)

방법

1. 전체를 3~6명으로 된 팀으로 나눈다.

2. 각 팀은 1만 개의 오래된 중고 세탁기를 무료로 얻게 되었다고 설정한다.
3. 그들은 다른 팀을 소비자로 여긴다. 그런 다음 세탁기들을 시장에 내놓고 판매를 위한 광고를 준비한다(30초 광고).
4. 8분의 준비시간을 준다.
5. 각 팀은 나머지 그룹을 대상으로 광고를 발표한다.
6. 어떤 마케팅 구상이 판매에서 가장 성공적이었는지 투표한다.

예)

- 옛 기재들을 복고풍의 장식용이나 식물재배 용기로 사용합니다.
- 얼음과 맥주로 채워서 파티에 사용합니다.
- 옷감 염색용 통으로 사용합니다.
- 크고 특별한 뚜껑을 열면 인형이 튀어나오는 장난감으로 사용합니다.
- 어두운 곳을 좋아하는 물고기의 어항으로 사용합니다.
- 장난감 상사 등으로 사용합니나.

유용한 질문

- 당신의 팀은 어떻게 당신이 택한 마케팅 구상에 도달하게 됐는가?
- 당신은 얼마나 창의적이라고 생각하는가? 왜 그런가?
- 당신이 이 일을 할 때 어떤 가정들을 했는가? (세탁과 관련이 있어야 한다. 색깔을 칠하거나 아니면 원래상태에서 다른 용도의 기기로 바꿔야 한다. 등) 이런 가정들은 당신의 창의성을 제한했는가, 확장시켰는가?
- 당신은 어떻게 제품의 특징과 이득을 확신할 수 있었는가? (이것이 초점을 맞춰야 하는 부분이라고 지적하라.)
- 우리가 일터로 되돌아갔을 때, 이 액티비티는 어떤 의미가 있겠는가?

성공을 위한 조언

- 각 팀으로 하여금 세탁기가 여전히 작동이 되는지 안 되는지 결정하게 한다.
- 매우 경쟁적인 그룹에 대해서는, 참가자들은 자신의 고안에 투표할 수 없게 하는 규칙을 정한다.

- 액티비티를 시작하기 전에, 당신은 한두 개의 특이한 아이디어를 가지고 있어야 한다. 만약 팀이 정말 난처해 하면 창의적 활기를 북돋울 수 있도록 그 아이디어를 제공한다.
- 광고 시간이 30초라는 것과 당신이 시간을 잴 것이라는 것을 강조한다.

다양한 변형

- 각 팀은 30초의 광고 외에도 플립 차트를 이용해서 잡지 광고를 만들 수도 있다. 전체에게 어느 잡지에 실린 것인지, 왜 그런지를 설명한다.
- 각 팀은 30초짜리 광고보다는, 플립 차트 종이를 이용해서 제품에 대한 웹사이트를 만들 수도 있다. 전체에서 웹사이트가 어떤 식으로 운영될 것인지 설명한다.
- 오래된 중고 세탁기 외에 흔하지 않은 다른 제품들도 시도해 본다. (작동하지 않는 낡은 컴퓨터 모니터, 고속도로 공사 현장에서 가져온 낡고 오래된 통, 오래된 전화번호부 등)

B: 팀워크 강화와 소통

목적

그룹에 표방하는 가장 중요한 가치에 대해 참가자들이 합의에 이르게 한다.
참가자들이 공유하고 있는 가장 중요한 가치에 대한 합의를 이끈다.

이럴 때 이용해 본다.

- 중요한 프로젝트나 업무가 시작되려고 한다.
- 팀원들이 마음을 터놓고 듣지 않는다고 느낀다.
- 팀원들이 모두 결속될 필요가 있다.

준비물

- 참가자 1인당 종이와 펜 1개씩
- 각 팀당 1개의 플립 차트
- 색깔 있는 마커

방법

1. 각 참가자들은 2분 동안 그가 속한 조직에서 가장 중요하다고 여겨지는 가치 3개를 고민해 보고 종이에 적는다.
2. 전체 인원을 각 팀당 4~6명이 되도록 나눈다.
3. 각 참가자가 적은 가치들을 팀에서 공유한다.
4. 모든 가치들이 공유된 후, 각 팀은 그 가치들 중 조직에서 필요하다고 생각되는 것을 추려 3개를 정한다.
5. 각 팀에 플립 차트 종이와 색깔 있는 마커 몇 개를 나눠 준다.
6. 각 팀은 정한 3개의 가치들을 표현하는 글이나 상징마크, 그림이 있는 포스터 등을 만든다.
7. 10분 후, 각 팀은 자신들이 만든 포스터를 발표한다.

예를 들면, 선정된 가치에서 고객에 대한 약속, 성실, 팀워크, 리더십, 품질, 혁신, 효율성, 존중, 창의성, 학식 등과 같은 것들이 포함될 수 있다.

유용한 질문

- 어떤 가치들이 공통으로 나타나는가?
- 가치를 선정할 때 어떻게 의견을 조율하였는가?
- 만약 액티비티에 참가하지 않았던 새로운 누군가가 선정된 가치들을 보게 된다면 그는 우리가 어떤 행동을 할 것이라고 기대할까?
- 우리는 현재 이렇게 행동하고 있는가?
- 어떤 것들이 우리가 공유한 가치들을 외면하게 하는가? (임박마감, 가치를 외면한 사람들의 행동, 직장 내의 변화들 등) 그와 같은 일들이 발생했을 때 우리는 어떻게 해야 하는가?
- 어떨 때 이 가치들이 우리의 목표를 충족시키는 데 도움을 줄까?
- 우리가 일터로 되돌아갔을 때 이 액티비티는 어떤 의미가 있겠는가?

성공을 위한 조언

- 가치들을 표현함에 있어 팀들이 창의적이 되도록 장려한다.
- 당신의 조직이 이미 언급된 가치들을 가지고 있다면, 여전히 가장 중요한 3개의 가치

들이 조직에 중요한 것인지 증명하게 한다.

- 만약 팀이 끝까지 마치지 못했다면, 무엇이 그들로 하여금 끝마치지 못하게 했는지 물어본다. 그들의 경험을 공유함으로써 다른 사람들 역시 교훈을 얻을 것이다. 그런 다음 그와 같은 장애들을 어떻게 하면 피할 수 있는지 혹은 어떻게 효과적으로 다룰 수 있는지 물어본다.
- 앞으로, 주기적으로 어느 가치들이 일터에서 부각될지 물어본다.

다양한 변형

- 만약 당신의 조직이나 과에 사명(사훈)이 없다면, 사명이 되면 좋을 만한 것을 내용으로 하는 포스터를 만들게 한다. 사명은 목적이 아니라 왜 그 조직이 존재해야 되는지를 설명하는 것이어야 한다.
- 만약 당신이 조직이나 과에 미래상이 없다면, 미래상이 되면 좋을 만한 것을 내용으로 하는 포스터를 만들게 한다. 미래상은 미래에 당신의 포부가 어디에 있는지를 말해 준다는 것을 기억해야 한다.

C: 초콜릿 먹기 : 서로 알아 가기 게임

참가자들이 손에 쥔 사탕의 색깔에 따라 자신에 대한 이야기를 나누는 액티비티

목적

참가자들은 서로에 대해 더 많이 알고 서로를 좀 더 신뢰하는 것을 배우게 된다.

이럴 때 이용해 본다.

- 한 사람 혹은 그 이상의 팀원이 팀에 서로 합류했다.
- 팀원들이 서로에 대해 잘 알지 못한다.
- 그들이 서로에 대해 매우 잘 안다.

준비물

- 다양한 색깔의 M&M 초콜릿 한 봉지

방법

1. 참가자들은 각각 초콜릿을 한 개씩 받는다.
2. 아직 먹어서는 안 된다.
3. 그룹과 함께 다음의 코드에 맞춰 돌아가면서 이야기를 나눈다.
   - 파란색 초콜릿: 직장에서 당신이 아주 자랑스러움을 느꼈던 순간
   - 초록색 초콜릿: 당신이 존경하는 상사와 그 이유
   - 노란색 초콜릿: 당신이 이 직장에 속해 있는 것이 자랑스러운 이유
   - 갈색 초콜릿: 직장에서 당황스러웠던 순간
   - 주황색 초콜릿: 직장에서 당신이 절망스러웠던 순간
   - 보라색 초콜릿: 직장에서 당신에게 일어났던 재미있던 일
   - 빨간색 초콜릿: 직장에서 당신이 두려웠던 순간
4. 초콜릿을 먹는다.

유용한 질문

- 직장에서 서로에 대해 아는 것이 왜 중요한가?
- 당신에 관한 정보를 다른 사람들과 공유하는 것은 얼마나 어려웠는가? (혹은 쉬웠는가?)
- 다시 일터로 돌아갔을 때 우리는 어떻게 하면 서로에 대해 더 잘 알 수 있겠는가?

성공을 위한 조언

- 업무나 조직 혹은 특별한 프로젝트와 더 많이 관련된 다른 범주들을 사용해도 좋다.
- 이야기가 반드시 가장 당황스러웠던 순간, 가장 재밌었던 순간처럼 '가장 ~한' 것일 필요는 없다. 참가자들이 부담을 갖지 않는 것이 중요하다. 참가자들이 나누기에 부담 없는 이야기들을 나누게 한다.
- 만약 M&M 초콜릿 외에 다른 사탕을 사용한다면, 그 사탕에 맞춰서 색깔 코드를 조정하면 된다.
- 이 액티비티는 다른 이야기들을 하게 하는 방식으로 반복해서 적용할 수 있다. 또한 한 사람이 이야기를 하고 나머지는 경청하는 방식으로 진행해도 된다.
- 이야기가 진행되는 시간을 제한해서 한 사람이 시간을 독점하지 못하게 한다.
- 참가자들이 자신이 말해야 할 이야기와 사탕을 쉽게 연결 지을 수 있도록 색깔 코드

에 따른 주제(이야깃거리)를 제시해 놓는다.

다양한 변형

- 팀원이 많을 경우(12명 이상)에는 서로의 이야기를 나눌 수 있도록 작은 팀으로 나눈다.
- 각 주제에서 '직장에서'라는 말을 빼면 서로 개인적으로 더 잘 알 수 있게 된다.
- 참가자들을 3~5명으로 된 작은 그룹으로 나누고, 그들에게 한 가지 색의 이야기에 대해 나눌 수 있도록 시간을 준다. 각 팀에서 가장 좋은 이야기를 택해 전체와 공유하게 한다.
- 딱 2개의 범주만 사용해 본다. 이때는 동전을 던져서 어떤 이야기를 나눌지 결정한다.
- 서로 잘 아는 그룹이라면, 자신에 대한 이야기 말고 서로에 대한 이야기를 하게 한다.
- 당신이 부모님으로 배운 것, 당신이 좋아하는 영화와 그 이유, 당신 집의 주방, 애완동물 소유 여부 등의 주제를 선택하면 서로에 대해 개인적으로 잘 알게 된다.

D: 다양한 색의 무지개 팀워크: 서로 칭찬하고 도와주기

목적

참가자들은 그들 사이에 비슷한 점과 다른 점을 평가한다.

이럴 때 이용해 본다.

- 팀원들이 그들 사이에서 무엇이 잘 되어 가고 있는지에 대해 알고 평가할 필요가 있다.
- 팀원들이 서로 잘 감시하지 않는다.
- 팀원들이 서로 더 결속할 필요가 있다.

준비물

- 참가자 각자에게 돌아갈 수 있는 여러 색깔의 크레용
(인원이 많다면 64개들이 크레용 1박스를 준비한다.)

방법

1. 각 참가자에게 크레용 1개를 준다.
2. 자신의 색깔과 비슷한 색깔의 크레용을 가진 사람과 짝을 짓게 한다.
3. 성격이 서로 비슷한 점을 모두 발견하는 데 2분을 준다.
4. 새로운 짝을 짓게 하되, 이번에는 자신의 크레용 색깔과 매우 다른 참가자와 짝을 짓게 한다.
5. 성격이 서로 다른 점을 모두 발견하는 데 2분을 준다.
6. 참가자들이 원을 만들어서 자신의 것과 가장 비슷한 색깔을 가진 사람 옆에 서게 한 후, 그대로 분석 · 평가를 시행한다.

유용한 질문

- 당신의 것과 비슷한 색을 가진 참가자에 대해 무엇을 알게 되었는가?
- 당신의 것과 다른 색을 가진 참가자에 대해 무엇을 알게 되었는가?
- 우리 팀에서 이 원은 무엇을 상징하는가? (비록 나는 나와 비슷한 사람 옆에 서 있지만 나는 원래 원의 반대편에 서 있는 사람과도 관련이 있다, 우리는 하나가 된 큰 모임이다 등)
- 일터로 돌아갔을 때 이 게임은 어떤 의미가 있겠는가?

성공을 위한 조언

- 비슷한 색 혹은 반대의 색에 지나치게 고민하지 않도록 한다. 색상환에서 보면 초록은 빨간색과 반대지만, 실제로는 검은색이나 은색, 오렌지, 핑크색과도 전혀 다르기 때문이다. 원칙적으로 꼭 비슷한 색, 반대의 색을 선택해야 하는 것은 아니다.

다양한 변형

- 팀원들로 하여금 플립 차트를 이용해 색상이 다양한 직품들을 그리게 한다. 각 참가자는 자신이 가지고 있는 색깔로 기여해야 한다. 전체의 성공을 위해 각 색깔은 얼마나 중요한가, 각 색깔들은 아름다운 작품을 위해 똑같이 사용되어야 했는가를 알아야 한다.
- 참가자들이 자신의 것과 비슷한 색을 가진 참가자와 짝을 지었을 때, 팀이 성공하기 위해 공통적으로 공헌할 수 있는 장점이 무엇인지 지적하게 한다. 또 반대의 색을 가

진 참가자와 짝을 지었을 때는 각 참가자의 장점이 무엇이고 그런 다양한 기술과 능력의 진가를 어떻게 인정할 것인지, 또는 그것들로부터 무엇을 배울 수 있을 것인지 지적하게 한다.

E: 조각 맞추기 대처하기/변화에 대처하기
그림을 잘라 내서 새로운 이미지로 조각들을 다시 재배열하는 게임

목적
참가자들은 어떻게 과거의 모습으로부터 참신하고 이로운 것들로 변하는지 알게 된다.

이럴 때 이용해 본다.
- 그룹이 업무에서 많은 변화를 겪고 있다.
- 팀원들이 변화의 과정에서 해결책을 모색함에 있어 독창적일 필요가 있다.
- 팀원들이 변화의 부정적인 면만 바라본다.

준비물
- 참가자 1인당 최소 1장의 잡지 그림(또는 사진)
- 참가자 1인당 가위와 풀
- 플립 차트 종이 1개 혹은 새로운 그림의 밑판이 될 다른 종이

방법
1. 각 참가자가 그림을 직접 선택하게 한다.
2. 고른 그림을 작은 조각들로 자르게 한다. 조각들은 원래 그림이 분명하게 나타나지 않을 정도로 작아야 한다.
3. 각 참가자들은 새로운 그림을 만드는 데 조각들을 사용한다. 플립 차트 종이 위에 그 조각들을 붙여서 콜라주를 만든다.
4. 10분 후, 참가자들은 자신의 콜라주를 발표하고 그가 변형시키기 전에는 어떤 것이었는지를 말한다.

유용한 질문

- 무슨 콜라주를 만들어야 할지 어떻게 결정했는가?
- 당신에게 콜라주를 만들라는 과제가 주어졌을 때, 어떤 기분이 들었는가? (나는 창의력이 부족하기 때문에 긴장됐다, 시작하기 두려웠다, 내가 만든 것이 좋은 작품이 아닐까 봐 걱정됐다 등)
- 이러한 느낌들은 업무에서 변화를 직면했을 때와 어떻게 비교할 수 있는가?
- 당신이 당신의 과제를 성공적으로 마치는 데 무엇이 중요한 실마리가 되었는가?
- 우리가 일터로 돌아갔을 때 이 액티비티는 어떤 의미가 있겠는가?

성공을 위한 조언

- 그림을 분류해 놓는다. 큰 그림일수록 좋다.
- 콜라주를 어떻게 만들어야 할지에 대해서는 어떤 아이디어도 주지 않는다. 물론 참가자들은 고심할 것이다. 그러나 당신이 던져 준 생각보다는 그들 스스로의 아이디어가 더 효과적일 수 있다.
- 시간이 끝나기 1분 전에 남은 시간을 알려 준다.

다양한 변형

- 잡지의 그림이나 사진 대신 신문 기사의 헤드라인 등과 같은 단어를 가지고 해 본다. 참가자들이 그 글자를 자르게 한 후 , 자른 것들로 새로운 메시지가 담긴 글자를 만들게 하는 것이다. 혹은 더 긴 문구들을 사용해 본다. 글자를 자르기보다는 단어 단위로 잘라서 다시 재배열한다. 마치 범죄자들이 사용하는 '협박편지'처럼 보일 것이다.
- 콜라주의 주제를 변화에 대한 대처, 팀워크, 듣는 기술, 품질 등 특정 범위로 한정시키는 것도 좋다.

출처: Miller, B. C. (2008).

학습정리

1. 팀이란 상호보완적인 능력을 가진 구성원들이 공동의 목표달성을 위해 공동으로 작업하고 그 결과에 대해 공동 책임을 지는 집단이며, 효과적인 팀은 대부분 과업지향적인 역할을 모두 수행할 수 있는 구성원들로 이루어진다.

2. 팀은 단순히 구성원들의 집합만이 아니고 공동의 목표를 가지고 상호의존적으로 일한다는 기본 속성을 가지고 있기 때문에 팀의 효과성을 높이기 위해서는 팀 내의 자원들이 원활히 기능할 수 있어야 한다.

3. 팀워크: 팀 구성원이 공동의 목적을 달성하기 위해 상호 관계성을 가지고 서로 협력하여 일을 해 나가는 것이다.
   응집력: 사람들로 하여금 집단에 머물도록 만들고 그 집단의 멤버로서 계속 남아 있기를 원하게 만드는 힘이다.

4. 효과적인 팀의 핵심적인 특징
   - 팀의 사명과 목표를 명확하게 기술한다.
   - 창조적으로 운영된다.
   - 결과에 초점을 맞춘다.
   - 역할과 책임을 명료화시킨다.
   - 조직화가 잘 되어 있다.
   - 개인의 강점을 활용한다.
   - 리더십 역량을 공유하며 구성원 상호 간에 지원을 아끼지 않는다.
   - 팀 풍토를 발전시킨다.
   - 의견의 불일치를 건설적으로 해결한다.
   - 개방적으로 의사소통한다.
   - 객관적인 결정을 내린다.
   - 팀 자체의 효과성을 평가한다.

5. 멤버십이란 조직의 구성원으로서 자격과 지위를 갖는 것으로 훌륭한 멤버십은 팔로워십의 역할을 충실하게 잘 수행해 내는 것이다. 팔로워의 개념은 리더와 비교해서 파악할 수 있다. 리더와 팔로워에 대한 개념은 위치와 행위 그리고 역할에 따라 정의할 수 있다. 국어사전에서 리더는 조직이나 단체 따위에서 전체를 이끌어 가는 위치에 있는 사람으로 정의한다.
리더십과 멤버십은 서로 다른 개념이며 각기 별도의 역할을 가지고 있다. 그러나 두 개념은 독립적인 관계가 아니라 상호 보완적이며 필수적인 존재이다. 결국 멤버십과 팔로워십은 같은 개념으로 볼 수 있다.

6. 팀워크를 능률적이고 적극적으로 만들기 위해서는 많은 노력이 필요하다. 특히 팀워크를 촉진시키는 것은 매우 중요한데, 이를 위해서는 동료 피드백 장려하기, 갈등해결하기, 창의력 조성을 위해 협력하기, 참여적으로 의사결정과 원활한 커뮤니케이션하기가 필요하다.

제3장

리더십능력

학습목표

구분	학습목표
일반목표	조직 구성원들과 직장생활을 함에 있어 업무향상과 서로 상호작용하여 조직의 목표 달성 및 비전을 제시할 수 있는 능력을 기를 수 있다.
세부목표	1. 리더십의 개념을 정의할 수 있다. 2. 다양한 리더십의 유형을 설명하고 구분할 수 있다. 3. 개인 및 조직 리더십의 역량을 개발하고 활용할 수 있다. 4. 임파워먼트의 의미를 이해할 수 있다. 5. 조직 구성원에게 코칭을 통한 동기부여를 할 수 있다. 6. 조직 구성원으로서 주도적인 변화를 이끌 수 있다.

1. 리더십의 개념 및 정의
2. 리더십의 유형
3. 성공적인 리더십 개발
4. 리더십과 임파워먼트
5. 코칭을 통한 동기부여
6. 리더십의 변화 관리

 주요용어 정리

리더십
주어진 상황 속에서 목표를 달성하기 위해 리더가 구성원들에게 동기를 부여하고 영향력을 행사하는 과정이다.

임파워먼트
자기 스스로 내재적 역량, 즉 가치관, 태도, 행동 등을 변화시켜 그 결과 집단과 구성원들에게 업무를 위임하고 성과를 이끌어 내는 과정이다.

코칭
개인의 잠재력을 개발하고 지원하는 것으로 좋은 성적을 낼 수 있도록 상호작용하여 역량을 끌어올리는 행위를 코칭이라고 한다.

동기부여
목표 달성을 위하여 원하는 방향으로 행동을 유발시키는 것인데, 어떤 행동을 지속적으로 하거나 새롭게 시작하는 데 영향과 의미를 부여하는 것이다.

변화 관리
조직구조가 더욱 복잡해지고 개인의 독특한 개성시대에서 리더십의 변화 관리는 그만큼 중요하고 목표를 향한 다양한 변화를 관리하고 지원하는 체계적인 활동이다.

1. 리더십의 개념 및 정의

1) 리더십의 개념

현대사회는 무한 경쟁 시대에 돌입했다고 해도 과언이 아니다. 따라서 기존의 생활패턴이나 사고방식에서 탈피해 개인의 전문성(personality)을 발휘하여 새로운 아이템(item)으로 다양하게 접근하고 연구해 나가야 하는 분야 중 하나가 바로 리더십(Leadership)이다.

리더십(leadership)은 leader+ship이 결합된 합성어이다. 그렇다면 과연 리더란 무엇인가? 이 질문에 대해 많은 학자들은 저마다 조금씩 다른 견해로 해석을 하고 있다. 그러나 어떠한 경우든 부하를 떼어 놓고는 리더를 말할 수 없다. 즉, 리더와 부하를 분리해서는 설명할 수 없는 것이다.

리더십이란 일상생활에서 많이 사용되고 있는데 그 개념은 한마디로 정의하기 어려울 만큼 다양하고 복잡하다. 또한 리더십은 보는 관점에 따라 다양하고 다각적으로 접근하며 해석한다. 그 원인은 리더십이라는 용어가 영향력(influence)을 비롯하여 권한(authority), 권력(power), 통제(control), 그리고 관리(management) 등의 개념과 혼동되어 불분명하게 사용되는 데 있다. 이는 인간을 연구대상으로 이루어지는 학문이기 때문에 다각적인 접근으로 이해 가능하며 분명한 정량적 논리로 이해하기 어렵다는 데서 기인한다. 리더십의 영향력에는 혼용되는 용어가 있으므로 다음과 같이 개념을 정리할 필요가 있다.

- 권한(authority): 한 개인이 조직 내에서 차지하고 있는 위치로 인하여 갖게 되는 공식적인 힘을 말한다. 예를 든다면, 조직 내에서 상급자는 하급자에 대하여 합법적인 권력을 갖는다. 즉, 권한은 권력의 한 요소라고 볼 수 있으며 합법성이 강조된다.
- 권력(power): 수직관계를 전제로 하는 힘이라고 볼 수 있으며 남을 자신의 뜻대로 움직이거나 지배할 수 있는 공인된 힘이다.
- 통제(control): 일정한 방침이나 목적에 따라 행위를 제한하거나 제약하는 것으로, 즉 어떤 것에 대해 지시를 내리거나 구속하는 것이다.
- 관리(management): 조직의 구성원이나 사람을 통솔하고 지휘 · 감독하는 것이다.
- 영향력(influence): 타인의 행동이나 태도, 가치관, 신념에 효과적으로 미치는 행위나 능력으로서 조직의 바람직한 변화나 다른 사람들과의 관계에 영향을 주거나 행동을 유발시키는 힘이다.

리더의 특성이나 리더십의 유형 및 행동에 따라 목표를 달성하는 데에도 영향이 있겠지만 처벌과 보상 같은 권력의 영향도 무시할 수 없다. 조직에서 나타나는 권력의 유형은 여러 가지가 있다. 리더가 보상권을 갖고 있다고 믿기 때문에 그 보상권을 얻기 위하여 리더를 따르는 경우가 있고, 또한 그와 반대로 리더가 처벌권을 갖고 있기 때문에 처벌을 피하기 위하여 리더를 따르기도 한다. 리더가 구성원에게 요구하면 구성원은 합법적으로 따를 의무가 있으며 리더의 지위가 정통성을 갖고 있을 때 그 지위를 존중하고 따르게 된다. 그 외 리더의 전문성, 준거, 배경, 다양한 정보 등 많은 권력의 유형이 리더로부터 발휘된다. 따라서 리더십은 조직의 공통된 목적이나 집단의 목표 달성을 위해 개인이 조직원에게 미치는 다양한 영향이라고 본다.

2) 리더십의 정의

리더(leader)란 우리말로 '지도자' '지휘자' '통치자' '선도자' 등으로 옮겨질 수 있는 말이기 때문에 리더십(leader+ship)을 우리말로 옮긴다면 지도자로서의 지위, 또는 지도자로서의 갖추어야 할 덕목, 특성, 행동 등으로 해석할 수 있다. 따라서 리더십은 다양하게 정의될 수 있으며, 이론에 따라서 일정한 요소에 더 큰 비중을 둔다. 리더십이란 말은 약 200년 전부터 사용되기 시작한 것으로 알려져 있으나, 리더(leader)라는 어휘는 서기 1300년경부터 문헌에 등장하는 것으로 나타났다. 한편 리더십을 연구하는 학자들은 자신이 보고 느끼는 관점에서 리더십을 달리 해석하기도 한다.

먼저, 포시스(Forsyth)는 집단과 구성원들의 목표 달성을 촉진하기 위하여 구성원 상호 간에 영향을 주고 또한 그들을 동기화시키는 상호적·교환적·변혁적 과정이라고 보았고 배스(Bass, 1990)는 리더십은 문제를 해결하고 목적을 달성하고 집단의 기대와 능력을 개선하는 데 선도하고 유지하는 구성원들의 상호작용 관계에서 비롯된다고 주장했다. 또한 하우스(House, 1995)는 조직의 효과성과 성공을 위해 다른 사람들에게 영향을 주고 동기를 부여하며 그들이 공헌할 수 있게 하는 개인의 능력이라고 하였으며, 유클(Yukl, 2006)은 리더십이란 무엇이 이루어질 필요가 있으며, 그것이 어떻게 효과적으로 이루어질 수 있는가에 관하여 다른 사람들이 이해하고 동의하도록 영향을 주는 과정이면서 공유한 목적을 달성하는 데 필요한 개별적이고 집단적인 노력을 촉진시키는 과정이라고 강조한다.

칸(Kahn)과 카츠(Kats)는 조직 구성원이 업무를 수행함에 있어 요구되는 수준을 초월하는 수준과 성과를 내기 위해 노력을 불러일으키는 영향력이 리더에 의해 좌우되며 조직의 일상적 지시에 기계적으로 순종하는 것 이상으로 영향력을 증대시킬 수 있는 것이라고 정의한 바 있다(Kahn & Kats, 1978). 스톡딜(Stogdill, 1990)은 리더십이 집단 내 상호교류 속에서 구성원의 기대에 맞게 집단의 구조를 만들고 유지하는 것이라고 보았고, 조콥(Jocob)은 한 사람이 어떤 종류의 정보를 제공하고 다른 사람이 그에 따라 행동하면 그 효과가 개선될 것이라는 확신을 갖게 하는 사람들 간의 상호작용을 리더십이라고 주장했다.

앞의 여러 학자들의 의견을 종합적으로 보면, 리더십이란 집단의 목표나 내부 구조의 유지를 위하여 구성원이 자발적으로 집단 활동에 참여하여 이를 달성하도록 유도하는 능력이라고 할 수 있다. 즉, 어떤 상황하에서 목표 달성을 위해 개인이 다른 개인이나 집단의 행위에 영향력을 행사하는 것이다. 리더십에 대해 연구 학자들의 다양한 견해를 정리하여 살펴보면 〈표 3-1〉과 같다.

〈표 3-1〉 학자들의 다양한 리더십 정의

나누스 (Nanus, 1992)	꿈과 비전의 제시를 통하여 추종자들의 자발적 몰입을 유인하고 그들에게 활력을 줌으로써 조직을 혁신하여 보다 큰 잠재력을 갖는 새로운 조직 형태로 변형시키는 과정
배스 (Bass, 1990)	집단의 기대와 능력을 개선하는 데 선도하고 유지하는 구성원들의 상호작용의 중요성을 강조
하우스 (House, 1995)	조직의 효과성과 성공을 위해 다른 사람들에게 영향을 주고, 동기를 부여하고 그들이 공헌할 수 있게 하는 개인의 능력
유클 (Yukl, 2006)	다른 사람들이 이해하고 동의하도록 영향을 주는 과정이며, 공유한 목적을 달성하는 데 필요한 개별적이고 집단적인 노력을 촉진시키는 과정이라고 강조
칸과 카츠 (Kahn & Kats, 1978)	조직의 일상적 지시에 기계적으로 순종하는 것 이상으로 영향력을 증대시킬 수 있는 것
스톡딜 (Stogdill, 1990)	집단 내 상호교류 속에서 구성원의 기대에 맞게 집단의 구조를 만들고 유지하는 것
브론스 (Burns, 1978)	개인이 부하들의 동기를 자극하고 끌어들이며 만족시키기 위해서 제도적, 정치적, 심리적 그리고 기타의 자원을 동원할 때 발휘되는 것
탄넨바움 (Tannenbaum, 1961)	주어진 상황에서 구체화된 목표를 달성하고자 하는 노력으로서 커뮤니케이션 과정을 통해서 이루어지는 대인 간의 영향력

3) 리더십의 중요성

현시대는 조직을 떠나서 살아갈 수 없는 시대이며 더불어 조직을 이끄는 리더는 다양한 리더십을 통해 목적을 달성하고 구성원을 이끌어 나간다. 리더가 어떤 마인드로 조직을 이끌어 나가느냐에 따라 그 조직의 성공 여부가 가려진다고 해도 과언이 아니다. 리더십의 정의에서도 알 수 있듯이 본질적으로 리더십은 사회적 영향의 과정이라고 본다. 리더십은 오늘날 자율경영뿐만 아니라 궁극적으로 인간 존중 경영을 실현하는 데 다음과 같은 중요성을 갖는다.

첫째, 리더십은 개인의 역량을 결집시켜 집단의 역량이 개인역량의 단순한 합 이상의 힘을 갖도록 시너지 효과를 촉진시킨다.

둘째, 어떤 집단에서의 리더가 얼마나 효과적으로 리더십을 발휘하는가는 그 집단의 성과는 물론 나아가 조직 전체의 성과를 좌우한다.

셋째, 효과적인 리더십은 부하들이 목표 달성에 적극적으로 기여할 수 있도록 동기부여시키는 요인이다(Smith, Organ, & Near, 1983).

넷째, 효과적인 리더십은 구성원들이 개인 역량을 배양하도록 촉진하는 코치로서의 역할을 한다(Mink, Owen, & Mink, 1993).

다섯째, 리더는 기업경영의 전반적인 외부환경 변화에 대한 정보를 전달하면서 개인과 조직의 발전을 위한 새로운 아이디어나 방법을 추구하고 변화를 촉진한다.

4) 관리자와 리더의 구분

리더십의 초점(focus of leadership)은 개인이나 집단과 같은 구성원에게 영향력을 주기 위한 활동이다. 또한 리더십의 본질은 리더가 조직의 목표를 달성하기 위해서 다른 사람들에게 어떻게 영향력을 행사하는가에 있다. 대부분의 사람들이 혼돈하고 있는 관리자와 리더는 분명히 다른 개념이다. 조직 환경이 변화하면서 구성원들의 관리자에 대한 관심보다는 리더에 대한 관심이 증폭되고 있는 것이 사실이다. 리더십의 형태도 과거에는 수직적인 위계로 위에서 아래로, 즉 상사와 부하의 관계가 엄격하면서도 상호 소통은 부재된 채 명령과 지시가 많았지만, 오늘날에는 수평적이고 전방위적인 영향력을 발휘하지 않으면 리더의 자격이 의심스러운 시대가 되었다.

그럼에도 불구하고 대부분의 사람들은 리더와 관리자가 크게 다르지 않다는 인식을 가지고 있다. 리더십은 사실 대단한 것도 아니고 위대한 것도 아니지만 조직의 성패가 달려 있는 것은 확실하다. 리더가 조직의 방향이나 비전을 제시하며 조직원들의 동기를 부여하는 역할을 한다면, 관리자는 리더가 제시한 목표를 달성하기 위해 계획하고 통제하는 역할을 담당한다. 오늘날 진정한 리더는 사라지고 경쟁사회에서 살아남기 위한 수단을 가리지 않는 경우가 종종 나타나고 있다. 조직은 잠재적인 리더를 발굴하고 그들의 능력이 개발되도록 장기적인 안목에서 다각적인 계획을 세우는 것이 필요하다. 관리자와 리더의 구분을 다음의 〈표 3-2〉에서 보다 상세하게 살펴볼 수 있다.

〈표 3-2〉 관리자와 리더의 차이

관리자	리더
객관적인 태도	개인적 · 능동적인 태도
회사를 키움	사람을 키움
업무에 대한 계획 · 통제	업무에 대한 동기부여
조직의 구성원 관리	조직의 비전의 창조
지시와 모방	방향을 제시
체계나 기구를 중시	자기 자신을 이해
타인지도	인간 지향적 관계 중요
조직을 유지	함께 목표를 추구
어떻게 할까를 고민	무엇을 할까를 고민
성과 및 결과에 초점	결과보다는 과정을 참작
정상을 먼저 점령	정상을 다 함께 점령
성과	동반성장

사례 예시

사례 A

이순신 장군은 나라가 위태로울 때 혼신의 힘을 다하여 나라를 위기에서 구하였다. 장군의 전략적인 리더십과 희생정신이 해전에서의 뛰어난 승리를 이끌었다. 그는 소신에 근거한 신념, 기록을 중시, 인간적인 접근, 혁신적인 사고와 소통, 도전정신 등 변화와 위기에 적극적으로 대처하는 탁월한 리더십을 발휘한 인물이다. 특히 전쟁에서의 타고난 리더십으로 전 세계적으로 알려져 있는데, 적군과 아군의 장단점을 정확히 파악하고 바다 물길을 훤히 꿰뚫었다. 특히 거북선을 만들어 함포전으로 해전을 승리로 이끈 업적은 많은 사람들의 가슴에 크게 와닿는 부분이다. 그의 리더십에서 볼 수 있는 희생정신과 진중한 마음을 현재의 리더십과 결부시켜 많은 리더들이 본받을 수 있다.

사례 B

스티브 잡스(Steve Jobs)는 혁신적인 기술로 아이템을 개발하여 성공적인 비즈니스로 스마트폰 시대를 만든 사업가이지만 잡스는 권한 위임을 하는 리더와는 거리가 먼 인물이다. 그는 아이디어 개발 단계부터 시작해 색상, 디자인, 질감, 광고, 판매 등에 이르기까지 모든 과정에 깊이 관여했다고 한다. 자신의 마음에 들지 않으면 고집을 부려 직원들의 원망을 사기도 했고 원한다면 총을 줄 테니 자신을 죽이든가, 아니면 디자인을 바꾸는 작업을 시작하든가 결정하라며 팀원들을 독려하였다고 한다. 지나칠 정도로 높은 기대치를 부여하는 잡스의 행동은 사람들을 감정적으로 지치게 하지만 견뎌 내기만 하면 아주 좋은 결과를 발휘했다고 하니 잡스의 카리스마는 후세에 많은 리더들이 개인의 능력을 발휘하는 리더십의 한 핵으로 본받을 만하다.

탐구활동

✎ 사례 A의 이순신 장군은 어떤 리더십을 발휘하였는지 의견을 나누어 보시오.

✎ 사례 B의 스티브 잡스의 행동에서 자신이라면 조직원들을 어떤 방향으로 지도할지 대화를 나누어 보시오.

✎ 권한과 권력, 영향력과 통제의 개념을 열거해 보고 비교해 보시오.

권한	
권력	
영향력	
통제	

✎ 관리자와 리더의 공통점 및 차이점을 나누어 보시오.

관리자	리더

Tip

리더십에 대한 오해

아직 많은 사람들이 리더십에 대해 잘못된 생각과 기대를 가지고 있는 부분이 몇 가지 있다.

✎ 오해 하나: 리더는 전지전능한 슈퍼맨이다?

대부분의 사람들은 리더십에 대해 오해로 때로는 과한 기대를 가지고 있는데, 그 첫 번째가 리더는 다방면에서 뛰어나야 한다는 것이다. 즉, 리더는 전략적 통찰력과 관리 능력, 추진력과 풍부한 감성 지능, 전사적 시각과 현장 경험 등을 두루 갖추고 있어야 한다는 것이다. 예를 들면, 육상에서의 달리기와 하늘을 날기 그리고 물속에서의 수영을 모두 다 잘해야 명실상부한 최고가 된다는 생각이다. 이것은 지나친 완벽에 가까운 오류를 저지르게 될 수 있다. 흔히 철인 5종 경기에 비유하여 이해할 수 있는데, 사실 우리 인간은 모든 부분에 완벽할 수 없다.

✎ 오해 둘: 리더는 타고나는 것이다?

일반적으로 리더라는 존재는 만들어지기보다 그러한 자질을 갖고 태어나며, 우리 자신은 그러한 자질을 갖고 태어나지 못했다고 생각한다. 그러나 실제로 리더십을 갖추는 데 필요한 스킬은 학습과 노력을 통해서 개발시키고 향상시킬 수 있는 것이다. 자신의 역량을 올바로 알아차리고 보다 깊고 넓게 개발해 나간다면 충분히 성공하는 리더로 나아갈 수 있다.

✎ 오해 셋: 리더는 명령하는 사람이다?

지나치게 독선적이거나 관리 통제를 리더십이라고 오해하여 장기적으로 조직의 건강을 해치는 경우가 있다. 책상에 앉아 과제를 지시하고 보고서를 검토하는 방식에서 벗어나, 직접 모범을 보이고 문제를 해결할 수 있도록 격려하고 지원하는 모습으로 바꿔 나가야 한다. 지위가 높을수록 더욱 겸손한 자세와 태도로 매사에 임한다면 조직원들의 협력은 쉽게 이루어질 수 있을 것이다.

학습평가

정답 및 해설 p. 386

※ 다음 문장의 내용이 맞으면 ○, 틀리면 × 표시를 하시오.

1. 어떤 집단에서의 리더가 얼마나 효과적으로 리더십을 발휘하는가는 그 집단의 성과는 물론 나아가 조직 전체의 성과까지도 좌우한다. (   )

2. 리더십에 대한 전통적 이론으로 뛰어난 리더는 남들과 다른 개인적인 특성을 갖고 있다는 생각에서 출발하여 그러한 특성을 추출하려는 이론이 행위이론(Behavioral theory)이다. (   )

3. 리더(Leader)는 지도자로서의 지위와 갖추어야 할 덕목, 특성, 행동 등에서 제 역할을 해내는 사람으로 해석할 수 있고, 리더십(Leadership)은 지도자, 지휘자, 선도자 등 능력을 발휘하는 사람으로 해석할 수 있다. (   )

4. 어떤 영향력(Influence)은 타인의 행동이나 태도, 가치관, 신념에 효과적인 변화를 일으킬 수 있는 힘이다. (   )

5. 합법적 · 윤리적 정당성을 부여받아 공식적인 힘을 발휘하는 것이 권한이며 조직의 구성원이나 사람을 통솔 및 지휘 · 감독하는 것이 통제이다. (   )

※ 다음 문항을 읽고 물음에 답하시오.

6. 리더십의 개념에 대해 다르게 설명한 것을 고르시오. (   )
   ① 리더십은 일정한 상황에서 다른 구성원들로 하여금 조직이나 집단의 공동 목표를 달성하는 데 필요한 행위를 하도록 영향을 미치는 능력이다.
   ② 효과적인 리더십은 구성원들의 개인 역량을 배양하도록 촉진하는 코치로서의 역할을 하는 것이다.
   ③ 한 개인이 조직 내에서 차지하고 있는 공식적인 힘을 나타내는 것이다.
   ④ 어떤 조직에서 부하와 리더는 각각 분리해서 업무를 하는 것이며 한 방향으로 접근해야 한다.

7. 권력의 영향도 때로는 조직의 목표 달성을 좌우한다. 권력의 유형에 포함되지 않는 것을 고르시오. (　　)

① 보상과 처벌 권력
② 정통성과 전문성 권력
③ 보수성과 수평성 권력
④ 준거 및 합법적 권력

8. 리더십의 정의는 학자마다 다르게 접근한다. 리더십은 문제를 해결하고 목적을 달성하는 데 집단의 능력을 개선하는 데 선도 · 유지하는 구성원들의 상호작용을 강조한 사람을 고르시오. (　　)

① 배스(Bass)
② 조콥(Jocob)
③ 칸과 카츠(Kahn & Kats)
④ 뽀시스(Forsyth)

9. 관리자와 리더의 차이에서 리더의 역할이 아닌 것을 고르시오. (　　)

① 개인적 능동적인 태도
② 체계나 기구 등을 중시
③ 업무에 대한 동기부여
④ 인간 지향적 관계 중요

10. 관리자와 리더의 차이에서 관리자의 역할과 거리가 먼 것을 고르시오. (　　)

① 객관적인 태도나 자세
② 업무에 대한 계획 · 통제
③ 조직의 비전을 창조
④ 성과 및 결과에 초점

2. 리더십의 유형

오늘날 기업을 포함한 많은 조직에서 리더의 역할이 매우 중요하다고 인식하고 있다. 조직의 성패는 리더의 리더십에 달려 있다고 보아도 과언이 아닐 것이다. 유능한 리더를 만난 구성원이나 조직은 한 단계 앞서가는 발판이 될 수 있지만, 그렇지 못한 기업이나 구성원은 쇠퇴의 기로에서 방향을 잃을 수밖에 없을 것이다.

따라서 리더의 리더십이 얼마나 효과적으로 적절히 발휘되느냐에 따라 성공적인 방향으로의 승패나 기로에 서게 된다. 성공적인 리더는 이끌고 나가야 할 집단에 따라 한 가지 리더십 유형을 고수하거나 다양한 리더십의 유형을 혼용하여 리더십을 적용한다. 한국산업인력공단에서는 리더십의 유형을 독재자형, 민주주의형, 파트너십형, 변혁적형으로 나누어 살펴보고 있는데, 아래에서 좀 더 구체적이고 다양한 리더십의 유형을 살펴봄으로써 개인의 리더십 발휘에 플러스 요인으로 작용할 수 있도록 한다.

1) 지시 명령형 리더십

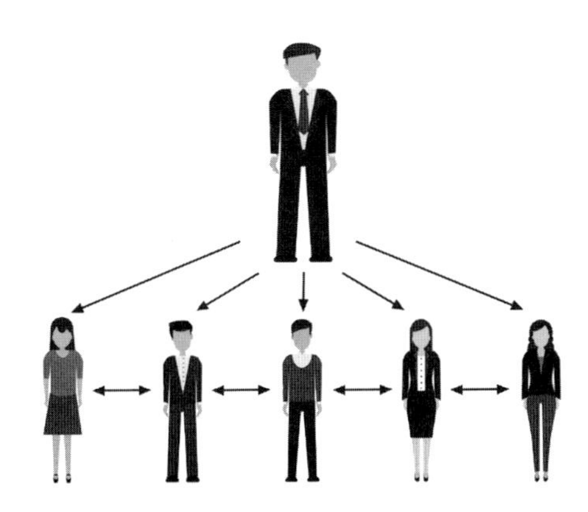

지시 명령형 리더십은 독재자형으로서 모든 의사결정과 정보는 한 사람이 독점하여 실시한다.

출처: 천재학습백과 koc.chunjae.co.kr/main.do

지시 명령형 리더십은 한마디로 지시로 부하 직원을 복종하도록 하는 유형이다. 조직 내의 모든 의사결정을 리더 혼자서 하는 유형으로 권력과 책임은 모두 리더로부터 나온다. 따라서 의사소통도 수동적일 수밖에 없다. 신속한 지시와 명령이 필요한 경우에는 효과가 나타나 성과를 높일 수 있지만 구성원의 긴장이 풀리고 다소 조직이 해이해졌을 때는 불만이 많을 수 있으며, 조직 구성원에게 자주성도 부여하지 못하고 부하직원의 융통성 발휘도 저해될 수 있다.

2) 인간 지향적 리더십

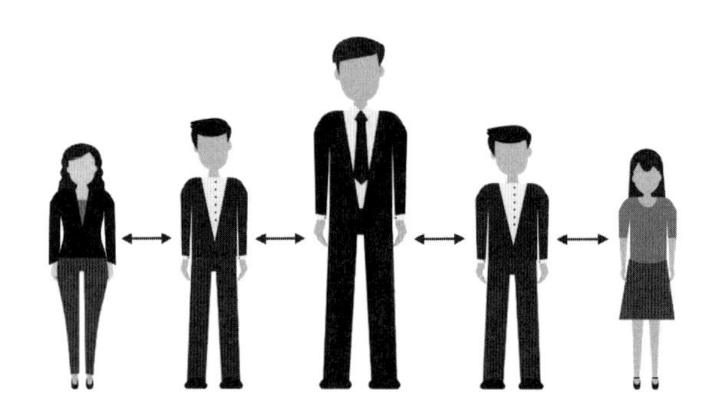

인간 지향적 리더십은 민주주의에 근접한 유형으로서 구성원 개개인에게 확신을 심어 주고 함께 성장을 도모한다.

의사결정을 위하여 리더와 조직 구성원들이 함께 토론하고 열정적으로 일할 동기를 부여하는 수평적 본보기의 대표적인 유형이다. 모든 권력과 책임은 직원들과 함께 나누고 비교적 업무성과도 높고 인간관계도 호의적이다.

앞으로 바람직한 리더의 모습은 의사결정만을 내리는 상사가 아니라, 직접 문제나 고민을 듣고 해결방안에 대한 지원과 격려를 하며 서로 상호 소통하는 인간 중심적이고 긍정적인 리더십이 될 것이다.

3) 자유 방임형 리더십

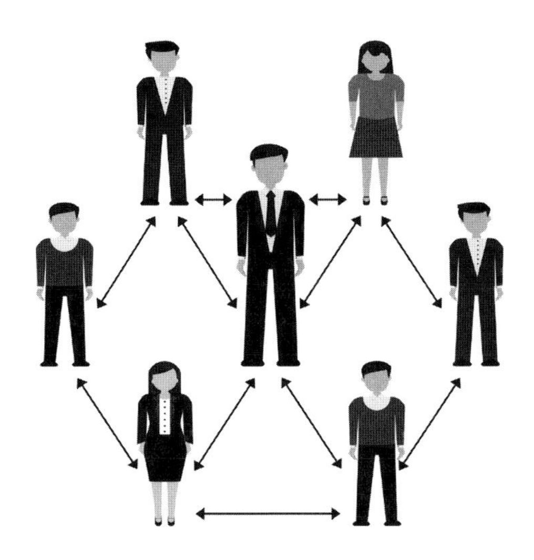

자유 방임형 리더십은 방목형에 근접한 유형으로서 리더와 구성원의 구분이 미비하여 제각각 다른 목적을 달성한다.

리더가 의사결정에 참여하지 않는 자유 방임형 리더십은 조직 구성원들의 능력에 조직의 목표 달성이나 성과가 달려 있다고 해도 과언이 아니다. 관리자는 의사결정을 위임하고 조직 구성원은 스스로의 목표와 계획을 수립하고 전문가와 다름없는 지식수준을 발휘하여야 한다. 따라서 모든 권한과 책임은 조직 구성원 개개인에게 있으며 리더와 구성원의 관계는 무관심해질 수밖에 없다. 서로의 소통과 관계없이 업무가 진행되다 보니 조직의 방향이나 기업목표가 엉뚱한 방향으로 흘러갈 수도 있다. 그래서 업무의 성과가 최저상태일 가능성이 높은 유형이다.

4) 새로운 리더십 유형

1970년대 이후 사회의 변화에 따라 전통적인 리더십 이론은 여러 가지 형태로 발전하였다. 새로운 리더십(new leadership)이라는 이론이 등장하면서 리더가 가지고 있는 특성의 의미를 재해석하고 리더의 행동이나 리더십을 발휘하는 상황들을 통합차원에서 시도하려는 흐름으로 점점 변화하고 있다. 따라서 리더가 가지고 있는 특성의 의미를 재해석하고 리더의 행동이나 특정한 상황에서의 리더십을 발휘하는 능력이 여러 가지 형태로 발전하였다. 변화를 주도하는 카리스마 및 변혁적 리더십과 구성원들의 자율적인 역량에 의한 능력 개발을 발휘하는 셀프 및 서번트 리더십, 이외에도 여성 리더십과 거래적 리더십도 최근에 떠오르고 있는 리더십의 흐름으로 인식되고 있어서 다음에서 자세히 살펴보고자 한다.

(1) 카리스마 리더십

독일 사회주의자 막스 베버(Max Weber)는 카리스마의 개념을 처음 소개하고, 사회과학적으로 카리스마에 대해 접근한 최초의 연구자이다. 그는 인간의 자유의지와 창의성을 죽여 가며 안정성만을 추구하는 사회 체계에 도전할 수 있는 중요한 하나의 방법을 카리스마라는 개념에서 찾았다. 카리스마는 원래 기독교적인 용어로 '은혜' '무상의 선물'을 의미하는 그리스어에서 유래하였다. 막스 베버는 카리스마를 '한 개인이 보통 사람들로부터 구분되는 어떤 자질, 초자연적이거나 초인간적인, 아니면 어떤 예외적인 힘이나 능력을 부여받았다고 인정되는 퍼스낼리티의 어떤 자질'이라고 정의하였다. 카리스마가 최근에 재해석되기 시작한 이유는 급격한 변화 속에서도 여전히 생존과 번영을 구가하고 있는 초우량기업들을 보면 대부분 강력한 카리스마를 발휘하고 있는 리더들에 의해 이끌어지고 있기 때문인 것으로 본다.

거스 히딩크(Guus Hiddink)는 카리스마 리더십을 발휘한 대표적인 인물이라고 할 수 있다. 아래로부터 자신의 위엄과 권위를 인정받은 만큼 히딩크의 팀 장악력은 대단했고 뚝심과 배짱으로 선수들을 다그쳐 자신의 열렬한 추종자로 바꿔 놓았다. 히딩크가 이룩한 '월드컵 신화'는 문화적 배경이 다른 선수들의 마음을 사로잡은 그의 카리스마가 만든 작품이나 다름없다. 훈련은 엄격했지만 개인적 배려는 빛이 났다. 질책 후에는 따뜻한 격려를 하였다는데, 칭찬은 모든 선수들이 있는 앞에서 직접 하였고, 질책은 개별적으로 하였다는 그의 탁월한 지도력에 선수들은 자존감이 높아졌다는 후문이 전해지고 있다.

하우스(House)에 따르면, 카리스마적 리더의 일반적 행동은 능력의 유무와는 별도로 자신들이 완벽하다는 인상을 심어 주려고 계산된 행동을 하는 형태로 나타난다. 즉, 피그말리온 효과(pygmalion effect)로써 관심과 기대감을 갖고 칭찬해 주면 용기와 자신감을 갖게 되어 더욱 분발하게 된다는 것이다.

(2) 변혁적 리더십

21세기에 "변화해야 생존한다."를 부정하는 조직 구성원은 없을 것이다. 급변하는 환경에 적응하고 대처하기 위해서 변화가 필수인 시대가 된 것이다. 이런 시대에 변혁적 리더십은 최근 중요한 리더십 개념으로 강조되고 있다. 거래적 리더십의 한계를 지적하며 등장한 개념이 변혁적 리더십이다.

스티브 잡스(Steve Jobs)는 혁신적인 리더십을 발휘하였다는 것이 특징인데, 창의적인 아이디어와 일에 대한 명확한 책임감을 부여하고 디테일(detail)에 집중하는 것이 오늘날 애플사가 세계 IT(information technology industry) 산업에 우뚝 설 수 있었던 이유였다고 본다. 리더와 부하 간의 교환관계에 중점을 두는 거래적 리더십과는 달리 부하의 가치, 신념, 욕구 등의 변화에 더 관심을 두는 것이 변혁적 리더십이다. 과거처럼 '시키면 시키는 대로 해.' 혹은 '나를 따르라.'라고 하던 시대가 아니기 때문에 리더가 직원들을 얼마나 잘 조직화하느냐가 가장 중요하다. 항상 대중 앞에 아첨하는 자만이 성공을 누리는 것이 아니라, 타협하지 않고 어떤 난관에 처하더라도 성공할 수 있음을 증명하고 싶었다는 스티브 잡스는 그만큼 의지가 강하고 혁신적인 리더십을 발휘한 인물 중의 한 사람이다.

(3) 거래적 리더십

거래적 리더십이란 리더가 행동, 보상, 인센티브를 사용해 구성원들로부터 바람직한 행동을 하도록 만드는 과정이며, 이러한 예로는 교수가 학생이 제출한 과제를 채점하여 성적을 부여한다든가, 경제를 살리겠다는 공약으로 당선된 정치인들이 해당한다.

번스(Burns)의 거래적 리더십은 리더가 원하는 것이 바로 구성원 자신에게도 이익이 된다고 보기 때문에 영향력을 행사하는 것이다. 즉, 할당된 업무를 효과적으로 수행할 수 있도록 직원들의 욕구를 파악해서 직원들이 적절한 수준의 노력과 성과를 보일 때 그에 대해 보상하며, 리더와 직원 간의 교환거래 관계에 바탕을 둔 리더십을 행한다.

거래적 리더십 이론의 핵심은 리더와 부하 사이에 교환이나 거래가 일어난다는 것이다. 이는 부하가 목표를 달성하였을 때 리더로부터 보상을 받고 리더는 부하들이 목표를 달성하도록 돕는다는 이론인데, 거래적 리더십의 핵심 구성요인은 크게 두 가지로 구분이 된다.

하나는 상황적 보상으로 리더 자신이 규정한 수준의 성과를 부하가 달성했을 때 약속된 보상을 제공하는 것이다. 그리고 다른 하나는 예외 관리로 하급자의 성과가 계획된 수준에 도달하지 못했을 때 리더가 개입하는 것이다.

(4) 셀프 리더십

셀프 리더십(self leadership)이란 영어의 뜻을 그대로 풀어서 이해하면 알 수 있듯이 자기 자신이 스스로를 리드할 줄 아는 능력을 뜻한다.

대부분 리더십이라는 의미 자체가 남을 이끈다는 것으로 많이 들어 왔을 텐데, 그럼 왜 자기 자신이 리드를 해야 하는 능력인 셀프 리더십이 필요한 것일까? 그 이유는 자기 자신을 잘 아는 사람은 자신밖에 없기 때문에 자신이 생각하고 있는 목표나 생각에 대해서 확고함을 내세우기 위함이다. 그렇게 된다면 아무래도 다른 사람들을 이끌 수 있는 리더십 또한 생겨나 직장 내 동료들이나 부하직원들을 통솔할 수 있는 능력을 발휘할 수 있게 되고, 개인의 자존감 향상에도 도움이 되기 때문에 셀프 리더십은 직장인들에게 꼭 필요한 능력이기도 하다.

(5) 서번트 리더십

일명 섬기는 리더십이라고도 불리는 서번트 리더십(servant leadership)은 그린리프(R. Greenleaf)라는 경영학자에 의해 1970년대 초에 처음으로 소개되었다. 서번트 리더십이란 부하에게 목표를 공유하고 부하들의 성장을 도모하면서 리더와 부하 간의 신뢰를 형성하여 궁극적으로 조직성과를 달성하게 하는 리더십이다. 따라서 리더가 부하를 섬기는 자세로 그들의 성장 및 발전을 돕고 조직 목표 달성에 부하 스스로 기여하도록 만든다.

그린리프(Greenleaf, 2006)는 리더를 다른 사람에게 봉사하는 하인(servant)으로 생각하고, 구성원을 섬김의 대상으로 보아 명령과 통제로 일관하는 자기중심적 리더가 아닌 신뢰와 믿음을 바탕으로 개방적인 가치관을 지닌 리더가 필요하다고 보았다. 따라서 그는 서번트 리더십을 '타인을 위한 봉사에 초점을 두고 종업원, 고객 및 공동체를 우선으로 여기고 그들의 욕구를 만족시키기 위해 헌신하는 리더십'이라고 정의하였다. 그린리프는 헤세(H. Hesse)가 쓴 『동방 순례』라는 책에 나오는 서번트 레오(Leo)의 이야기를 통해 서번트 리더십의 개념을 설명하였다. 레오는 순례자들의 허드렛일을 하거나 식사 준비를 돕고, 때때로 지친 순례자들을 위해 밤에 악기를 연주하였다. 또한 순례자들 사이를 돌아다니면서 필요한 것들이 무엇인지 살피며 순례자들이 정신적으로나 육체적으로 지치지 않도록 배려했다. 많은 사람들은 레오의 소중함을 깨닫고 그가 자신들의 진정한 리더였음을 알아차리게 되었다고 한다. 이처럼 서번트 리더십은 다른 구성원들이 공동의 목표를 이루어 나가는 데 있어 정신적 · 육체적으로 지치지 않도록 환경을 조성해 주고 도와주는 리더십이며, 결국 인간 존중을 바탕으로 다른 구성원들이 잠재력을 발휘할 수 있도록 도와주고 이끌어 주는 것이다.

섬기는 리더십의 반대는 헤드십(headship)이다. 섬기는 리더십은 구성원의 자발적인 동의를 중시하지만, 헤드십은 "내가 장관이니까." "내가 총장이니까."라며 공식적인 지위로 밀어붙인다. 보통 섬기는 리더십은 생산과 통합을 낳지만, 헤드십은 갈등과 분열을 심화시킨다.

요즘 개인주의가 많이 나타나다 보니 우리 사회에서 타인을 위하는 봉사 및 헌신의 마음이 점점 사라지고 있는 것이 참 안타깝다. 이런 상황에서 리더가 서번트 리더십을 잘 실천한다면 조직원들의 업무는 향상될 것이다.

(6) 여성 리더십(여성적 리더십)

사회조직의 변화에 따라 전통적이고 가부장적인 리더십의 비효율성이 늘어나면서 그에 대한 불만과 대안적 리더십에 대한 욕구가 증대되었다. 그리고 변화에 효율적으로 대응할 수 있는 대안적 리더십으로서 보다 참여적이며 민주적인 인간중심의 리더십에 대한 요구가 꾸준히 증가하고 있고 양성적 리더십이나 여성 리더십이 점점 증대되고 있는 것이 사실이다. 또한 급변하고 불완전한 현실의 환경에 보다 효율성을 높이는 데 효과적인 직관적인 사고를 필요로 한다. 경쟁보다는 팀 구성원의 참여를 권장하며, 의사소통이 활발하게 이루어지도록 하며 기존의 권위적인 리더십과는 달리 따뜻하고 헌신적인 리더십이 때로는 필요하다. 이처럼 권한 위임을 통해 조직의 효과성을 극대화시키며, 비스니스 윤리에 있어서 배려와 관계를 중시하는 것이 여성 리더십이라고 할 수 있다. 여성 특유의 배려와 관계의 중시는 구성원들의 처우에 대한 따뜻한 관심과 문제해결에 대한 창조적인 접근, 대인 관계 업무에서의 신뢰 강조 등을 통해 효과적인 인간관계를 구축하고 조직의 분위기를 향상시킬 수 있다.

(7) 전략적 리더십

전략적 리더십은 흔히 전략에 관한 정의로서 현대 사회에서 다양하게 사용된다. 전략이라는 용어는 승리 또는 성공하기 위한 함축된 복안으로 총칭할 수 있으며, 전쟁에서의 승리를 포함하여 치열한 경쟁이 요구되는 모든 분야에서 승리하기 위해 사용하는 외교전략, 협상전략, 무역전략, 경영전략 등의 복합용어도 등장하였다. 또한 개인행위와 연관되어 입시전략, 취업전략, 출세전략 등의 조합용어도 별 무리 없이 사용된다. 오늘날 전략적 상황을 변화의 적응성, 불확실성, 복잡성과 모호성으로 표현하기도 하는데, 전략적 리더는 이러한 상황에 기민하게 대응해야만 하는 것이다. 불확실한 환경에서 결정적인 영향을 미치는 의사결정을 내려야 하는 경우,

CEO의 리더십이 승패를 좌우하게 된다. 따라서 전략적 리더십을 한 마디로 표현하자면, '부하들을 올바른 전략적 방향설정에 따라 맡겨진 일을 효율적으로 수행하도록 이끌어, 바라는 성과를 효과적으로 거두는 것'이라고 말할 수 있다. 대표적인 인물로는 단연 이순신 장군을 꼽을 수 있는데, 그의 거북선을 비롯한 탁월한 해전에서의 승리는 전략적 리더십의 본보기로 손색이 없다.

(8) 상황적 리더십

리더십은 유전적인 생득적 요인에 의해서만 결정되는 것도 아니고 보편적 행동특성인 환경적 요인에 의해 결정되는 것도 아니다. 즉, 상황에 적합한 특성이나 행동에 따라 리더십 유형이 달라진다는 이론이다. 다시 말하면, 상황적 접근은 리더십을 결정짓는 것은 리더의 특성이나 행동뿐만 아니라 성원의 태도와 능력 그리고 리더십이 발휘되는 조직 내외의 상황들이다. 또한 리더가 자신의 리더십 상황에 대해서 통제력과 영향력을 구사하는 정도에 따라 상황적 리더십이 발휘된다.

(9) 민주적 리더십

'구슬이 서 말이라도 꿰어야 보배'라는 속담이 있다. 아무리 좋은 정책과 비전이 있다 한들 이를 이해하고 받아들이지 않으면 소용이 없다. 인간지향적인 리더십과 비슷한 민주적 리더십은 리더가 좋은 정책과 비전을 구성원에게 서로 교류하고 협력을 중시하는 리더십이다. 민주적 리더십을 통해 민주적으로 참여하고 소통한다면 성공을 향해 나아갈 것이다. 그렇지 않고 리더가 구성원의 행동을 통제하고 직접적으로 관리하며 참여를 제한하다 보면 권위적이고 일방적인 흐름이 되어 조직은 실패를 거듭할 것이다.

앞에서 살펴본 리더십의 유형을 간단하게 정리하면 〈표 3-3〉과 같다.

〈표 3-3〉 다양한 리더십의 유형

구분	현상	시간	전략	문제해결
가리스마 리더십	책임과 권한을 중시	시간에 상관없이 혼합적인 전망	처세에 능하고 방해자를 음해하고 다른 리더를 키우지 않음	스포트리이트를 좋아함
거래적 리더십	현상 자체를 유지하기 위해 노력	단기적인 전망	즉각적 · 가시적 보상	해답을 명시함
변혁적 리더십	현상을 변화시키고자 노력	장기적인 전망	자아실현과 같은 개인적 목표를 위해 동기부여	해결책을 찾도록 격려
셀프 리더십	개인적인 자질을 위해 노력	자신을 위해 노력	스스로 계획하고 행동실천	개인적 해결
서번트 리더십	타인을 위해 헌신하고 봉사	타인을 위해 시간 할애	인간존중	스포트라이트를 타인과 공유
여성 리더십	따뜻한 마음과 부드러운 태도	모두를 위해 노력	이해와 배려로써 실천하는 행동	조용히 행함
전략적 리더십	전체 흐름을 파악하여 적재적소를 꾀함	단기적 · 즉시적인 전망	처세술과 전략의 전체를 파악	효율적 수행
상황적 리더십	환경이나 전체 상황을 파악	시간, 장소, 환경에 대한 노력	권위, 재량, 능력에 맞춤	환경과 상황에 대해 해결책을 모색함
민주적 리더십	서로 상호 소통하는 태도	인간 그 자체에 대한 소통을 위한 노력	실천 · 봉사하는 태도	대화로써 해결

사례 예시

조직적 리더십의 역량

섀클턴의 위기 극복(살아 있는 한 우리는 절망하지 않는다.)

1915년 1월 섀클턴 경(Sir Ernest H. Shacketon, 1874~1922)과 27명의 남극횡단 탐험 대원들을 태운 인듀어런스호는 남극 웨들해의 부빙들 사이에서 목적지를 불과 150km 남겨 놓고 얼어붙은 바다에 갇혀 버렸다. 결국 10여 개월을 부빙 속에 갇혀 남극바다를 표류하던 배는 압력을 견디지 못하고 난파하고 말았다.

섀클턴과 대원들은 배에서 탈출해 부빙 위에 텐트를 치고 다시 5개월여를 버텨 냈다. 그들은 79일 동안 해가 없는 남극의 겨울 혹한을 견뎌 냈고 식량이 바닥나 물개기름으로 연명했다. 하지만 그들은 결코 포기하지 않았다. 세 척의 작은 보트에 텐트를 찢어 돛을 달아 또다시 차디찬 남극바다에 배를 띄웠다. 추위, 배고픔, 향수 그리고 무엇보다도 절망과의 처절한 싸움을 벌인 끝에 그들을 영국을 떠난 지 755일만에 모두 살아서 돌아왔다. 그 과정에서 섀클턴은 대원들이 희망을 잃지 않도록 독려했으며 어렵고 모험이 필요한 순간마다 결단을 내렸다. 이들을 이끈 섀클턴의 리더십이 역사에 빛나는 장면이다. 그의 스토리에서 가장 중요한 요소는 절대 포기하지 말라는 것이다. 포기하지 않는 한 문제해결의 기회는 온다. 위기의 극복은 결국 포기하고 싶은 마음과 싸우는 일이다.

사람의 가치, 리더십의 가치는 그가 위기에 처하였을 때 어떻게 처신하는가에 달려 있다!

출처: Lansing, A. (2001).

탐구활동

✎ 앞의 섀클턴의 사례를 읽고 당신은 위기에 어떻게 대처할지 서로 대화를 나눠 보시오.

✎ 거래적 리더십과 변혁적 리더십의 개념을 이해하고 차이점에 대해 비교해 보시오.

거래적 리더십	변혁적 리더십

✎ 최근에 떠오르는 서번트 리더십에 대해 자신의 경험사항을 기술해 보시오.

✎ 작은 성공의 경험으로 인해 자신에게 일어난 변화나 수정된 행동이 있다면 기술해 보시오.

Tip

리더십과 관련된 명언과 효과

• 스티브 잡스의 명언

"내가 하고 싶은 첫 번째 이야기는 노력의 끈을 계속 이어 가라는 것입니다. 여러분은 당신의 용기, 운명, 삶, 숙명이든 뭐든 간에 그 무언가에 확신을 가져야 합니다.
두 번째 이야기는 사랑과 실패에 관한 이야기입니다. 당신이 좋아하는 그 무언가를 발견할 때까지 멈추지 말고 정진해야 합니다. 안주하지 마십시오.
세 번째 이야기는 죽음에 관한 것입니다. 우리의 삶은 한정되어 있습니다. 다른 사람의 삶을 좇아 살면서 시간을 허비하지 마십시오. 계속 갈망하고, 계속 무모하십시오."
이처럼 새로운 도전을 하라는 그의 명언을 명심해야 한다.

• 알랭의 명언

자기 생각만 옳다고 고집하는 사람은 다른 사람의 의견을 제대로 받아들일 수 없다. 자기 생각을 주장하기 전에 다른 사람의 말을 들어 보라. 어느 쪽이 옳은지 비교하는 습관과 태도를 가져야 한다.

• 플라시보 효과

프랑스의 '에밀 쿠에'라는 약사가 환자에게 증상과는 관계없는 약을 지어 주고 이 약을 먹으면 병이 나을 거라는 확신을 심어 주니까 실제로 환자의 병이 나은 사례에서 비롯된 용어가 플라시보 효과이다. 상대를 인정하고 지지하는 마음을 표현한다면 상대는 긍정적으로 변화하며 그 영향력은 본인에게 좋은 방향으로 되돌아온다는 것인데, 오늘날 인간관계에서 다양하게 접목하여 긍정적인 에너지를 발휘하도록 하자.

• 피그말리온 효과

타인의 기대나 관심으로 인하여 능률이 오르거나 결과가 좋아지는 현상을 말한다. 『그리스 신화』에 조각가 피그말리온이 아름다운 여인상을 조각하고 여인상과 사랑에 빠져 이에 여신 아프로디테가 그의 사랑에 감동하여 여인상에게 생명을 주었다는 이야기가 있다. 이에 '피그말리온 효과'는 절실히 원하면 이루어진다는 뜻을 가지게 되었다.

출처: http://kiyoo.tistory.com/188 [학습(공부)하는 블로그].

학습평가

정답 및 해설 p. 387

※ 다음 문장의 내용이 맞으면 ○, 틀리면 × 표시를 하시오.

1. 모든 조직원이 함께 가야 할 방향을 제시하며 자기중심적인 가치관을 가지고 나아가는 리더십이 서번트 리더십이다. (   )

2. 리더가 조직을 이끌 때 발휘되는 리더십으로 확고한 신념으로 기존 질서의 재편, 변화지향적인 비전을 제시하는 리더십이 인간 지향적 리더십이다. (   )

3. 조직의 통제가 없는 방만한 상황, 가시적 성과가 없는 상황과 긴급한 상황에서도 민주주의에 근접한 리더십 유형이 적합하다. (   )

4. 전통적이고 가부장적인 리더십의 비효율성이 늘어나면서 그에 대한 대안적 리더십에 적합한 유형이 여성 리더십이라고 할 수 있다. (   )

5. 리더와 부하 간의 상호관계를 어떻게 유지하고 발전시키느냐에 따라 리더십이 좌우된다. (   )

※ 다음 문항을 읽고 물음에 답하시오.

6. 리더십의 유형 중에서 서로 연결이 바르지 않은 것을 고르시오. (   )
   ① 거래적 리더십: 조직원들에게 즉각적이고 가시적인 보상으로 동기를 부여
   ② 카리스마 리더십: 조직원들에게 미래에 대한 비전을 제시하고 자신감을 갖고 구성원에게 분명하고 단호한 행위와 전문지식을 통하여 동기를 부여
   ③ 셀프 리더십: 서로 협동하여 목표를 달성하고 따뜻한 마음과 헌신 · 봉사하는 능력을 발휘
   ④ 변혁적 리더십: 변환적이고 새로운 시도에 도전하도록 조직원들을 격려하고 자아실현과 같은 높은 수준의 개인적 목표에 동기를 부여

7. 리더십을 결정하는 요인으로 적절하지 않은 것을 고르시오. (　　)
   ① 리더의 행동
   ② 부하의 방관적인 태도
   ③ 리더의 특성에 대한 부하의 인식
   ④ 탁월한 능력과 창의성

8. 변혁적 리더십 유형의 특징으로 적절하지 않은 것을 고르시오. (　　)
   ① 상대방에 대한 칭찬
   ② 자기확신
   ③ 자아실현을 위한 동기부여
   ④ 평등

9. 서번트 리더십의 특징으로 적절하지 않은 것을 고르시오. (　　)
   ① 자신이 조직의 핵심으로 활동한다.
   ② 스포트라이트를 타인과 함께 공유한다.
   ③ 많고 다양한 리더를 키운다.
   ④ 사람을 존중하고 자유롭게 사고하고 행동하도록 한다.

10. 책임과 권한을 중시하고 조직원의 행위에 영향을 주는 리더십을 고르시오. (　　)
   ① 서번트 리더십
   ② 변혁적 리더십
   ③ 카리스마 리더십
   ④ 여성 리더십

3. 성공적인 리더십 개발

1) 리더의 역할

리더에게는 수많은 자질이 요구되기 때문에 때로는 "세상에 저런 엄격한 자격요건을 갖춘 사람이 얼마나 될까?" "과연 저 모든 것을 갖춰야 리더가 되는 것일까?" "리더에게 반드시 필요한 자질은 무엇일까?" 하는 생각을 하게 된다. 리더에게 요구되는 자질은 그 조직이 어떤 조직이냐에 따라 조금씩 다를 수 있지만, 크게 세 가지 측면으로 나누어 생각해 볼 수 있다.

첫째, 의사소통 능력이다. 리더십 발휘의 중요한 부분 중 하나가 의사소통 능력이라고 본다. 서로 상호 소통을 통해 격려와 지지로 팀원들의 말을 경청하고 피드백을 해 줌으로써 조직을 효과적으로 이끌 수 있다.

둘째, 사고력이다. 적절한 타이밍과 효과적인 리더십이 조직의 성패를 결정한다. 팀원의 사소한 행동에도 주의를 기울이면서 관심 있게 개입할 수 있도록 사고력을 길러야 한다.

셋째, 지도력과 대인관계 기술이다. 팀 리더는 팀을 위해 충실하고 팀원들이 자신의 성과 목표를 스스로 세우도록 장려하며 구성원들에게 모범이 되도록 신뢰감을 갖추어야 한다.

리더의 역할은 조직 구성원들이 자발적 · 의욕적으로 역량 발휘를 극대화하고, 몰입할 수 있도록 환경을 조성해 주는 것이라고 할 수 있다. 따라서 조직 구성원들이 잘 조성된 환경을 바탕으로 지속적으로 탁월한 역량 발휘를 하게 된다면, 조직 목표와 성과는 쉽게 이루어질 수 있다. 리더의 역할을 여섯 가지로 간략하게 설명하면 다음과 같다.

- 조직의 바람직한 미래의 모습인 비전을 제시하는 비전메이커 역할

- 조직 구성원들에게 제도나 시스템 및 프로세스 등을 만들어 환경을 조성해 주는 롤 메이커 역할
- 조직 구성원들의 치어업(cheer-up)을 통해 의욕을 관리하는 치어리더 역할
- 조직 구성원에 무한한 잠재 능력과 가능성이 있다고 믿고, 그 답을 그들 스스로 찾을 수 있다고 격려해 주는 코치 역할
- 조직이 존재하고 유지되기 위하여 성과를 지속적으로 창출해 내는 플레이어 역할
- 조직 구성원들의 성과에 대해 공정하게 평가하는 심판관 역할

여러 가지 다양한 역할 중에서도 훌륭한 리더란 좋은 자질의 바탕 위에 우수한 역량을 갖춘 리더라고 볼 수 있다.

2) 리더의 개인적 역량

(1) 리더십의 주요 원천

사람은 누구나 타고난 기질과 본성으로 성격이 형성되는 것으로 본다. 그렇다면 현재 나의 리더십은 어떻게 생겨났고 또한 길러진 것인가? 기본적으로 타고난 성품이나 소질, 그리고 잠재적 능력 등 개개인마다 고유한 특성이 있다. 어떤 일에 직면했을 때 스스로 앎으로써 다양한 문제해결에 올바른 판단과 통찰로써 대처할 수 있는가 하면 전혀 문제해결에 진전을 못하는 경우도 허다하다. 따라서 어떤 일에 직면했을 때 기본적으로 타고난 성품과 소질, 그리고 잠재적 능력으로 해결할 수 있는 기량이 있다면 현실적인 문제해결 능력도 가능하리라 본다. 즉, 이때에 개인적인 역량이 발휘되는 것이다.

역량의 개념은 거시적 관점과 미시적 관점에서 구분해 볼 수 있다. 거시적 관점은 조직 전체를 하나의 유기체로 보고 기업전략의 관점에서 경쟁력을 확보해 줄 수 있는 원천으로써 역량을 보는 관점이다. 개인 관점에서의 역량 개념은 미국의 심리학

자인 화이트(White)에 의해 처음으로 소개되었다(김영길, 2009). 그는 역량을 환경과 효과적으로 상호작용하는 능력으로 정의하고, 타고나는 것이 아니라 길러지고 학습될 수 있는 특성이 있는 것으로 보았다.

(2) 리더십 역량 개발

내 삶의 사명(mission)은 무엇이며 내가 이 세상에 무엇 때문에 존재하는가? 삶의 존재이유(존재목적)를 생각해 보면 자신의 비전(vision)이나 내가 이루고 싶은 일들은 무엇인지, 행복하고 멋진 나의 미래를 구상해 보고 구체적 목표들(goals)을 세우며, 내 삶의 비전을 실현하기 위해 필요한 스스로의 리더상(leader image)을 떠올려 볼 수 있다. 이때 이와 같은 삶을 살기 위해서 나는 어떤 모습의 리더가 되어야 할 것이며 어떤 역량을 개발해 나가야 할지 방향을 잡아 갈 수 있을 것이다.

그러면 나의 리더십은 어떻게 개발할 것인지 보다 상세하게 살펴보면 다음과 같다.

첫째, 경력 초기에는 조급함을 버리고 기본부터 차근차근 다진다. 신입사원은 능력보다는 태도와 자세가 중요하게 평가되는 시기라는 것을 명심하고 서두르기보다는 하고자 하는 열정으로 업무의 내용을 파악하고 한 단계씩 꾸준히 역량을 축적해 나간다.

둘째, 경력 중기에는 나의 창의성 및 전문성을 키워야 한다. 자기 자신이 잘할 수 있는 것에 실력을 발휘할 수 있도록 성과를 창출할 수 있어야 한다. 따라서 자기만의 전문영역을 구축하고 꾸준히 경험과 실력을 쌓아 가는 노력이 필요하다.

셋째, 경력 후기에는 가치 있는 일들을 만들어야 한다. 조직의 수행능력을 극대화하는 것이 리더십의 포인트라고 할 수 있다. 구성원에게 개개인의 역량을 향상시킬 수 있는 가치 있는 업무를 배분해야 한다.

넷째, 경력 말기에는 의사결정 능력을 키워야 한다. 조직의 어느 위치에 있건 항상 의사결정의 순간에 맞닥뜨리게 된다. 이는 조직의 미래나 파급 효과를 고려할 때 상당히 중요한 사안이 될 수 있다. 눈앞의 현상만을 보지 말고 미래 또는 그 현상의 이면에 감춰진 의미도 포착하여 올바른 의사결정을 하도록 해야 한다.

(3) 나의 리더십 정립

내가 보고 느끼는 나와 남이 보는 나는 어떻게 다를까? 대부분 긍정적인 이미지로 자신을 미화하고 있지는 않은지 정확한 진단이 필요하다. 리더란 역량과 자질이 갖추어져 있어야 한다. 설득력 있는 대화와 언변으로 구성원들을 감동으로 이끌어가는 능력과 소통을 다룰 줄 아는 정신으로 이상적인 리더로서의 이미지를 표현해야 목표를 향해 올바른 전진을 할 수가 있다. 그런 리더가 되기 위해서는 우선 따뜻한 품성과 도전적인 성격, 구성원을 이해하고 배려하며 소통할 수 있는 설득력과 인내심으로 조직을 아우를 줄 알아야 한다.

이 세상에서 나의 존재 이유는 무엇일까? 인생에서 이루고 싶은 것이 무엇인지를 안다는 것은 목표가 명확한 사람이다. 이것이 나의 삶의 비전이라고 본다. 뒤에 나오는 사례 예시를 통해 자신의 비전과 미래의 리더상에 대해 깊이 생각해 보고 자신의 역량을 찾아보자. 나는 어떤 사명감을 추구하며 살아갈 것인가? 리더가 현실에서 발휘할 역량들과 내가 판단하는 현재의 역량은 어느 수준인가? 다각적인 관점에서 보다 폭넓게, 보다 깊이 있게 자신의 내적 역량을 탐색해 보고 긍정적인 자아상을 발휘해 보도록 한다.

이제, 리더십에 대한 질문을 체크하여 자신의 리더십에 대한 업무 역량을 알아보도록 하자.

〈표 3-4〉 개인적 업무 역량 체크리스트

항목	전혀 그렇지 않다	그렇지 않다	보통이다	그렇다	매우 그렇다
1. 나는 업무 수행 시 업무와 관련된 의사결정을 스스로 할 수 있다.					
2. 업무 수행 시 나의 의견은 반영되지 못한다.					
3. 나의 업무에 관한 의사결정 시 나의 의견은 종종 무시된다.					

4. 나는 업무 수행 시 업무에 영향력 있는 의사결정을 할 수 있다.					
5. 나는 리더십에 대해 잘 알고 있다.					
6. 나는 업무 수행 시 부서원과 토론을 자주 한다.					
7. 나는 내 업무 목표를 달성할 자신이 없다.					
8. 달성한 목표는 다시는 노력을 하지 않는다.					
9. 나는 회사에서 내가 계획한 것을 달성할 자신이 있다.					
10. 나는 내가 계획한 일을 추진할 자신이 있다.					
11. 나는 리더십이 있다고 스스로 평가한다.					
12. 내가 현재 알고 있거나, 들어 본 리더십에 관해 나의 역량을 접목시킬 수 있다.					
13. 내가 정의(추구)하는 리더십은 나의 성격과 잘 맞다.					
14. 내가 직접 경험해 본 리더십은 아직까지는 없다.					
15. 내가 생각하는 성공적인 리더십은 없다.					
16. 내가 생각하는 성공적인 리더십은 반드시 있다.					
17. 나는 업무에 대해 열정을 가지고 있다.					
18. 나의 성격성향과 리더십 업무와 잘 맞는다고 생각한다.					
19. 내 능력이 스스로 부족하다고 생각한다.					
20. 내가 생각하는 성공적인 리더십은 없다.					

출처: 최기영(2003).

3) 리더의 조직적 역량

훌륭한 리더와 성공하는 리더에게 요구되는 구비요건은 무엇일까? 사실 리더는 조직의 목표 달성을 위해 완벽한 만능 슈퍼맨이 되어야 하는 것은 아니다. 그러나 개발하고 노력할 방향을 가늠할 줄 알아야 한다. 구성원과 함께 목표 달성을 위해 노력해야 할 기본적인 방향들을 살펴보면, 첫째, 리더로서의 승부근성과 실천력을 가진 사람이어야 한다. 둘째, 높은 성과를 향한 열망과 열정을 가진 사람이어야 한다. 셋째, 부하들의 능력을 길러 주는 사람이어야 한다. 넷째, 새로움을 추구하는 지적 흡수 능력이 높은 사람이어야 한다. 다섯째, 조직의 핵심가치에 충실한 사람이어야 한다. 여섯째, 도덕적 겸양과 직업윤리를 갖춘 사람이어야 한다. 일곱째, 글로벌 역량을 갖춘 사람이어야 한다. 여덟째, 멀티 코드 리더십을 실천하는 사람이어야 한다.

사례 예시

사례 A

권위적인 이미지가 강한 국가정보원에 '서번트 리더십' 바람이 불고 있다. '서번트 리더십'은 '헌신 · 섬김 · 겸손'을 핵심 가치로 하는 리더십 이론으로, 최근 많은 기업의 CEO들이 관심을 보이고 있다.

최태원 SK 회장의 리더십 경영이 헤럴드 뉴스에 의해 소개되었다. 기사의 내용은 최 회장이 먼저 몸을 낮추고 솔선수범해 자원봉사에 나서는 등 '서번트 리더십'을 실천 중이라는 것이었다.

최 회장은 한국과 프랑스의 월드컵 축구경기를 서울 시청 앞 광장에서 임원들과 함께 응원했다. 당초 최 회장은 경기가 끝난 후 임원들과 함께 '쓰레기 줍기'를 할 생각으로 자원봉사를 계획했던 것이지만, 인파가 워낙 많아 실행하지는 못했고 그룹 총수가 그런 계획을 했다는 것만으로도 직원들은 남다른 생각을 갖고 있다.

최 회장은 지난 21일에는 서울 상계동의 기초생활수급 대상 가정을 찾아 '집 고치기' 자원봉사를 하며 임직원 20여 명과 함께 직접 도배를 하고, 장판을 새로 깔고, 페인트질을 했다고 한다. 그리고 지난해 10월엔 연탄 리어카를 직접 끌며 영세민들에게 연탄을 날랐다. 이에 앞서 지난해 5월에는 경기도 고양시 근로복지센터에서 지적장애 장애인들과 함께 쿠키를 굽기도 하였으며 성탄절마다 세 자녀와 함께 중증장애인 시설을 방문해 선물을 전달하였다. 기사는 "최 회장이 사회의 어려운 이웃들을 위해 많은 생각을 하고 있는 것 같다."면서 "보기에도 좋고, 직원들에게도 자극이 될 것"이라고 전했다.

(헤럴드뉴스, 2006. 6. 23.)

사례 B

어느 장애인의 셀프 리더십 사례

건강하게 살고 싶은 욕망은 인간이면 누구나 다 가지고 있는 마음이다. 하지만 재해로 인해 신체의 불편을 겪는 사람도 있다. 그러나 자신의 신체가 불편함에도 건강한 사람을 도와주는 사람이 있는가 하면 하반신을 쓰지 못하는 중증장애인도 웃음을 잃지 않고 일명 '천사'라는 별명을 가지고 있는 사람도 있다. 또 시력을 잃은 사람도 이를 극복하여 음악과 시, 그림을 통해 스스로 장애를 인정하며 자신의 삶을 의미 있게 성취해 나감으로써, 장애인들에게 희망과 긍정의 용기를 주는 것을 사명으로 살아간다는 사람도 있다. 마음먹기에 따라 셀프 리더십은 다양하게 발휘할 수 있는 것이다.

예로 스티비 원더(Stevie Wonder)는 "시력을 잃은 사람일지라도 꿈까지 잃은 것은 아니다."라고 하며 셀프 리더십을 실천하였다.

탐구활동

✎ 앞의 사례 A, B를 읽고 나는 어떤 리더십을 발휘할 것인지 서로 대화를 나눠 보시오.

✎ 성공적인 리더의 역할에는 어떤 조건을 갖추어야 하는지 기술해 보시오.

✎ 리더십의 주요 원천은 어디에서 나오는지 생각해 보시오.

✎ 자신의 성향과 어울리는 리더십을 알아보고 장점과 개선점을 기술해 보시오.

나의 리더십 장점	나의 리더십 개선점

Tip

리더십에 대한 질문을 체크하여 자신의 리더십에 대한 열정을 알아보도록 하자.

- 나는 리더십에 대해 잘 알고 있는가?
- 나는 리더십이 있다고 평가하는가?
- 현재 알고 있거나, 들어 본 리더십 모델(이론)은? (예: 팀장리더십)
- 내가 추구하는 리더십은? (예: 조직을 이끄는 카리스마 & 변혁적 리더십)
- 내가 직접 경험해 본 리더십 사례는? (학교생활, 친구, 상사, 부하, 직원)

유명인들의 리더십 발휘

우리나라에 알려진 서번트 리더십의 실천사례는 많이 있지만 흔히 접하고 대중들에게 잘 알려져 있는 분은 국민MC 유재석 씨이다. 섬기는 리더십을 발휘하는 사람인 유재석 씨는 항상 주변 사람들을 배려하고 돋보이게 만들어 주며 전체 프로그램에 활기를 불어넣고, 궁극적으로는 자신의 뛰어난 리더십의 가치를 증명하고 있다. 그게 바로 유재석 씨가 명MC로 자리매김할 수 있었던 천부적 재능이 아닐까 싶다.

무지개 색깔로 알아보는 일곱 가지 리더십 유형

- 빨간색: 끝없는 사랑을 베푸는 서번트 리더십(예: 월마트의 샘 월튼)
- 주황색: 새로운 길을 가는 것에 가치를 두는 브랜드 리더십(예: 마이크로소프트의 빌 게이츠)
- 노랑색: 유비무환 정신이 투철한 사이드 리더십(예: 모토로라의 로버트 갤빈)
- 초록색: 탱크주의형인 파워 리더십(예: 맥도널드의 레이크 락, 야구감독 김응룡)
- 파랑색: 풍부한 지식, 인재육성 중시 슈퍼 리더십(예: 삼성 이병철 회장)
- 남색 : 올바른 비전을 제시하는 비전 리더십(예: 스타벅스의 하워드 슐츠)
- 보라색: 올바른 방향으로 변화를 시도하는 변혁적 리더십(예: 소프트 뱅크의 손정의 사장)

출처: http://blog.naver.com/adh0826/220788159923

정답 및 해설 p. 388

※ 다음 문장의 내용이 맞으면 ○, 틀리면 × 표시를 하시오.

1. 리더의 역할은 개인들이 조직의 이해와 당사자의 욕구를 결합해 최대의 효과를 발휘할 수 있는지가 중요하다. (   )

2. 리더는 말로만 지시하는 것이 아닌 다른 사람들이 믿고 따를 수 있도록 신뢰성을 구축해야 한다. (   )

3. 역량은 환경과 효과적으로 상호작용하는 능력으로 정의할 수 있으며, 선천적으로 타고나는 것이다. (   )

4. 성공하는 리더의 구비조건 중 하나가 글로벌(global) 역량과 멀티코드 리더십(Multi-Code Leadership)을 실천하는 사람이다. (   )

5. 리더의 역할은 조직 구성원들의 자발적 · 의욕적으로 역량 발휘를 극대화하고 몰입할 수 있도록 환경을 조성해 주는 것이다. (   )

※ 다음 문항을 읽고 물음에 답하시오.

6. 다음 중 올바른 리더의 역할이 아닌 것을 고르시오. (   )
   ① 리더는 조직 구성원들의 성과에 대해 공정하게 평가하는 역할을 한다.
   ② 리더는 조직 구성원들에게 제도나 시스템 및 프로세스 등을 만들어 환경을 조성해 주는 롤 메이커(Role maker) 역할을 한다.
   ③ 리더는 자유자재로 사고하며 때로는 비판도 서슴지 않는다.
   ④ 조직 구성원에게 무한한 잠재능력과 가능성이 있다고 믿고 그들 스스로 답을 찾을 수 있다고 격려해 주는 역할을 한다.

7. 이 시대의 진정한 리더상이 아닌 것을 고르시오. (   )
① 구체적 목표를 세우는 리더
② 비전을 제시하고 미래를 구상하는 리더
③ 개인의 역량을 어떻게 개발해 나갈지 방향을 잡아 주는 리더
④ 눈앞의 현상을 보고 바로 판단하는 리더

8. 리더십 역량 개발에서 개인의 역량 개발 중 잘못된 것을 고르시오. (   )
① 경력 초기에는 조급함을 버리고 기본부터 차근차근 다진다.
② 경력 말기에는 가치 있는 일들을 계획하고 구상한다.
③ 경력 중기에는 창의성 및 전문성을 키워야 한다.
④ 경력 후기 이후에는 점차 의사결정 능력을 키워 나가야 한다.

9. 개인의 리더십 개발 역량이 아닌 것을 고르시오. (   )
① 리더 역할 경험
② 선천적인 자질
③ 재력의 영향
④ 다양한 교육훈련

10. 리더의 역할과 책임이 아닌 것을 고르시오. (   )
① 목표와 방향이 결정되었으면 여러 방향으로 집중한다.
② 조직의 잠재력을 극대화하도록 노력한다.
③ 모델링(Modeling)을 보인다.
④ 조직이 어디로 갈 것인지 방향을 제시한다.

4. 리더십과 임파워먼트

1) 리더십의 기초

기업들 간의 경쟁이 치열해짐에 따라 조직의 생존을 위해 빠르게 상황을 파악하고 대처할 수 있는 리더십이 중요해졌다. 리더십의 기초는 남을 이끄는 것이 아니라 자기 스스로를 옳은 방향으로 이끄는 '셀프 리더십', 즉 자기경영 리더십이다. 자기경영 리더십은 '나는 어떤 일이든 해낼 수 있다.'고 확신하는 자기 자신에 대한 믿음, 즉 자신감에서 비롯되며 자신을 관리하는 능력과 같다.

대우 중공업의 김규환 명장은 매일 출근할 때 '나사못 하나를 만들더라도 다른 나라보다 잘 만들 수 있게 해 주세요.'라고 자신에게 기도했다고 한다. 그리고 항상 '목숨 걸고 노력하면 안 되는 일이 없다.'는 좌우명을 가슴속에 품고 살아왔다고 한다. 그 결과 내세울 만한 학벌도 없이 사원으로 입사한 일개 회사원이 지금은 대기업의 경영인 못지않은 리더십을 가지게 되었다. 만일 김규환 명장이 '난 그냥 이 회사의 직원일 뿐이니까 최고가 되려고 노력할 필요도 없고, 리더십을 가질 필요도 없어.'라고 안일하게 생각했다면 어땠을까? 아마 대한민국 초정밀 가공 분야 명장이라는 지금의 자리에 오를 수 없었을 것이다. 중요한 것은 김규환 명장이 다른 사람들을 이끄는 리더가 되기 위해 리더십을 키운 것이 아니라, 스스로 자신감을 가지고 끊임없이 노력한 결과 어느새 대가, 사업가와는 또 다른 리더가 되어 있었던 것이다. 이처럼 자기 자신을 이끌 수 있는 사람은 세상 어디에 있든 어떤 지위에 있든 상관없이 훌륭한 리더가 될 수 있다.

2) 임파워먼트의 개념

임파워먼트(empowerment)는 권한위임, 권한부여, 권한이양, 권한이전, 자율성

부여, 능력의 신장 등 다양하게 실무에서 쓰이고 있다. 임파워먼트는 파워(power)에서 유래된 용어로 파워에 관한 개념의 발전에 따라 변해 왔다고 할 수 있다. 이런 의미에서 볼 때, 임파워먼트란 권한의 전체 사이즈가 미리 정해져 있다는 기존의 가정을 깬 개념으로 그 크기를 늘릴 수 있다는 접근방법이다. 웹스터 사전에서 임파워먼트는 '권능을 부여하는 것, 권력을 위임하는 것'과 더불어 '~할 능력을 주는 것, ~하도록 하는 것(enabling)'으로 정의되고 있다. 이 개념이 크게 권력이나 능력, 권능 등을 위임하는 것, '할 수 있는 능력'의 의미를 지니고 있음을 알 수 있다. 이러한 두 가지 속성이 여러 학문 분야에서의 임파워먼트 개념에서는 전자의 속성만 따로 쓰이기도 하고, 두 가지의 속성이 결합되어 사용되기도 한다.

임파워먼트는 정치 분야, 환경 분야, 사회 분야, 교육 분야 등 다양한 분야에서 다양한 의미로 사용되고 있으나, 그 내면의 공통점은 대체로 파워가 부족해서 고생하는 사람들을 찾아내 그들에게 도움을 주거나 혹은 파워 증진을 위해 집단이나 조직을 움직이는 것을 의미한다. 경영학에서 임파워먼트의 개념에 대해 보다 폭넓은 이해와 시각을 제공해 준 것은 콩어(Conger)와 캉고(Kanungo)의 임파워먼트 과정모델인데, 콩어와 캉고는 관계 구조적인 측면과 동기부여 측면에서 임파워먼트에 대한 개념을 정의하고 있다. '변화하는 환경에 능동적으로 대처하고 고객만족을 신속히 추구하고자 상대적으로 조직의 하위계층 사람들에게 의사결정 권한을 많이 위양/위임하는 것'으로 조직의 상층부에서 권한을 쥐고 통제중심의 관점에서 조직을 운영하기보다는 권한위양을 통해 구성원의 자율적이고 적극적 · 능동적인 활동을 유도하는 개념으로 널리 활용되고 있다.

일반적으로 임파워먼트는 개인, 집단, 조직 수준으로 확산되는 특징을 가지고 있는데 개인은 자긍심이 증진되고 자신의 사고를 변화시켜서 역량이 증대되는 것으로 볼 수 있다. 개인 임파워먼트는 타인과의 상호작용 과정에서 다시 타인과 구성원의 역량을 증대시키며 이 과정에서 권한 이전과 관계증진이 이루어진다. 한편, 집단 임파워먼트는 궁극적으로 조직 전체로 확산되어 제도 및 구조의 변화를 통한 형태의 정착으로 조직적인 임파워먼트를 형성하는 특징이 있다.

이 책에서 주로 쓰이는 변혁적 리더십은 리더가 조직 구성원들로 하여금 희망과 꿈을 가질 수 있도록 비전을 제시하고, 개별적 배려와 지적 자극을 통해 구성원들에게 가치관의 변화를 유도함으로써 보다 높은 조직성과 달성 및 개인의 욕구를 충족시키는 데 효과적이라고 본다. 실제로 변혁적 리더십이 가져오는 핵심적인 효과가 임파워먼트라고 함으로써 변혁적 리더십의 효과성을 임파워먼트의 내용에 중점을 두고 있다(Yukl, 1998).

3) 임파워먼트의 다양성 및 구성요소

임파워먼트의 포괄범위가 매우 광범위하고 다양한 연구가 이루어진 만큼 임파워먼트에 대한 의미는 경영학적 의미 이외에 다른 관련 분야에서도 여러 가지 의미로 사용되고 있으며 그 구성요인에 대한 이론도 다양하다. 또한 임파워먼트는 개인 스스로의 내재적 역량(capacity)을 키우고 커진 역량을 지각해서(perceive) 자신의 가치관, 태도 그리고 행동 등을 스스로 변화시키고 그 결과가 학습을 통해 집단과 조직으로 이전되는 과정(process)인 것이다. 〈표 3-5〉에서 보다 다양하고 상세하게 임

〈표 3-5〉 임파워먼트의 다양성

분야	내용
정치분야	• 국민의 정치적 힘 증대 • 가난하고 공권력을 빼앗긴 국민에게 힘을 부여
환경분야	• 환경 보전 • 음식과 잠자리를 전통적으로 자연에 의존해 온 사람들에게 그 땅과 자원 통제력을 돌려주는 것
사회분야	• 사회의 양극화 해소 • 사회 구성원의 힘을 키워 극소의 극부 계층과 극빈 계층 간 차이 해소를 추구하는 것
교육분야	• 지역사회의 학교 통제권의 반환 • 각 지역사회가 그 상황에 맞게 자율적으로 학교를 운영해 학생들의 학습의욕을 키우는 것

파워먼트의 실례를 제시하고 있다.

앞에서 보듯이 임파워먼트의 다양한 영역으로의 확대가 대부분의 분야에 미치고 있다. 임파워먼트가 다양하게 해석되는 것은 다양한 범위에 걸쳐 이루어지고 또 이루어져야 하기 때문이다. 임파워먼트의 방법 중의 하나가 권한 이전이며 성과를 더욱 높이기 위해 개인에게 파워를 부여하는 것이다. 따라서 임파워먼트에 대한 개인, 집단, 조직 차원의 광의의 포괄적인 해석이 필요하다.

〈표 3-6〉에서 임파워먼트의 구성요소는 무엇인지 보다 자세한 내용을 살펴본다.

〈표 3-6〉 임파워먼트의 구성요소

자신감 (self-efficacy)	자신의 능력에 대한 강한 자신감과 신념(beliefs)을 갖도록 해 주는 것을 의미한다.
내적 직무동기 (intrinsic task motivation)	과업수행에 대한 자신감(self-efficacy)을 내적 직무동기로 확장시켜 임파워먼트는 권한을 부여하는 것이 아니라 더 나아가 개개인의 역량(capacity)과 에너지(energy)를 극대화시키는 것을 의미한다.
영향력 (impact)	개인이 업무나 조직에서 전략적이고 행정적 · 운영적 측면에서 결과에 영향을 줄 수 있는 정도를 말한다. 여기에서 영향력은 파워의 의미가 함축되어 있으며 이때의 파워는 행동에 영향을 미치는 신념으로 파악된다.
자기결정력 (self-determination)	개인의 능력이 숙달된 상황에서 자신의 행동을 규제하고 독자적으로 선택할 수 있는 감각을 의미한다.

4) 조직수준의 임파워먼트

임파워먼트는 마치 촛불끼리 불을 당겨 주듯이 상 · 하급자 간 권력의 분점과 공유가 시행되므로 모두에게 득이 되며 현대식 리더십으로 간주되는 슈퍼 리더십(super leadership) 또는 셀프 리더십(self leadership)과 일맥상통하는 것이다.

따라서 임파워먼트에 대한 공식은 Empowerment(권한위양) = Autonomy(자율성) × Direction(방향) × Support(후원)으로, 즉 임파워먼트의 강도는 부하에게 허용되는 자율성의 정도, 상 · 하급자 간 추진방향의 합치성 정도, 상급자의 후원 정도에 비례한다는 것이다. 따라서 리더의 임파워먼트의 역할은 매우 중요하다는 것을 알 수 있다(문병량, 2009).

사례 예시

임파워먼트(empowerment) 및 전환

사례 A

커피 전문점에서의 에피소드이다.

손님 네 명이 커피를 주문하려는데 한 사람은 커피를 안 마시겠다고 했다. 그런데 주문을 받는 직원이 인원수에 맞게 시켜야 한다고 주장하는 게 아닌가. 손님이 커피 세 잔을 시키면 안 되느냐, 나가야 하느냐고 물었더니 단호한 목소리로 그렇다는 답이 돌아왔다. 그들의 단골 가게인 데다 매장은 텅텅 비어 있었는데도, 직원의 태도는 까칠했고 눈빛은 완강했다. 손님들은 모두 직원의 쌀쌀맞은 태도에 불쾌감을 느끼는 게 역력했다. 커피를 사기로 한 사람이 주변의 반대를 뿌리치고 그냥 커피 세 잔과 주스 한 잔을 주문했으나, 손님들은 그 후 다시는 그 가게를 찾지 않았을 뿐만 아니라 그 가게에 대해 부정적인 입소문마저 내고 다녔다.

그 가게는 커피 한 잔을 더 팔려다가 미래의 수백, 수천 잔의 판매 기회를 놓친 셈이다. 직원에게 상황 판단을 할 수 있는 재량권을 주어야 업무에 대한 적극성과 창의성, 그리고 융통성도 발휘된다. 직원에게 아무 권한이 없다는 것은 인간의 감성으로 일을 하는 것이 아닌 마치 기계와 같을 수밖에 없다.

사례 B

리츠 칼튼 호텔은 고객의 불만이 터져 나오는 상황에서 상사의 지시를 기다리거나 또 다른 규정을 찾는다고 고객의 분노를 최대화시키지 않는다. 오롯이 현장에 있는 직원에게 하루 2,000불을 재량껏 사용하게 하여 상황을 판단하여 즉각 개입하도록 한다.

임파워먼트의 리더십에 대해 종업원은 자기가 회사에 도움이 된다는 것을 깨닫고 자기효능감이 증진되었다. 고객은 최상의 서비스 혜택이 신속하게 처리되었기 때문에 매우 만족을 느낀다고 한다. 따라서 종업원의 권한은 서비스의 품질뿐 아니라 그 회사의 이미지도 많이 좌우된다는 것을 엿볼 수 있다.

사례 C

에이브러햄 링컨이 리더의 자리에서 자신이 갖고 있는 권한과 권위를 다른 사람들에게 분배하는 데에 탁월한 재능을 가졌다는 사실은 잘 알려져 있다. 대부분의 대통령들은 자기와 동일한 의견을 보이는 사람들과 내각을 구성하지만 그는 여러 의견을 가진 리더들을 한곳에 불러 모아 한 배를 타게 하였고, 그들을 통해 다양한 의견을 수용하고자 하였다.

그의 글 중에는 '한 인간의 됨됨이를 정말 시험해 보려거든 그에게 권력을 줘 보라.'라고 임파워먼트의 역할을 강조한 내용도 있다.

탐구활동

✎ 앞의 사례 A, B, C를 읽고 나는 어떤 자세와 태도로서 리더십을 발휘할 것인지 서로 대화를 나눠 보시오.

사례 A

사례 B

사례 C

✎ 개인(자신)에게 임파워먼트가 주어졌을 때 어떤 역량을 발휘하겠는가? 아는 대로 열거해 보시오.

✎ 임파워먼트의 전환은 언제 일어나는가?

Tip

리더가 현실에서 발휘할 역량들과 내가 판단하는 현재의 역량은 어느 수준인가?
지신의 적성에 가장 잘 어울리는 역량을 찾아서 개발해 보시오.

1. 개방적 성격 ( )	11. 친화적인 성격 ( )
2. 통찰력 ( )	12. 포용력 ( )
3. 집념 ( )	13. 집념 ( )
4. 열정 ( )	14. 동기부여 ( )
5. 결단력 ( )	15. 배포와 자신감 ( )
6. 협력적 행동 ( )	16. 글로벌 역량 ( )
7. 침착성 ( )	17. 융통성 발휘 ( )
8. 엄격하고 공정함( )	18. 인내심 ( )
9. 구성원 발굴 ( )	19. 겸손함 ( )
10. 감수성 ( )	20. 희생정신 ( )

• 내 감정은 내가 주인이다.

사실 '열 번 찍어 안 넘어가는 나무 없다.'라는 글귀를 흔히 접하곤 한다.

대부분의 사람들은 실패가 두려워 자신이 하고자 하는 일을 추진하지 못하는 경우가 있다. 행동으로 실천하지 않는 사람은 평생토록 성공의 기쁨도 맛보지 못한다. 설사 실패하더라도 물러서지 않고, 부딪히고 넘어지더라도 다시 도전하다 보면 자신을 이해하고 알아차리게 되며 자신도 모르게 성공의 길에 접어들게 되는 것이다. 그러므로 다른 사람들보다 월등해지려고 애쓰지 말고 내가 가진 역량을 100% 발휘하도록 최선의 노력을 다하는 것이 중요하다.

정답 및 해설 p. 389

※ 다음 문장의 내용이 맞으면 ◯, 틀리면 × 표시를 하시오.

1. 임파워먼트란 책임과 권한을 조직 구성원에게 위양함으로써 구성원 스스로가 주인의식을 갖고, 책임 있게 행동하는 것이라고 할 수 있다. ( )

2. 조직이 급변하는 환경에 적응하려면 상부의 조언이나 허락 없이도 능동적인 상황에 적극적으로 대응할 수 있는 역량을 가진 사람들이 필요하다. ( )

3. 개인적인 임파워먼트는 타인과의 상호작용 과정에서 구성원의 역량을 증대시키며 관계 증진이 원활히 이루어질 수 있다. ( )

4. 조직 구성원이 요청할 때는 지도와 충고를 할 수 있으며 새로운 직책에 대한 책임감과 자신의 역량이 적합한지 확인하여 권력의 윤리적 사용에 책무성을 확실히 한다. ( )

5. 조직 구성원에 대한 동기유발과 그들의 개인차를 고려하여 책임을 이행하는 데 자원을 제공한다. ( )

※ 다음 문항을 읽고 물음에 답하시오.

6. 임파워먼트의 하위 구성요소가 아닌 것을 고르시오. ( )
   ① 영향력
   ② 내적 직무동기
   ③ 자기결정력 및 자신감
   ④ 과업 몰입

7. 임파워먼트에 대한 호의적 조건에 해당하는 것을 고르시오. (   )
① 종업원의 높은 성취욕구
② 낮은 비용 및 표준제품과 서비스
③ 단순하고 반복적인 과업
④ 높은 집권화와 공식화

8. 임파워먼트에 대한 비호의적 조건에 해당하는 것을 고르시오. (   )
① 분권화되고 낮은 공식화
② 반복적인 상호작용
③ 고도의 숙련된 전문성
④ 일시적 종업원제

9. 다음 문장을 읽고 임파워먼트가 잘 이루어지지 않는 조직의 특성을 고르시오. (   )
① 역할 책임을 다한다.
② 높은 직무 만족도를 보인다.
③ 현상 유지와 보수적 태도를 보인다.
④ 외재적인 통제 성향을 보인다.

10. 다음 문장을 읽고 임파워먼트와 관련된 설명으로 적절하지 않은 것을 고르시오. (   )
① 현대 조직에서 임파워먼트 없이는 효율적 관리가 어렵다.
② 임파워먼트는 조직 구성원에 대한 불신임이 강할 때 효과적이다.
③ 성공적인 임파워먼트를 위해서는 권한위임의 한계를 명확하게 하여야 한다.
④ 매사에 자신이 없는 사람은 되도록 중요한 보직에 위임을 하지 않도록 하여야 한다.

5. 코칭을 통한 동기부여

1) 코칭이란

코칭(coaching)이란 개념은 스포츠 분야에서 시작되었는데, 운동선수를 가르치는 지도자를 코치라 일컬었고, 선수들이 좋은 성적을 낼 수 있도록 코치가 역량을 끌어올리는 행위를 코칭이라고 하였다. 코칭은 스포츠 행동학 및 심리학, 청소년 및 성인교육, 카운슬링과 임상심리, 가족상담, 상담 및 조직심리 그리고 경영학 등 다양한 분야에서 폭넓게 논의되어 왔기에 더 이상 새로운 현상은 아니다. 스포츠 지도자 티모티 겔웨이(Timoty Gallwey)는 코칭의 본질을 성과를 극대화하기 위한 잠재력을 끌어올려 주는 것으로 오로지 답을 주는 것이 아닌 스스로 학습하고 답을 찾을 수 있도록 도와주는 것이라고 정의한다.

우리 사회의 지식과 정보는 홍수처럼 범람하고 있다. 특히 세계화와 IT 기술의 발전은 숨이 막힐 정도로 빠르게 넘쳐 나고, 국가 간의 물리적인 장벽들은 이미 무너졌을 뿐만 아니라 이제는 인터넷과 모바일 혁명으로 인해 시공간적 장벽마저 무너져 가고 있다. 기업의 경영도 역시 마찬가지이다. 기업의 성장을 위해 인재육성에 대한 중요성이 증가함에 따라 조직의 관리자들에게는 부하직원들의 성장과 발전을 효과적으로 지원하기 위한 리더십의 필요성이 대두되었다. 리더가 부하직원의 육성과 동기부여, 효과적인 문제해결 등을 지원하기 위해 필요한 리더십으로서의 코칭이 등장하였으며, 코칭 리더십은 일반적인 관리기법과는 달리 조직 구성원의 역량에 대한 믿음을 바탕으로 구성원 스스로가 자신의 문제를 해결하는 답을 찾을 수 있도록 지원하는 상사와 구성원 간의 파트너십(partnership)에 기반을 둔다.

먼저 코치와 피코치 간의 일대일 상호작용이 이루어지고 관계적 측면이 강조되며, 궁극적으로 개인의 발전을 통한 조직의 효과성 향상에 목적을 둔다. 또한 코칭의 내용과 기법은 다양하지만 핵심적으로 보다 효과적인 수행을 이끌도록 새로운 인지, 행동 및 기술 등을 학습하는 과정이며, 코치는 코칭을 실행하기 위한 전문적인 요건을 갖추어야 한다. 조직의 리더와 구성원 간의 신뢰 관계를 바탕으로 리더가 구성원에 대해 영향력을 행사할 수 있는 리더십으로서 코칭 리더십의 개념이 생성되었다. 코칭 리더십은 코칭 이론을 바탕으로 하고 있어 더욱 폭넓게 이해할 필요가 있다. 인간발달 학자들은 모든 사람은 행복한 성공을 이룰 수 있는 잠재력을 지니고 태어난다고 하였다. 잠재력(潛在力, potential energy)의 사전적 의미는 겉으로 드러나지 않고 속에 숨어 있는 힘을 말한다. 이런 숨어 있는 힘을 찾아서 최고로 발휘하도록 계발하는 것이 코칭의 목표이다(이소희, 2008).

이와 같이 코치가 성공적으로 수행되기 위해서는 다섯 가지 스킬이 필요한데, 다음의 [그림 3-1]을 참고하여 알아보자(에노모토 히네타케, 2004).

『코칭의 기술』이라는 저서를 펴낸 에노모토 히네타케(2004)는 코칭의 다섯 가지 스킬을 강조하면서 세 가지 철학을 정리하였다. 첫째, 모든 사람에게 무한한 가능성이 있다. 둘째, 그 사람에게 필요한 대답은 모두 그 사람 내부에 있다. 셋째, 해답을 찾기 위해서는 파트너가 필요하다고 강조했다.

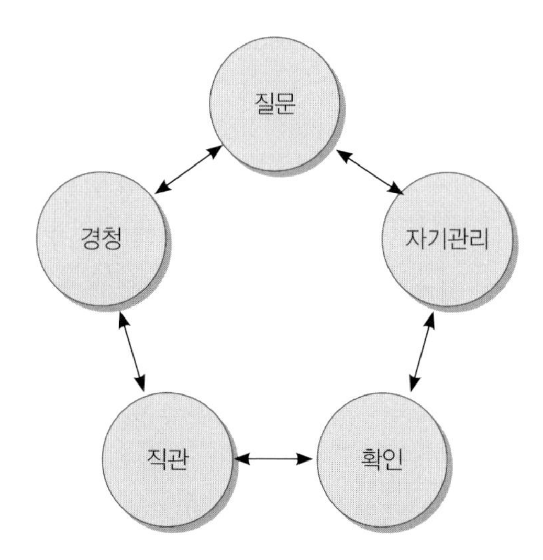

[그림 3-1] 코칭의 다섯 가지 스킬

2) 코칭 리더십의 구성요인

코칭 리더십은 리더와 조직 구성원 간의 양방향 커뮤니케이션을 통해 코칭이 이루어지고 조직성과 향상을 위한 리더의 영향력이라는 점에서 리더의 행동에 초점이 맞춰져 있다(이현주, 2010).

탈라리코(Talarico, 2002)는 사람(people) 중심, 일(work) 중심, 업무환경(work environment) 중심으로 구분하여 리더십을 연구하였다. 엘링거와 켈러(Ellinger & Keller, 2003)는 효과적인 의사전달, 학습 촉진, 피드백 제공 및 요청, 정보 제공, 질문 제시, 목표 설정, 대화, 역할 연기 시연 등을 코칭 리더십의 구성요소로 제시했다.

또한 맥린(McLean, 2005)은 코칭 리더십의 구성요소로 열린 대화, 팀차원 접근, 인간적 배려, 모호함의 수용 등을 제시하였다. 헤슬린, 반더발레, 그리고 라단(Heslin, Vandewalle & Lathan, 2006)은 코칭 리더십의 구성요소를 성과 증진을 위한 코칭으로서, 첫째, 관리자가 조직 구성원에게 성과를 기대하고 수행결과와 관련된 건설적인 피드백을 제공하는 안내, 둘째, 관리자가 구성원에게 직무수행과 관련된 문제를 스스로 해결하고 직무성과를 향상시킬 수 있는 방법을 탐색하고 분석하는 것을 도와주는 촉진, 셋째, 관리자가 구성원이 지닌 잠재능력을 개발하고 깨닫는 데 흥미를 끌게 하고 영감을 불어넣어 주는 감화 등으로 제시하였다. 대표적으로 스토웰(Stowell, 1986)은 리더의 방향제시, 구성원 육성, 책임 있는 피드백 그리고 관계 형성 활동이 코칭의 핵심 요소라고 하였다. 이 네 가지 요인은 구성원들의 성과에 직접적인 영향을 미친다고 하였다(김은희, 2007에서 재인용).

3) 코칭의 기본 원칙과 9단계 진행과정

코칭의 주요 기본원칙을 기술하면, 첫째, 서로가 자유롭게 논의하고 제안할 수 있어야 한다. 둘째, 리더는 직원이 어떤 일이든 자신의 업무에 책임의식을 갖도록 완전히 이끌어야 한다. 셋째, 코치인 리더는 적극적인 경청자답게 직원에게만 모든 관심을 집중해야 한다. 넷째, 리더는 직원들에게 어떤 목표를 정해 줄 것인지 확실히 판단해야 한다.

기업이 코칭을 도입하는 이유는 다양하지만 일반적으로 다음과 같이 9단계의 진행과정을 거친다(한국표준협회 NCS연구회, 2016).

- 1단계: 시간을 명확히 알린다.
- 2단계: 목표를 확실히 밝힌다.
- 3단계: 핵심적인 질문으로 효과를 높인다.
- 4단계: 적극적으로 경청한다.
- 5단계: 반응을 이해하고 인정한다.
- 6단계: 직원 스스로 해결책을 찾도록 유도한다.
- 7단계: 코징과정을 반복한다.
- 8단계: 인정할 만한 일은 확실히 인정한다.
- 9단계: 결과에 대한 후속 작업에 집중한다.

4) 동기부여

리더십이 끌고 가는 것과 따라가는 것의 차이라는 것을 아는 것은 매우 중요하다. 상호존중이라는 큰 틀에서 리더십의 방향은 아래에서 위를 향한다. 위에서 아래로 향하는 것이 지시라면 아래에서 위로 향하는 것이 리더십이다. 가라고 지시하는 것이 아니라 인격체를 존중하며 가야 할 이유와 동기를 제시하는 것, 당연히 복종해야 하는 존재에게 하는 명령이 아니라 언제든지 거절할 수 있는 독립된 사람에게 이유와 동기를 설명해 주고 스스로 판단할 수 있도록 설명할 수 있는 것이다. 그래서 리더십을 발휘하는 사람들은 존중과 설득을 항상 지니고 있다.

동기부여(motivation)는 인간이 일정한 행동을 하도록 움직이게 하는 근원, 즉 힘이라고 하며 그야말로 동기부여는 리더십의 핵심이라고 할 수 있다. 리더십은 인간의 행위를 유발시키고 유지시키는 모든 영향력을 포함하는데, 조직의 목표 달성을 위하여 구성원의 희망과 욕구 그리고 추진력을 집중시켜 구성원들로 하여금 원하는 방향으로 행동하도록 유인하는 것을 말한다. 동기부여를 뜻하는 motivation은 '움직이다'라는 뜻을 가진 라틴어 동사 movere로 부터 파생된 단어이다. motive는 사람으로 하여금 행동하게 만드는 그 무엇이라고 할 수 있다.

어떠한 행동에 대한 동기는 일반적으로 특정 요인에 의하기보다는 몇 가지가 복합적으로 작용하는 것일 수 있다. 또한 동기가 무엇인지 정확히 알 수 없다는 점과 자신의 행동과 동기에 대해서 보다 깊이 있게 분석해야 하기 때문에 정확한 분석은 다소 어려운 것이기도 하다. 코칭을 통한 리더십과 함께 조직의 성과나 목표 달성에 크나큰 기여를 하는 것이 동기부여이다.

따라서 동기부여의 원동력은 개인의 욕구를 충족시키기 위해 유발되고 적극성을 띠게 된다. 개인은 욕구가 결핍되면 그 욕구를 충족시킬 수 있는 방안을 모색하게 되고, 그 결과 하나의 행동안이 선택되어 목표 지향적인 행동을 하게 된다. 그 행동을 하고 난 후 인정을 받고 보상이나 칭찬을 받음으로써 만족감을 느끼게 되는 것이다.

그러므로 조직의 리더라면 조직원들이 좋은 성과를 내도록 동기부여할 수 있는 능력을 갖추어야 하며 아울러서 자기 자신에게도 동기부여를 할 수 있어야 한다. 부정적인 동기부여는 여러 가지 문제나 갈등상황에 부딪힐 수 있기 때문에 가급적 피해야 하지만 긍정적인 동기부여를 받은 조직원들은 보다 큰 성과와 열의를 가지고 업무에 노력할 것이다.

사례 예시

성공적인 코칭의 효과

사례 A

올림픽 선수의 기량

올림픽에서 금메달을 딴 선수들은 한결같이 말한다. 훌륭한 코치의 헌신적인 지도와 도움이 없었다면 지금의 그들은 없었을 거라고. 코치는 선수들이 최고의 기량을 발휘할 수 있도록 훈련 계획을 세우고, 선수들이 흔들림 없이 목표를 향해 정진할 수 있도록 격려하고 지지한다. 때로 방향에서 벗어나면 질책보다는 긍정적인 동기부여로써 자신감을 줄 수 있어야 한다.

물론 선수도 중요하다. 그러나 선수가 좋은 코치를 만나지 못하면 선수의 훌륭한 기량도 물거품일 수 있다. 인생 올림픽에서도 그대로 적용되는 이야기이다.

어떤 시기에 어떤 멘토를 만나느냐에 따라 인생의 설계가 확연히 달라지는 것을 알 수 있다.

(고도원의 아침편지, 2017. 7. 5.)

사례 B

닛산자동차의 코칭

닛산자동차는 적자를 냈다가 1년 후 흑자를 내는 데 성공한 대표적인 기업이다. 그 과정에서 카를로스 곤 회장이 직접 코칭 리더십을 활용했다고 한다. 중견간부 600명을 대상으로 3개월간 일대일 코칭을 실시하고, 부하직원들에게도 서로 일대일 코칭을 일상적으로 사용하도록 했다. 이를 통해 부서횡단적(cross-functional)인 소통이 결여된 부서들 사이의 벽을 허물고 부문횡단적으로 논의할 수 있는 '부서횡단팀(Cross Functional Team: CFT)'을 발족시켰다. 따라서 "닛산의 문제해결책은 바로 닛산 사내에 있다."라는 결론에 이르렀고 1년 후 흑자 전환이라는 결과를 이루었다. 비즈니스의 성공을 위해서 직원 개개인이 최대의 역량을 발휘하는 것이 중요하다는 것은 아무리 강조해도 지나치지 않는다. 코칭 리더십은 한 사람 한 사람의 잠재력을 강화하기 때문에 비즈니스를 성공으로 이끌 것이다.

탐구활동

✎ 사례 A, B를 읽고 코칭에 대한 견해를 느끼는 대로 토론해 보시오.

사례 A

사례 B

✎ 코칭의 구성요소는 무엇인지 열거해 보시오.

✎ 개인(자신)이 코칭을 받고 행동의 수정이나 변화된 것을 기술해 보시오.

코칭을 받기 전 행동	코칭을 통해 변화된 행동

✎ 동기부여를 통해 자신이 성공하였던 경험이나 효과를 대화하고 경청해 보시오.

Tip

아래의 그림에서 코칭의 목표를 상세히 살펴보고 서로 윈-윈할 수 있는 코칭을 주고받도록 대화를 나눠 보자.

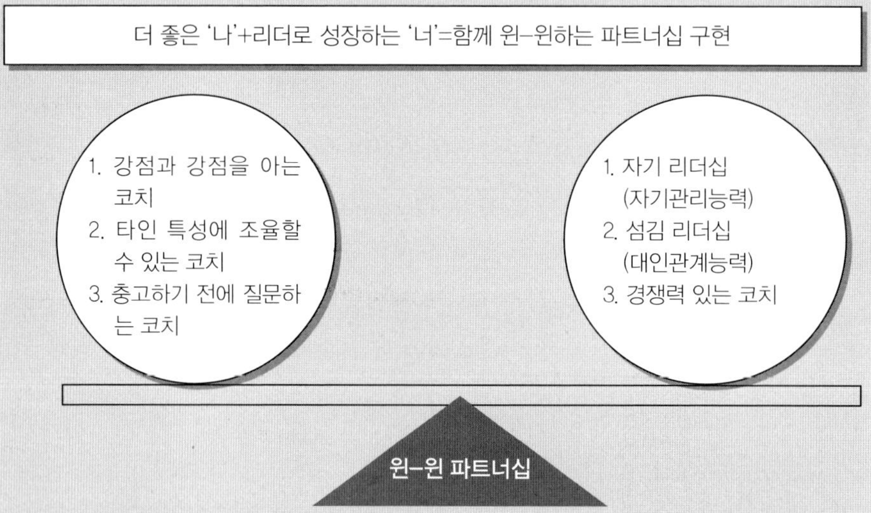

더 좋은 '나'+리더로 성장하는 '너'=함께 윈-윈하는 파트너십 구현

1. 강점과 강점을 아는 코치
2. 타인 특성에 조율할 수 있는 코치
3. 충고하기 전에 질문하는 코치

1. 자기 리더십 (자기관리능력)
2. 섬김 리더십 (대인관계능력)
3. 경쟁력 있는 코치

윈-윈 파트너십

출처: 한국코칭센터. www.koreacoach.com

• 코칭의 효과

1) 코칭은 현재 가장 좋은 것을 선택할 수 있도록 개인의 에너지를 극대화하는 것이다.
2) 코칭은 갈등이나 문제를 직접적으로 해결하는 데 도움이 된다. 즉, 인간관계에서의 다양한 문제 해결을 위해 코칭을 받으면 보다 쉽게 문제해결의 실마리를 풀 수 있다.
3) 코칭으로 분명한 삶의 목표를 가지고 실현해 나가는 데 도움을 받을 수 있다.
4) 코칭은 실수를 현저히 줄이며 급변하는 사회의 보다 많은 선택에 있어서 인생의 시행착오를 줄일 수 있도록 안내해 주는 역할을 한다.
5) 코칭은 다양하고 복잡한 관계에 함께 더불어 살아갈 수 있도록 도움을 주며 정신적으로 보다 건강하고 지지 및 격려를 받을 수 있는 지름길일 수 있다.

학습평가

정답 및 해설 p. 390

※ 다음 문장의 내용이 맞으면 ○, 틀리면 × 표시를 하시오.

1. 코칭(coaching)이란 개념은 스포츠 분야에서 시작되었으며, 코치가 선수들이 좋은 성적을 낼 수 있도록 역량을 끌어올리는 행위를 코칭이라고 지칭한다. ( )

2. 코칭에서의 파트너십(partnership)은 코치와 피코치 간의 일대일 상호작용이 이루어지고 관계적 측면이 강조되며, 궁극적으로 개인의 발전을 통한 조직의 효과성 향상에 목적을 둔다. ( )

3. 코칭의 주요 기본원칙은 서로가 엄격한 틀 안에서 논의하고 제안하며, 리더는 적극적인 마인드로 직원에게만 모든 관심을 집중해야 한다. ( )

4. 조직의 성과나 목표 달성에 크나큰 기여를 하는 것이 코칭을 통한 동기부여이며, 동기부여의 원동력은 집단의 욕구는 물론 개인의 욕구를 충족시키기 위해 유발되고 소극성을 띠게 된다. ( )

5. 성공의 직관스킬은 깊은 생각을 통해 질문을 던지는 것이 아니라 잠재의식 속에서 나오는 질문을 하는 게 훨씬 확실하다. ( )

※ 다음 문항을 읽고 물음에 답하시오.

6. 코칭의 구성요소가 아닌 것을 고르시오. ( )
   ① 팀 차원적으로 접근
   ② 상호작용 의사소통
   ③ 모호함을 수용
   ④ 폐쇄형 대화

7. 코칭의 다섯 가지 핵심 스킬을 모두 고르시오. (   )
   ① 확대, 미래 긍정적인 질문
   ② 보다 넓고 깊이 있게 경청
   ③ 수동적인 자세 및 능력 확인
   ④ 정신적인 컨디션 조절 및 자기관리

8. 코칭과 관련된 설명으로 적절하지 않은 것을 고르시오. (   )
   ① 대표적인 질문스킬에는 확대질문, 미래질문, 긍정질문 등 세 가지가 있다.
   ② 확대질문은 한 가지 답이 나오도록 하는 질문이다.
   ③ 직관스킬은 잠재의식 속에서 질문하는 것이 확실하다는 의미이다.
   ④ 확인스킬은 과거, 현재, 미래라는 세 가지를 확인해야 한다.

9. 코칭에 대해 잘못 설명한 것을 고르시오. (   )
   ① 코칭은 비즈니스, 커리어, 리더십, 학습 등 여러 분야에 적용되어 사용하고 있다.
   ② 코치가 피코치에게 좋은 성적을 낼 수 있도록 역량을 끌어올리는 행위가 코칭이다.
   ③ 정답을 주기 위해 피코치가 도와주는 것이다.
   ④ 구성원이 일에 대한 동기부여가 되어 직무에 몰입할 수 있도록 도와주고 잠재력을 일깨우는 것이다.

10. 동기부여에 대한 설명으로 적절하지 않은 것을 고르시오. (   )
   ① 동기부여란 인간이 일정한 행동을 하도록 움직이게 하는 근원이다.
   ② 동기부여를 나타내는 모티베이션(motivation)의 '움직이다'라는 뜻을 가지고 있다.
   ③ 조직의 성과나 목표 달성에 기여하는 것이다.
   ④ 인간의 행위를 유발시키고 유지시키는 모든 행위의 영향력을 포함한다.

6. 리더십의 변화 관리

인간의 수명이 길어지면서 미래의 사회는 오늘날의 사회와는 많이 다를 것이라 예측하고 있다. 과학기술의 발달과 아울러서 사람들의 직업이나 생활양식 등 다양한 모습으로 변화되어 가고 있다. 따라서 새로운 변화에 대비한 효과적인 리더십을 발휘하여 밝은 미래가 창출되도록 해야 한다. 이에 다양한 리더십에 대한 이론의 변천과정을 살펴보고자 한다.

1) 리더십 이론의 변천

리더십 이론은 특성이나 상황 등을 효과적으로 만들 수 있느냐의 관점에서 발전하게 되었다. 21세기 조직의 형태는 구성원 간의 권력과 정보, 그리고 조직성과를 공유하는 인본주의를 지향하고 있다. 인본주의는 조직 구성원이 자율에 따라 업무를 책임지는 경영풍토를 조성하여 구성원에 대한 몰입을 극대화한다. 따라서 사회적 배경과 시대의 양상에 따라 다양하고 다각적인 접근방법으로 리더십의 변화를 이해하고 수용할 필요가 있다.

2) 리더십 변화의 중요성

현대사회에서 성공하는 데 필요한 역량 중에 하나가 리더십이라고 본다. 과거에는 대체로 리더십을 앞에서 조직을 일사분란하게 잘 이끄는 것으로 평가되었다. 그러나 개인의 자유가 확대된 현대에서 조직 구성도 과거와 달리 수평적이고 유연하게 변해 권위를 내려놓고 새로운 리더십을 요구한다.

따라서 최근에 섬기는 리더십인 서번트 리더십(servant leadership)과 올바른 진로 방향을 위한 코칭 리더십(coaching leadership) 등 새로운 유형의 리더십이 등장하고 조직의 목표를 성공적으로 달성할 수 있도록 다양하게 노력하는 추세이다. 경력 변화 관리 전문가인 샘 핸드리(Sam Handri)가 현대사회의 위대한 리더십의 다섯 가지 비밀을 주장하였는데, 소개하면 다음과 같다.

① 미래를 상상하는 리더십: 구체적인 비전 제시로 구성원이 자발적으로 움직이게 한다.
② 변화를 관리하는 리더십: 변화가 일어나는 현장의 목소리에 자발적으로 움직이게 한다.
③ 긍정적 문화를 만드는 리더십: 구성원의 성과를 정당하게 인정해 주는 등의 방법으로 행복도를 증진시키고 일하는 환경을 조성한다.
④ 협업을 유도하는 리더십: 경쟁을 통한 효율을 바탕으로 서로 협업할 수 있는 분위기를 소성한다.
⑤ 양육하는 리더십: 개개인의 특성을 파악하여 조직의 비전과 개인의 비전이 일치되도록 조언 및 격려한다.

3) 리더십의 마인드 변화 시대

성공한 사람의 사고는 긍정적인 마인드를 갖고 실천하는 사람이라고 본다. '컵에 물이 반밖에 남지 않았다.'와 '아직 반이나 남아 있다.'는 확연히 다를 수밖에 없다. 리더들의 시대에 맞는 리더십 발휘는 조직원들에게 더 강한 열정과 희망을 준다. 따라서 미래를 변화시키려면 현재를 변화시키고, 타인을 변화시키려면 자기 자신을 먼저 변화시켜야 한다. 여기에서 오늘날 CEO, 즉 리더들이 좋아하고 많이 사용하는 단어들을 열거해 보면 다음과 같다. 먼저 리더들이 좋아하는 단어는 '조직원들의 열정'과 '성공척도를 가늠하는 신뢰', 앞에서도 언급했던 '긍정적인 마인드'와 '희망찬 미래'이다. 또한 자주 사용하는 말은 혁신, 변화, 창조, 가치, 배려, 성실 등이라고 한다. 이 시대의 진정한 리더십으로의 마인드가 긍정적으로 변화하는 과정에 있고, 이에 스스로의 강점을 보다 창의적이고 전문적인 브랜드를 만들어 가는 리더십으로 변화해 나가야 한다. 조직구조가 더욱 복잡해지고 독특한 개인의 개성시대에서 리더십의 변화 관리는 그만큼 중요하고 조직의 발전과 아울러서 성장을 가져올 수 있을 것이다.

4) 변화 관리의 방안

변화 관리는 현재 이루어지고 있는 일들이 일치하지 않을 때 조직 환경의 변화에 따라 구성원들의 행동변화를 요구하게 된다. 대부분의 리더들은 변화관리에 어려움을 느끼며 변화추진 과정에서 예기치 못한 문제에 봉착할 수도 있다. 변화에 잘 대처하기 위해서는 그 과정을 이해할 필요가 있다. 변화 과정에 있어서 레빈(K. Lewin)은 해빙단계, 변화단계, 재빙단계로 설명하였고 그레이너(L. Greiner)는 변화 과정이 성공하려면 권력 재배분이 권력 공유방향으로 이루어져야 한다고 주장하였다. 또한 진 홀(Gene Hall)과 그의 동료들에 의하면 변화가 추진되는 과정에서 구성원들이 갖게 되는 고민은 순차적이고 예측가능한 단계를 거친다고 주장했다. 먼저, 변화에 직면한 사람들은 '정보에 대한 고민 → 자신에 대한 고민 → 실행에 대한 고민 → 효과에 대한 고민→ 협력에 대한 고민 → 개선에 대한 고민'의 여섯 단계를 순차적으로 경험하게 된다고 한다. 따라서 의사결정에 힘들어하는 구성원들의 변화에 리더가 발휘할 수 있는 적절한 리더십은 지시형, 지원형, 위임형 리더십으로, 예를 들어 설명하면 다음과 같다.

① 정보에 대한 고민에는 지시형 리더십이 효과적이다.

구성원들이 조직에서 추진하는 변화가 어떤 것인지에 대해 불안해하는 상태이면 이들에게는 지시형 리더십이 적합하다. 조직의 현재 위치가 어디이며 어디를 향해 가고 있는지를 분명하게 해 주는 세부적인 정보를 공유하는 것이 중요하다. 명확한 지시를 통해 조직에서 바라는 결과와 기대하는 행동이 무엇인지 전달하고 변화가 성공적으로 이루어졌을 때의 모습에 대한 이미지를 공유한다.

② 자신에 대한 고민에는 지도형 리더십이 효과적이다.

앞으로 추진될 변화에 대해 충분한 정보를 가진 구성원들의 관심의 초점은 자신에게로 옮겨 간다. 변화가 자신에게 미치는 영향에 대해 불안감을 느끼는 이들에게는 자신감을 실어 주는 것이 필요하다. 이때에는 구성원들이 느끼는 불안과 고민에 대해 이야기할 수 있는 기회를 주고, 그러한 고민들은 해결할 수 있도록 돕는 지도형 리더십이 필요하다.

③ 실행에 대한 고민에는 지도형 리더십이 효과적이다.

개인적인 고민이 해결되면 구성원들은 변화를 위한 계획이 충분히 세워졌는지에 대해 궁금해한다. 변화를 수도하는 사람들보다 변화를 이루어 내야 하는 현상에서 보다 현실적으로 느끼기 때문이다. 이 단계에 있는 구성원들은 변화된 업무의 실행과 관련된 고민 해결을 위해 여전히 지시, 지원, 리더의 약속을 필요로 한다. 변화를 위해 얼마만큼의 시간이 소요될 것이며, 모든 것이 제대로 가고 있는지 아닌지에 대한 전망을 제시해 주어야 한다. 이들에게도 지도형 리더십이 적합하다.

④ 효과에 대한 고민에는 지원형 리더십이 효과적이다.

이제 구성원들은 자신들이 새로운 행동과 기술을 사용함으로써 얻을 수 있는 것들에 대해 생각하기 시작한다. 이들이 궁금해하는 것은 변화가 얼마나 잘 진행되고 있는가이다. 지시보다는 변화가 진전을 이루고 있다는 것을 이들이 알 수 있도록 하는 지원과 약속, 그리고 격려가 필요하다. 이 단계에서는 구성원들이 변화에 대한 노력과 열망을 유지할 수 있도록 리더가 격려하는 것이 중요하다.

⑤ 협력에 대한 고민에는 지원형 리더십이 효과적이다.

변화의 효과에 대해 확신을 가진 구성원들은 이제 그 긍정적인 효과들을 다른 사람들에게 확산시키고 싶어 한다. 그리고 다른 사람들과 공유하고 싶은 아이디어들을 더 많이 생각해 내기 시작한다. 이들에게는 다른 구성원, 다른 팀과의 협업을 촉진하는 데 초점을 맞추는 지원형 리더십을 발휘해야 한다.

⑥ 개선에 대한 고민에는 지원형 리더십과 위임형 리더십을 함께 활용하는 것이 효과적이다.

이제 구성원들은 변화된 환경 속에서 일하고 행동하는 새로운 방식을 알고 있다. 이 시점에서는 지시, 지원, 격려에 대한 필요성이 많이 줄어든다. 그들이 변화하는 과정 속에서 경험한 것들을 모두 통합해 내야 할 시기이다. 끊임없이 새로운 상황에 도전하고 새로운 선택이나 가능성을 탐구할 수 있는 지원적 환경을 조성하고 위임형 리더십을 발휘하는 것이 효과적이다.

조직 차원에서 주도하는 변화를 현장에서 피부로 느끼는 구성원들은 막연한 두려움을 가질 수밖에 없다. 이때 리더들은 현재 구성원들이 고민하고 있는 것이 무엇인가에 따라 적절하게 대응함으로써 문제해결을 효과적으로 도와야 한다. 이를 통해 변화 속에서 구성원들이 겪는 혼란과 갈등을 줄이고 조직의 성공적인 변화에 기여할 수 있게 된다.

Tip

새로운 시대를 위한 리더십 명언

- 내일을 이야기할 수 있어야 한다.
  리더는 자신의 욕망을 버리고 다른 사람이 꿈을 가질 수 있도록 목표를 말해 주며 내일을 이야기할 수 있어야 한다.
- 타인의 장점을 볼 수 있어야 한다.
  주위에 있는 사람들은 나 자신을 비추는 거울이다. 어떠한 상황에서도 타인의 장점을 보려고 하는 노력이 중요하다.
- 투지를 키울 수 있어야 한다.
  상사의 사고방식이 틀렸다 해도 일단은 환경에 순응하며 조직 안에서 리더십을 발휘하면서 조금씩 개선해 나가는 것이 합리적이다. 조용히 받아들이면서 새롭게 만들어 가는 것이 순리이다.
- 사람을 키울 줄 알아야 한다.
  사람을 키우는 일에서도 인내가 필요하다.
- 뭔가를 돌려줄 수 있어야 한다.
  사람과 사람의 인간관계는 매우 중요하다. 따라서 주고받을 수 있어야 한다.
- 자신의 말에 책임을 질 줄 알아야 한다.
  '제가 했습니다.' '제가 말했습니다.' 등 책임 있는 자세가 필요하다.
- 슬럼프를 극복할 수 있는 힘이 있어야 한다.
  생각과 행동이 멈추면 슬럼프에 빠지기 마련이다. 새로운 사고방식을 적극적으로 받아들여야 한다.
- 머리로도 뛸 수 있어야 한다.
  직감적인 발상을 공적자산으로 활용할 수 있어야 한다. 좋은 아이디어가 있으면 실현시키기 위해 필요조건과 요구들을 하나하나 성취해 나가면서 구체적인 성과를 이뤄 나가야 한다.
- 섬세한 움직임을 포착할 수 있어야 한다.
  때로는 섬세하면서도 신속한 조치를 취하여 좋은 방향으로 순항할 수 있어야 한다.
- 항상 궤도 수정이 가능해야 한다.
  제각각 다른 생각을 통일시켜 나가며 자신의 발자취와 과거의 흔적을 확인하면서 매일 새로운 궤적을 그려 나가야 한다.

출처: http://bonlivre.tistory.com/412

학습평가

정답 및 해설 p. 390

※ 다음 문장의 내용이 맞으면 ○, 틀리면 × 표시를 하시오.

1. 리더십의 필요성이 절실할 때에도 변화저항은 일어날 수 있다. (　　)

2. 조직의 변화대상의 폭이 넓고 그 심도가 깊어질수록 이에 대한 구성원의 저항도 커진다. (　　)

3. CEO들이 가장 자주 그리고 많이 사용하는 단어는 혁신, 변화, 창조, 가치, 그리고 결과와 성과이다. (　　)

4. 리더가 변화의 성격을 잘 파악하고 이를 관리하는 것이야말로 변화전략에서 매우 중요하다. (　　)

5. 변화 관리의 방안은 조직 환경의 변화에 따라 구성원들의 참여를 중요시하여야 한다. (　　)

※ 다음 문항을 읽고 물음에 답하시오.

6. 리더십의 중요성에 대하여 올바르지 않은 것을 고르시오. (　　)
   ① 과거의 리더십은 리더가 조직을 끌고 가는 것으로 맨 앞에서 이끄는 사람으로 평가되었다.
   ② 21세기의 조직의 형태는 인본주의를 탈피해 자기중심주의를 지향하고 있다.
   ③ 현대의 리더십은 수평적이고 유연하게 변화하고 있다.
   ④ 사회적 배경과 시대의 양상에 따라 리더십을 다양하고 다각적인 접근방법으로 이해해야 한다.

7. 경력 변화 관리 전문가인 샘 핸드리(Sam Handri)가 주장하는 리더십의 다섯 가지 비밀에 포함되지 않는 것을 고르시오. ( )
   ① 조직원들을 자발적으로 움직이게 하는 가장 효과적인 방법은 조직의 미래를 상상하여 구체적인 비전으로 제시하는 것이다.
   ② 조직원들의 동요와 저항은 변화전략에 영향을 주므로 공유하지 않는다.
   ③ 긍정적인 문화를 만들어 더 높은 가치와 의미 있는 비전을 위해 노력한다.
   ④ 미래를 상상해 비전으로 만들려면 현재 상황을 파악하고 미래의 변화를 예측해야 한다.

8. 리더십의 변화에서 올바른 설명을 고르시오. ( )
   ① 조직의 성과를 높이기 위해서는 경쟁이 필요하지 않다.
   ② 지위가 높으면 어떤 사람이든 일방적으로 지시받아야 한다.
   ③ 변화관리는 현장의 목소리에 귀를 기울여 의사결정에 반영하여야 한다.
   ④ 긍정적인 마인드를 갖고 실천하는 리더는 조직원들에게 더 힘듦을 제공한다.

9. 변화에 잘 대처하기 위해서는 변화과정을 이해하여야 한다. 레빈의 변화과정 단계가 아닌 것을 고르시오. ( )
   ① 진단단계
   ② 해빙단계
   ③ 변화단계
   ④ 재빙단계

10. 변화에 적절한 리더가 발휘할 수 있는 효과적인 리더십이 아닌 것을 고르시오. ( )
   ① 정보에 대한 고민에서 효과적인 리더십은 지시형이다.
   ② 협력에 대한 고민에서 효과적인 리더십은 지시형이다.
   ③ 실행에 대한 고민에서 효과적인 리더십은 지도형이다.
   ④ 자신에 대한 불안감을 느끼는 고민에서 효과적인 리더십은 지도형이다.

학습정리

1. 리더십(leadership)은 leader와 ship이 결합된 합성어이다. leader는 조직이나 집단의 목표 달성을 위한 행동을 하도록 다른 구성원에게 영향을 미치고, ship은 어떤 상태 특질을 나타내는 것으로 '~로서의 능력'을 나타내는 말이다. 리더십과 유사한 용어는 권한(authority), 권력(power), 관리(management), 통제(control), 감독(supervision), 영향력(influence) 등이 있다.

2. 기업경영에서의 리더십의 중요성은 매우 큰 비중을 차지한다. 다양한 리더십의 유형을 효과적으로 발휘하느냐에 따라 조직의 성패가 달려 있다고 해도 과언이 아니다. 따라서 성공과 실패를 좌우하는 리더들의 특성을 알고 과업을 추진한다면 보다 향상된 업무를 추진할 수 있을 것이다. 성공하는 리더의 특성은 먼저 열정이 넘치고 진정성과 융통성을 비롯하여 설득력이 있으며 인간 지향적이다. 매사에 협조적이고 용기 있게 행동하고 결단력도 있다.

3. 리더의 여섯 가지 마음가짐

L : listen(상대의 말을 잘 들으려는 마음가짐)
E : explain(상대를 납득시킬 수 있도록 설명하려는 마음가짐)
A : assist(상대를 도우려는 마음가짐)
D : discuss(상대와 대화하려는 마음가짐)
E : evaluate(상대를 정확히 평가하려는 마음가짐)
R : respond(언제라도 대응할 수 있는 마음가짐)

출처: http://blog.daum.net/4051hjb/2

4. 임파워먼트는 권능을 부여하는 것, 권력을 위임하는 것과 더불어 ~할 능력을 주는 것, ~하도록 하는 것(enabling)으로 임파워먼트에 대한 공식은 'Empowerment(권한위양) = Autonomy(자율성) × Direction(방향) × Support(후원)'이다. 즉, 임파워먼트의 강도는 부하에게 허용되는 자율성의 정도, 상·하급자 간 추진방향의 합치성 정도, 상급자의 후원 정도에 비례한다는 것이다. 이로써 리더의 임파워먼트의 역할은 매우 중요

하다는 것을 알 수 있다.

5. 동기부여(motivation)는 인간이 일정한 행동을 하도록 움직이게 하는 근원, 즉 힘이라고 한다. 인간의 행위를 유발시키고 유지시키는 모든 영향력을 포함하는데, 조직의 목표달성을 위하여 구성원의 희망과 욕구 그리고 추진력을 집중시켜 구성원들로 하여금 원하는 방향으로 행동하도록 유인하는 것이다.

6. 코칭의 다섯 가지 비밀

① 코칭은 개인과 조직의 긍정적인 변화를 이끌어 내기 위한 새로운 접근 방법이다.
조직에 코칭을 도입하려는 사람은 먼저 코칭으로 얻을 수 있는 것과 그렇지 않은 것을 구분하고 조직의 특성에 따라 코칭을 어떻게 활용할 것인지를 재정의할 필요가 있다. 또한 코칭으로 얻을 수 있는 개인적 · 조직적 유익을 구체적으로 조직원들에게 알리고 공감대를 이끌어 내야 한다.

② 코칭은 구성원과 조직이 처한 현재 상황에 대한 객관적인 파악에서 시작된다.
조직에서 일어나는 현상들에 대해서도 구성원들이 서로 다른 견해를 갖는 것이 당연하다.

③ 열린 커뮤니케이션으로 구성원의 가슴을 뛰게 하는 코칭 목표를 수립하라.
설정된 목표에 생명력을 불어넣는 것은 그 목표를 향해 뛰는 사람들의 열정이다. 목표를 보고 가슴이 뛰는지 확인하라.

④ 상대방을 변화시키려면 나부터 변해야 한다.
다른 사람에게 변화를 요구하는 것은 쉽지만, 내가 변하는 것은 온몸을 던지지 않고는 불가능한 일이다.

⑤ 변화를 즐기고 지속적으로 동기부여를 하라.
변화를 경험한 사람이라면 변화는 두려움의 대상이 아니라 즐길 수 있는 것임을 잘 안다.

출처: 홍의숙, 이희경(2010).

7. 변화관리의 방안

진 홀(Gene Hall)에 의하면 변화가 추진되는 과정에서 구성원들이 갖게 되는 고민은 순차적이고 예측가능한 단계로 진행된다. 리더십과 연결하여 살펴보자.

- 정보에 대한 고민에는 → 지시형 리더십
- 자신에 대한 고민에는 → 지도형 리더십
- 실행에 대한 고민에는 → 지도형 리더십
- 효과에 대한 고민에는 → 지원형 리더십
- 협력에 대한 고민에는 → 지원형 리더십
- 개선에 대한 고민에는 → 지원형 리더십과 위임형 리더십을 함께 활용

제4장

갈등관리능력

학습목표

구분	학습목표
일반목표	직장생활에서 조직 구성원 사이에 갈등이 발생하였을 경우 이를 원만히 조절하는 능력을 기를 수 있다.
세부목표	1. 갈등의 개념을 설명할 수 있다. 2. 갈등의 유형을 구분하여 대응전략을 할 수 있다. 3. 상호관계에서의 갈등에서 윈-윈하는 법을 익힐 수 있다. 4. 조직에서 갈등을 줄이는 방법을 도출할 수 있다. 5. 성공적인 갈등관리 전략을 세울 수 있다.

1. 갈등의 개념 및 정의
2. 갈등의 유형과 대응전략
3. 상호관계에서의 갈등 견해
4. 조직의 갈등을 줄이는 방법
5. 성공적인 갈등관리 전략

 주요용어 정리

갈등
당사자 간에 가치, 규범, 이해, 아이디어, 목표 등이 서로 불일치하여 충돌하는 상태를 의미한다.

갈등해결
갈등해결의 가장 생산적인 접근 방식은 갈등이 발생하기 전에 그 잠재력을 줄이는 조치를 취하는 것이지만 발생한 후에는 역지사지의 마음으로 갈등을 최소화하기 위한 기본 원칙을 합의하고 실천하는 것이 최선이다.

윈-윈 갈등관리법
갈등과 관련된 모든 사람으로부터 의견을 받아서 문제의 본질적인 해결책을 얻는 것으로 양자 모두가 승자가 되도록 하는 것을 의미한다.

상호관계
갈등관계에 있는 이해 당사자들이 대화를 통해서 갈등을 해결하고자 하는 서로가 걸려 있는 관계, 즉 나에게도 상대방에게도 이익이 될 수 있게 상호 의사소통을 하는 관계

1. 갈등의 개념 및 정의

1) 갈등의 개념

갈등은 의견이 맞서는 상대가 있고 그들끼리 대립하고 충돌하는 것을 의미하며, 심리학적 의미의 갈등이란 둘 혹은 그 이상의 상호 배타적인 충동, 동기, 추진력 혹은 사회적 요구로 겪는 정신적 싸움을 의미한다. 갈등이란 영어로 Con(Together, 함께)과 Flict(Strike, 충돌하다)의 합성어인 Conflict(갈등)로, '서로 충돌하다'라는 뜻이고, 한자로 갈등(葛藤)은 칡 갈(葛)과 등나무 등(藤)의 합성어로 두 식물이 성장하면서 꼬이는 방향이 서로 달라 서로 복잡하게 얽혀 있다는 의미이다. 갈등은 개인이나 집단 사이에 목표나 이해관계가 달라 서로 적대시하거나 충돌 또는 그러한 상태 또는 어떤 일의 까닭이나 형편이 서로 복잡하게 얽혀 화합하지 못함을 의미한다.

팀의 갈등은 목표를 달성하기 위해서는 항상 일어나기 마련이다. 그러나 갈등이 항상 부정적인 것만은 아니다. 갈등은 새로운 해결책을 만들어 주는 기회를 제공한다. 중요한 것은 갈등상황에서 어떻게 반응하느냐이다. 즉, 조직 구성원의 갈등은 각기 다른 결과를 초래하는데 그때 결과에 어떻게 대응하느냐가 중요하다는 것이다. 갈등이나 의견의 불일치는 불가피하며 본래부터 좋거나 나쁜 것이 아니라는 점을 인식하는 것이 중요하다. 갈등이 해결되지 않고 방치된다면 팀의 발전을 저해할 수 있다. 그러나 잘 관리한다면 갈등을 통해 합리적인 의사결정을 이끌어 낼 수 있다. 결국 개인과 조직이 갈등을 어떻게 관리하느냐에 따라 결과는 달라진다.

2) 갈등의 원인

건강한 조직은 갈등이 발생하지 않는 조직이 아니라 갈등을 긍정적인 눈으로 바라보고 해결을 위해 진정으로 노력하는 조직이다. 갈등을 잘 관리하기 위해서는 우선 조직 내에 갈등이 존재하는지를 파악하고 깨닫는 일이 중요하다. 다음은 갈등을 파악하는 데 도움이 되는 몇 가지 단서들이다.

- 지나치게 감정적으로 논평과 제안을 한다.
- 타인의 의견 발표가 끝나기도 전에 타인의 의견에 대해 공격한다.
- 핵심을 이해하지 못한 데 대해 서로 비난한다.
- 편을 가르고 타협하기를 거부한다.
- 개인적인 수준에서 미묘한 방식으로 서로를 공격한다.

갈등의 원인은 다양하다. 인간은 사회적 동물로서 다양한 환경에서 성장하고 그 과정에서 가치관과 생활양식이 다르게 형성된다. 따라서 서로가 다른 생각과 행동으로 인하여 갈등이 생기는 것이 당연하다. 갈등의 원인으로는 신군재(2013)가 세 가지 측면에서 14개의 요인으로 분석했다. 첫째, 일반적 원인으로 개인차이, 문화차이, 관심차이, 한정자원, 사회변화, 의사소통이라는 6개 요인이다. 둘째, 내용적 원인으로 사실관계, 이해관계, 구조적 문제, 가치관 차이와 같은 4개 요인이다. 셋째, 사회학적 원인으로 본능적 성향, 좌절-공격, 상대적 박탈감, 인간의 기본적 욕구와 같은 4개 요인이다.

이 밖에도 많은 학자 및 연구자들이 갈등의 원인을 밝혔는데 그 내용을 정리하면 다음과 같다.

- 목표의 불일치 또는 불양립성
- 사물 현상에 대한 지각상의 차이
- 자원 획득을 위한 경쟁
- 애매한 규정, 절차, 방침
- 집단 간 상호 의존성
- 부적절한 보상 시스템, 권한, 권력

- 가치관, 신념의 차이
- 의사소통의 부재
- 역할 인식의 차이
- 기타

갈등은 인간의 삶의 질 개선과 행복을 추구하도록 순기능적으로 작용하기도 하지만, 때로는 지나친 갈등으로 인하여 개인의 삶의 질을 황폐화시키기도 하고 역기능적 관계 형성의 주범이 되기도 한다. 신군재(2013)는 〈표 4-1〉과 같이 갈등의 기능을 순기능과 역기능으로 분류했다.

〈표 4-1〉 갈등의 기능

갈등의 순기능	갈등의 역기능
• 다양한 심리적 욕구들을 만족시킴 • 혁신과 변화를 초래 • 생산성 향상과 학습 효과 • 창의적 문제해결능력 향상 • 의사결정의 질 개선	• 지나친 갈등으로 인간관계 악화 • 개인의 심리적 불안정과 사회적 비용 초래 • 국민적 혼란 및 국론 분열 • 조직에 부정적 결과 초래 • 전체 목표보다는 하위 목표와 이익 추구 • 외부 조직 및 집단에 대한 적대감

갈등을 즉각적으로 해결하지 않으면 나중에는 곪아 터진다. 그렇게 되면 갈등은 팀 성공을 저해하는 강력한 장애물이 될 것이다. 그러나 갈등이 존재한다는 사실을 인정하고 해결을 위한 조치를 취한다면, 갈등을 성공으로 전환시킬 수 있는 기회가 될 수 있다. 따라서 갈등에 직접 관련된 팀원이든 갈등을 관찰하는 팀의 리더이든 간에 갈등을 해결하고자 한다면 갈등이 존재한다는 사실부터 인정해야 한다.

3) 갈등의 단계

갈등은 한꺼번에 오는 것이 아니라 단계를 거친다. 관계가 원만할 때는 갈등이 나타나지 않을 수 있지만 원만한 관계가 아닐 때는 갈등이 단계를 거쳐 진행될 수 있다. 갈등의 단계를 정확하게 인식하게 되면 갈등을 좀 더 이해하기 쉬워지며 1단계부터 7단계를 알아보자(한국산업인력공단, 2007).

- 1단계: 문제에 대한 정확한 판단
- 2단계: 갈등의 소통(창조적인 표현수단)
- 3단계: 브레인스토밍(Brainstorming, 다른 사람을 통한 성취감 주의)
- 4단계: 해법의 선택(스스로 결정)
- 5단계: 실행(본인 스스로)
- 6단계: 실행 효과 점검(균형)
- 7단계: 문제해결 방법의 평가(개별화 과정 지속)

갈등의 7단계 중 1단계, 문제에 대한 정확한 판단에서는 객관적인 자료로 활용하지만 감정이 격해져 있는 상황에서는 상대방이 기분 나쁘지 않게 어떻게 잘 전달할 것인가를 고민해야 한다. 2단계, 갈등의 소통(창조적인 표현 수단)에서는 객관적인 진실은 감정이 가라앉았다고 생각될 때 말하고, 먼저 갈등이 초래된 점에 대해 사과를 하는 게 훨씬 인간적인 표현 수단이 될 것이다. 3단계, 브레인스토밍에서는 사실과 다른 말을 하더라도 받아들일 수 있는 자세를 가져야 한다. 4단계, 해법의 선택(스스로 결정)에서는 많은 제안을 통해 본인이 스스로 선택하여 후회하지 않도록 한다. 5단계, 실행(본인 스스로)에서는 직접 실행해 봄으로써 스스로 답을 찾는 데 도움이 되게 한다. 6단계, 실행 효과 점검(균형)에서 균형을 이루지 않으면 다음에 후회를 할 수 있으니 실행해 보고 점검하는 게 좋다. 7단계, 문제해결 방법의 평가(개별화 과정 지속)에서는 보다 나은 선택을 할 수 있는 기회가 될 수 있도록 한다.

사례 예시

갈등발생의 원인

사례 A

어느 가구 제조 회사는 자금 부족에 직면해 있었다. 이에 따라 회사는 부서를 합리적으로 운영하고 원가를 절약할 수 있는 방법을 찾고자 특별 대책반을 만들었다. 이 팀의 리더인 M은 모든 팀원들에게 원가 절감 방안에 대해 브레인스토밍하도록 하였다. 신임 경리 담당 감독자인 R은 다음과 같은 제안을 했다. "제가 생각하기에는 재고를 줄이는 것이 추가 비용을 절감시키는 길입니다." 그러자 "잠깐만요."라고 구매 담당인 I가 말을 가로막았다. "재고를 줄일 수는 없습니다. 그건 말도 안 되는 소리예요."라고 말을 가로막았다. "자, 우리는 이 문제에 대하여 의견이 다른 것 같은데 그 이유를 찾아보는 게 좋겠소."라고 R이 말했다.

사례 B

매출 증대 방안을 찾기 위해 애쓰고 있는 팀 리더 M은 사내에서 능력을 인정받고 있는 K와 영업 사원인 R 사이에 보이지 않는 갈등이 있다는 것을 알았다. K가 아이디어를 내놓을 때마다 R은 즉시 반대를 표명했다. 그 결과, K는 점점 말이 없어지고 위축되어 갔다. 어느 날, 회의에서 K는 텔레마케팅을 사용하여 영업사원들이 추가의 대금 결제를 할 수 있도록 하자고 제안하였다. 이때 R은 "자기 자신의 대금 결제도 모른다면 당신은 영업부에 있을 자격이 없소."라고 냉소적으로 말했다. 팀 리더 M이 두 사람 사이에 끼어들었다. "그렇게 큰 소리를 낼 필요가 없다고 생각해요. 토론을 중지하고 문제를 규명해 봅시다."

출처: 한국산업인력공단(2007).

탐구활동

✎ 사례 예시의 갈등발생의 원인을 읽고 현재 상태에서 일어날 수 있는 갈등에는 어떤 것들이 있는지 작성해 보시오.

✎ 사례 A에서 자신이라면 어떻게 대응할지 작성해 보시오.

✎ 사례 B에서의 갈등이 있다면 그것의 주된 원인이 무엇인지 작성해 보시오.

✎ 친구들과의 의견 대립으로 갈등이 발생하면 어떻게 대응할 것인지 작성해 보시오.

✎ 갈등 발생의 원인에 대한 자신의 의사를 자유롭게 기술해 보시오.

Tip

갈등은 부정적인 기능만을 가지고 있는 것은 아니다. 갈등은 조직 내에서 수행을 이끌어 내기도 하고, 민주적인 의사결정이 이루어지도록 만들고, 조직 목표 달성을 이루고, 다양한 시각으로 조직을 바라보게 하는 순기능 역할을 한다는 관점도 분명히 존재한다(Tjosvold, 1991). 하지만 갈등이 순기능을 발휘하려면 효과적인 갈등 관리가 반드시 전제되어야 한다. 따라서 조직 내에 존재하는 갈등을 효과적으로 관리하려는 노력이 없다면 갈등은 역기능적 요소로 작용할 것이다. 이런 의미에서 갈등의 기능적 관점에 대한 연구에서도 조직 내 갈등 발생을 최소화하고 갈등을 제거하면서 갈등이 야기하는 결과에서 긍정적인 효과를 최대화하려는 목적으로 갈등관리의 중요성을 강조하고 있다.

조직 내 갈등 관리는 결과적으로 개인성과와 직결되는 문제이며 나아가 조직 목표 달성 여부에 중요한 영향을 미친다. 조직 내 갈등 관리가 조직 유효성에 유의한 영향을 미친다는 것이 밝혀졌고(De Dreu, Evers, Beersma, Kluwer, & Nauta, 2001), 작업장에서 발생하는 개인 간의 갈등을 효과적으로 관리했느냐에 따라 조직성과가 결정된다는 연구도 있다(Tjosvold, 1998). 조직의 갈등 관리는 개인 차원의 문제가 아니라 조직 차원의 성패와 결부된다는 것은 현대의 경영자와 관리자들에게 중요한 과제가 되고 있다.

출처: 한국심리학회 심리학용어사전(2014. 4.).

학습평가

정답 및 해설 p. 391

※ 다음 문장의 내용이 맞으면 ○, 틀리면 × 표시를 하시오.

1. 다른 사람과의 갈등은 언제나 나쁜 것이다. ( )

2. 갈등은 시간을 두고 해결해야 한다. ( )

3. 갈등은 의사소통이 멈추었다는 의미이다. ( )

4. 갈등에는 항상 승자와 패자가 있다. ( )

5. 언제 어느 상황에서도 갈등은 생길 수 있는 것이다. ( )

※ 다음 문장을 읽고 물음에 답하시오.

6. 갈등은 결국 두 사람의 대립 현상이며 자기 내면에서 심리적 변화가 일어나는 ( ) 갈등과 타인과의 관계에서 발생하는 ( ) 갈등으로 구분된다.

7. 관계가 원만할 때는 갈등이 나타나지 않을 수 있지만 ( )가 아닐 때는 갈등이 단계를 거쳐 진행될 수 있다.

8. 갈등은 인간의 삶의 질을 개선과 행복을 추구하도록 ( )(으)로도 작용하지만 때로는 지나친 갈등으로 인하여 개인의 삶을 황폐화시키기도 하고 ( ) 관계형성의 주범이 되기도 한다.

※ 다음 문항을 읽고 물음에 답하시오.

9. 갈등을 확인할 수 있는 단서에 해당하는 것을 고르시오. ( )

① 지나치게 감정적인 논평과 제안
② 핵심을 이해하여 서로 의견 공유
③ 상대방의 의견 발표 후 내용 공유
④ 편을 가르지 않고 타협

10. 갈등의 순기능에 해당하지 않는 것을 고르시오. ( )

① 혁신과 변화를 초래
② 국민적 혼란 및 국론 분열
③ 새로운 관계 형성
④ 의사결정의 질 개선

2. 갈등의 유형과 대응전략

1) 갈등과 패러다임

실제로 갈등을 파악하는 일은 보기보다 어렵다. 핵심적인 문제들이 대부분 갈등의 밑바닥에 깔려 있기 때문에 이러한 문제부터 해결할 필요가 있다. 직장생활 중 발생하는 갈등을 근본적으로 해결하려면 어떻게 해야 할까?

실제로 존재하는 갈등을 파악하기 위해서는 먼저 자신의 패러다임을 점검하는 것이 중요하다. 어설픈 선입관은 가능한 것, 현실적인 것, 필요한 것에 대한 관점을 제한하기 때문에 갈등을 올바르게 파악하는 데 걸림돌이 된다. 따라서 어떠한 갈등이 생긴다면 이를 무턱대고 해결하려고 하기 전에 자신의 사고방식을 점검해야 한다. 이를 통해 갈등을 성공적으로 해결하는 데 발목을 잡는 자신만의 편견에 어떤 것들이 있는지 짚고 넘어갈 수 있을 것이다.

갈등을 잘 해결하려면 사고방식, 즉 패러다임을 전환할 수 있어야 한다. 여기에서는 일반적으로 대립에 직면하는 상황에 대한 패러다임, 자신만의 극복 노하우에 대한 패러다임에 대해 생각해 보게 한다. 부정적인 패러다임을 버리고, 더 긍정적인 것으로 바꾸는 데 도움이 되는 세 가지 테크닉은 생각의 전환, 역지사지의 정신, 긍정적인 태도로 요약된다. 이러한 기술을 발전시킨다면 정신적으로 폐쇄된 관점에서 벗어나 더욱더 개방적인 관점으로 향할 수 있다. 개방적이 되면 윈-윈 전략으로 갈등해결에 성공할 확률이 높아질 수 있다.

갈등을 건설적으로 보는 사람들은 자신들의 목적을 달성하게 되고, 갈등과 관련된 모든 이들과 서로 좋아하고, 존경하고, 서로를 더 신뢰하며, 서로에게 생길 앞으로의 갈등을 건설적으로 해결할 수 있는 잠재력을 가지고 있다.

다음 [그림 4-1]은 갈등 관점의 변천 과정을 보여 준다.

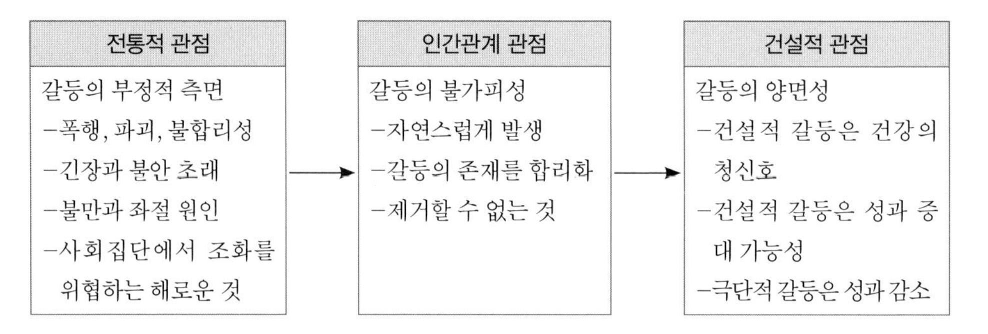

[그림 4-1] 갈등 관점의 변천

2) 개인갈등의 유형별 대응전략

(1) 갈등의 과정

갈등의 과정은 관점에 따라 여러 단계로 나눌 수 있다. 도넬슨(Donelson)은 갈등 과정을 다음과 같이 5단계로 구분하였다.

① 1단계: 의견 불일치 단계

의견 불일치는 가까운 사람들과의 상호작용으로부터 생겨난다. 상호 의존 관계에서는 이해관계가 작용하며, 서로 생각하는 것이 다르고, 가치관도 다르고, 성격도 다르기 때문이다. 서로 다름은 다른 사람들과의 의견 불일치를 가져온다. 그러나 의견 불일치 상황의 갈등은 상호 간의 진정 어린 대화를 통해 긴장을 더 이상 증가시키지 않고서도 쉽게 해결할 수 있다.

② 2단계: 대결 국면

의견 불일치가 제대로 해소되지 않으면 대결 국면에 들어서게 된다. 대결 국면에서는 상호 간에 해결 방안을 모색하기보다는 감정까지 개입되어 상대방의 주장에 대한 문제점을 찾기 시작한다. 갈등 당사자들의 행위, 신념, 생각들은 쉽게 바뀌지 않으며, 상대방의 주장은 부정하고 자기주장만 하여 상대방으로부터 저항을 받는다.

③ 3단계: 격화 국면

이 단계는 갈등의 정도가 최고조에 이르는 상태이다. 격화 국면에서는 당사자 모두에게 오해, 불신 및 좌절을 초래하고 '눈에는 눈, 이에는 이'라는 부정적인 심리를 갖게 한다. 끝까지 혹은 갈 데까지 가 보자는 부정적인 심리가 작용하는 것이다.

④ 4단계: 진정 국면

이 단계는 모든 갈등이 정점을 지나 점차 진정 국면으로 들어서는 단계이다. 당사자들은 계속되는 논쟁으로 인하여 시간과 에너지가 낭비되고 있다는 것을 인식하게 된다. 또한 갈등 과정을 되돌아보는 시간을 갖기도 한다.

⑤ 5단계: 해소 국면

갈등이 지속되는 것이 결코 도움이 되지 않는다는 것을 느끼는 단계이다. 즉, 해소 국면에 들어서면 당사자들은 갈등으로 발생된 문제들을 해결하지 않고서는 목표를 달성할 수 없다는 것을 인식하게 된다. 따라서 어떻게 해서든지 갈등 해소 혹은 내분 종결 과정을 밟게 된다. 갈등 해소 방법은 자신의 요구 철회, 강요와 설득, 타협, 상대방의 견해에 대한 동의 등 여러 가지가 있다.

(2) 갈등의 유형

갈등에는 두 가지 유형이 있다. 이 두 가지를 명확히 구별하고 그 유형들을 각기 독립적으로 다루면, 문제를 훨씬 수월하게 해결할 수 있다.

첫 번째 유형은 불필요한 갈등이다. 개개인이 저마다 문제를 다르게 인식하거나 정보가 부족한 경우, 편견 때문에 발생한 의견 불일치로 적대적 감정이 생기는 경우에 불필요한 갈등이 일어난다. 자신이 가장 중요하다고 여기는 문제가 다른 사람 때문에 해결되지 못한다고 느낄 때에는 불필요한 갈등이 생기는 것이다. 불필요한 갈등은 다음과 같은 상황에서 일어날 수 있다.

- 근심, 걱정, 스트레스, 분노 등의 부정적인 감정
- 잘못 이해하거나 부족한 정보 등 전달이 불분명한 커뮤니케이션
- 편견, 변화에 대한 저항, 항상 해 오던 방식에 대한 거부감 등에서 나오는 의견 불일치
- 관리자의 신중하지 못한 태도

두 번째 유형은 해결할 수 있는 갈등이다. 목표와 욕망, 가치, 문제를 바라보는 시각과 이해하는 시각이 다를 경우에 일어날 수 있는 갈등이다. 이러한 갈등은 상대를 먼저 이해하고, 서로가 원하는 것을 만족시켜 주면 저절로 해결된다. 두 사람이 정반대되는 욕구나 목표, 가치, 이해에 놓였을 때는 해결 가능한 갈등이 일어난다. 대표적인 예로, 같은 팀에 몸담고 있지만 다른 부서 출신인 두 명의 직원이 문제의 원인에 대해 서로 다른 견해를 가지고 있는 경우를 꼽을 수 있다. 두 사람 모두 상대방에게 문제에 대한 책임이 있다고 생각할 것이다. (한국산업인력공단, 2007, pp. 100-101에서 부분 발췌.)

(3) 토마스-킬만의 개인갈등의 유형별 대응전략

토마스-킬만(Thomas-Kilman)은 개인들이 갈등에 대처하는 방법으로 자신과 타

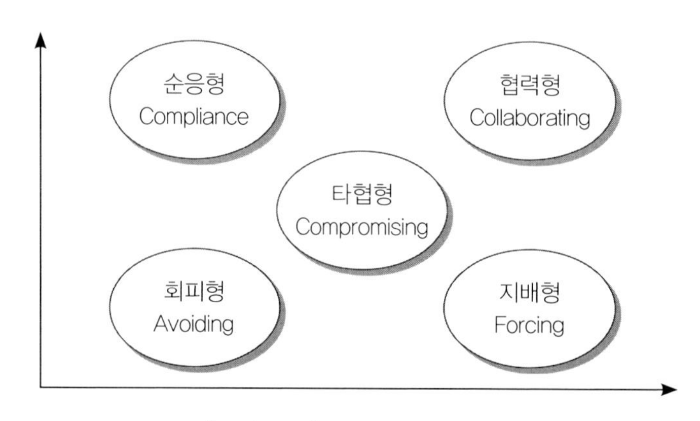

[그림 4-2] 개인갈등관리 유형

인에 대한 관심도를 중심으로 한 2차원 모형을 [그림 4-2]와 같이 제시하였는데, 상호 간에 누가 더 강한 힘을 발휘할 수 있느냐에 따라 다섯 가지로 나타난다.

① 회피형(Lose-Lose)

갈등 자체를 피하는 타입이다. 회피형의 필요 상황과 문제점은 다음과 같다.

〈표 4-2〉 갈등관리 유형: 회피형

필요 상황	문제점
• 이해관계가 없다고 생각할 때 • 대립하면 이득보다 손실이 클 때 • 상대방의 흥분을 식히고 해결할 수 있을 때 • 다른 사람이 효율적으로 해결할 수 있을 때 • 갈등을 해결하는 적당한 시점이 아니라고 판단될 때	• 사안이 미해결되고 악화될 우려가 있음 • 신뢰성 약화 • 상대방 의심 • 창조적 의견과 개선 노력 부족

② 지배형(경쟁형, Win-Lose)

관계가 불편해지더라도 자신의 입장을 지키려고 할 때 힘과 주장으로 상대방을 굴복시키려는 타입이다. 지배형의 필요 상황과 문제점은 다음과 같다.

〈표 4-3〉 갈등관리 유형: 지배형

필요 상황	문제점
• 양보할 수 없는 중요한 문제일 때 • 신속하게 단호한 결정을 해야 할 때 • 조직의 질서 유지에 필요한 법규를 시행할 때 • 거부감을 갖는 개혁 조치를 단행해야 할 때 • 전체 복지 및 이익에 관계되어 자신의 생각이 옳다고 판단될 때 • 다른 방법이 효과가 없거나 신뢰성이 낮은 직장일 때	• 예스맨 양산 • 본인 무지 가능성, 불확실성 인정 않음 • 왜곡된 인식 • 커뮤니케이션 기능 감퇴 • 참여 기회 상실

③ 순응형(배려형, Lose-Win)

고집을 부리지 않고 상대방에게 협조적이며 대립과 반대되는 타입이다. 순응형의 필요 상황과 문제점은 다음과 같다.

〈표 4-4〉 갈등관리 유형: 순응형

필요 상황	문제점
• 상대방에게 압도되어 손실을 극소화할 때 • 화합과 안정이 중요할 때 • 상대방 스스로 잘못을 알게 하여 개선이 필요할 때 • 자신의 잘못을 인정한 경우 • 사안이 상대방에게 더 중요할 때 • 신뢰감 구축이 필요한 경우 • 경쟁해 봐야 손실만 가져올 때	• 갈등자 영향력 및 존경심 악화 • 기강의 해이 • 욕구불만 증대 • 자존심 손상 • 최선책 포기

④ 타협형(Win/Lose-Win/Lose)

문제를 끌면 혼란만 초래하므로 서로 양보하여 절충하는 타입이다. 타협형의 필요 상황과 문제점은 다음과 같다.

〈표 4-5〉 갈등관리 유형: 타협형

필요 상황	문제점
• 힘이 비슷한 쌍방이 상호 배타적 목적 달성에 종사하게 될 때 • 복잡한 문제를 임시변통으로 해결하고자 할 때 • 상대방과 원만한 관계를 유지하면서 개인 목표를 달성하고자 할 때 • 시간에 쫓겨 임시방편적 조치가 필요한 경우	• 합의안에 아무도 만족하지 않을 수 있음 • 단기적 임시적 조치로 인해 기만으로 의심을 받음 • 실리 추구로 인한 큰 사안, 명분이나 원칙, 장기적 목표에 손상 가능성 있음

⑤ 협력형(소통형, Win-Win)

소통을 통해 서로 원하는 것을 이야기하여 갈등을 풀고 협력의 방향으로 나가는 타입이다. 협력형의 필요 상황과 문제점은 다음과 같다.

〈표 4-6〉 갈등관리 유형: 협력형

필요 상황	문제점
• 사안이 모두에게 중요하며 여러 사람의 견해와 통찰력을 모아야 할 때 • 의견을 통합함으로써 관계자들의 협력을 얻을 수 있을 때 • 쌍방의 관심사가 모두 고려되어야 할 정도로 중요하여 통합의 해결책을 마련해야 할 때 • 인간관계를 악화시키는 감정을 해소하고자 할 때	• 중요하지 않은 사안에 시간 낭비 가능성 • 상황을 모르는 사람들의 의견이 수렴되어 비효율적 의사결정 가능성

사례 예시

다양한 갈등해결방법

사례

B 병원에서 외과 전문의로 일하고 있는 강 박사는 골절과 외상에 대한 수많은 수술을 집도하면서 권위 있는 전문의사로 정평이 나 있다. 그 명성을 듣고 최근 환자들이 몰려들어 입원실이 부족할 지경이고 수술에 필요한 모르핀, 주사 바늘, 수술 가위 등의 재료와 의료기구가 부족하여 자재과에 열흘 전에 주문해 놓았지만 아직 입고되지 않아 두 차례나 독촉한 상태이다. 자재과를 책임지고 있는 김 과장은 난감해 하고 있다. 자재 창고의 공간이 부족할 뿐만 아니라 각 부서별로 자재 주문이 들어온 순서대로 처리하도록 규정되어 있기 때문에 강 박사의 구매 주문보다 빠른 주문이 아직 다섯 가지나 있다. 김 과장이 월요일 총무부 회의를 마치고 왼쪽에서 붐비는 병원 로비로 걸어 나오는데, 오른쪽 복도 끝에서 강 박사가 오고 있는 것 같았다.

- 병원 로비에 걸어 나오던 김 과장은 멈칫하며 순간 어쩌나 하다가 오른쪽 복도로 가지 않고 강 박사를 피해서 북쪽 다른 복도를 이용하여 돌아서 자재과로 갔다.

- 강 박사가 김 과장을 보더니 언제부터 직접 만나 따져서 물어보려고 했는데 잘 되었다며 로비로 걸어 나와 재빨리 김 과장을 막아서고는 자재 주문이 어떻게 되었냐며 다그쳐 물었다. 김 과장은 병원 규정대로 주문 건수를 해결하고 있으나 그 전에 주문 들어온 걸 처리하느라 아직 구매할 수 없다고 했다. 강 박사는 화를 내면서 많은 수술 환자가 대기하고 있는데, 당장 주문서를 처리하지 않으면 원장에게 보고하여 문책하도록 하겠다고 협박하였다. 김 과장은 병원 규정을 무시하면서 수술용 의료 자재를 먼저 구매해 줄 수 없으니 원장에게 보고하든지 말든지 마음대로 하라고 반박했다.

- 김 과장은 강 박사가 성격이 불 같고 자기에게 귀찮게 하는 사람을 수단 방법을 가리지 않고 응징하는 조폭 같은 위인이라고 생각하면서 이번 외과 자재 주문을 규정을 위반해서라도 내일 당장 처리해 주겠으니 하루만 기다려 달라며 강 박사를 달랬다.

- 강 박사가 난리법석을 떨며 김 과장을 협박까지 하였지만 김 과장도 호락호락하지 않았다. 30분간 두 사람이 옥신각신하다가 강 박사는 다른 건 다 양보할 테니 모르핀만은 내일까지 좀 구매해 달라고 부탁하자 김 과장은 병원 규정을 어길 순 없지만 모르핀만은 직권으로 구매해 주겠다고 마지못해 응답했다.

- 강 박사의 다급한 부탁을 받고 김 과장은 환자들에게 불편을 주지 않고 수술을 받을 수 있도록 하는 것이 병원 이미지와 발전에 매우 중요하다는 인식을 공감하였다. 그래서 김 과장은 최 총무부장과 상의한 결과 외과의 긴급 상황을 원장에게 보고하여 재가를 받아서 처리해 보자는 답변을 받았다. 그래서 강 박사는 수술환자 대기 상태와 자재 부족의 실태를 자세히 작성하여 결재를 받게 되었다. 비록 이틀이 걸렸지만 외과 강 박사와 자재과 김 과장이 모두 만족하는 윈-윈의 결과를 얻을 수 있었다.

출처: 원창희(2012). pp. 83-85.

탐구활동

✎ 사례 예시의 다양한 갈등의 해결방법을 읽고 갈등이 빚어지고 있는 상황에 대해 어떻게 생각하는지 자유롭게 작성해 보시오.

✎ 사례를 읽고 자신이 강 박사 또는 김 과장의 입장이라면 어떻게 대응할 것인지 작성해 보시오.

강 박사의 입장

김 과장의 입장

✎ 자신의 의사를 자유롭게 기술해 보시오.

Tip

- 앞의 사례 예시에서는 회피형, 지배형, 순응형, 타협형, 협력형의 모습을 차례대로 제시하고 있다.
  이 상황에서 회피형은 문제해결에 전혀 도움이 되지 않았으며, 모두에게 악영향을 준다. 지배형은 논리적으로 설명하더라도 상대방의 감정을 상하게 해서 도움을 못 받는 경우가 있다. 순응형은 관계는 좋아지지만, 더 큰 문제를 초래할 가능성이 있다. 타협형은 임시로 처방은 되더라도 병원 질서에 문제를 초래할 수 있다. 협력형은 문제 해결은 물론 모두에게 만족할 만한 결과를 줄 수 있다.

학습평가

정답 및 해설 p. 392

※ 다음 괄호 안에 알맞은 문장을 넣으시오.

1. 갈등에는 두 가지 유형이 있다. 첫 번째 유형은 (   )(이)고, 두 번째 유형은 (   )(이)다.

※ 다음 문항을 읽고 물음에 답하시오.

2. 인간관계적 관점의 갈등 내용으로 적절하지 않은 것을 고르시오. (   )
   ① 갈등의 불가피성
   ② 부자연스럽게 발생
   ③ 갈등의 존재를 합리화
   ④ 제거할 수 없는 것

3. 실제로 존재하는 갈등을 파악하기 위해서는 먼저 자신의 무엇을 점검하는 것이 중요한지 고르시오. ( )
   ① 현실적인 문제
   ② 자신의 감정
   ③ 타인의 감정
   ④ 자신의 패러다임

4. 건설적 관점의 갈등 내용으로 적절하지 않은 것을 고르시오. ( )
   ① 건설적 갈등은 건강의 청신호
   ② 건설적 갈등은 성과 증대 가능성
   ③ 건설적 갈등은 자연스럽게 발생
   ④ 극단적 갈등은 성과 감소

5. 갈등관리 유형 중 회피형의 문제점으로 바르지 않은 것을 고르시오. ( )
   ① 최선책 포기 ② 사안 미해결
   ③ 신뢰성 약화 ④ 상대방 의심

6. 갈등관리 유형 중 순응형의 문제점으로 바르지 않은 것을 고르시오. ( )
   ① 예스맨 양산 ② 기강의 해이
   ③ 욕구불만 증대 ④ 자존심 손상

7. 갈등관리 유형 중 타협형의 문제점으로 바르지 않은 것을 고르시오. ( )
   ① 합의안에 아무도 만족하지 않을 수 있다.
   ② 단기적, 임시적 조치로 인해 기만으로 의심을 받을 수 있다.
   ③ 실리추구로 인한 큰 사안, 명분이나 원칙, 장기적 목표에 손상이 생길 수 있다.
   ④ 중요하지 않은 사안에 시간을 낭비할 가능성이 있다.

8. 갈등관리 유형 중 협력형이 필요한 상황으로 적절하지 않은 것을 고르시오. ( )
① 쌍방의 관심사가 모두 고려되어야 할 정도로 중요하여 통합의 해결책을 마련해야 할 때
② 의견을 통합함으로써 관계자들의 협력을 얻을 수 있을 때
③ 사안이 모두에게 중요하여 여러 사람의 견해와 통찰력을 모아야 할 때
④ 시간에 쫓겨 임시방편적 조치가 필요할 때

9. 갈등관리 유형 중 지배형(경쟁형)이 필요한 상황으로 바르지 않은 것을 고르시오. ( )
① 양보할 수 없는 중요한 문제일 때
② 여유 있게 결정을 해야 할 때
③ 개혁 조치를 단행해야 할 때
④ 조직의 질서 유지에 필요한 법규를 시행할 때

10. 갈등해결을 위한 패러다임 변화에 도움이 되는 테크닉에 해당하지 않는 것을 고르시오. ( )
① 생각의 전환 ② 역지사지의 정신
③ 긍정적인 태도 ④ 자기주장 강화

3. 상호관계에서의 갈등 견해

1) 상호관계에서의 갈등

상호관계에서는 갈등이 일어난다. 그러나 상호관계에서 갈등이 일어난다고 갈등이 반드시 인간적으로나 사회적으로 나쁘다는 뜻은 아니다. 조직과 같이 협동하여 일을 처리하는 단체의 경우에는 위계가 있다는 점에서 갈등을 통해 어느 정도의 명령을 내리는 사람과 이를 복종하여 수행하는 사람의 구별이 생긴다. 또한 코오즈(Coase)가 주장했듯이 갈등은 사회통합적 효과도 있고, 사회혁신적 발전을 가져오기도 한다. 갈등관리가 잘 되는 나라일수록 1인당 GDP가 증가하는 것으로 나타난다. 이는 개인뿐만 아니라 국가 간의 비교에서도 갈등관리능력에 따라 성장의 폭이 다르다는 것을 보여 주는 셈이다.

매일 사람들과 만나 생활해야 하는 상황 속에서 대인관계능력은 현대인에게 필수적인 능력 중 하나이다. 다른 사람들과 사귀고 소통하는 것도 물론 중요하지만 타인과 의견이 맞지 않아 감정싸움으로 번지는 경우 갈등관리능력은 매우 중요해진다. 한국보건사회연구원의 '사회갈등지수 국제비교 및 경제성장에 미치는 영향' 보고서에 따르면 2011년을 기준으로 한국의 '사회갈등관리지수'는 OECD 34개국 중 27위를 차지했다. 이는 거의 최하위권에 가까운 것으로 사회갈등관리가 잘 되지 않는다는 의미이다.

개인 간에도 서로 갈등관리에 실패하면서 일을 망치는 경우를 종종 볼 수 있다. 성격적인 문제이든, 상황의 문제이든 혹은 가치나 신념의 문제이든 간에 서로가 타협을 해서 윈-윈하는 결론을 도출해 내겠다는 의지를 갖는 것이 갈등상황을 해결하는 가장 기본적인 마인드이다.

2) 갈등관리 방법

(1) 무조건 들어라

소통은 상호 간에 주고받음이 있을 때 가능하다. 하지만 갈등상황이라면 이야기가 달라진다. 평상시와 다르게 갈등상황에서는 자신이 말하는 것보다 상대방의 말을 듣는 것이 더 효과적이다. 상대방의 말에 끼어들지 말고, 상대방이 할 말을 다 할 때까지 무조건 듣기만 하고 또는 그것을 적는 것도 좋다. 자꾸 상대방의 말에 끼어들다 보면 서로의 감정을 상하게도 하고 또 필요 이상으로 시간을 낭비하는 경우도 생긴다. 따라서 하고 싶은 말이 있을 때는 상대방의 말이 끝날 때까지 기다렸다가 하는 것이 좋고, 자신이 발언할 때 역시 상대방은 되도록 듣는 것에 집중할 수 있도록 하는 것이 좋다.

(2) 프레임을 넓혀라

갈등이 생기는 가장 큰 원인 중 하나는 문제를 바라보는 상호 간에 프레임이 다르거나 경험, 지식 등이 다를 경우이다. 문제를 바라보는 프레임이 다른 사람들이 논쟁을 하는 것은 마치 코끼리의 다리를 만진 장님과 꼬리를 만진 장님이 만나서 코끼리에 대해 논쟁을 하는 것과 같다. 따라서 상대방과 갈등상황이 발생했을 경우에는 서로의 다양성을 먼저 인정하고 서로의 주장에 대한 장단점을 나눠 보고 합의를 도출해 내는 것이 좋다.

(3) 관계를 우선하라

감정적인 갈등상황이든, 문제해결에 따른 갈등상황이든 간에 반드시 생각해야 할 것은 바로 인간관계이다. 갈등상황에 휩싸이다 보면 문제만 보고 상대방은 보이지 않는 경우가 태반이다. 갈등상황이 한동안 지속되다가 문제가 해결되었다고 하더라도 인간관계는 끊어져 버리는 경우도 있다. 따라서 감정적인 갈등상황인 경우는 상대방이 아닌 나에게 집중을 해서 자신이 왜 힘든지, 어떻게 하면 감정적인 문제를 해결할 수 있는지에 대해 상대방에게 이야기를 하면서 문제를 풀어 나가는 것이 좋다.

또한 문제해결에 따른 갈등상황인 경우에는 잠시 문제를 내려놓고 다른 주제 등으로 소통을 하면서 심리적인 간격을 조금씩 줄여 가면서 문제해결에 대해 논의하는 것이 좋다.

3) 상호갈등에서 윈-윈하는 방법

상호갈등에서 윈-윈(Win-Win)한다는 것은 둘 이상의 의사결정 주체자가 서로 상충되는 이해관계에 대해 보다 나은 결과를 얻기 위해 의견 교환 과정을 통해 합의를 도출하는 것이다. 상호 윈-윈은 상대방을 이기기 위한 것이 아니라, 상호가 모두 이기는 최적의 결과물을 도출해 내는 과정이다. 기업의 영업활동 관점에서 상호 윈-윈의 의미를 살펴보면, 영업담당자와 고객 간의 의사소통 및 갈등 관리를 통해 영업 스킬을 논할 수 있을 것이다. 즉, 영업의 궁극적인 목적인 판매를 통한 이익창출을 영업 담당자는 고객으로부터 이끌어 내어 서로의 필요를 충족시키는 것이다. 고객은 제품이나 서비스의 구매를 통한 최소한 지불한 금액만큼의 가치를 얻는 상호 윈-윈을 이뤄 내는 것이 가장 바람직한 영업인 것이다.

바람직한 상호갈등을 최소화하는 스킬을 습득하면 개인은 물론 조직의 성과를 극대화하고, 성공적인 세일즈를 추진해 나갈 수 있는 방향을 제시할 수 있다. 성공적인 윈-윈을 위한 네 가지 핵심 요소로 목표, 정보, 시간, 힘을 들 수 있다.

〈표 4-7〉 성공적인 윈—윈을 위한 핵심 요소

핵심 요소	세부사항	구체적 방법
목표	잘 설정된 목표	목표가 명확해야 한다. 효율적 방법으로 전략을 세울 수 있다. 효율적으로 상대방을 설득할 수 있다.
정보	상대방보다 많은 정보	정보가 방대할수록 유리하다. 상대방을 꿰뚫을 수 있는 최상의 방법을 강구한다. 마음을 움직일 수 있는 정보를 확보한다. 정보력은 가장 큰 무기이다.
시간	시간의 올바른 활용	시간은 중요한 경쟁력이다. 누가 더 많은 시간을 확보하느냐에 따라 승부가 좌우되는 경우도 많다.
힘	객관적/주관적 영향력	힘은 핵심요소이다. 힘은 다른 말로 영향력을 표현할 수 있다. 개인이나 기업이 가지고 있는 브랜드, 경력, 스펙 등 다양한 요소들이 차별화된 힘을 발휘한다.

• 윈-윈(Win-Win) 관리법

–다른 사람들의 입장을 이해하고 사람들이 당황하는 모습을 자세히 살핀다.

–어려운 문제는 피하지 말고 맞선다.

–자신의 의견을 명확하게 밝히고 지속적으로 강화한다.

–사람들과 눈을 자주 마주친다.

–마음을 열어 놓고 적극적으로 경청한다.

–타협하려 애쓴다.

–어느 한쪽으로 치우치지 않는다.

–논쟁하고 싶은 유혹을 떨쳐 낸다.

–존중하는 자세로 사람들을 대한다.

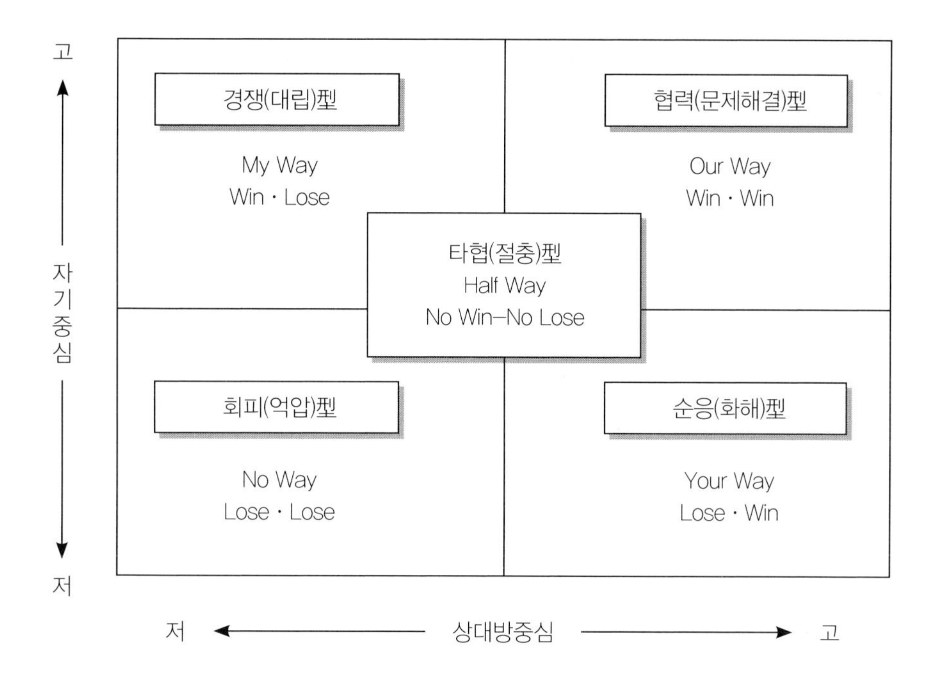

문제는 근본적으로 해결하는 것이 가장 좋다. 갈등과 관련된 모든 사람으로부터 의견을 받고자 한다면 문제의 본질적인 해결책을 얻을 수 있다. 이를 '윈–윈(Win-Win) 관리법'이라고 하며 이 방법은 성공적인 업무관계를 유지하는 데 매우 효과적이다. 팀에서 특정한 갈등해결 모델을 사용하는 경우에 서로가 동의할 때 팀 내의 갈등이 감소할 수 있다.

- 1단계: 충실한 사전 준비
  –비판적인 패러다임 전환
  –자신의 위치와 관심사 확인
  –상대방의 입장과 드러내지 않은 관심사 연구
- 2단계: 긍정적인 접근 방식
  –상대방이 필요로 하는 것에 대해 생각해 보았다는 점을 인정
  –자신의 윈–윈 의도 명시

－협동적인 절차에 임할 자세가 되어 있는지 알아보기

- 3단계: 양측 입장 명확히 하기

－동의하는 부분 인정

－다른 부분 인정

－자신이 이해한 바를 점검

- 4단계: 윈－윈에 기초한 기준에 동의

－상대방에게 중요한 기준을 명확히 하기

－자신에게 어떤 기준이 중요한지 말하기

- 5단계: 해결책을 생각하기
- 6단계: 해결책 평가
- 7단계: 최종 해결책을 선택하고 실행에 동의

사례 예시

사례 A

I는 R의 방문을 받고서 입을 열었다. "물론 재고를 줄임으로써 여분의 자금을 확보할 수 있게 될 것입니다. 그러나 그렇게 함으로써 우리 구매부가 얼마나 부담을 지게 될지 당신은 모르고 있습니다." 그러자 R이 말했다. "당신의 말이 맞습니다. 난 그런 문제가 있으리라고 예상하지 못했었죠. 어떤 부담을 받을 것 같습니까?" I는 한숨을 쉬며 말했다. "만약 우리의 주 고객으로부터 주문을 받았는데 제품을 생산할 자재가 없다면, 납기를 맞추기 위해 웃돈을 주고 자재를 구매해야 할 것입니다. 그렇게 되면 우리는 많은 비용 부담을 안고 이익을 남기지 못하게 되죠."

사례 B

M은 R에게 그의 견해를 이야기하도록 요구했으며 느낌이 아닌 사실을 공유할 것을 요청했다. R이 말하기 시작했다. "저는 K가 훌륭한 영업사원이 아니라고 말하는 게 아닙니다. 저는 오랫동안 그 지역을 원했습니다. 그러나 K가 여자라는 이유 때문에 관리자가 그 지역을 담당하도록 했다고 생각합니다." 이번에는 M이 물었다. "당신은 그것이 사실이라고 생각하는 겁니까?" R은 고개를 끄덕였다. M은 K에게 시선을 주면서 물었다. "K, 당신은 이에 대해 어떻게 이야기하겠습니까?"

그러자 K는 공감한다는 듯이 말했다. "저는 그것이 사실이라면, R이 화낸 것에 대해 충분히 이해할 수 있습니다. 그러나 문제의 진실은 제가 더 오랫동안 이 회사에서 근무했다는 것입니다. R과 나는 모두 성과를 올려 왔습니다. 그러나 근무는 제가 더 오래 했죠."

미팅은 계속되었다. M은 그들의 갈등이 팀에 어떤 영향을 미치는지를 강조했다. R은 분노 때문에 효율적으로 행동하지 못했고, K가 제시한 좋은 아이디어에 대해 반대했으며, 팀에 상처를 입혔다.

탐구활동

✎ 사례 A를 읽고 상황에 대해 어떻게 생각하는지 자유롭게 작성해 보시오.

✎ 사례 B를 읽고 자신의 견해를 적어 보시오.

✎ 사례 A와 사례 B를 자신의 생각대로 자유롭게 비교해 보시오.

Tip

- 갈등을 확인할 수 있는 단서에는 지나치게 감정적인 논평과 제안, 타인의 의견 발표가 끝나기도 전에 타인에 대해 공격하는 것, 핵심을 이해하지 못한 것에 대해 서로 비난하는 것, 편을 가르고 타협하기를 거부하는 것, 개인적인 수준에서 미묘한 방식으로 서로를 공격하는 것 등이 있다.

- 갈등을 증폭시키는 원인에는 적대적 행동, 입장 고수, 감정적 관여 등이 있다.

- 갈등의 두 가지 쟁점은 핵심 문제와 감정적 문제로 구분할 수 있다.

- 윈-윈(Win-Win) 관리법이란 갈등과 관련된 모든 사람으로부터 의견을 받아서 문제의 본질적인 해결책을 얻는 것을 의미한다.

- 조직의 갈등을 줄일 수 있는 방법으로는 다른 팀원의 성격 특성에 민감할 것, 교차훈련을 실시할 것, 조직의 기본원칙을 설정할 것 등이 있다.

학습평가

정답 및 해설 p. 394

※ 다음 문항을 읽고 물음에 답하시오.

1. 윈-윈(Win-Win) 갈등 관리법에 대한 설명으로 적절하지 않은 것을 고르시오. (　　)
   ① 문제의 본질적인 해결책을 얻는 방법이다.
   ② 갈등을 피하거나 타협으로 예방하기 위한 방법이다.
   ③ 갈등 당사자 서로가 원하는 바를 얻을 수 있는 방법이다.
   ④ 긍정적인 접근방식에 의거한 갈등해결 방식이다.

2. 성공적인 업무관계를 유지하는 데 효과적인 방법을 고르시오. (　　)
   ① 비판적인 패러다임
   ② 자신의 원칙주장
   ③ 무조건적인 수용과 자기과시
   ④ 윈-윈(Win-Win) 관리법

3. 윈-윈(Win-Win)에 기초한 기준에 동의하는 것으로 옳은 것을 두 가지 고르시오. (　　　)
   ① 상대방에게 중요한 기준을 명확히 하기
   ② 자신에게 어떠한 기준이 중요한지 말하기
   ③ 다른 사람의 의견에 반대하기
   ④ 회사의 입장은 무시하고 자신의 감정만 중시하기

4. 윈-윈(Win-Win) 의 관리법이 아닌 것을 고르시오. (　　)
   ① 논쟁하고 싶을 때 마음껏 논쟁한다.
   ② 다른 사람들의 입장을 이해하고 사람들이 당황하는 모습을 자세히 살핀다.
   ③ 어려운 문제는 피하지 말고 맞선다.
   ④ 자신의 의견을 명확하게 밝히고 지속적으로 강화한다.

5. 성공적인 윈-윈을 위한 핵심 요소의 정보에서 구체적인 방법이 아닌 것을 고르시오. (　　)
   ① 정보 방대할수록 유리하다.
   ② 상대방을 꿰뚫을 수 있는 최상의 방법을 강구한다.
   ③ 정보력은 사소한 무기이다.
   ④ 마음을 움직일 수 있는 정보를 확보한다.

6. 갈등관리 방법이 아닌 것을 고르시오. (　　)
   ① 정책을 강조하라.
   ② 무조건 들어라.
   ③ 프레임을 넓혀라.
   ④ 관계를 우선하라.

7. 갈등은 사회통합적 효과도 있고, 사회혁신적 발전을 가져오기도 한다고 주장한 사람을 고르시오. (　　)
① 레빈
② 스미스
③ 스티브 잡스
④ 코오즈

8. 갈등관리 유형 중 양쪽 모두 다 만족할 수 있는 갈등해소책을 적극적으로 찾으려는 방법을 고르시오. (　　)
① 회피형
② 타협형
③ 협력형
④ 경쟁형

9. 잘 설정된 목표에서 성공적인 윈-윈(Win-Win)의 구체적인 방법이 아닌 것을 고르시오. (　　)
① 힘은 다른 말로 영향력을 표현할 수 있다.
② 목표가 명확해야 한다.
③ 효율적 방법으로 전략을 세울 수 있다.
④ 효율적으로 상대방을 설득할 수 있다.

10. 윈-윈 절차인 협동적인 절차에 임할 자세가 되어 있는지 알아보는 단계를 고르시오. (　　)
① 긍정적인 접근방식
② 부정적인 접근방식
③ 준비 없는 접근 방식
④ 자신의 이익만 고집하는 방식

4. 조직의 갈등을 줄이는 방법

1) 효율적인 논쟁 방법

효율적인 논쟁을 통해 갈등이 발생했을 때 이를 억제하는 것이 아니라 이로운 방향으로 나아갈 수 있다. 조직들은 공동 목표에 중점을 두고, 견해 차이가 발생할 수 있음을 인정하며, 감정을 회피하지 않아야 한다. 파괴적 · 위협적 · 낭비적인 유형의 논쟁을 하지 않고, 효율적인 논쟁을 하기 위하여 다음과 같은 부분이 필요하다.

(1) 공동 목표와 상호 양립 가능한 목표에 중점을 둔다.

공동의 목표는 의사소통이 원활하다고 해서 쉽게 도출되는 것은 아니다. 오히려 구성원들이 공동의 목표와 임무에 대해 잘 인식하고 있을 때 갈등을 생산적으로 해결할 수 있는 효과적인 의사소통이 이루어지기가 훨씬 더 쉽다. 따라서 조직 구성원들은 견해 차이를 인정하고, 감정을 회피하지 않으면서 언제나 공정하게 싸워야 한다.

(2) 갈등해결방법

갈등을 원만하게 해결하기 위해서는 첫째, 사업자가 근로자의 얘기를 들어 주고 배려와 양보를 해야 한다. 노사 갈등을 없애려면 대화와 타협이 필요하다.

둘째, 갈등에서 승패는 없고 협동만이 있다는걸 인식한다. 갈등해결방법의 시작은 갈등 자체를 어떻게 인식하느냐에 있다. 명확하게 갈등을 어떻게 인식하고 있느냐에 따라서 문제를 해결할 수 있는 확률이 크게 차이가 나게 된다. 진정으로 문제를 해결하고 갈등관리를 하고 싶다면 먼저 이 문제의 결론이 이기고 지는 것이 아니라 협동을 통해서 최종 결론에 도달해야 하는 상호적인 문제라고 인식을 해야만 한다. 그래야 문제를 좀 더 해결지향적인 방향으로 이끌어 나갈 수 있다.

셋째, 상대의 목표와 욕구에 대한 정당성과 갈등을 인정한다. 언제나 어떤 문제든

타협의 실마리는 상대에 대한 이해에서부터 시작된다. 갈등관리를 할 때 우선적으로 상대의 목표와 욕구에 대해서 정당성을 인정하고 현재 상대와 당신이 갈등 중임을 인정해야 한다. 상대의 목표와 욕구에 대한 정당성을 인정하면 상대에게 당신이 당신 자신만을 위해서 조정하는 것이 아님을 보여 줄 수 있어서 좀 더 원활하게 합의점을 찾을 수 있다. 그리고 상대의 목표와 욕구에 대한 정당성을 인정하기에 당신 자신도 좀 더 조율 가능한 합의점에 도달하기가 쉽다. 갈등을 인정함으로써 상대에게 당신이 단지 감정적으로 현 문제를 보는 것이 아니라 정확하게 상황을 인식하고 갈등해결방법을 찾고 있음을 인식시켜서 집중이나 진정성의 문제로 추가적인 상황이 발생하는 것을 예방할 수 있다.

넷째, 좀 더 정확하게 의사소통을 한다. 갈등관리를 하는 데 있어서 분명 정보 소통의 조절은 어느 정도 필요할 수 있다. 그러나 이것이 합의점에 대한 도출이 아니라 그저 나의 이익이나 자신의 이미지만을 위해서라면 지향해서는 안 될 행동이다. 진정으로 문제를 해결하고 싶다면 합의점을 좀 더 빠르게 도출하기 위해서 당신이 가진 정보를 좀 더 개방해야 한다. 그래야 상대의 정보에도 좀 더 개방적으로 접근할 수 있어서 갈등해결방법을 빠르고 확실하게 도출해 낼 수 있다.

다섯째, 상대의 틀림에 대해서 상대를 경멸하거나 무시하지 않고, 상대의 생각만을 비판한다. 여섯째, 갈등 상황 발생 후 바로 해결하지 않아도 된다. 마지막으로, 상대를 충분히 이해하고 그를 토대로 표현한다.

2) 조직의 갈등 관리

조직에서의 갈등은 개인이나 집단의 기대가 타인이나 타집단에 의해 좌절되는 상황을 말한다. 예를 들면, 관리자가 어떤 일을 할 때 충분한 재원을 확보할 수 없을 때, 자기만 승진을 못할 때, 관리자가 사원을 해고해야 할 때 등이다.

(1) 갈등의 원인

- 개인적 원인: 본능, 욕구 좌절, 방어 메커니즘, 성격의 차이, 가치관의 차이, 학습 등
- 조직적 원인: 조직에서의 역할, 조직의 여러 집단 간의 목표의 차이, 자원의 부족과 할당 문제, 계층과 직급 간 차이, 보상제도, 조직 내 관리자의 관리 스타일, 과업 간 상호 의존 정도 등

(2) 갈등 주체에 따른 분류

- 개인 – 내부(예: 이익과 손실, 선과 악)
- 개인 – 개인(예: 이 대리와 박 과장)
- 개인 – 집단(예: 김 부장과 회사)
- 집단 – 집단(예: 영업팀과 생산팀)
- 조직 – 조직(예: 노동조합과 기업)

(3) 집단 내 갈등의 순기능과 역기능

- 순기능: 문제의 발견 – 활동력 증가 – 충성심 증가 – 혁신 풍토 조성 – 도전적 분위기 상승 – 다양성과 창조성 증대
- 역기능: 의사소통 감소 – 독재자 출현 – 편견의 증가 – 파벌 의식 고조 – 상호 경계 의식 증가 – 융통성 없는 공식화

3) 조직의 갈등을 줄이는 방법

어느 조직이든 갈등이 없을 수는 없지만 최대한 갈등을 줄이는 게 조직의 생산성을 높이는 지름길이다. 모두 자라 온 환경이 다르고 생각이 다르기 때문에 자기의 입장에서 생각을 하게 되고, 갈등은 생겨나게 마련이기 때문이다.

이런 갈등을 제대로 경영하지 못하면, 개인적으로나 조직에게나 커다란 부작용

이 생긴다. 하지만 갈등을 제대로 경영한다면, 오히려 조직에 에너지를 불어넣어 줄 수도 있다.

특히 '문제' 자체에 집중을 해서 '우리 대 문제'의 구도를 만들 수 있다면, 심각한 갈등의 상황에서도 양쪽 모두에 이익이 되는 대안을 찾을 가능성이 높아진다.

개인과 조직의 성공을 위해서는 갈등을 제대로 경영하는 것이 중요한 시대이다. 갈등을 최소화하는 협상법의 네 가지 기술을 구체적으로 알아보자(Daniel, 2005, p. 118).

첫째, 사람과 문제를 분리시켜 생각한다. 되도록이면 자신의 성격이든, 상대의 성격이든 개인의 성격, 즉 '사람'에 대해서는 아예 논하지 않도록 한다. 대신, 합의하거나 행동 통일을 해야 할 '문제' 자체에만 집중해서 토론하도록 한다.

둘째, 입장(position) 차이가 아닌 이해(interest) 추구에 초점을 맞춘다. 우리가 각자의 입장에 대해서만 주장하지 말고 우리 자신과 상대방의 감춰진 이해관계에 대해서 관심을 갖는다면 양쪽에 득이 되는 대안의 실마리가 잡힐 것이다. 어느 쪽도 이기고 지지 않으면서 양측의 이해관계를 만족시키는 것이 가능해진다.

셋째, 상호 이득이 될 만한 대안들을 모색한다. 보다 협력적인 분위기일 때 두 사람은 함께 양측의 이해를 모두 만족시킬 만한 대안을 창의적으로 모색할 수 있게 된다. 그렇게 되면 두 사람의 태도는 '나 대 너'의 대결형국이 아닌 '우리 대 문제'의 구도로 전환되어, 대화는 자연히 문제 해결 중심으로 흘러가게 된다.

넷째, 객관적인 판단기준을 마련한다. 객관적인 판단기준은 양측의 이해관계에 중립적이어야 한다. 즉, 편견 없는 제삼자가 보더라도 두 사람의 합의 내용이 공정하다고 할 수 있어야 한다.

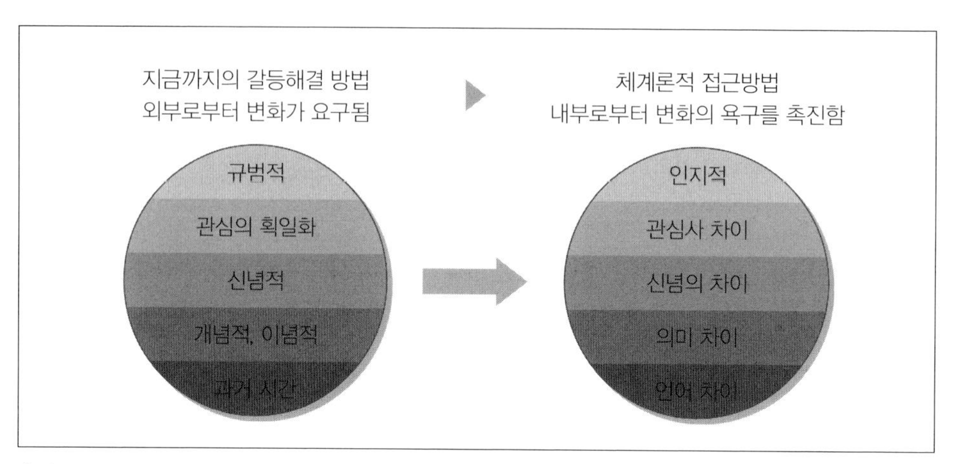

출처: http://cc9110.com/wp-content/uploads/2016/12/17.png

4) 갈등해결에 적극성을 띠어라

기업 및 공공기관에서 팀 또는 직장생활을 하다보면 누구나 예외 없이 갈등상황에 접하게 된다. 갈등은 건전한 갈등도 있지만 있어서는 안 되는 갈등도 있다. 즉, 건전한 갈등은 조직이 그만큼 건강하다는 것이기 때문에 위기관리 및 대응능력을 향상시키고 생산성 향상에도 도움이 되지만, 갈등이 심하게 나타나거나 전혀 없는 경우에는 오히려 이와 반대되는 현상이 나타날 수 있다. 갈등은 고의적인 행위로 발생하기도 하고, 우연하게 발생하는 경우도 있다. 갈등이 생기는 경우를 개인적 측면과 조직적 측면에 따라 분류하면 다음과 같다.

① 개인적 측면

- 공개 석상에서 타인을 비난하는 경우
- 타인의 물건을 훔치거나 손상을 입히는 경우
- 타인의 험담을 하는 경우
- 타인의 역할 및 지위를 침해하는 경우

- 서로 이해관계가 대립하는 경우
- 서로의 가치관이 다른 경우
- 개인적으로 부당한 대우를 받았다고 느끼는 경우

② 조직적 측면

- 팀 간에 영역 다툼이 있는 경우
- 팀 간에 목표 경쟁이 과열될 경우
- 성과에 대한 팀 간의 보상이 부당한 경우
- 팀에 대한 지원이 미흡한 경우
- 팀 업무가 과중하다고 판단되는 경우

앞에서 말한 상황들이 발생하기 전에 예방한다면 가장 이상적이겠지만, 이미 발생한 경우에는 곧바로 대응하는 자세를 보여야 한다. 대응시기를 놓치면 개인 간, 조직 간 갈등이 심각해져 조직 문화를 해치거나 개인과 조직의 업무 성과 및 생산성 향상에 악영향을 미친다. 적당한 갈등은 조직의 건강에 청신호가 되지만 지나친 갈등은 조직의 건강에 적신호가 된다는 것을 참고하면 더 좋다. 또한 갈등해결을 위해서는 반드시 원활한 소통문화가 정착되어야 한다. 그 이유는 뒷담화를 하고 있는 자신도 정서적으로 손해를 보기 때문이며, 다른 사람으로부터 자신의 이미지에 막대한 마이너스를 초래할 수 있기 때문이다. 갈등상태에 있는 이해 당사자들이 대화와 논쟁을 통해서 서로를 설득하여 문제를 해결하려는 정보전달 과정이자 의사결정 과정이다.

리더는 갈등이 이렇게 전개되어 가는 상황에 맞게 문제 해결을 위한 바른 태도를 취해야 한다. 우선 갈등을 무조건 부정적으로 보지 않고 이를 통해서 갈등을 경험하는 상황에서라도 반드시 시간을 마련해야 한다. 그리고 감정적으로 고양된 상태가 아닌 안정되어 있을 때 갈등을 다루고 사람들이 서로 파벌을 짓는 것이 아니라 그 문제가 무엇이었는가에 초점을 맞추게 해야 한다.

사례 예시

사례 A

고등학교 성적에 맞추어 대학에 입학한 A군은 도시에 있는 대학에서 1학년을 다니고 있으나 대학에 입학했을 때부터 갈등이 생기기 시작했다. 갈등의 원인은 '과연 대학을 졸업해서 자신이 원하는 대기업에 취업을 할 수 있을지'에 대한 걱정이다. 과 친구들과의 관계는 원만하지만. 선배들의 취업률이 형편없다는 말을 들었으며, A군은 성적도 저조하기 때문에 더욱 갈등이 생겼다.

사례 B

B의 대학에서는 축제기간에 학과 대 학과의 축구 대회가 열렸다. 상금을 걸고 하는 대회라 모두들 열심히 한 결과 B의 학과가 결승전까지 올라가게 되었다.

결승전 당일, 경기에서 B의 학과는 열심히 하였지만 한 골을 지고 있었다. 이번 골을 어쨌든지 성공시키면 1:1로 승부차기를 할 수 있게 된다. B는 몇 분을 남겨 놓고 중요한 상황에서 실수로 공이 손에 닿았다. 그러나 아이들은 보지 못한 듯 경기를 계속 진행하여 드디어 자신의 학과가 골을 넣게 되었고, 결국 승부차기에서 B의 학과가 이겨 상금을 타게 되었다. B는 자신의 손에 공이 맞은 사실에 대해 이야기를 해야 하나 말아야 하나 하는 갈등이 생겼다.

출처: 에노모토 히네타케(2009).

탐구활동

✎ 사례 A를 읽고 상황에 대해 어떻게 생각하는지 자유롭게 작성해 보시오.

✎ 사례 B를 읽고 자신의 견해를 적어 보시오.

✎ 사례 A와 사례 B를 자신의 생각대로 자유롭게 비교해 보시오.

Tip

오스트리아의 정신과 의사인 빅터 프랭클(Victor Frankl)이 이런 말을 했다. "사람들과 인사할 때 '어떻게 지내십니까?'라고 묻는 것보다 더 중요한 질문은 '지금 어디에 계십니까?'라고 묻는 것이다." 여기에서 '어디에?'는 서울, 종로 같은 공간적 장소가 아니라 심리적 장소를 말한다. 지금 실제 현실에서 살고 있는지 아니면 심리적 현실에서 살고 있는지를 물어보라는 얘기이다.

(이무석, 30년 만의 휴식, p. 98.)

대처방식선택과정

- 상황에 대처하기 위한 구체적 방안의 장단점과 그 결과를 평가하는 과정
- 문제초점적 대처: 갈등이 발생한 상황을 해결하기 위한 대처노력으로, 자신이 문제해결이나 상황변화를 유도할 수 있다고 생각되는 경우에 적용
- 정서초점적 대처: 갈등으로 인해 발생된 정서적 불쾌감을 해소하기 위한 대처 노력으로, 정서적 발상 주의전환 인지적 재구성 반추 환상 추구, 소망적 사고

성숙한 사람의 인간관계 특징(윤호균, 1994)

자신도 편안하고 다른 사람도 편안하게 해 주는 사람

브레인스토밍의 4대 원칙

브레인스토밍은 한 주제를 놓고 여러 사람의 의견을 들어 최상의 방법을 이끌어 내는 회의 방식이다.

- 1원칙: 자유로운 분위기
- 2원칙: 질보다 양
- 3원칙: 비판하지 않음
- 4원칙: 결합과 개선

학 습 평 가

정답 및 해설 p. 395

※ 다음 문장의 내용이 맞으면 ○, 틀리면 × 표시를 하시오.

1. 갈등이 발생했을 때 이를 억제하는 것이 아니라 이로운 방향으로 나아가는 것이 효율적인 방법이다. (   )

2. 갈등해결방법 중 먼저 사업자가 근로자의 얘기를 들어 주고 배려와 양보를 해야 하며 노사 갈등을 없애려면 대화와 타협이 필요하다. (   )

3. 갈등에서 승패는 있다. 협동하면 손해를 본다. (   )

4. 상대의 목표와 욕구에 대한 정당성과 갈등을 인정하지 않는다. (   )

5. 갈등관리를 하는 데 있어서 분명 정보의 소통에 조절은 어느 정도 필요할 수 있다. (   )

※ 다음 문장을 읽고 괄호 안에 들어갈 단어를 쓰시오.

6. 조직에서의 갈등은 (   )이나 (   )의 기대가 타인이나 타집단에 의해 좌절되는 상황을 말한다. 예를 들면, 관리자가 어떤 일을 할 때 충분한 재원을 확보할 수 없을 때, 자기만 승진을 못할 때, 관리자가 사원을 해고해야 할 때 등이다.

※ 다음 문항을 읽고 물음에 답하시오.

7. 효율적인 논쟁 방법이 아닌 것을 고르시오. (   )
   ① 공동 목표와 상호 양립 가능한 목표에 중점을 둔다.
   ② 상대의 목표와 욕구에 대한 정당성과 갈등을 인정한다.
   ③ 좀 더 정확하게 의사소통을 한다.
   ④ 상대를 감정적으로 이해하고 그를 토대로 표현한다.

8. 집단 내 갈등의 순기능이 아닌 것을 고르시오. ( )
   ① 문제의 발견과 활동력 증가
   ② 충성심 증가와 혁신 풍토 조성
   ③ 도전적 분위기 상승
   ④ 다양성과 창조성 감소

9. 집단 내 갈등의 역기능이 아닌 것을 고르시오. ( )
   ① 상호 경계 의식 감소
   ② 편견의 증가
   ③ 파벌 의식 고조
   ④ 독재자 출현

10. 조직의 갈등을 줄이면 나타나는 이익이 아닌 것을 고르시오. ( )
   ① 조직의 갈등을 줄이면 조직의 생산성을 높이는 지름길이 된다.
   ② 개인적인 이익을 가져갈 수 없다.
   ③ 조직의 갈등을 제대로 경영한다면, 오히려 조직에 에너지를 불어넣어 줄 수도 있다.
   ④ 갈등을 순기능으로 활용하여 활동을 증가시킬 수 있다.

5. 성공적인 갈등관리 전략

1) 갈등을 성공적으로 해결하기 위한 방법

갈등을 성공적으로 해결하기 위해서는 쟁점의 양 측면을 모두 이해해야 한다. 내성적이거나 자신을 표현하는 데 서투른 팀원을 격려해 주는 것이 중요하며, 이해된 부분을 검토하고 누가 옳고 그른지에 대해 논쟁하는 일은 피하는 것이 좋다.

또한 갈등이 사람들의 수행에 어떻게 영향을 미치는지를 토의해 보는 것이 좋다. 느낌이나 성격이 아니라 사실이나 행동에 초점을 두어야 한다. '비난'은 감정을 야기해서 사람들이 이에 주목하게 만든다. 비난을 피하기 위해 조직원들이 차이점보다는 유사점을 파악하도록 도움을 주는 것이 필요하다. 유사점을 강조하면 갈등의 당사자들이 공통의 토대 위에서 만날 수 있게 된다. 차이점이 있다면 차이의 본질에 대해 이해하는 것이 필요하다.

〈표 4-8〉 갈등해결방법 모색

상황	갈등해결방법 모색
불편한 상황에서 건강한 관계형성	• 과거가 현재의 관계를 정의하지 않게 한다. • 주고받는 균형 있는 관계를 지향한다. • 진정한 대화법을 안다. • 상대방의 언어를 파악하고 서로 열심히 사용한다. • 서로에게 웃음을 선사한다. • 잘못된 기대로부터 상대방을 해방한다. • 나의 성향을 상대방에게 투영시키지 않는다. • 긍정적인 결과를 기대한다. • 무엇보다 상대방을 온전히 사랑한다.

조직원들의 갈등상황을 성공적으로 해결하기 위해서는 각자의 입장을 충분히 들어 주고 얘기할 수 있게 긍정적인 방법으로 유도한다. 이를 통해 다름을 인정하며 개방적으로 토의하게 되면 대안과 정보의 폭을 넓힐 수 있고 토의에 참여하는 사람들의 민주적인 의사소통으로 서로를 신뢰할 수 있어 건강한 관계를 형성할 수 있을 것이다. 성공적인 갈등관리의 대화에서는 감정을 배제하고 행위에 대해서 솔직한 의사를 타진하되 예의를 갖추는 화법이 중요하다. 어느 누구도 다른 사람에게 문제해결 방법을 지시하거나 합의를 강요해서도 안 되며, 문제해결을 위해 서로의 관점과 공동의 책임을 수용하며 입장과 역할을 바꾸어서 수행해 보도록 하며 갈등을 성공적으로 해결하여 조직과 조직원 각자에게 교훈이 되고 건강한 이익이 되어야 한다.

갈등은 선택의 여지가 없는 것이다. 다만 현재의 갈등을 슬기롭게 풀어 나가면서 개인의 건강을 유지하고 조직의 생산성을 높이는 방향으로 지혜롭게 관리하는 능력이 요구될 뿐이다. 갈등이 전혀 없거나 지나치게 적을 때 오히려 조직 내부는 자극이 없게 되어 의욕이 상실되고 침체에 빠지기 쉽다. 또한, 환경 변화에 대한 적응력이 떨어지고 경쟁력도 저하되므로 조직 성과에도 악영향을 끼친다.

반대로 갈등이 너무 심하면 조직 내부적으로 상호 신뢰감이 없어지고 혼란과 분열을 초래할 뿐만 아니라 정보 교류를 억제하거나 정보를 왜곡하여 상대방에게 자신의 요구를 과장하기도 한다. 결과적으로 생산성 저하는 물론 조직에 대한 충성도가 낮아진다.

그러나 갈등 수준이 적절할 때는 위기의식 및 문제의식을 갖고 기술 혁신, 창조성, 다양성, 변화 지향성, 목표 지향성, 집단 결속력 등이 높게 나타나 조직 내부적으로 활력이 넘치게 된다. 결국 건설적인 갈등은 집단 또는 조직 간에 커뮤니케이션을 원활하게 만들고 생산성을 높일 수 있다. 결론적으로 개인이나 조직에는 적당한 갈등이 있을 때 오히려 성과가 높게 나타난다.

〈표 4-9〉 갈등 수준과 조직 성과와의 관계

갈등 수준	낮다	적당하다	높다
영향	역기능	순기능	역기능
집단 내 개인 행동	환경 변화에 둔감 무사안일적 침체적 의욕상실	환경 변화에 민감 창의적 변화 지향적 활발한 문제해결 적극적 목표 달성	혼란 분열 상호조정 결여 목적의식 결여
조직성과	낮음	높음	낮음

2) 성공적인 갈등관리 방법

(1) 갈등의 촉진 방안

갈등의 촉진 방안이란 조직의 활력, 변화와 혁신을 위하여 건설적 갈등을 조성하는 전략이다.

① 의사전달 경로 및 인물의 변경

특정한 의사 전달 경로에 일반적으로 포함되던 사람을 의도적으로 제외시키고 본래 포함되지 않았던 사람을 포함시킴으로써 권력의 재편이 이루어진다. 이는 권력의 재분배를 초래하여 갈등을 야기할 수 있다.

② 정보의 조작

정보의 양을 조절함으로써 변화와 혁신에 도움을 주거나 위기감을 조성할 수 있다. 과다하거나 모호한 정보는 혼란을 야기할 수 있다.

③ 이질감의 조성

조직에 기존의 조직 구성원들과 가치관, 배경, 경험 등이 다른 사람을 투입하여 이질감을 조성해 조직의 침체된 분위기를 깨뜨리고 새로운 변화와 활력을 일으킬 수 있다. 그러나 팀워크에 문제가 되지 않도록 주의할 필요가 있다.

④ 경쟁유도

라인(Line) 조직과 스태프(Staff) 조직의 특성을 고려해 업무 영역을 명확히 구분하거나 통합한다든지, 직원들을 인사 이동시켜 업무를 재분장하고, 직위 간의 관계를 재설정하면서 갈등을 일으키는 등의 방법으로 상호 간에 경쟁심을 유도한다.

출처: http://blog.naver.com/scghrd_s/220515683786

(2) 갈등의 예방 방안

갈등의 예방 방안이란 미래에 발생 가능성이 높은 갈등을 사전에 방지하려는 전략이다.

① 상호 의존성 높은 조직 변경

업무적으로 자주 교류하게 되면 상호작용의 필요에 따라 응집력 및 팀워크가 더욱 높아지기 때문에 조직 및 구성원을 변경할 수 있다.

② 불필요한 경쟁 회피

비용 및 예산 통제, 수익 극대화, 성과 측정 등은 개인 및 조직의 경쟁을 유발시키기 때문에 제로섬(Zerosum) 게임의 회피를 통해 갈등을 줄일 수 있다.

③ 공동의 적 설정

경쟁 조직이나 제3의 집단 등 외부에 위협이 될 수 있는 공동의 적을 등장시키면 연합 공동 전선에 필요한 힘을 결집시키게 된다.

(3) 갈등의 완화 및 해소 방안

갈등의 완화 및 해소 방안이란 이미 발생한 갈등을 완화 또는 해소시키는 전략이다.

① 문제해결: 문제를 일으킨 당사자들이 직접 접촉하여 갈등의 원인이 되는 문제를 함께 해결하는 방법이다.
② 상위목표의 설정: 갈등의 당사자들이 함께 추구해야 할 상위 목표를 설정하는 방법이다.
③ 자원의 증대: 희소성이 높은 자원에 의존하는 당사자들에게 자원을 충분히 제공하여 갈등을 해소시키는 방법이다.
④ 회피: 갈등을 야기할 수 있는 의사결정을 보류하거나 갈등 당사자들의 접촉을 피하도록 함으로써 갈등을 일시적으로 피할 수는 있지만 근본적인 해소 방법은 아니다.
⑤ 완화: 갈등 당사자들의 이견이나 상충되는 이익과 같은 차이는 억압하고 유사성과 공동 이익을 전면에 부각시키는 방법이다. 이는 갈등 당사자들의 차이가 근본적으로 제거된 것이라기보다는 잠정적 · 피상적 방법이다.
⑥ 강압: 강력한 힘을 가진 자, 권위가 높은 자, 중재인 등과 같은 사람을 이용하여 강압적으로 갈등을 해결하는 것으로써 갈등 재발의 위험성이 높다.

(4) 손상된 신뢰를 복구하는 5단계

- 1단계: 문제를 인식하라.
- 2단계: 자신의 책임을 인정하라.
- 3단계: 진정성 있는 사과를 하라.
- 4단계: 부정적 행동들에 대해 함께 평가해 보라.
- 5단계: 실천할 수 있는 계획을 함께 마련하라.

의사소통이 원활하게 되어야 갈등도 예방할 수 있으며 또한 합리적인 해결방안을 찾을 수 있다. 그러기 위해서는 갈등조정자인 자신의 감정조절도 매우 중요한 역할을 하며 의사소통의 진단을 통하여 자신을 점검해 보는 방법도 있다.

사례 예시

사례 A

박 팀장과 정 팀장은 같은 회사의 직원이다. 그런데 두 사람은 회의 운영방식으로 충돌하는 일이 잦았다. 박 팀장은 회의 시간은 관리 시간으로 간주하여 회사 직원들에게 회사의 방침 전달과 정신교육 강화에 많은 시간의 비중을 두었다. 그러나 정 팀장은 새롭고 파격적인 회의 운영을 요구하였다. 박 팀장은 지금 다루고 있는 내용이 회사의 중요한 사안인지 의심이 들었고, 정 팀장은 팀장으로서의 자신의 의사가 반영되지 않으면 회사를 계속 다닐 이유가 없다고 생각했다. 결국 두 팀장은 진지한 협의를 통해 회의의 기획을 정 팀장이 맡아서 진행하고 박 팀장은 5분가량의 조회사를 맡는 반면, 기타 교육은 정 팀장이 맡기로 합의하여 재미있고 심도 있는 회의와 교육을 이끌자는 결론에 합의하였다.

사례 B

자녀의 진로 갈등 사례

최근에 부모와 자녀 갈등이 빈번하게 이슈화되는데, 가족 간, 세대 간의 갈등이 심해지면서 심각한 문제점이 대두되는 것은 당연하다. 서로 싸우고, 자기들 주장만 고집하면서 자신이 옳다고 하고, 도덕적 · 양심적인 기본 예의가 없으며 충동성을 자제하지 못하고 심한 갈등으로 치닫는다. 이럴 때일수록 감정을 가라앉히고 조용히 자신을 돌아볼 줄 알아야 한다. 따라서 갈등을 해결하는 가장 좋은 방법은 자신이 먼저 이해를 하는 것이다. 다음에서 가족 갈등을 해결하는 사례를 살펴보자.

4인 가족의 가장인 K씨는 직장에서 의사소통과 인간관계에 대한 스트레스에 시달리고 또 가정에서는 아들의 진로 문제를 놓고 심각한 갈등을 겪고 있다. 아들의 성적을 놓고 K씨는 의예과를 가라고 수학과 과학 공부를 다그치지만 아들은 가수가 되겠다고 음악 학원을 보내 달라며 서로 팽팽하게 맞서는 상황이다. K씨의 아내는 이러지도 못하고 저러지도 못해 중간입장에서 지켜만 보고, 급기야 아들이 집을 나가 버렸다. 어느 입장을 우선시하는 것이 바람직한지에 대한 합의는 물론 원활한 소통과 자녀의 적성과 능력을 파악하고 부모의 긍정적인 뒷받침이 마련되어야 한다. 개인적으로는 절충선이 무엇인지 다른 방법은 없는지 우선순위를 정하여 중요한 것부터 하나씩 소통으로 갈등을 해결해 나가야 한다.

탐구활동

✎ 사례 A를 통하여 어떤 부분에 동의하고 싶은가?

✎ B의 사례에서 자신이 K씨의 입장이라면 어떠한 방법으로 접근하고 갈등을 해결해야 원활한 가족 관계가 이루어지는지 생각해 보고 각자의 견해를 서술해 보시오.

✎ 가족 갈등 상황에서는 서로의 입장에서 생각해 보아야 한다. 특히 자녀의 진로 문제는 잘하는 것도 좋지만 자녀가 좋아하는 것과 자녀의 적성에 적합한 것을 부모와 대화로써 소통하고 서로 이해하도록 노력해야 한다. 아울러 앞의 사례에서 대화를 통한 갈등을 중재할 수 있는 방법은 무엇이 있는지 생각을 나누어 보시오.

Tip

• 회피형(avoiding)

회피형은 자신과 상대방에 대한 관심이 모두 낮은 경우로 갈등상황에 대하여 상황이 나아질 때까지 문제를 덮어 두거나 위협적인 상황에서 피하고자 하는 경우를 말한다. 회피형은 개인의 갈등상황으로부터 철회 또는 회피하는 것으로 상대방의 욕구와 본인의 욕구를 모두 만족시킬 수 없게 된다. 이 전략은 '나도 지고 너도 지는 방법(I lose-You lose)'이다.

• 경쟁형(competing)

경쟁형은 자신에 대한 관심은 높고 상대방에 대한 관심은 낮은 경우로 '나는 이기고 너는 지는 방법(Win-Lose)'을 말한다. 경쟁형은 상대방의 목표 달성을 희생시키면서 자신의 목표를 이루기 위해 전력을 다하는 전략이다. 이 방법은 제로섬(Zerosum) 개념을 의미한다.

• 수용형(accomodating)

수용형은 자신에 대한 관심은 낮고 상대방에 대한 관심은 높은 경우로 '나는 지고 너는 이기는 방법(I lose-You win)'을 말한다. 이 방법은 상대방의 관심을 충족하기 위하여 자신의 관심이나 요구는 희생함으로써 상대방의 의지에 따르는 경향을 보인다. 이 방법은 상대방이 거친 요구를 해 오는 경우에 전형적으로 나타나는 반응이다.

• 타협형(compromising)

타협형은 자신에 대한 관심과 상대방에 대한 관심이 중간 정도인 경우로, 서로가 받아들일 수 있는 결정을 하기 위하여 타협적으로 주고받는 방식(give and take)을 말한다. 즉, 갈등 당사자들이 반대의 끝에서 시작하여 중간 정도 지점에서 타협하여 해결점을 찾는 것이다. 갈등 당사자 간에 불신이 클 때에는 이 방법은 실패한다.

• 통합형(integrating)

통합형은 협력형(collaborating)이라고도 하는데 자신은 물론 상대방에 대한 관심이 모두 높은 경우로 '나도 이기고 너도 이기는 방법(Win-Win)'을 말한다. 이 방법은 문제 해결을 위하여 서로 간에 정보를 교환하면서 모두의 목표를 달성할 수 있는 윈-윈 해법을 찾는다. 아울러 서로의 차이를 인정하고 배려하는 신뢰감과 공개적인 대화를 필요로 한다. 통합형이 가장 바람직한 갈등해결 유형이라 할 수 있다.

학습평가

정답 및 해설 p. 396

※ 다음 문항을 읽고 물음에 답하시오.

1. 갈등해결방법을 모색함에 있어 적절한 행동이 아닌 것을 고르시오. ( )
   ① 다른 사람들의 입장을 이해한다.
   ② 어려운 문제는 우선 피한다.
   ③ 마음을 열어 놓고 적극적으로 경청한다.
   ④ 존중하는 자세로 사람들을 대한다.

2. 다음에 제시된 다섯 가지 갈등해결 유형을 적용상황에 맞게 연결하시오.

① 회피형	A. 나도 지고 너도 지는 방법(I lose–You lose)
② 경쟁형	B. 서로 주고받는 양식(give and take)
③ 수용형	C. 나도 이기고 너도 이기는 방법(Win–Win)
④ 타협형	D. 나는 지고 너는 이기는 방법(I lose–You win)
⑤ 통합형	E. 나는 이기고 너는 지는 방법(Win–Lose)

3. 브레인스토밍의 옳은 방법을 고르시오. ( )
   ① 아이디어 창출 방법 중 하나로 여러 사람이 모여 하나의 주제 혹은 일정 주제에 대하여 생각나는 대로 자신의 생각을 말하는 것
   ② 정해진 목표를 미리 정해 오는 것
   ③ 자신의 생각만 옳다고 하는 것
   ④ 특정 인물에만 관심을 갖는 것

4. 갈등을 성공적으로 해결하기 위한 방법 중 한 측면이다. 가장 옳은 것을 고르시오. ( )
   ① 갈등을 제기한 사람이 반드시 이해해야 한다.
   ② 갈등의 성공적인 해결방법은 먼저 용건을 제시한 쪽이 이기는 것이다.
   ③ 갈등은 자동적으로 소멸된다.
   ④ 갈등을 성공적으로 해결하기 위해서는 쟁점의 양 측면을 모두 이해해야 한다.

5. 갈등해결방법 모색의 방법이 아닌 것을 고르시오. (　　)

① 다른 사람들의 입장을 이해한다.

② 자신의 주장을 확고하게 피력한다.

③ 어려운 문제는 피하지 말고 맞선다.

④ 자신의 의견을 명확하게 밝히고 지속적으로 강화한다.

6. 갈등을 성공적으로 해결하여 조직과 조직원 각자에게 교훈이 되고 건강한 이익이 되게 하는 방법이 아닌 것을 고르시오. (　　)

① 성공적인 갈등관리의 대화에서는 감정을 배제하고 행위에 대해서 솔직한 의사를 타진하되 예의를 갖추는 화법이 중요하다.

② 어느 누구도 다른 사람에게 문제해결 방법을 지시해서는 안 된다.

③ 합의를 강요해서도 안 되며 문제해결을 위해 서로의 관점과 공동의 책임을 수용하며 입장 바꾸어 역할을 바꾸어서 수행해 보도록 한다.

④ 개인끼리 적당히 타협점을 찾는다.

7. 갈등이 너무 심하면 조직 내부적으로 상호 신뢰감이 없어지고 혼란과 분열을 초래할 뿐만 아니라 정보 교류를 억제하거나 정보를 왜곡하여 상대방에게 자신의 요구를 강요하기도 한다. 이러한 조직은 어떤 결과를 초래하는지 고르시오. (　　)

① 결과적으로 생산성 저하는 물론 조직에 대한 충성도가 낮아진다.

② 결과적으로 개인은 성장한다.

③ 결과적으로 조직은 성장한다.

④ 결과적으로 윈-윈을 가져온다.

8. 성공적 갈등관리 방법에서 갈등의 촉진 방안으로 조직의 활력, 변화와 혁신을 위하여 건설적 갈등을 조성하는 전략으로 옳은 것을 모두 고르시오. (　　　　　　)

① 의사전달 경로 및 인물의 변경

② 정보의 조작

③ 이질감의 조성

④ 경쟁유도

9. 갈등의 예방 방안이란 미래에 발생 가능성이 높은 갈등을 사전에 방지하려는 전략이다. 옳지 않은 것을 고르시오. (　　)
   ① 균형된 자세 유지
   ② 공동의 적 무시
   ③ 상호 의존성 높은 조직 변경
   ④ 불필요한 경쟁 회피

10. 갈등의 완화 및 해소 방안이란 이미 발생한 갈등을 완화 또는 해소시키는 전략이다. 아닌 것을 고르시오. (　　)
   ① 문제해결
   ② 상위목표의 설정
   ③ 자원의 증대
   ④ 자유

학습정리

1. 갈등의 개념 및 정의

갈등이란 영어로 Con(Together, 함께)과 Flict(Strike, 충돌하다)의 합성어인 Conflict(갈등)로, '서로 충돌하다'라는 뜻이고, 한자로 갈등(葛藤)은 칡 갈(葛)과 등나무 등(藤)의 합성어로 두 식물이 성장하면서 꼬이는 방향이 서로 달라 서로 복잡하게 얽혀 있다는 뜻이다. 갈등은 개인이나 집단 사이에 목표나 이해관계가 달라 서로 적대시하거나 충돌 또는 그러한 상태 또는 어떤 일의 까닭이나 형편이 서로 복잡하게 얽혀 화합하지 못함을 의미한다.

2. 개인갈등의 유형별 대응전략

1) 갈등의 과정

갈등의 과정은 관점에 따라 여러 단계로 나눌 수 있다. 도넬슨(Donelson)은 갈등과정을 다음과 같이 5단계로 말하였다.

- 1단계: 의견 불일치 단계
- 2단계: 대결 국면
- 3단계: 격화 국면
- 4단계: 진정 국면
- 5단계: 해소 국면

2) 갈등의 유형

갈등에는 두 가지 유형이 있다. 이 두 가지를 명확히 구별하고 그 유형들을 각기 독립적으로 다루면, 문제를 훨씬 수월하게 해결할 수 있다.

첫 번째 유형은 불필요한 갈등이다.

- 근심, 걱정, 스트레스, 분노 등의 부정적인 감정
- 잘못 이해하거나 부족한 정보 등 전달이 불분명한 커뮤니케이션
- 편견, 변화에 대한 저항, 항상 해 오던 방식에 대한 거부감 등에서 나오는 의견 불일치
- 관리자의 신중하지 못한 태도

두 번째 유형은 해결할 수 있는 갈등이다.

목표와 욕망, 가치, 문제를 바라보는 시각과 이해하는 시각이 다를 경우에 일어날 수 있는 갈등이다. 이러한 갈등은 상대를 먼저 이해하고, 서로가 원하는 것을 만족시켜 주면 저절로 해결된다.

3. 갈등관리 방법

① 무조건 들어라. 소통은 상호 간에 주고받음이 있을 때 가능하다.

② 프레임을 넓혀라. 갈등이 생기는 가장 큰 원인 중 하나는 문제를 바라보는 상호 간의 프레임이 다르거나 경험, 지식 등이 다를 경우이다. 문제를 바라보는 프레임이 다른 사람들이 논쟁을 하는 것은 마치 코끼리의 다리를 만진 장님과 코끼리의 꼬리를 만진 장님이 만나서 코끼리에 대해 논쟁을 하는 것과 같다.

③ 관계를 우선하라.

4. 상호갈등에서 윈-윈하는 방법

바람직한 상호갈등을 최소화하는 스킬을 습득하면 개인은 물론 조직의 성과를 극대화하고, 성공적인 세일즈를 추진해 나갈 수 있는 방향을 제시할 수 있다. 성공적인 윈-윈을 위한 핵심 요소 네 가지로 목표, 정보, 시간, 힘을 들 수 있다.

5. 조직의 갈등을 줄이는 방법

어느 조직이든 갈등이 없을 수는 없지만 최대한 갈등을 줄이는 게 조직의 생산성을 높이는 지름길이다. 모두 자라 온 환경이 다르고 생각이 다르기 때문에 자기의 입장에서 생각을 하게 되고, 갈등은 생겨나기 마련이기 때문이다.

이런 갈등을 제대로 경영하지 못하면, 개인적으로나 조직에게나 커다란 부작용이 생기게 마련이다. 하지만 갈등을 제대로 경영한다면, 오히려 조직에 에너지를 불어넣어 줄 수도 있다.

갈등을 줄이는 '원리적 협상'의 네 가지 기술은 다음과 같다.

① 사람과 문제를 분리시켜 '문제' 자체에만 집중해서 대화하라.

② 입장(position) 차이가 아닌 이해(interest) 추구에 초점을 맞춰, 양쪽에 득이 되는 대안을 찾아라.

③ 서로 이득이 되는 대안을 모색해 '나 대 너'의 대결구도가 아닌 '우리 대 문제'의 구도를 만들라.
④ 제삼자가 보아도 공정한 합의의 객관적인 기준을 마련하라.

6. 성공적 갈등관리 방법

1) 갈등의 촉진 방안

갈등의 촉진 방안이란 조직의 활력, 변화와 혁신을 위하여 건설적 갈등을 조성하는 전략이다.

① 의사전달 경로 및 인물의 변경: 특정한 의사 전달 경로에 일반적으로 포함되던 사람을 의도적으로 제외시키고 본래 포함되지 않았던 사람을 포함시킴으로써 권력의 재편이 이루어진다.
② 정보의 조작: 정보의 양을 조절함으로써 변화와 혁신에 도움을 주거나 위기감을 조성할 수 있다. 과다하거나 모호한 정보는 혼란을 야기할 수 있다.
③ 이질감의 조성: 조직에 기존의 조직 구성원들과 가치관, 배경, 경험 등이 다른 사람을 투입하여 이질감을 조성해 조직의 침체된 분위기를 깨뜨리고 새로운 변화와 활력을 일으킬 수 있다.
④ 경쟁유도: 라인(Line) 조직과 스태프(Staff) 조직의 특성을 고려해 업무 영역을 명확히 구분 또는 통합한다든지, 직원들을 인사 이동시켜 업무를 재분장하고, 직위 간의 관계를 재설정하면서 갈등을 일으키는 등의 방법으로 상호 간에 경쟁심을 유도한다.

2) 갈등의 예방방안

갈등의 예방 방안이란 미래에 발생 가능성이 높은 갈등을 사전에 방지하려는 전략이다.

① 균형된 자세 유지: 인사고과권을 가지고 있는 관리자 또는 임원이 구성원을 평가하거나 조정역할을 수행함에 있어서 편파적이지 않고, 균형된 자세를 유지함으로써 효과적일 수 있다.
② 상호 의존성 높은 조직 변경: 업무적으로 자주 교류하게 되면 상호 작용의 필요에 따라 응집력 및 팀워크가 더욱 높아지기 때문에 조직 및 구성원을 변경할 수 있다.
③ 불필요한 경쟁 회피: 비용 및 예산 통제, 수익 극대화, 성과 측정 등은 개인 및 조직의

경쟁을 유발시키기 때문에 제로섬(Zerosum) 게임의 회피를 통해 갈등을 줄일 수 있다.
④ 공동의 적 설정: 경쟁 조직이나 제3의 집단 등 외부의 위협이 될 수 있는 공동의 적을 등장시키면 연합 공동 전선에 필요한 힘을 결집시키게 된다.

3) 갈등의 완화 및 해소 방안
갈등의 완화 및 해소 방안이란 이미 발생한 갈등을 완화 또는 해소시키는 전략이다.
① 문제해결: 문제를 일으킨 당사자들이 직접 접촉하여 갈등의 원인이 되는 문제를 함께 해결하는 방법이다.
② 상위목표의 설정: 갈등의 당사자들이 함께 추구해야 할 상위 목표를 설정하는 방법이다.
③ 자원의 증대: 희소성이 높은 자원에 의존하는 당사자들에게 자원을 충분히 제공하여 갈등을 해소시키는 방법이다.
④ 회피: 갈등을 야기할 수 있는 의사결정을 보류하거나 갈등 당사자들의 접촉을 피하도록 함으로써 갈등을 일시적으로 파할 수는 있지만 근본적 해소 방법은 아니다.
⑤ 완화: 갈등 당사자들의 이견이나 상충되는 이익과 같은 차이는 억압하고 유사성과 공동 이익을 전면에 부각시키는 방법으로써 갈등 당사자들의 차이가 근본적으로 제거된 것이라기보다는 잠정적 · 피상적 방법이다.
⑥ 강압: 강력한 힘을 가진 자, 권위가 높은 자, 중재인 등과 같은 사람을 이용하여 강압적으로 갈등을 해결하는 것으로서 갈등 재발의 위험성이 높다.

7. 손상된 신뢰를 복구하는 5단계

- 1단계: 문제를 인식하라.
- 2단계: 자신의 책임을 인정하라.
- 3단계: 진정성 있는 사과를 하라.
- 4단계: 부정적 행동들에 대해 함께 평가하라.
- 5단계: 실천할 수 있는 계획을 함께 마련하라.

제5장

협상능력

학습목표

구분	학습목표
일반목표	직장생활에서 협상 가능한 목표를 세우고 상황에 맞는 협상 전략을 선택하여 다른 사람과 협상하는 능력을 기를 수 있다.
세부목표	1. 협상의 개념 및 중요성을 설명할 수 있다. 2. 협상의 유형에 대해 설명할 수 있다. 3. 협상 과정의 단계에 대해 설명할 수 있다. 4. 직장생활에서 협상 전략을 적절히 활용할 수 있다. 5. 직장생활에서 적절하게 상대방을 설득하는 방법을 활용할 수 있다.

1. 협상의 개념 및 중요성
2. 협상의 유형
3. 협상 과정의 단계
4. 협상 전략의 형태 및 전술
5. 협상 대상의 설득 방법

 주요용어 정리

협상

사전적 의미: 어떤 목적에 부합되는 결정을 하기 위하여 여럿이 서로 의논함.
협상(negotiation)이란 갈등상태에 있는 이해 당사자들이 대화와 논쟁을 통해서 서로를 설득하여 문제를 해결하려는 정보전달 과정이자 의사결정 과정이다.

협상의 과정

협상 과정은 연구관점에 따라 다양한 형태로 언급될 수 있다. 협상 과정은 기본적으로 준비단계, 협상단계, 합의 후 평가단계의 순서로 협상이 진행된다고 할 수 있다.
또한, 협상 과정은 협상시작, 상호이해, 실질이해, 해결방안, 합의문서 등의 5단계로 구분할 수 있다.

협상 전략

협상 과정에서 자신이 가지고 있는 협상능력을 최대한 발휘하기 위하여 유리한 조건과 방안으로 대응하는 것을 의미한다.

1. 협상의 개념 및 중요성

1) 협상의 개념

우리는 많은 인간관계에서 끊임없이 다양한 문제로 인한 갈등을 겪으며, 그러한 문제나 갈등을 해결하기 위하여 협상을 한다. 즉, 우리의 일상생활은 협상의 연속이다.

협상이라는 것은 우리의 삶 곳곳에서 일어나는 것이다. 저녁으로 무엇을 먹을 것인가에 대한 의견 대립, 1만 원짜리 옷을 살 때 1천 원을 깎는 것, 회사에서 계약이나 연봉 협상을 하는 것, 말을 잘 듣지 않는 아이를 구슬려 잘 듣게 하고 공부를 하게 만드는 것 역시 협상을 통해 해결하게 된다.

그렇다면 우리는 왜 협상을 할까? 또 어떤 방법으로 협상을 해야 협상 결과에 대한 기분 좋은 경험을 하게 될까? 우리의 일상생활에서 흔히 일어나는 협상이란 무엇인지 알아보자.

협상을 뜻하는 말로 가격 협상에서 자주 등장하는 '네고', 즉 네고시에이션(negotiation)은 라틴어에서 유래된 말로 'nec'라는 부정어와 여가(leisure)를 의미하는 'otium'의 합성어이다. 다시 말해서, 협상은 '여가가 아닌 시간, 곧 사업적으로 활동하는 시간'이라는 뜻이다. 결국 중세의 'negotiation'이라는 말은 오늘날의 'business'와 거의 비슷한 의미로서, 협상이란 곧 비즈니스임을 알 수 있다.

협상은 연구하는 학자에 따라 다양하게 정의된다.

리처드 셸(Richard Shell)은 "협상이란 자신이 협상 상대로부터 무엇을 얻고자 할 때 발생하는 상호작용적인 의사소통 과정이다."라고 정의하였고, 모란(R. Moran)과 해리스(P. Harris)는 "협상이란 상호 이익이 되는 합의에 도달하기 위해 둘 또는 그 이상의 당사자가 서로 작용을 하여 갈등과 의견의 차이를 축소 또는 해소시키는 과정이다."라고 정의하였다.

결국 사람들은 자신의 욕구를 충족시키거나 상대방으로부터 최선의 것을 얻기 위하여 상대방을 설득하는 과정을 거치게 된다. 즉, 협상이란 갈등상태에 있는 이해 당사자들의 대화와 논쟁을 통해 서로를 설득하여 문제를 해결하려는 정보전달의 과정이자 의사결정의 과정이라고 할 수 있다.

일반적으로 협상의 의미는 크게 의사소통 차원, 갈등해결 차원, 지식과 노력 차원, 의사결정 차원, 교섭 차원에서 살펴볼 수 있다.

첫째, 의사소통 차원에서 볼 때, 협상이란 이해 당사자들이 자신들의 욕구를 충족시키기 위해 상대방으로부터 최선의 것을 얻어 내기 위해 상대방을 설득하는 커뮤니케이션(communication) 과정이다. 예를 들면, 사장과 임금문제로 갈등상태에 있을 때 우리는 의사소통의 과정을 거치게 된다. 의사소통과 상대방 설득이 원활할 때, 임금협상에도 좋은 결과를 산출하게 될 것이다. 그러나 서로가 상대방에 대한 분노와 증오로 가득 차서 적으로 단정하고 의사소통 과정을 단절할 때, 임금협상은 더 이상 진전되지 못할 것이다. 그러므로 협상이란 설득을 목적으로 하는 의사소통인 것이다.

둘째, 갈등해결 차원에서 볼 때, 협상이란 갈등관계에 있는 이해 당사자들이 대화를 통해서 갈등을 해결하고자 하는 상호작용 과정이다. 즉, 협상이란 개인, 조직 또는 국가가 가지고 있는 갈등의 문제를 해결하기 위해서 상반되는 이익은 조정하고, 공통되는 이익을 증진시키는 상호작용 과정이라 할 수 있다.

셋째, 지식과 노력 차원에서 볼 때, 협상이란 우리가 얻고자 하는 것을 가진 사람의 호의를 얻어 내기 위한 것에 관한 지식이며 노력의 분야이다. 즉, 협상이란 승진, 돈, 안전, 자유, 사랑, 지위, 명예, 정의, 애정 등 우리가 얻고자 원하는 것을 어떻게 다른 사람들보다 더 우월한 지위를 점유하면서 얻을 수 있을 것인가 등에 관련된 지식이며 노력의 장이라고 할 수 있다.

넷째, 의사결정 차원에서 볼 때, 협상이란 둘 이상의 이해 당사자들이 여러 대안들 가운데서 이해 당사자들 모두가 수용 가능한 대안을 찾기 위한 의사결정 과정이라 할 수 있다. 또한 협상이란 공통적인 이익을 추구하나 서로 입장의 충돌 때문에 이해 당사자들 모두에게 수용 가능한 이익의 조합을 찾으려는 개인, 조직 또는 국가의 상호작용 과정이라고 볼 수 있다.

다섯째, 참여자들의 공통적인 의사결정을 필요로 하는 교섭 차원에서 볼 때, 협상이란 선호가 서로 다른 협상 당사자들이 합의에 도달하기 위해 공동으로 의사결정하는 과정이라고 할 수 있다. 또한 협상이란 둘 이상의 당사자가 갈등상태에 있는 쟁점에 대해서 합의를 찾기 위한 과정이라고 정의될 수 있다. 즉, 협상이란 둘 또는 셋 이상의 사람들이 갈등상태에 있는 어떤 쟁점에 대해서 주고받는 과정을 통해서 합의점을 찾아서 그 쟁점을 해결하기 위한 과정이다.

2) 협상의 중요성

협상은 사업, 비영리 조직, 정부, 법적 처리나 국가 등에서 일어난다. 전문적 협상가는 노조 협상가, 부채인수 협상가, 평화 협상가, 인질 협상가처럼 전문화되어 있거나 외교관, 입법가나 중개인과 같은 칭호로 협상하기도 한다.

협상에 영향을 미치는 요인들은 매우 다양하며, 이러한 요인들을 사전에 잘 확인하고 분석하여 적절한 협상전략을 수립하고 실행해야 성공적인 협상 결과를 얻을 수 있다. 먼저 가장 중요한 것은 협상의 목표이다.

협상의 목표(goal)란 협상자가 현재는 가지고 있지 않지만 협상을 통해 얻고자 하는 것(Diamond, 2012, p. 161)으로 협상 성과요 협상의 이익이라고 할 수 있다. 협상의 목표를 무엇으로 설정하고, 어느 정도의 목표로 설정하느냐가 협상에 많은 영향을 미친다. 셸(Shell, 1999)은 협상 목표를 명확하게 설정하여 노력할수록 보다 많은 협상 성과를 얻을 수 있다고 말한다. 일반적으로 높은 목표를 설정하면 협상자의 기대수준이 높아지면서 이 목표를 달성하기 위한 동기가 높아져 상대적으로 더 높은 협상 성과를 얻을 수 있는 것이다(안세영, 2010, pp. 25-26: 백종섭, 2015, p. 75에서 재인용).

통계학 박사이자 협상 전문가인 데이비드 랙스(David A. Lax)와 경제학 박사이자 협상 연구가인 제임스 세베니우스(James K. Sebenius)는 협상이 성립되기 위한 네 가지 요건을 다음과 같이 제시한다.

- 서로가 필요해야 한다. 즉, 협상은 홀로 하는 것이 아니다.
- 쟁점이 있어야 한다. 즉, 협상 대상 및 협상 타결에 대한 기대가 있어야 한다.
- 협상 과정에서 얻는 것이 많아져야 한다. 즉, 협상에 의해 이익을 볼 가능성이 있어야 한다.
- 협상을 반드시 성사시키겠다는 의지가 있어야 한다. 즉, 쌍방의 기대가 일치하는 점에서 타결이 되도록 하는 것이 중요하다.

다시 말해, 협상이 성공적으로 타결되기 위해서는 무엇보다도 양쪽의 당사자가 상호 이익을 얻을 수 있는 가능성이 높아야 하고 그 기대가 일치해야 한다.

협상가가 어떤 협상을 계획하고 실행할 때 지속적으로 명심해야 할 주요 요소는 협상의 주제, 관계, 과정과 결과이다. 주제(substance)는 구체적인 목적을 달성하는 데 중요하다. 따라서 관련이 있는 대상에 관하여 대화를 할 필요가 있다. 관계(relationship)는 대화 상대자와 실질적인 교섭관계를 수립하는 것이다. 이것은 우정의 깊은 연대를 필요로 하지는 않지만 대화를 계속하고, 합의를 존중하고, 실행의 공동감시를 허용하는 어떤 연결이 있어야 한다. 과정(process)은 대화 행동 자체를 돕기 위해 회의 장소와 시간을 결정하고, 기본적인 규칙과 절차를 설정하는 것이다. 결과(result)는 긍정적인 변화를 이루는 실제적인 이행을 하는 것이다. 합의에 도달하는 것은 필요조건이지만, 합의만으로는 충분하지 않다. 어떤 합의가 실행될 수 있고, 근거에 따라 행동이 수반되도록 확실히 하는 것은 협상 결과의 검증이다.

3) 협상 개념의 변천

시대가 변해 감에 따라 협상의 개념도 변하였다. 과거는 일정한 범위 안에서 내 것을 최대한 많이 챙기는 협상 1.0, 즉 분배적 협상시대였다. 협상 1.0 시대는 게임처럼 누군가를 이겨야만 내가 승리할 수 있는 제로섬(Zerosum) 게임이다. 이러한 협상은 정해진 범위 안에서 내가 최대한 많이 얻는 것이 목적이기 때문에 당장은 승리한 것 같지만 관계를 지속하기 힘들다.

분배적 협상의 한계를 극복한 것이 통합적 협상(win-win 협상)인 협상 2.0이다. 쟁점에 대한 입장을 가지고 협상을 하는 게 아니라 상대가 왜 그런 생각을 갖고 있는지, 협상 2.0에서는 나와 상대가 진정으로 원하는 것은 무엇인지 등을 충분히 분석해 그것과 나의 입장을 동시에 만족시킬 수 있는 다양한 옵션을 제시해 협상을 하는 것이다.

최근에는 상대의 감정, 인식, 행동을 건드리는 협상, 즉 협상 3.0이 뜨고 있다. 상대방과의 유대감을 강화하면서 나의 '적'이 아닌 함께 문제를 풀어 갈 '파트너'로 인식해야 한다. 이는 상대의 심리적 만족감을 극대화하는 '가치 중심 협상'으로 왜 협상을 하는지, 얻고 싶은 가치가 무엇인지 먼저 생각해야 한다.

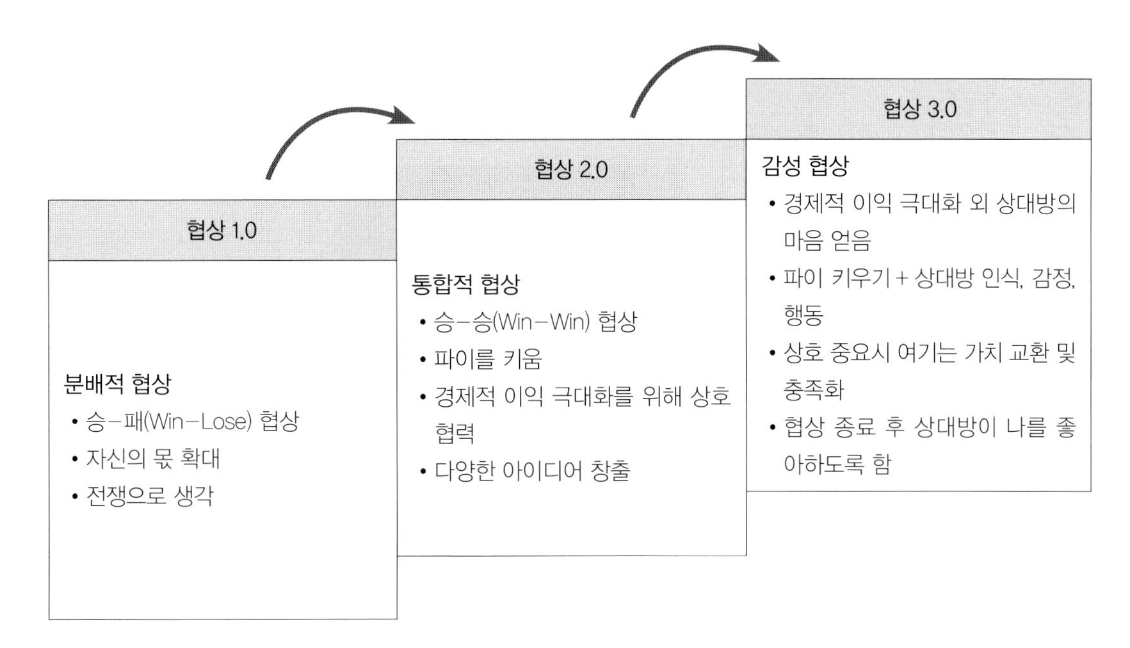

[그림 5-1] 협상 개념의 변천

출처: 신군재(2013). pp. 194-195.

사례 예시

레이건(Reagan) 미국 대통령은 집권 중반기를 넘어서면서 심각한 딜레마에 직면했다. 과도한 방위비 증강과 세금감면 정책으로 연방정부 예산이 적자 상태를 면치 못하자 그는 지난 2년간 350만 연방정부 공무원들의 임금을 동결해 왔는데, 그해 역시 공무원들의 임금 동결을 피할 수 없는 형편이었다. 이런 상황에서 그는 기자회견을 통해 예산 상태가 악화돼 연방 공무원들의 임금을 5% 삭감하겠다고 발표했다. 워싱턴은 즉각 아수라장이 되었다. 백악관 주위에는 '불공평한 레이건!'이라는 피켓을 든 시위대가 24시간 동안 항의하였다. 하지만 레이건 대통령은 특별한 반응 없이 꿈쩍도 하지 않았다. 몇 주 후, 레이건 대통령은 다시 기자회견을 요청했다. 그리고 중대발표를 했다. "참으로 오랫동안 고민에 고민을 거듭했습니다. 연방정부의 재정이 어려운 것은 사실이지만 공무원들의 사기 또한 고려하지 않을 수 없습니다. 임금을 5% 삭감하려던 모든 계획을 백지화하도록 하겠습니다. 결코 임금 삭감은 없을 것입니다. 조치를 무효화하고 예산 적자를 메울 다른 방법을 찾아보겠습니다."라고 말했다. 수백만 연방 공무원은 레이건의 발표에 환호하며 안도의 한숨을 내쉬며 레이건 대통령에게 감사했다. 처음부터 임금 동결을 발표했더라면 아마 원하던 결과를 얻지 못했을 것이다. 하지만 레이건 대통령은 임금을 한 푼도 올려 주지 않으면서 모든 사람의 만족을 이끌어 냈다.

✎ 협상과 타협의 차이에 대해 자신의 생각을 기술해 보시오.

✎ 협상이 필요한 이유에 대하여 각자의 생각을 정리해 보시오.

✎ 가정 혹은 직장에서의 협상 사례로는 어떤 것이 있는지 적어 보시오.

Tip

미국에서 진행된 설문조사의 결과에 의하면 '협상을 잘 하기 위해 가장 중요한 자질이 뭔가요?'라는 질문의 대답 중 1위는 '준비'였다. 협상에서의 준비의 중요성! 도대체 뭘 준비해야 할까?

이 질문에 대한 답은 바로 'ANT(ACE Negotiation Tool)'이다. 다음은 협상 3.0의 핵심개념인 행동(Action), 인식(Cognition), 감정(Emotion), 이 세 가지를 만족시켜 협상 3.0을 이뤄 내기 위한 준비양식이다.

<table>
<tr><th colspan="3">구분</th><th>나</th><th>상대</th></tr>
<tr><td colspan="3">안건(Agenda)</td><td></td><td></td></tr>
<tr><td colspan="3">요구(Position)</td><td></td><td></td></tr>
<tr><td rowspan="5">행동</td><td rowspan="2">욕구
(Needs)</td><td>내가 던질 질문</td><td></td><td></td></tr>
<tr><td>고려해야 할
히든메이커</td><td></td><td></td></tr>
<tr><td rowspan="3">창조적
대안
(Creative
Option)</td><td>내기걸기(Bet)</td><td></td><td></td></tr>
<tr><td>더하고 쪼개기
(Add & Chop)</td><td></td><td></td></tr>
<tr><td>우선순위에 따라
교환하기
(Exchange)</td><td></td><td></td></tr>
<tr><td rowspan="6">인식</td><td colspan="2">객관적 기준(Standard)</td><td></td><td></td></tr>
<tr><td rowspan="2">배트나
(BATNA)</td><td>현재</td><td></td><td></td></tr>
<tr><td>개발</td><td></td><td></td></tr>
<tr><td rowspan="3">앵커
(Anchor)</td><td>첫 제안
(Initial Offer)</td><td></td><td></td></tr>
<tr><td>최종 제안
(Final Offer)</td><td></td><td></td></tr>
<tr><td>논리와 근거
(L&G)</td><td></td><td></td></tr>
<tr><td rowspan="2">감정</td><td colspan="2">미러링 포인트
(Mirroring Point)</td><td></td><td></td></tr>
<tr><td colspan="2">안건 진행 순서</td><td></td><td></td></tr>
</table>

출처: 최철규, 김한솔(2013). pp. 240-241.

학습평가

정답 및 해설 p. 397

※ 다음 문장의 내용이 맞으면 ○, 틀리면 × 표시를 하시오.

1. 협상이란 갈등상황에 있는 이해 당사자들이 대화와 논쟁을 통해서 서로를 설득하여 문제를 해결하려는 정보전달 과정이자 의사결정 과정이다. (　　)

2. 협상 과정은 기본적으로 준비단계, 협상단계, 해결방안의 순서로 협상이 진행된다고 할 수 있다. (　　)

3. 선호가 서로 다른 협상 당사자들이 합의에 도달하기 위해 공동으로 의사결정하는 과정은 지식과 노력 차원의 협상이다. (　　)

4. 협상이 성공적으로 타결되기 위해서는 무엇보다도 양쪽의 당사자가 상호 이익을 얻을 수 있는 가능성만 높으면 된다. (　　)

5. 갈등관계에 있는 이해당사자들이 대화를 통해서 갈등을 해결하고자 하는 상호작용 과정은 의사소통 차원의 협상이다. (　　)

※ 괄호 안에 알맞은 말을 넣으시오.

6. 협상은 (　　　　　　)이/가 원하는 것을 갖기 위해서 (　　　　　　)이/가 원하는 것을 먼저 주는 것이다.

7. 협상은 지나친 (　　　　　　)보다는 양측의 (　　　　　　)에 주력하는 것이다.

8. 협상가가 어떤 협상을 계획하고 실행할 때 지속적으로 명심해야 할 주요 요소는 협상의 (　　　　　　), (　　　　　　), (　　　　　　)과 (　　　　　　)이다.

※ 다음 문항을 읽고 물음에 답하시오.

9. 협상이 성립되는 세 가지 요건을 모두 고르시오. (   )
   ① 쌍방 중 어느 한쪽에서만 필요하면 된다.
   ② 쌍방의 기대가 일치하는 점에서 타결이 되도록 하는 것이 중요하다.
   ③ 협상 과정에서 얻는 것이 많아져야 한다.
   ④ 협상 대상 및 협상 타결에 대한 의지가 있어야 한다.

10. 협상의 의미에 대한 설명으로 적절하지 않은 것을 고르시오. (   )
   ① 의사소통 차원에서 볼 때, 협상이란 이해 당사자들이 자신들의 욕구를 충족시키기 위해 상대방으로부터 최선의 것을 얻어 내기 위해 상대방을 설득하는 커뮤니케이션 과정이다.
   ② 갈등해결은 갈등관계에 있는 이해 당사자들이 대화를 통해서 갈등을 해결하고자 하는 상호작용 과정이다.
   ③ 지식 · 노력 차원은 우리가 얻고자 하는 것을 가진 사람의 호의를 쟁취하기 위한 것에 관한 지식이며, 노력의 분야이다.
   ④ 의사소통 차원에서 볼 때, 협상이란 선호가 서로 다른 협상 당사자들이 합의에 도달하기 위해 공동으로 의사결정하는 과정이다.

2. 협상의 유형

협상이란 상호 의사소통을 통해 얻고자 하는 이익을 얻는 것 또는 상대방에게는 기쁨을 주고, 나 역시 실익을 얻는 것이다. 이러한 측면에서 협상이 인간의 기본적인 욕구 중 하나인 상대방과 내가 이익을 서로 얻는 것이라고 한다면 가치, 즉 이익이 고정되어 있는 상태에서 이를 분배해서 얻을 것이냐, 혹은 가치를 키우거나 상대방과 내가 얻고 싶은 것을 진지하게 속마음을 터놓고 이야기하여 각자 얻고 싶은 것을 취할 것이냐에 따라 협상결과에 큰 차이가 있다. 결국 협상은 상호 간 이익을 얻는 것과 이를 얻고자 하는 당사자 간의 신뢰 관계에 따라 그 성패가 갈리는 것이다.

1) 협상의 일반적인 유형

협상의 일반적인 유형은 크게 나의 이익만을 추구하고 이익을 나누는 분배적 협상과 상호 가치를 키워 상호 이익을 크게 하는 통합적 협상으로 구분할 수 있다.

(1) 분배적 협상

분배적 협상(Distributive Negotiation)이란 합이 고정되어 있는 가치의 분배를 위해 서로 경쟁하는 협상을 말한다. 즉, 분배적 협상은 일방승리-일방패배(Win-Lose) 식의 협상을 의미하는데, 이는 당사자 간의 관계가 기본적으로 경쟁적이고 방어적이어서 어느 일방이 이익을 보는 만큼 상대방이 손해를 보게 되는 협상 유형이다. 분배적 협상에서의 핵심 이슈는 '누가 가장 큰 가치를 차지할 것인가?' 하는 부분이다. 이런 유형의 협상에서는 한쪽의 이득은 곧 상대방의 희생을 의미한다.

분배적 협상의 특징은 첫째, 협상 당사자 간의 관계가 기본적으로 경쟁적이다. 둘째, 협상 대상이 되는 이익의 크기는 고정되어 있다고 생각한다. 셋째, 협상 당사자들은 서로 더 많은 이익을 가지려고 협상을 벌인다. 넷째, 협상 당사자들이 자신의 이익만을 극대화시키려는 전략과 전술을 동원하게 된다.

분배적 협상은 고정된 가치를 협상 당사자 간 분배한다는 생각이 지배적이기 때문에 제로섬 게임이라고 할 수 있다. 따라서 협상의 당사자들이 상대의 이익을 배제하고 자신의 이익을 극대화하려는 전략과 전술을 동원한다. 이 과정에서 가장 문제가 되는 것은 분배의 방식이라 하겠다. 분배하기 위해 서로 타협을 할 수 있는데, 가장 간단한 방법은 5:5로 분배하는 방식이다. 분배의 룰을 설정하기 어려운 경우, 서로 절반씩 나눠 갖는 것도 일견 공평하다는 인식을 줄 수 있다. 그러나 다른 케이스에서는 분배비율을 5:5로 할 경우 일방 당사자 측이 손해를 본다고 생각할 수 있고 결국 협상 주체 간에 갈등이 유발될 수 있다. 이런 경우에는 분배 시 상호 인정할 수 있는 공정한 룰이나 사례 혹은 근거, 논리를 구체화해서 해결방안을 제시하는 것이 필요하다.

(2) 통합적 협상

통합적 협상(융화적 협상, Integrative Negotiation)이란 협상 당사자들이 자신들의 이해관계를 통합한 합의를 도출해 냄으로써 서로 극대화된 이익을 얻기 위해 협력하는 경우를 말한다. 이런 협상에서는 가치 창출과 자기 몫 챙기기가 동시에 추구된다. 즉, 분배적 협상과는 달리 협상 당사자 혹은 관련자 모두가 승리하는(Win-Win) 방식이다. 상호 공통이익을 증진시킨다는 측면에서는 가치가 고정되어 있는 상황이 아니라 키울 수 있는 상황이라고 할 수 있다. 가치를 키우기 위해서는 새로운 가치를 창출해야 하는데, 이는 상호 신뢰를 바탕으로 속마음을 터놓고 서로의 입장을 이해하고 진지한 대화를 통해서 가능하다. 통합적 협상은 통상 장기간의 지속적인 거래관계에서 가능하며, 이는 협상 당사자들 간 개방적이고 친화적인 관계를 통해 관련자의 이해관계가 상호 배타적이지 않으면서 어느 일방의 목적 실현이 상대방의 목적 달성을 근본적으로 저해하지 않는 상황에서 이루어질 수 있는 협상 유형이다. 통합적 협상의 사례로는 FTA 및 통상 협상, 신뢰를 바탕으로 한 IT서비스의 거래 및 계약 등을 들 수 있다. 통상 IT서비스의 거래계약을 하기 위해서는 거래 목적

물에 대한 명확한 정의와 일정, 사업범위, 가정 및 전제조건, 상호 R&R, 사업범위 관리 및 변경관리 절차 등에 대해 상호 협조 사항 등을 명확하게 정의하고 통합적 협상을 통해 계약을 체결한다.

또한 통합적 협상이 성공하기 위해서는 전제조건이 충족되어야 한다. 이들에 대해서 살펴보면, 첫째, 협상 당사자들은 상대방의 욕구에 대한 진정한 필요와 목적을 이해할 수 있어야 한다. 둘째, 당사자들은 창의적 아이디어를 교환하고 의사소통을 자유롭게 할 수 있어야 한다. 셋째, 당사자들은 입장(position) 간의 차이점보다는 공통된 기반(commonalities)과 유사점(similarities)에 초점을 맞추어야 한다. 넷째, 관련자 모두의 목적을 실현할 수 있는 대안(option)을 찾으려고 진지하게 노력하여야 한다.

통합적 협상을 위한 관계관리(Relationship Management)는 다음과 같은 점들에 주목하여야 한다.

첫째, 그들 간에 공유된 공통목적이 있으면 이를 발견하여 구체적으로 관련 정보를 교환하여 협상절차를 순조롭게 진행해야 하고, 둘째, 그들 간에 생산적인 관계를 갖기 위한 동기부여가 있어야 하며, 방해물들을 극복할 수 있는 각오가 있어야 한다. 셋째, 상호신뢰가 있어야 하기 때문에 상대방으로부터 신뢰받기 위해서 꾸준히 노력해야 하고, 넷째, 상대방의 필요를 올바르게 이해하기 위해 가능하면 정확하고 명확한 의사소통을 해야 하며, 다섯째, 상대방의 필요와 목적이 타당(valid)하다는 것을 서로가 수용해야 한다.

2) 협상의 전략적 유형

협상의 목표를 분명하게 이해하고 효과적으로 달성할 수 있는 방법을 선택할 때 성공적인 협상을 달성할 수 있다. 협상의 전체적 목표는 두 가지 작은 목표의 조합으로 구성된다.

협상의 목표 = 결과(성과) + 관계설정(유지)

(1) 입장협상전략

협상과 관련해서 피셔, 우리 그리고 패톤(Fisher, Ury, & Patton, 1991, p. 4)은 대부분의 협상자들이 판에 박은 듯한 입장(position)을 근거로 거래한다고 비판한다. 이에 반하여 현명한 협상에 대해 "가능한 한 양측의 합법적인 이해관계(interests)를 최대한 충족시켜 주며, 상충되는 이해관계를 공정하게 해결해 주고, 오랫동안 지속되며, 공동체의 이해관계도 고려하는 것이다."라고 정의하였다(백종섭, 2015, p. 128).

입장협상전략이란 협상의 실제 전개과정에서 나타나는 하나의 협상전략으로, 각 당사자는 자신의 입장에만 집착하여 자신의 처지를 상대방에게 이해시키고, 자신의 주장이 정의로운 해결이라고 믿어 자신의 입장에 집착한 전략을 택하는 경우가 바로 입장협상전략이다. 이는 다시 연성(soft) 입장협상전략과 경성(hard) 입장협상전략으로 나누어 살펴볼 수 있다. 전자는 협상 전 또는 협상 이후의 인간관계를 중시하는 전략이며 후자는 협상으로 나타날 결과를 중시하는 전략이라고 할 수도 있다.

연성 입장협상전략은 자신의 입장이 없이 양보하는 입장에서 끌려가는 관계에서 발견되는 협상전략을 말한다. 그리고 경성 입장협상전략은 자신의 입장만 고수하다 보니 갈등이 완화된다는 보장이 없으며, 자신의 이익이 증대된다는 보장도 없는 협상전략인데, 보통 합리적인 협상문화가 정착되지 않은 사회에서 자기의 이익을 지키기 위해 필요한 협상 전략으로 수용되고 있는 협상 전략이기도 하다.

〈표 5-1〉 연성 입장협상전략과 경성 입장협상전략의 비교

연성 입장협상전략	경성 입장협상전략
당사자들은 친구이다.	당사자들은 적이다.
목적은 합의를 이루는 것이다.	목적은 승자가 되는 것이다.
관계를 돈독히 하기 위해 양보한다.	관계유지 대가로 일방적 양보를 요구한다.
상대와 협상이슈에 대해 모두 유순하다.	상대와 협상이슈에 대해 모두 완강하다.
상대를 믿는다.	상대를 극도로 불신한다.
자신의 입장을 쉽게 바꾼다.	자신의 입장을 고수한다.
먼저 제안을 한다.	위협을 한다.
최대양보선을 공개한다.	최대양보선에 대한 상대방의 오판을 유도한다.
합의를 위해 일방적으로 양보한다.	합의에 대한 상당한 대가를 요구한다.
당사자 모두가 만족할 대안을 탐색한다.	자신만 만족할 대안을 고안한다.
합의를 주장한다.	자신의 입장만 주장한다.
의지의 경합을 피한다.	의지의 경합에서 승리하려 한다.
압력에 굴복한다.	압력을 가한다.

출처: Fisher et al.(1991), p. 9: 백종섭(2015), p. 130에서 재인용.

(2) 원칙협상전략

원칙협상전략은 일방적 입장에 집착한 경성 입장협상전략을 지양하고, 객관적이고 이슈 중심적인 이해관계에 초점을 맞추어 협상을 진행하는 전략이다. 원칙협상전략은 다음과 같은 네 가지 원칙을 특히 강조하는 전략의 협상유형이라고 말할 수 있다.

- 갈등문제로부터 사람(people)을 일단 분리시켜 생각한다는 원칙
- 자신이나 상대방의 입장이 아니라 이해관계(interests)에 초점을 맞춘다는 원칙
- 합의를 이루려고 하기 이전에 상호 이득을 가져오는 대안(options)들을 개발한다는 원칙
- 협상결과를 객관적인 기준(criteria)에 입각하여 판단한다는 원칙

이상과 같은 원칙을 협상의 전 과정에 적용시키는 원칙협상은 다음과 같은 3단

계를 통하여 운영될 수 있다. 즉, 분석단계, 계획단계, 그리고 토의단계로 나누어 볼 수 있다.

① 1단계: 분석단계

먼저 분석단계는 협상상황을 진단하는 단계인데, 정보의 수집과 분류작업이 진행되는 단계이다. 이 단계에서는 적어도 네 가지 요소를 진단해야 하는데, 자신의 입장만을 생각하는 사람 문제, 적대적인 감정, 불확실한 의사소통, 이해구조 등에 관한 상대방의 입장과 자신의 입장에 대한 정보수집과 분석 등이 있다.

② 2단계: 계획단계

계획단계에서는 앞의 네 가지 요소들을 어떻게 다룰 것인가에 관한 아이디어를 짜내고 행동방침을 결정하는 작업이 진행된다.

첫째, 자신의 입장만을 생각하는 사람문제에 대처하는 방안을 구체적으로 준비해야 한다.

둘째, 적대적인 감정에 대한 대응책도 마련되어야 한다.

셋째, 상대방의 모호하고 비효율적인 의사소통방식에 대한 대응책도 마련되어야 한다.

넷째, 자신의 이해함수와 상대방의 이해함수를 통한 현실적 기대 수준을 가늠하여 대안들을 만들어 내야 한다.

③ 3단계: 토의단계

토의단계(상호접촉단계, 체득단계)는 상호접촉을 통하여 인식의 차이, 실망과 분노의 감정, 의사 전달의 어려움, 그리고 상대의 이해함수 등에 대한 지식과 경험을 체득하는 단계이다.

〈표 5-2〉 경성 입장협상전략과 원칙협상전략의 비교

경성 입장협상전략	원칙협상전략
당사자들은 적이다. 목적은 승자가 되는 것이다. 관계유지 대가로 일방적 양보를 요구한다.	1. 이해관계와 사람관계를 분리시킨다. -당사자들은 문제 해결자들이다. -목적은 효율적이며, 우호적으로 현명한 합의를 이루는 것이다. -사람에게는 유순하고, 협상이슈에는 완강하다.
상대와 협상이슈에 대해 모두 완강하다. 상대를 극도로 불신한다. 자신의 입장을 고수한다.	2. 입장보다는 이해관계에 초점을 둔다. -신뢰와 관계없이 협상을 진행한다. -이해관계를 분석한다. -최대양보선을 되도록 갖지 않는다.
위협을 한다. 최대양보선에 대한 상대방의 오판을 유도한다. 합의에 대한 상당한 대가를 요구한다. 자신만 만족할 대안을 고안한다.	3. 상호 이익을 얻을 수 있는 대안을 개발한다. -결합이득이 커질 수 있는 대안을 탐색한다. -상대방의 진정한 의도를 파악한다.
자신의 입장만 주장한다. 의지의 경합에서 승리하려 한다. 압력을 가한다.	4. 객관적인 기준을 갖는다. -주관적 판단보다는 객관적 기준에 따라 합의를 유도한다. -이성에 따르고 합리적인 논의를 하며, 압력보다는 설득을 택한다.

출처: Fisher, R., Ury, W. W., & Patton, B. (1991), pp. 10-13.

(3) 흥정식 협상과 문제해결식 협상

흥정식 협상은 마치 상호교환(give and take)을 통하여 각자의 필요를 충족시키는 방법이다. 여기서는 상대방이 가지고 있는 대안의 효용에 대한, 인지를 자신에게 유리한 방향으로 변화시키려고 하고, 자신이 수용 가능한 '최대양보치'나 자신이 설정한 안전수준에 대하여 상대가 오판하도록 유도한다. 이와 같은 접근에서는 경성협상의 방법들이 활용된다. 즉, 당사자들은 공동이익이 고정된 것으로 인식하고 있으며, 또한 지분의 배분에 대한 불확실성이 높기 때문에 적절히 정보를 통제하면서 이익을 극대화하려고 한다. 자신에게 유리한 조직과 자원을 최대한 활용하여 자신의 협상력을 우회적으로 높이고, 오직 자신의 입장만을 고려한 몇 가지 대안을 탐색하여 상대방으로 하여금 창의적인 대안개발을 하지 못하게끔 제약을 가한다.

문제해결식 협상은 갈등이라는 문제를 파악하여 해결을 위한 대안을 강구하고, 이러한 대안의 결과를 가능한 한 정확하고 상세하게 추정하여, 그러한 결과 중에서 최선이라고 판단되는 대안을 공동으로 선택하면서 문제에 접근하는 방법이다.

특히 문제해결식 협상전략을 선택하는 측은 대부분의 정보를 공개하고 상대와 더불어 공동문제인 상호갈등을 공략하려고 한다. 따라서 문제해결식 협상은 이해관계의 기반이 공동체와 같이 대단히 긴밀한 구성원 사이에서 형성되므로 전체이익이 개별이익보다 앞서게 된다.

(4) 협상전략모델

협상 전략은 크게 두 가지 요인에 의해 5가지로 구분되는데, 첫째 요인은 협상 상대와 인간관계(the Relationship with the other negotiator)이며, 둘째 요인은 협상에서 얻게 될 성과(the Outcome of the negotiation itself)이다. 이 두 가지 요인의 인간관계(R)와 협상 성과(O)를 배열하면 5가지 협상 전략이 도출되게 된다. 다섯 가지 전략은 회피(Avoiding) 전략, 수용(Accommodating) 전략, 경쟁(Competitive) 전략, 협동(Collaborative) 전략, 타협(Compromising) 전략이다.

회피 전략은 일종의 무관심 상황(indifferent situation)으로 현재의 협상주제나 내용에 별로 관심이 없을 수도 있으며, 설사 협상이 진행된다고 하더라도 그 결과가 별로 크지 않아 협상에 관심이 없는 경우이다(Lewicki et al., 1996, pp. 17-18).

수용 전략은 협상 상대와의 인간관계는 상당히 중요한 반면, 협상으로부터 얻어낼 성과는 별로 크지 않거나 중요하지 않다고 생각하는 경우이다. 협상자는 단기적으로 현재의 큰 협상 결과보다는 장래를 위하여 우호적이고 협조적인 인간관계를 구축하여 중기적이고 장기적인 관점에서 보다 나은 협상 결과를 획득하려는 경우에서 발생한다. 그 결과 상대방의 승리와 자신의 패배(lose to win)인 결과가 나타난

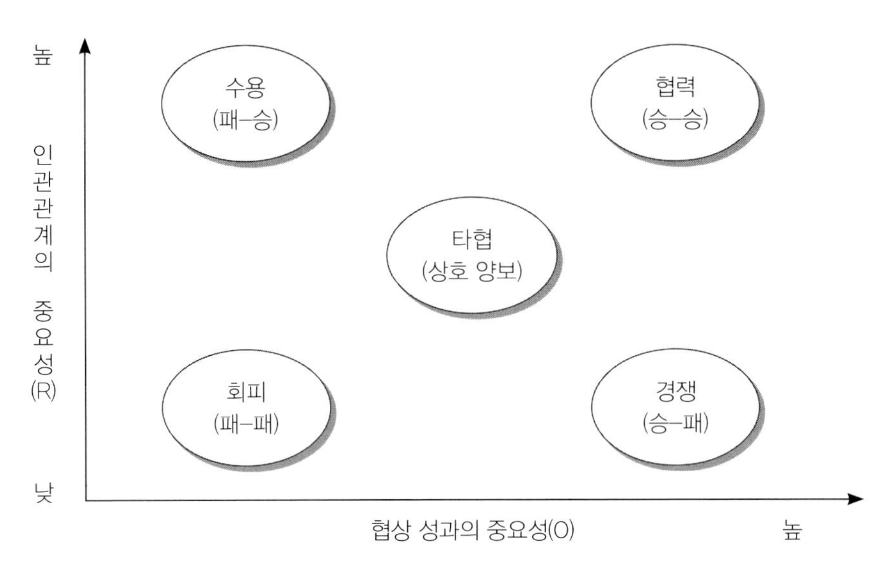

[그림 5–2] 레위키의 협상전략모델

출처: Lewicki et al. (1996), p. 16: 백종섭(2015), p. 148에서 재인용.

다(Lewicki et al., 1996, pp. 18-19).

경쟁 전략은 협상 상대와의 인간관계보다는 당장 협상 성과를 중시하는 경우 사용할 수 있다. 일종의 거래적 상황(transactional situation)으로 지금 현재의 협상으로부터 얻을 것으로 기대되는 성과는 큰 반면, 협상 상대와의 인간관계는 별로 중요하지 않다고 판단되는 것이다.

경쟁 전략은 장기적인 입장에서 상대방과의 인간관계를 고려하지 않고 단기적으로 협상을 통한 자신의 최대 이익을 획득하는 데 주요 목적을 둔다. 이 경우 상대방의 패배를 바탕으로 나의 승리(win to lose)를 추구하는 전략을 사용하게 된다(Lewicki et al., 1996, pp. 19-21).

협력 전략은 협상 상대와의 인간관계 형성도 매우 중요하고 협상 결과에서 얻게 될 성과에도 큰 관심을 가지는 경우이다. 협상 상대방과 함께 협력하여 우호적인 인간관계를 형성하면서 큰 협상 결과를 얻고자 하는 것이다. 단기적인 인간관계와 성과뿐만 아니라 장기적인 관점에서 인간관계와 성과를 동시에 고려하는 전략이다.

따라서 인간관계도 좋고 협상 성과도 높은 협동 전략은 두 가지 모두 얻게 되는 승-승(Win-Win) 전략인 것이다.

타협 전략은 상대와의 인간관계도 어느 정도 중요하며, 협상 결과에서 얻게 될 성과도 어느 정도 큰 경우이다. 이러한 상황은 중간 정도의 수준으로 인간관계를 형성하면서 적절한 정도의 협상 성과를 얻고자 할 때 유용한 전략이다.

이 전략은 가장 빈번하게 발생할 수 있는 것으로 생각되며, 서로 양보하고 타협하는 전략으로 협상을 통하여 상대방도 무엇인가를 획득하고 나도 무엇을 얻는 상호 승리도 가능하다. 다만, 협상가는 처음부터 이 전략을 사용하지는 않으며, 차선의 전략으로 사용하게 된다. 타협 전략은 협력 전략이 불가능하다고 생각되는 경우, 시간적인 여유가 없을 경우, 협상 양측이 비슷한 정도의 어떤 것을 얻게 될 때 사용된다(Lewicki et al., 1996, pp. 24-25: 백종섭, 2015, pp. 148-152에서 재인용).

사례 예시

사례

죄수의 딜레마

이것은 1950년 미국 국방성 소속 랜드 연구소의 경제학자 메릴 플로드(Merrill Flood)와 멜빈 드레서(Melvin Dresher)의 연구에서 시작했다. 두 학자는 협력과 갈등에 관련한 게임이론을 연구하면서 서로 협력하는 것이 가장 좋은 결론을 얻을 수 있음에도 불구하고, 상대방의 선의를 믿지 못하고 자신에게 가장 유리한 조건을 선택하여 불리한 결과를 맞게 되는 모형을 발견했다. 이 모형을 1992년 캐나다 출신 프린스턴 대학교의 수학자 앨버트 터커(Albert Tucker)가 유죄 인정에 대한 협상을 하는 죄수의 상황에 적용하면서 '죄수의 딜레마'라는 이름이 붙었다.

죄수의 딜레마는 범죄자의 자백을 유도하려는 경찰의 회유로 시작한다. 두 명의 범죄자가 체포되어 왔다. 경찰은 두 명의 공범을 기소하기 위한 증거가 부족한 상황이다. 경찰은 이들에게서 자백을 받아 범죄를 입증할 계획을 세우고 각각 독방에 수감한다.

경찰은 독방에 수감된 두 공범에게 동일한 제안을 한다. 공범 둘 다 묵비권을 행사한다면 양쪽 모두 6개월만 복역하면 된다. 반면에 둘 다 자백하는 경우 모두 2년 징역형에 처한다. 하지만 어느 한쪽만 자백하고, 다른 한쪽이 묵비권을 행사하는 경우에는 자백한 사람은 풀려나고 묵비권을 행사한 사람은 징역 5년을 살아야 한다.

결과적으로는 경찰의 제안에 두 범죄자는 모두 자백을 하게 된다. 상대방이 묵비권을 행사하고 자신이 자백하면 자신이 유리하고, 상대방이 자백하고 자신이 침묵하면 자신이 불리하기 때문이다. 서로 자백하지 않을 것을 믿고 협력하면 6개월만 살면 되지만, 서로를 믿지 못하고 자신에게 유리한 조건만을 선택할 경우 최선의 결과는 발생하지 않는다는 것을 보여 주는 딜레마이다.

<table>
<tr><td colspan="2" rowspan="2">(범죄자 1, 범죄자 2)</td><td colspan="2">범죄자 2</td></tr>
<tr><td>묵비권</td><td>자백</td></tr>
<tr><td rowspan="2">범죄자 1</td><td>묵비권</td><td>6개월</td><td>(5년, 석방)</td></tr>
<tr><td>자백</td><td>(석방, 5년)</td><td>2년</td></tr>
</table>

사례 A

치킨 게임(chicken game)

치킨 게임은 경제 관련 뉴스에서 자주 볼 수 있는 딜레마이다. 한 분야의 두 업체가 무한 경쟁을 할 때 치킨 게임이 시작되었다는 표현을 쓴다. 치킨은 속어로 '겁쟁이'란 뜻이다. 이 용어는 제임스 딘(James Byron Dean)이 출연했던 1950년대 미국 영화 〈이유 없는 반항(Rebel Without a Cause)〉에서 착안되었다. 두 주인공이 자동차를 타고 낭떠러지를 향해 달리면서, 자동차에서 먼저 뛰어내리는 사람을 겁쟁이라고 부르기로 하는 일명 치킨 런(chicken run) 게임을 한다.

치킨 게임의 또 다른 형태는 자동차 두 대가 서로를 향해 달리면서 누가 먼저 뛰어내리는지 보는 것이다. 치킨 게임은 갈 데까지 가자는 식으로 끝이 보이지 않는 상황이다. 어느 한쪽이 포기하지 않으면 둘 다 파멸을 맞는다. 포기하자니 겁쟁이가 되고, 포기하지 않자니 파멸을 맞게 되는 것이다.

사례 B

직장에서의 죄수의 딜레마

상사는 부하를 신뢰하는데 부하들이 신뢰 있는 행동을 하지 않을 경우, 어쩔 수 없이 상사는 부하에 대한 임파워먼트를 철회하고 감독과 통제를 하게 된다. 반대로 상사가 신뢰감을 주지 못할 경우, 부하들은 침묵하거나 아이디어를 더 이상 내지 않고 시키는 일만 적당히 하게 된다. 최악의 경우는 서로를 믿지 못할 때 일어나게 되는데, 회사 전체가 매우 타율적이고 책임을 전가하여 답답한 관료주의에 빠지게 된다.

출처: 신군재(2013), p. 68.

사례 C

먹음직스러운 레몬이 한 개 있는데, 이를 원하는 사람은 둘인 경우, 어떻게 할 것인가? 한 가지 방법은 레몬을 반으로 나눠 분배하는 방식이 있고, 다른 방법은 양자에게 구체적으로 레몬의 어떤 부분을 원하는지를 물어봐서 각자 원하는 부분을 갖도록 하는 방식이 있다. 만일 한 사람은 쿠키를 만들기 위해 레몬의 껍질을 원하고, 다른 한 사람은 과육 부분을 원하는 경우, 레몬을 반으로 분배하지 않고 각자 원하는 부분을 갖도록 통합적으로 해결하는 방안이 있는 것이다. 이와 같은 통합적 협상이 이루어지기 위해서는 무엇보다 상대방이 원하는 것과 자신이 원하는 것을 허심탄회하게 이야기할 수 있는 분위기 조성 및 협상 당사자 간 신뢰, 협력 관계 형성이 필수불가결한 요소이다.

탐구활동

✐ 협상의 중요성에 대해 각자의 생각을 적어 보시오.

✐ 통합적 협상이 필요한 이유에 대하여 각자의 생각을 적어 보시오.

✐ 죄수의 딜레마, 치킨 게임처럼 협동보다는 무모한 경쟁을 하는 것에 대한 예를 찾아보시오.

Tip

분배적 협상과 통합적 협상의 비교

구분	분배적 협상	통합적 협상
유사전략 그룹	• 강요형 전략 • 경쟁적 전략 • 경쟁형 전략 • 압박형 전략	• 문제해결형 전략 • 협력적 전략 • 협력형 전략 • 포용형 전략
협상 목표	• 상대방의 희생을 통해 자신의 목표를 달성하는 것 • 자신의 몫을 극대화하는 것	• 공동의 문제를 해결하는 것 • 공동이익을 극대화하는 것
관계	• 단기적 관계에 초점	• 장기적 관계에 초점
협상 자세	• 경쟁적, 적대적(Win-Lose) • I win, You lose	• 협조적(Win-Win) • I win, You win
협상 원리	• 입장중심의 협상 • 명분이나 논리에 집착	• 이해중심의 협상 • 상호 이해에 초점
협상 과정	• 자신은 가급적 양보하지 않음 • 상대방으로부터 최대한의 양보를 얻어 내고자 함 • 상대방의 양보를 끌어내기 위한 과정 • 일방향적 정보교환	• 상호 몫의 확대와 최선의 배분 • 모두에게 도움이 되는 대안을 찾는 과정 • 쌍방향적 정보교환

통합적 협상이 되기 위한 전제조건

1. 상대방의 진정한 필요와 목적을 이해할 수 있어야 한다.
2. 창의적 아이디어를 교환하고 정보흐름을 자유롭게 할 수 있어야 한다.
3. 입장 간의 차이점보다는 공통기반과 유사점에 초점을 맞추어야 한다.
4. 관련자 모두의 목적을 실현시킬 수 있는 해답을 찾으려고 노력해야 한다.

출처: 신군재(2013), p. 199.

학습평가

정답 및 해설 p. 398

※ 다음 문장의 내용이 맞으면 ○, 틀리면 × 표시를 하시오.

1. 협상의 일반적인 유형에는 크게 나의 이익만을 추구하고 이익을 나누는 분배적 협상과 상호 가치를 키워 상호 이익을 크게 하는 통합적 협상으로 구분할 수 있다. (　　)

2. 분배적 협상은 일방승리-일방패배(Win-Lose) 식의 협상을 의미한다. (　　)

3. 협상 당사자 혹은 관련자 모두가 승리하는(Win-Win) 방식은 융화적 협상이다. (　　)

4. 문제해결식 협상은 상호교환(give and take)을 통하여 각자의 필요를 충족시키는 방법이다. (　　)

5. 흥정식 협상은 갈등이라는 문제를 파악하여 해결을 위한 대안을 강구하고, 이러한 대안의 결과를 가능한 한 정확하고 상세하게 추정하여, 그러한 결과 중에서 최선이라고 판단되는 대안을 공동으로 선택하면서 문제에 접근하는 방법이다. (　　)

※ 괄호 안에 알맞은 말을 넣으시오.

6. 협상의 전략적 유형 중 입장협상전략에는 (　　　　　)(와)과 (　　　　　)으로 나누어진다.

7. (　　　　　)은 자신의 입장이 없이 양보하는 입장에서 끌려가는 관계에서 발견되고 있는 협상전략을 말한다.

8. (　　　　　)은 자신의 입장만 고수하다 보니 갈등이 완화된다는 보장이 없으며, 자신의 이익이 증대된다는 보장도 없는 협상 전략이다.

※ 다음 문항을 읽고 물음에 답하시오.

9. 통합적 협상이 성공하기 위해서 충족되어야 하는 전제조건 네 가지가 아닌 것을 고르시오. ( )
① 상대방의 욕구에 대한 진정한 필요와 목적을 이해할 수 있어야 한다.
② 당사자들은 창의적 아이디어를 교환하고 의사소통을 자유롭게 할 수 있어야 한다.
③ 당사자들은 입장 간의 차이점보다는 공통된 기반과 유사점에 초점을 맞추어야 한다.
④ 관련자 모두의 목적을 실현할 수 있는 대안을 찾을 수는 없다.

10. 원칙협상전략에서 특히 강조하는 네 가지 원칙이 아닌 것을 고르시오. ( )
① 갈등문제로부터 사람을 일단 분리시켜 생각한다는 원칙
② 자신이나 상대방의 입장이 아니라 이해관계에 초점을 맞춘다는 원칙
③ 합의를 이루려고 하기 이전에 상호이득을 가져오는 대안들을 개발한다는 원칙
④ 협상 결과를 주관적인 기준에 입각하여 판단한다는 원칙

3. 협상 과정의 단계

1) 협상 과정의 단계

협상 과정은 연구관점에 따라 다양한 형태로 언급될 수 있다. 먼저 협상 진행단계를 중심으로 협상 전단계, 협상 진행단계, 협상 후단계의 3단계로 구분할 수도 있다.

협상 전단계는 협상을 진행하기 위한 준비단계이고, 협상 진행단계는 협상이 실제로 진행되는 단계이며, 협상 후단계는 합의된 내용을 집행하는 단계이다. 이러한 협상 과정은 다음과 같은 단계와 내용으로 설명할 수 있다.

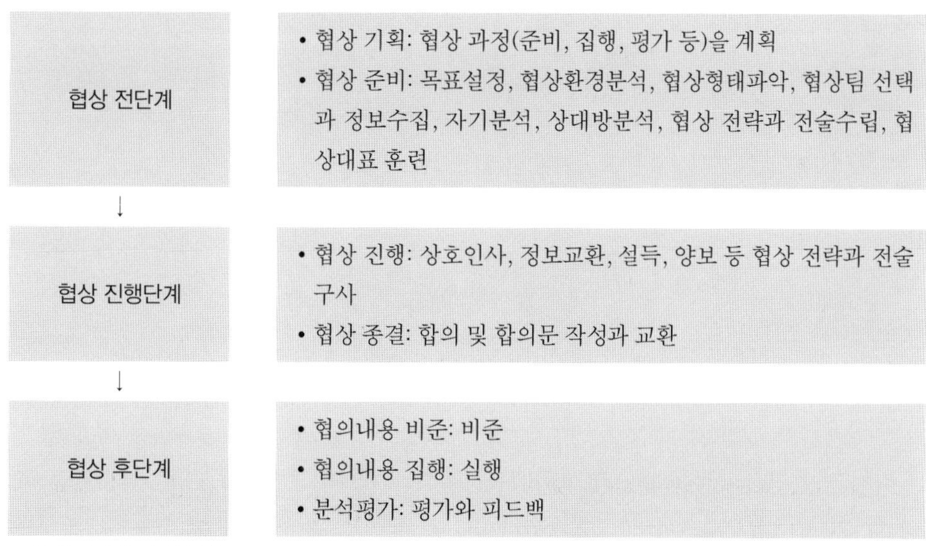

출처: 한국산업인력공단(2007), p. 199.

또한 협상 과정은 다음과 같이 협상 시작, 상호이해, 실질이해, 해결방안, 합의문서 등의 5단계로 구분할 수 있다.

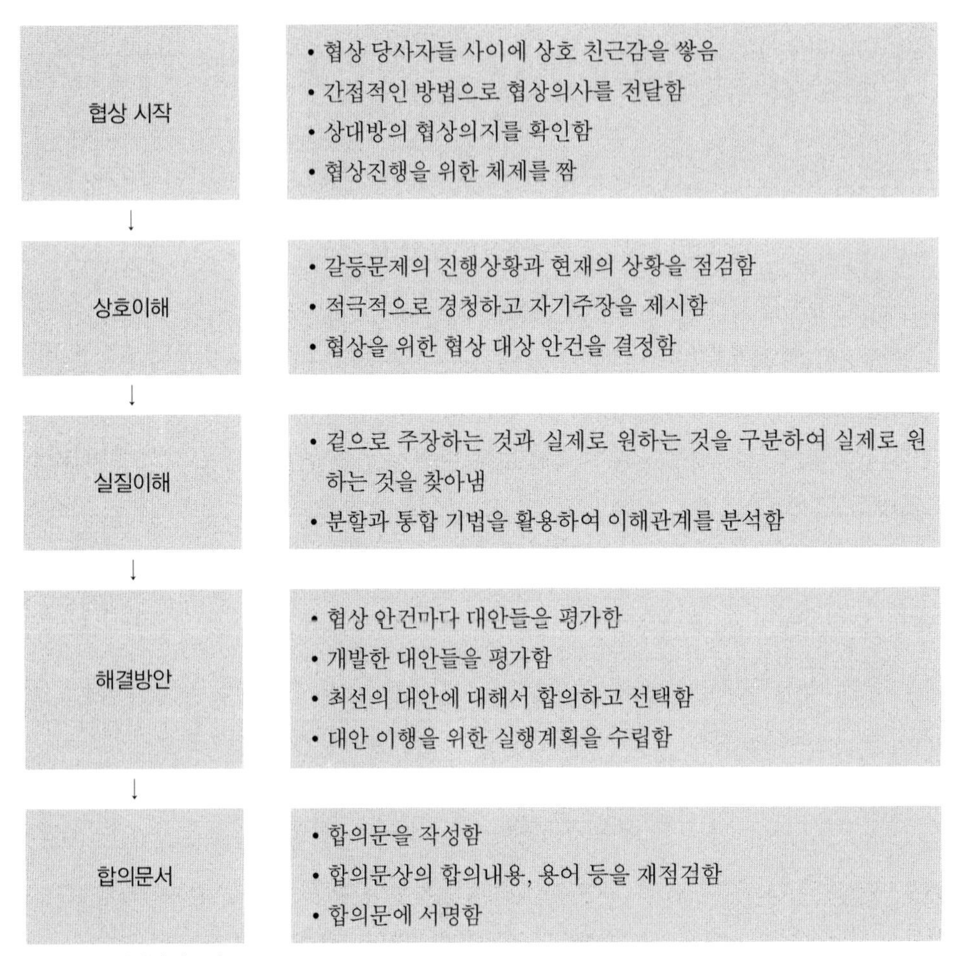

출처: 한국산업인력공단(2007), p. 131.

리처드 셸(Richard Shell)은 협상의 진행 과정을 4단계 전략으로 나눌 수 있다고 하였다(신군재, 2013, pp. 207-214에서 재인용).

(1) 1단계: 협상 상황 분석과 협상 전략 수립

이 단계에서는 협상 상대와의 기대되는 관계의 중요성과 협상으로 얻어 낼 것으로 기대되는 성과를 분석한다. 이를 분석하기 위한 다섯 가지 협상 상황은 다음과 같다.

- 관계 상황(Relationship Situation): 상대와의 관계형성이 상당히 중요하다고 예상되는 반면, 협상으로 얻어 낼 성과는 크지 않다고 판단되는 상황이다.
- 거래적 상황(Transactional Situation): 협상으로부터 얻을 것으로 기대되는 성과는 큰 반면, 상대와의 관계형성은 중요하지 않다고 판단되는 상황이다.
- 무관심 상황(Indifference Situation): 상대와의 관계도, 기대되는 협상 성과도 크지 않다고 판단되는 상황이다.
- 문제해결 상황(Win-Win Situation): 모두 기대가 되는 성과가 크다고 판단되는 상황이다.
- 타협 상황(Compromise Situation): 관계 상황, 거래적 상황, 무관심 상황, 문제해결 상황 등의 중간 위치의 상황으로 판단되는 경우이다.

(2) 2단계: 정보 교환 및 의사소통

이 단계에서는 협상자들 간에 자신과 상대방이 서로 무엇을 원하는지, 그리고 숨은 의도는 없는지를 상호 정보 교환을 통해 알아 가는 과정이다. 자신이 얻고자 하는 만큼, 상대방도 똑같이 또는 그 이상을 얻고자 할 것이기 때문에 서로 필요로 하는 것에 대한 의사소통이 필요하다.

의사소통 시에 떠벌리는 것은 금물이며, 경청하고 가능한 한 열린 질문을 하고, 자신의 정보를 공개하는 등 3단계 전략이 필요하다. 협상에서 가장 중요한 기술은 경청이다. 경청을 하게 되면 상대방의 욕구는 물론 진정성을 파악할 수 있게 된다. 또한 질문의 형식은 '예' '아니오'로 답할 수 있는 '닫힌 질문'보다는 상대의 생각을 제대로 이해할 수 있도록 '열린 질문'이 바람직하다.

(3) 3단계: 가격 협상

이 단계에서 협상자들은 쌍방의 실제적인 관심사, 가치 및 욕구의 이해, 상호 간의 유사성과 상이성에 대한 인식, 그리고 상호 간의 주요 차이점에 근거한 새로운 가능성을 발견하려고 노력하여 합의 가능한 범위(Zone of Possible Agreement: ZOPA)

를 찾게 된다. 가격 협상의 경우 판매자와 구매자가 서로 원하는 가격을 모르나(저항가격) 구매자의 저항가격이 판매자의 저항가격보다 높으면 ZOPA가 형성되어 거래가 이루어진다. 반면 구매자의 저항가격이 판매자의 저항가격보다 낮으면 가격 협상 자체가 불가능하다.

• 닻 내리기 효과

자신이 원하는 것보다 훨씬 큰 것을 상대방에게 요청하고 이를 거절하면 요구의 규모를 조금씩 축소하면서 결국 자신이 원하는 것을 얻어 내는 전술이다. 예를 들면, 30만 원을 빌리기 위해 처음에는 60만 원이 필요하다고 부탁한다. 상대가 거절하면 50만 원을 요청하고, 다시 40만 원을 요청한다. 자꾸 거절을 하면 상대방은 미안한 마음을 가지게 되고 결국 30만 원 요청을 수락하게 된다.

• High Ball(거래적 상황) & Low Ball(관계 상황)

협상자가 상대보다 정보 면에서 유리하다고 확신이 서면 가격을 먼저 제시하는 것이 유리하다. 그러나 관계 상황에서는 낮은 가격제시, 즉 Low Ball 전략을 선택해야 한다. 그렇지 않으면 거래적 상황으로 전환될 우려가 크며, 경쟁협상전략으로 변질될 가능성이 있다.

거래적 상황에서는 높은 가격제시, 즉 High Ball 전략을 선택해야 한다. 상대가 High Ball로 가격을 제시했다가 큰 폭의 양보를 해 줄 때가 Low Ball로 가격을 제시했다가 소폭의 양보를 해 줄 때보다 더 큰 만족을 느껴 합의에 도달할 가능성이 크다.

(4) 4단계: 마무리 협의

이 단계에서는 일련의 양보 또는 소규모 합의에 따른 전체적인 타협을 이루는 단계이다. 양보와 합의 단계에서는 지켜야 할 점은 약속한 것을 뒤엎지 않는 것이 중요하다. 마무리와 관련 되어 콩나물 덤(Nibbling) 전술, 데드라인(Deadline) 전술, 반씩 양보(Half & Half compromise) 전술, 최후통첩(Walk away, Take it or leave) 전술,

벼랑 끝 전술(Brinkmanship) 등 다섯 가지 전략술이 있다.

2) 협상의 효과적인 대처방안

협상 전문가는 협상을 시작할 때부터 끝날 때까지 협상의 한계와 목적을 잃지 않으며, 시종일관 협상의 종결에 대해서 초점을 맞춘다. 흔히 협상의 실패는 협상을 진행하는 동안 저지르게 되는 실수로 인해 발생한다. 그런데 협상 전문가라면 그러한 실수에 대하여 어떻게 대처할까? 〈표 5-3〉은 협상에서 주로 나타나는 일곱 가지 실수와 그에 대한 효과적인 대처방안이다.

〈표 5-3〉 협상에서의 실수와 대처방안

협상에서의 실수	대처방안
1. 준비되기도 전에 협상을 시작하는 것	상대방이 먼저 협상을 요구하거나 재촉하면 아직 준비가 덜 되었다고 솔직히 말한다. 그리고 그런 때를 상대방의 입장을 묻는 기회로 삼는다. 협상 준비가 되지 않았을 때는 듣기만 한다.
2. 잘못된 사람과의 협상	협상 상대가 협상에 대하여 책임을 질 수 있고 타결 권한을 가지고 있는 사람인지 확인하고 협상을 시작한다. 상급자는 협상의 올바른 상대가 아니다. 최고 책임자는 협상의 세부사항을 잘 모르기 때문이다.
3. 특정 입장만 고집하는 것(입장협상)	협상에서 한계를 설정하고 그다음 단계를 대안으로 제시한다. 상대방이 특정 입장만 내세우는 입장협상을 할 경우에는 조용히 그들의 준비를 도와주고 서로 의견을 교환하면서 상대의 마음을 열게 한다.
4. 협상의 통제권을 잃을까 두려워하는 것	협상은 통제권을 확보하는 것이 아니라 함께 의견 차이를 조정하면서 최선의 해결책을 찾는 것이다. 통제권을 잃을까 염려되면 그 사람과의 협상 자체를 고려해 본다. 자신의 한계를 설정하고 그것을 고수하여 그런 염려를 하지 않게 된다.
5. 설정한 목표와 한계에서 벗어나는 것	한계와 목표를 잃지 않도록 그것을 기록하고, 기록된 노트를 협상의 길잡이로 삼는다. 그러나 더 많은 것을 얻기 위해 한계와 목표를 바꾸기도 한다.

6. 상대방에 대해서 너무 많은 염려를 하는 것	상대방이 원하는 것을 얻을까 너무 염려하지 말고, 협상을 타결 짓기 전에 자신과 상대방이 각기 만족할 만한 결과를 얻었는지, 협상 결과가 현실적으로 효력이 있었는지, 모두 만족할 만한 상황이 되었는지 확인한다.
7. 협상 타결에 초점을 맞추지 못하는 것	협상의 모든 단계에서 협상의 종결에 초점을 맞추고, 항상 종결을 염두에 둔다. 특정한 목적을 위해 협상을 하고 있기 때문에 목표가 가까이 왔을 때 쟁취하게 되는 것이다.

출처: 한국산업인력공단(2007), pp. 132-135.

3) 한국의 협상문화

한국은 유교적인 전통에 의해 예를 중시하는 형식적인 사회여서 협상 시 상대방에 대한 예의를 지키는 것을 대단히 중요시한다. 또한 농경문화 생활에 의해 집단주의적인 성향이 강하며 협상에서도 조화나 개인보다 집단을 우선시한다. 이런 한국의 협상문화에 대해 자세히 살펴보자.

(1) 장유유서

장유유서는 오륜(五倫)의 하나로, 어른과 어린아이 사이에는 사회적인 순서와 질서가 있다는 뜻이다. 그러나 한국 사회에서 나이에 따른 서열화는 사회 구성원 내의 의사소통에 심각한 영향을 끼친다. 사회 내부에서 협상이 활성화되기 위해서는 의사소통이 원활하게 이루어져야 한다. 그런데 사회 구성원 사이에 서열이 매겨지면 이러한 의사소통이 매우 제한된다. 장유유서의 사고를 가진 사회(또는 집단) 내에서는 정상적인 협상을 기대하기 어렵다. 협상을 요구하거나 협상이 이루어진다는 자체가 장유유서에 따른 서열화에 대한 도전으로 비춰지기 때문이다. 장유유서는 역설적으로 사회적 갈등을 해결하기 위한 유용한 장치가 될 수도 있지만, 윗사람의 의견과 견해가 반드시 합리적이거나 옳다고는 볼 수 없다.

(2) 권위주의

장유유서는 한국 사회를 오랫동안 지배해 온 유교적 이념을 바탕으로 존재해 왔다. 협상문화 관점에서 보면 여기에는 권위주의가 가장 중요한 동인이 된다. 권위주의 사회에서는 갈등이 묻힐 수밖에 없는데, 갈등을 협상한다는 그 자체가 권위를 실추시키는 행위라고 여겨지기 때문이다.

(3) 흑백논리

권위주의적 정치문화는 중립적인 것을 인정하지 않는 편중된 사고방식인 흑백논리를 강하게 자리 잡게 했다. 협상은 서로 쌍방 간의 입장차를 좁혀 나가는 과정이다. 이러한 역지사지의 정신을 강조하는 협상문화는 흑백논리와는 거리가 멀다.

(4) 조폭식 문제해결

목소리가 큰 사람이 원하는 것을 얻는 문제해결 패턴은 조폭의 문제해결 방식과 흡사하다. 문제해결에 논리와 합리 대신 억지라는 속성이 끼어들어 있는 것이다. 조폭식 문제해결은 개인의 감정을 협박하거나 위협하는 것이다. 이것은 문제를 원만히 해결하는 것이 아니라 억지로 그리고 자기중심적으로 해결하는 것이라 볼 수 있다.

(5) 비합리성

우리 사회에 협상문화가 제대로 확산되지 않은 이유는 사회 저변에 깔려 있는 비합리성과 밀접한 관련이 있다. 협상문화가 제대로 정착되기 위해서는 사람과 사람의 관계, 사람과 일의 관계, 그리고 일과 일의 관계가 합리적으로 이루어져야 하지만 현재 우리 사회에는 그런 합리성이 많이 왜곡되어 있다.

사례 예시

사례 A

철수는 자신의 집에 페인트칠을 하려고 하였으나 여윳돈이 부족하였다. 그래서 여러 사람을 수소문해 본 결과, 자신의 학교에 페인트칠을 하여 학비를 대고 있는 동료를 찾을 수 있었다. 그에 대해 조사해 보니 그는 작문에 자신이 없어 항상 고민하고 있음을 알 수 있었다. 따라서 철수는 그에게 페인트칠을 싸게 해 주는 대가로 작문 개인교습을 해 주는 것을 제안하였다. 그는 만족해 하며 철수의 제안을 받아들였다. 결국 철수는 훨씬 저렴한 가격으로 자신의 집에 페인트칠을 할 수 있었다.

사례 B

중소기업 K사의 대리인 철수는 기업 L에서 부품을 구매하는 역할을 담당하고 있다. K사는 절대적으로 중요한 부품인 스위치를 개당 3,000원에 L사로부터 항상 구입해 왔다. 그런데 어느 날 L사가 스위치의 가격을 개당 3,500원으로 올리겠다는 의사를 보였다. 이에 철수는 곰곰이 생각해 본 후, L사의 제안을 기꺼이 받아들였다. 철수는 단기적으로는 자신의 회사가 약간 손해를 보더라도, 장기적으로 L사와의 관계를 생각해 볼 때 L사의 제안을 받아들이는 것이 훨씬 이익이 된다고 판단하였기 때문이다.

사례 C

대기업 영업부장인 L씨는 신제품 출시 가격에 대해서 도매업체 T와 가격협상을 하고 있었다. 그런데 도매업체 T는 새로 출시된 신제품에 별 관심을 보이지 않았고, 적극적이지 않았다. 또한, L씨는 시간과 노력을 투자하여 T와 협상할 가치도 낮다고 느끼는 중이었다. 따라서 L씨는 과감하게 협상을 포기하였다.

사례 D

대기업 영업부장인 L씨는 기존의 재고를 처리할 목적으로 업체 T와 협상 중이다. 그러나 T는 자금부족을 이유로 이를 거절하였다. 그러나 L씨는 자신의 회사에서 물품을 제공하지 않으면 업체 T는 매우 곤란한 지경에 빠진다는 사실을 알고 있었기에, 앞으로 T와 거래하지 않을 것이라는 엄포를 놓았다. 이에 따라 L씨는 성공적으로 협상을 이끌어 낼 수 있었다.

출처: 한국산업인력공단(2007).

✐ 다양한 사례 예시를 읽고 자신이 겪은 유사한 경험을 작성해 보시오.

✐ 한국인의 협상문화에 대해 각자의 생각을 정리해 보시오.

✐ 협상에서 실수를 하지 않기 위한 방안들에 대해 적어 보시오.

Tip

한국인의 협상력: 한국인은 협상에 약하다?

외국의 비즈니스 파트너들에게 '한국인은 협상력이 부족하다.'는 인식이 많다고 한다. 한국인 협상가들은 왜 이런 평가를 받을까? 왜냐하면 한국인 협상가들에 대한 다음과 같은 인식이 있기 때문이다.

① 협상에 대한 준비가 부족하다.
② 감정적이어서 감정에 치우치거나 감정 조절에 서투르다.
③ 특유의 성급함으로 한 방에 해치우려고 서두른다.
④ 양보는 굴복으로 인식하여 자기주장만 한다.
⑤ 논리와 설득보다는 인간관계나 친밀함으로 승부한다.

2000년 이전에는 미국의 공무원 사회에 다음과 같은 말이 회자했단다. "승진하려거든 한국과 협상하라!" 이는 한국과 협상하면 내부분 승리하므로 유능하나는 평가를 받아 승진한다는 뜻이다.
지금은 어떤가?
그동안 많은 협상 전문가들이 배출되어 이제는 국제협상에서 한국이 우월한 협상을 가져오는 경우가 많다. 대표적인 것이 미국과의 FTA 협상이다. 앞에서 제시한 한국인의 낮은 협상능력은 새겨 볼 만한 내용이다. 철저한 준비, 감정 조절, 여유로움(척), 적절한 양보, 논리로 무장한 설득이야말로 최상의 협상 전문가의 자질이다.

출처: 백종섭(2015), p. 271.

학습평가

정답 및 해설 p. 399

※ 다음 문장의 내용이 맞으면 ○, 틀리면 × 표시를 하시오.

1. 관계 상황은 상대와의 관계 형성이 상당히 중요하다고 예상되는 반면, 협상으로 얻어 낼 성과는 크지 않다고 판단되는 상황이다. (   )

2. 거래적 상황은 협상으로부터 얻을 것으로 기대되는 성과는 큰 반면, 상대와의 관계 형성은 중요하지 않다고 판단되는 상황이다. (   )

3. 무관심 상황은 모두 기대가 되는 성과가 크다고 판단되는 상황이다. (   )

4. 타협 상황은 관계 상황, 거래적 상황, 무관심 상황, 문제해결 상황 등의 중간 위치의 상황으로 판단되는 경우이다. (   )

5. 문제해결 상황은 상대와의 관계도 기대되는 협상 성과도 크지 않다고 판단되는 상황이다. (   )

※ 괄호 안에 알맞은 말을 넣으시오.

6. (   ) 효과는 자신이 원하는 것보다 훨씬 큰 것을 상대방에게 요청하고 상대가 이를 거절하면 요구의 규모를 조금씩 축소하면서 결국에는 자신이 원하는 것을 얻어 내는 전술이다.

7. 협상자가 상대보다 정보 면에서 유리하다고 확신이 서면 먼저 (   )하는 것이 유리하다.

8. 협상 타결에 초점을 맞추지 못하는 실수에 대처하기 위해서는 협상의 모든 단계에서 협상의 (   )에 초점을 맞춘다.

※ 다음 문항을 읽고 물음에 답하시오.

9. 준비되기도 전에 협상을 시작하는 것에 대한 대처방안으로 적절하지 않은 것을 고르시오.
( )
① 상대방이 먼저 협상을 요구하거나 재촉하면 아직 준비가 덜 되었다고 솔직히 말한다.
② 상대방이 요구 또는 재촉하는 때를 상대방의 입장을 묻는 기회로 삼는다.
③ 협상 준비가 되지 않았을 때는 듣기만 한다.
④ 협상 상대가 협상에 대하여 책임을 질 수 있고 타결 권한을 가지고 있는 사람인지 확인하고 협상을 시작한다.

10. 협상 시 설정한 목표와 한계에서 벗어나는 것에 대한 대처 방안으로 적절한 것을 고르시오.
( )
① 함께 의견 차이를 조정하면서 최선의 해결책을 찾는다.
② 통제권을 잃을까 염려되면 그 사람과의 협상 자체를 고려해 본다.
③ 더 많은 것을 얻기 위해 한계와 목표를 바꾸기도 한다.
④ 자신의 한계를 설정하고 그것을 고수하여 그런 염려를 하지 않게 된다.

4. 협상 전략의 형태 및 전술

1) 협상 전략의 형태

협상에서 전략은 무엇보다 중요하다. 전략을 수립하지 않거나 잘못된 전략으로 협상에 임할 경우 실제 협상 과정에서 낭패를 보기 십상이다. 얼마나 뛰어난 전략을 수립하느냐에 따라 협상에서 우위를 차지할 수 있는지가 결정된다고 해도 과언이 아니다. 협상 전략은 다양한 시나리오에 따라 수립되어야 한다. 협상은 자신이 예상하는 방향으로만 흐르지는 않기 때문이다.

(1) 리처드 셸(Richard Shell)의 협상 전략의 형태

협상 상황에 따라 다른 협상 전략이 요구된다. 즉, 상대와의 관계 형성의 중요도, 협상으로부터 기대되는 성과, 협상의 우위 정도 등에 따라 협상 전략이 달라져야 한다. 협상 전략의 형태는 다음과 같다.

- 수용 전략(Accommodating Strategy): 상대방의 협상력이 우위에 있을 때 선택하는 전략이다. Lose-Win 전략, 유화 전략, 양보 전략, 순응 전략, 화해 전략, 굴복 전략 등으로 불리기도 한다.
- 경쟁 전략(Competetive Strategy): 상대방보다 나의 협상력이 우위에 있을 때 선택하는 전략이다. Win-Lose 전략, 강압 전략, 공격 전략이라고 불리기도 한다.
- 회피 전략(Avoiding Strategy): 협상자 및 상대방 모두에게 협상의 사안이 관계가 없거나 연루되고 싶지 않을 때 선택하는 전략이다. Lose-Lose 전략, 무행동 전략, 철수 전략이라고도 불린다.
- 협동 전략(Cooperative Strategy): 협상자 및 상대방 모두에게 기대되는 성과가 클 경우 선택하는 전략이다. Win-Win 전략, 문제해결 전략이라고 불리기도 한다.

• 타협 전략(Compromise Strategy): 수용 전략, 회피 전략, 경쟁 전략, 협동 전략 등의 중간위치에서 선택하는 전략이다.

〈표 5-4〉 경쟁 전략, 협동 전략, 수용 전략의 특징

측면	경쟁 전략	협동 전략	수용 전략
이득구조	한정된 자원을 나눈다.	한정되지 않은 자원을 나눈다.	한정된 자원을 나눈다.
목표추구	상대가 피해를 입더라도 목표를 추구한다.	상대와 협력하여 목표를 추구한다.	상대를 위해 자신의 목표를 포기한다.
관계	단기적: 미래에 같이 일할 것으로 기대하지 않는다.	장기적: 미래에 같이 일할 것으로 기대한다.	단기적이 될 수도 있고(안정을 유지하기 위해 져 준다.) 장기적이 될 수도 있다(향후 서로에게 이익을 가져올 것이므로 져 준다).
주요동기	자신의 이익 극대화	공동의 이익 극대화	상대의 이익 극대화를 통해 관계 개선
신뢰도와 개방성	비밀스럽고 방어적이며, 자신에 대한 신뢰도는 높으나 상대에 대해서는 낮다.	신뢰하고 개방적이며, 적극적으로 듣고 공동으로 대안을 찾는다.	한쪽만 비교적 열려 있어서 자신의 약점을 상대에게 노출시킨다.
필요에 대해 알기	자신의 요구사항을 알지만 이를 숨기거나 속인다. 양쪽 모두 실제의 요구사항을 상대가 모르게 한다.	서로의 요구사항을 알고, 자신의 실제 요구사항을 전달한다. 동시에 상대의 요구사항을 알기 위해 노력한다.	한쪽만 상대의 요구사항에 민감하게 반응하고 자신의 요구사항은 참는다.
예측성	상대를 놀라게 하거나 혼란시키기 위해 예측 불가능하고 돌발적인 행동을 한다.	예측 가능한 행동을 하고 적절히 유연하며 돌발적이지 않다.	한쪽이 상대의 비위를 항상 맞추므로 그 행동을 예측하기 쉽다.
공격성	위협과 엄포를 놓아 우위를 점하고자 한다.	솔직하게 정보를 공유하고 서로를 이해하고 존중하는 태도로 대한다.	한쪽이 상대를 달래 줌으로써 자신의 입장을 포기한다.
해결방안을 찾는 방식	상대와 논쟁하고 조정해서 자신의 입장을 고수한다.	논리력, 창의력, 구성력을 이용해 서로 만족하는 해결방안을 찾는다.	한쪽이 상대가 원하는 것을 만족시키기 위해 노력을 한다.

성공의 척도	상대의 단점을 보이게 하고, 상대에 대한 적개심과 소속집단의 충성심을 강화시킨다.	서로의 장점에 대해 생각하고, 나쁜 이미지는 버릴 것이 요구된다.	성공은 갈등을 최소화하거나 없애고 모든 적개심을 완화시킴으로써 결정된다. 조화를 위해 자신의 감정을 포기한다.
불건전한 극단적 행동의 증거	한쪽이 완전히 제로섬 게임을 하고, 상대를 패배시키는 것이 목표일 경우	한쪽이 공동의 목표에 자신의 이기심을 포함시키고, 동질성을 상실하고, 책임지는 행동을 하지 않을 경우	자신이나 내부 이해관계자들의 목표를 희생시키면서까지 상대에게 양보할 경우
핵심적 태도	'내가 이기고, 상대가 진다.'는 태도	모든 당사자들에게 가장 좋은 방법 찾기	'상대가 이기고, 내가 진다.'는 태도
실패할 경우 대응책	교착상태에서 중재자가 필요할 수도 있다.	어려운 상황에서 집단의 역할을 잘 알고 있는 사람의 도움이 필요할 수도 있다.	어떤 행동이 오랫동안 계속되면, 서로 협상할 여지가 없게 된다.

출처: Lewicki et al. (2008), pp. 90-91.

(2) 김기홍의 협상 전략의 형태

김기홍(2006)은 협상 전략을 사전협상 단계, 본협상 단계, 후속협상 단계의 협상 전략과 같이 3단계로 구분하였다.

① 1단계: 사전협상 단계

• 협상이 있게 하기

협상 전에는 탄력적인 태도를 취하여 상대방이 부담 없이 협상 테이블에 나오도록 하는 것이 중요하다. 그리고 협상 중에는 원칙을 준수해야 한다.

• 정보와 선례를 최대한 준비하기

협상에서 제기될 수 있는 문제에 대하여 가능한 한 모든 정보를 모아야 한다. 또한 협상의 대상이 되는 문제가 이전에 어떠한 형태로 타결되었는지 선례를 알아보아야 한다. 준비한 만큼 협상이 유리해질 수 있다는 사실을 잊지 말아야 한다.

• 객관적 자료를 제시하기

협상에 임하는 자신의 기본태도를 결정하기 전에 할 수 있는 한도까지 정보를 모아야 한다. 객관적 자료를 준비하면 상대방으로부터 신뢰감을 얻을 수 있기 때문에 협상이 원활하게 진행될 수 있다.

② 2단계: 본협상 단계

• 참고 인내하기

특별한 경우가 아니고는 본협상이 예상보다 빨리 끝나는 경우는 거의 없다. 협상에서 갈등과 교착 상황은 스트레스 받을 일이 아니다. 그 고비를 예상하고 대비하는 것이 중요하다.

• 대안을 준비하기

대안을 준비하면 현재 진행하고 있는 협상을 유리하게 이끌 수 있다. 대안이 준비가 되지 않으면 협상이 결렬되기 쉬우며, 대안이 많을수록 여유 있게 대응할 수 있다.

• 마감시간을 활용하기

협상 과정을 살펴보면 시한을 앞두고 협상이 타결되는 경우가 많다는 것을 알 수 있다. 사람은 마감 시간에 임박하면 대체로 주의 집중과 긴장이 풀어지는 경향이 있다. 따라서 이런 마감시간의 특징을 잘 활용할 수 있어야 한다.

• 상대방 주장의 이면을 읽기

대개 상대방이 무엇인가를 강하게 주장하는 것은 그 주장 자체보다는 주장의 이면에 무엇인가가 있는 경우가 많다. 즉, 자신의 허점을 감추기 위한 하나의 술수일 수도 있는 것이다.

• 장기적 관점으로 협상하기

대부분의 협상은 1차로 끝나는 경우가 드물다. 2차 혹은 3차까지 갈 수 있다는 마음의 준비도 필요하다. 단기적 이익만을 극대화하는 데에만 신경을 쓰다가는 장기적으로 손해를 볼 수 있다.

• **장소와 시간을 활용하기**

장소와 시간은 가급적 자기에게 유리하도록 주도권을 잡고 결정할 필요가 있다. 협상은 오전에 진행하는 것이 좋으며, 장소는 자신이 익숙한 곳으로 선택하는 것이 좋다. 그래야 긴장감을 덜고 때로는 상대방에게 서비스를 제공할 수도 있기 때문이다.

• **관행에 도전하기**

협상을 하다 보면 "안 됩니다."라는 말을 많이 접하게 된다. 이 말에 지나치게 의미를 부여하면 자신의 선택 여지가 좁아진다는 것을 염두에 두어야 하며, 부정적 어휘는 협상에서 가급적 쓰지 않는 것이 좋다.

• **정보의 흐름을 조정하기**

협상 과정에서 상대방의 정보를 얼마나 가지고 있느냐가 우위결정에 영향을 미치므로 사전 준비가 필요하다.

• **필요하다면 막후(幕後)에서 협상하기**

막후 협상이란 공식적인 협상을 벗어나서 이루어지는 협상으로서 친목적인 협상 또는 공식적인 협상의 연장선에서 진행된다. 의외로 막후 협상이 효과적인 성과를 올릴 수도 있다.

• **최종 책임자는 마지막에 나서기**

협상과 관련된 중요한 결정은 실무자보다 책임자가 해야 하기 때문에 최종 책임자는 마지막에 나서는 것이 좋다. 그것이 원활한 진행은 물론 최종 의사결정에서 상대방에게 신뢰를 줄 수 있기 때문이다.

• **부분적인 실패는 잊어버리기**

협상에서 실수를 하면 사과하고 곧바로 잊어야 한다. 협상은 계속 진행되기 때문이다. 협상은 변수가 많이 있기 때문에 일희일비할 필요가 없다. 그렇지 않으면 긴장하게 되거나 실수를 반복할 수 있다.

• **약점은 되도록 건드리지 말기**

약점을 건드리는 것은 뒤늦은 오해를 불러일으킬 수 있다. 따라서 위협은 가급적 자제해야 한다. 굳이 상대방의 약점을 건드려 자극할 필요는 없다.

• **섣불리 말하지 말기**

말이 적절히 사용되지 않을 경우 오히려 자신에게 부메랑이 되어 돌아온다. 지나치게 말을 많이 하다 보면 불필요한 정보를 흘리게 되는 경우가 많으므로 생각 없이 말하는 태도를 삼가야 한다.

• **직접적인 감정 표출을 삼가기**

협상 중에 자신의 감정을 나타내는 것은 원활한 협상을 방해할 수 있다. 시종일관 여유 있고 자신에 찬 모습을 보여 주도록 최선을 다할 필요가 있다.

• **함께 만족하는 협상을 하기**

윈-윈 협상이 되어야 한다. 지금 당장 내게 유리하게 협상을 했다고 최선의 협상이 된 것은 아니다. 가급적이면 상대방도 만족한 결과를 얻을 수 있도록 해야 한다.

• **원칙과 융통성을 적절히 조화시키기**

자신의 원칙을 지킴으로써 상대방의 자신에 대한 기대를 조정할 수 있고, 그런 과정을 통해 자신의 협상력을 높일 수 있다.

③ 3단계: 후속협상 단계

• **협상이 종료되더라도 방심하지 말기**

끝난 순간 협상은 다시 시작된다. 협상의 궁극적인 목표는 합의 결과가 이행되어야 하는 것이기 때문이다.

• **재협상의 가능성을 염두에 두기**

상대방이 재협상을 요구할 수도, 우리가 요구할 수도 있다는 것을 생각해야 한다.

2) 협상 과정의 전술

협상에서 주도권을 잡는 것은 중요하다. 많은 사람들이 협상을 하지만 협상 결과에 따라 누군가는 큰 이득을 얻고, 누군가는 크게 손실을 본다. 협상을 경험하거나 공부한 사람 또는 협상 준비를 많이 하는 사람은 이득을 볼 것이고, 준비를 소홀히

하고 협상에 무지한 사람은 손해를 볼 것이다.

김두열(2015)은 경험을 토대로 성공적인 협상을 위한 14가지 전술(원칙)을 다음과 같이 이야기한다.

- **첫 번째 제안은 거절하기**

상대방의 첫 번째 제안은 상대방이 취할 수 있는 가장 유리한 제안이다. 때문에 상대가 두 번, 세 번 제안을 거듭하도록 해서 자신에게 유리한 대안을 제시하도록 유도할 수 있어야 한다.

- **'이럴 때는 어떻게 하지?'를 반복하기**

미래에 발생할지도 모르는 사고나 분쟁의 대비책은 미리 마련해 둬야 한다. 그래야 위험(risk)을 최소화할 수 있다.

- **양보를 협상이라 생각하지 말기**

양보는 협상이 아니다. 마음이 유약한 사람은 자기가 먼저 양보를 해야 한다고 생각한다. 하지만 그런 사람은 강한 사람의 제물이 되기 쉽다.

- **다급한 사정을 상대에게 알리지 말기**

다급한 사정을 상대방이 알면 상대방은 그 약점을 이용하여 유리하게 활용할 수도 있다.

- **양보해야 한다면 조건을 달기**

협상이란 주고받는 것이지 양보하는 것이 아니다. 최소한 자신이 양보한 것만큼 조건을 달아서 생색도 내고, 당당함을 보여 줘야 한다.

- **위임자 활용하기**

거절을 해야 할 상황이라면 단호하게 거절을 해야 한다. 하지만 협상가는 거절을 할 때에도 상대가 마음을 상하지 않도록 해야 한다. 따라서 이런 경우, 다른 사람에게 대신 하도록 위임을 하거나 다른 사람(예, 상사 등)이 반대해서 할 수 없다는 등의 위임자를 활용한다. 그러나 위임자를 활용해서 거절하는 것은 협상능력이 부족하고 경험이 적은 사람들의 모습이라고 할 수 있다.

• 'No'라고 말하지 않기

협상에서 부정적인 뉘앙스의 단어는 금물이다. 협상 분위기를 굳게 만들기도 하고, 협상을 대결국면으로 가게 할 확률이 높기 때문이다.

• 문화적 차이를 인식하기

영국인의 'Yes'는 협상이 타결되었다는 뜻이지만, 이집트인의 'Yes'는 생각해 볼 만하다는 뜻일 수 있다. 업종별, 규모별, 연령별, 성별 등에 따라서도 분명한 차이가 있다.

• 외양에 속지 말기

적대적 협상에서 상대는 어떻게든 나의 판단력을 흐리기 위해 위장한다. 따라서 선입견을 갖지 말고 상대방의 진면목을 알기 위한 시간을 가져야 한다.

• 교착상태에 빠졌을 때는 일보 후퇴하기

옵션을 걸고 잠정적 결론을 내든지 각사 생각할 기회를 가진 뒤에 다음 화합을 갖는 것이 좋다. 서로의 감정 대립은 사전에 막는 것이 상책이다.

• 눈앞의 이익에 집착하지 말기

근시안적인 결정이 오히려 존폐를 좌우하는 결과로 이어질 수 있다. 협상을 할 때는 전체와 미래를 내다보는 통찰의 협상이 필요하다.

• 상대방의 흠을 찾아서 활용하기

상대의 흠을 찾을 수 있다면 협상을 유리하게 이끌 수 있다.

• 상대방의 술수에 대비하기

술수는 나를 기만하는 것이다. 상대는 끊임없이 술수를 가지고 접근할 것이기 때문에 이에 대한 대비가 요구된다.

• 바이어 마켓(Buyers Market)에서 사고 셀러 마켓(Sellers Market)에서 팔기

자신이 힘을 발휘할 수 있는 시장 상황에서 협상을 하면 매우 유리하다.

사례 예시

사례 A

최고의 결과

미국 처세술 전문가 데일 카네기는 분기마다 뉴욕 한 호텔의 홀을 빌려 열흘 동안 강연을 열었다. 그런데 어느 날 호텔 측에서 카네기에게 임대료를 기존의 2배로 올려 달라고 요구했다. 카네기는 그 돈을 순순히 지불할 마음이 전혀 없었지만, 강연 초청장을 이미 다 보낸 터라 다른 곳으로 장소를 옮길 수도 없었다. 할 수 없이 카네기는 호텔 매니저를 찾아가 담판을 벌여야 했다.

카네기는 매니저를 만난 자리에서 무작정 화를 내며 따지지 않고 그의 입장에 서서 임대료 인상의 득실에 대해 차분히 이야기했다.

"제가 당신 입장이었어도 똑같은 결정을 내렸을 겁니다. 호텔리어라면 당연히 호텔의 이익을 최우선으로 두어야겠죠."

매니저는 카네기를 자신의 입장을 이해해 주자 안도하며 일단 경계심을 풀었다. 카네기는 그 순간을 놓치지 않고 홀 임대료를 높일 경우 호텔의 득실에 대한 자신의 생각을 이야기해도 되겠느냐고 양해를 구했다. 매니저는 흔쾌히 허락했다.

"호텔의 빈 홀을 무도회를 여는 사람에게 빌려준다면 한 번에 목돈이 생기니 저에게 빌려주는 것이 상대적으로 손해처럼 느껴질 겁니다. 하지만 그렇다고 임대료를 올린다면 자칫 득보다 실이 더 많아질 수 있습니다. 우선 저는 강연을 하는 사람이라 이곳이 안 되면 다른 곳을 알아보면 그만입니다. 그럼 호텔은 2배의 임대료는 물론 기존에 정기적으로 들어오던 임대료조차 챙길 수 없겠지요. 또 하나, 제 강의에 참석하는 수천 명의 상류층 인사들에 주목하셔야 합니다. 그들이 이 호텔에서 강연을 듣는다면 호텔은 공짜 광고 효과가 생기니 잠재적 고객이 확보되는 셈이죠. 호텔 측에서 5천 달러를 들여 지면 광고를 한다 해도 제 강연 효과를 따라잡긴 힘들 겁니다. 그렇다면 홀을 제게 빌려주는 것이 이득인지 손해인지 답이 나오지 않을까요?"

호텔 매니저는 그의 말을 듣고 나자 무작정 자신의 결정을 밀고 나갈 수 없게 되었다.

자칫 잘못된 결정이 자신뿐만 아니라 호텔의 손해로 이어질 수 있었기 때문이다.

다음 날, 카네기는 호텔 측으로부터 편지 한 통을 받았다. 호텔 측은 카네기의 설득에 넘어가 임대료 인상을 기존 2배에서 1.5배로 낮췄고, 카네기는 계속 그곳에서 강연을 할 수 있게 되었다.

이렇듯 카네기는 협상 과정에서 자신의 요구와 이익을 단 한 마디도 언급하지 않았다. 그럼에도 그는 양쪽의 이익에 입각해 모두에게 이득이 되는 협상을 이끌었고, 결국 자신의 목적을 달성할 수 있었다.

사례 B

미국 뉴욕 인쇄노조 위원장 B씨는 '한 치의 양보도 없는 협상꾼'으로 유명한 인물이었다. 한번은 그가 신문사 사주와 협상을 벌인 적이 있었다. 당시 그는 오로지 이겨야 한다는 일념으로 객관적인 상황을 무시한 채 노조의 두 차례 파업을 밀어붙였다. B씨의 강경한 입장에 밀린 신문사는 그의 요구를 전부 들어줄 수밖에 없었다. 신문사는 실업 문제를 해결하기 위해 노동자의 인쇄 노동자의 임금을 인상하고, 조판 자동화 등의 선진 기술을 도입하지 않기로 약속했다.

그런데 노조가 승리에 도취해 있는 동안 신문사의 상황은 날로 악화되어 갔다. 뉴욕의 대형 신문사 두 곳이 합병하며 결국 파산 선언을 했고, 이제 남은 신문사는 석간 신문사 한 곳과 조간 신문사 두 곳뿐이었다. 상황이 이렇다 보니 신문사 직원의 실업률이 치솟기 시작했고, 수천 명이 거리로 내몰렸다. 이 모든 것이 상호 이익의 협상 원칙을 지키지 않아 벌어진 일이었고, 노조와 신문사 모두 막대한 손해를 감수해야 했다.

출처: 왕화이산(2016). pp.79-80, 88-90.

탐구활동

✐ 각각의 협상 전략은 어떤 상황에서 활용하면 유용할지 자신의 생각을 기술해 보시오.

전략	유용한 상황
수용 전략	
경쟁 전략	
협동 전략	

✐ 최근 자신이 경험한 협상의 전략과 결과를 작성해 보시오.

Tip

카네기와 호텔 매니저를 통해 보듯이, 협상을 벌이는 양쪽의 이익은 필연적으로 일치할 수 없으며, 때로는 첨예하게 대립하는 상황이 벌어지기도 한다. 양측이 자신의 이익에만 몰두해 양보하지 않는다면 협상은 제자리걸음을 계속할 것이다. 반면에 양측이 윈-윈을 위해 노력한다면 난관을 극복하고 모두에게 이득이 되는 합의를 이끌어 낼 수 있다.

상호 이익(Win-Win)은 협상에서 반드시 지켜야 하는 주요 원칙이자 출발점이다. 협상가는 상호 이익을 전제로 힘의 균형을 유지하며 최상의 해결점을 찾아야 한다. 어떤 협상이든 서로 다른 의견과 관점의 충돌을 피하기 어렵다. 하지만 상호 이익의 원칙을 배제한 채 자기 의견만을 강요해서는 안 된다. 강경한 입장과 위협적 수단으로 일관된 협상은 결코 서로에게 발전적인 결과를 낳을 수 없다.

출처: Lewicki, Bruce, Saunders, & Minton(2008).

학습평가

정답 및 해설 p. 399

※ 다음 문장의 내용이 맞으면 ○, 틀리면 ×표시를 하시오.

1. 수용 전략은 상대방의 협상력이 우위에 있을 때 선택하는 전략이다. Lose-Win 전략, 유화 전략, 양보 전략, 순응 전략, 화해 전략, 굴복 전략 등으로 불리기도 한다. (　　)

2. 협동 전략은 협상자 및 상대방 모두에게 기대되는 성과가 클 경우 선택하는 전략이다. Win-Win 전략, 문제해결 전략이라고 불리기도 한다. (　　)

3. 사전협상 단계 전략에서 '정보와 선례를 최대한 준비하기'는 협상에 임하는 자신의 기본 태도를 결정하기 전에 할 수 있는 한도까지 정보를 모아야 한다는 것이다. (　　)

4. '장기적 관점으로 협상하기'는 상대방이 재협상을 요구할 수도, 우리가 요구할 수도 있다는 것을 생각해야 한다는 것이다. (　　)

5. 성공적 협상을 위한 14가지 전술(원칙) 중 "첫 번째 제안을 거절하라."는 것은 상대방의 첫 번째 제안이 상대방이 취할 수 있는 가장 유리한 제안이기 때문이다. (　　)

※ 괄호 안에 알맞은 말을 넣으시오.

6. 협상을 하다 보면 "(　　　　　　)"라는 말을 많이 접하게 된다. 이 말에 지나치게 의미를 부여하면 자신의 선택 여지가 좁아진다는 것을 염두에 두어야 하며, 부정적 어휘는 협상에서 가급적 쓰지 않는 것이 좋다.

7. "(　　　　　　) 마켓에서 사고, (　　　　　　) 마켓에서 팔라."라는 것은 자신이 힘을 발휘할 수 있는 시장 상황에서 협상을 하면 매우 유리하다는 것이다.

8. 본협상 단계에서 '(　　　　　　)을 활용하라.'라는 것은 시한을 앞두고 협상이 타결되는 경우가 많기 때문이다.

※ 다음 문항을 읽고 물음에 답하시오.

9. 성공적 협상을 위한 14가지 전술(원칙) 중 적당하지 않은 것을 고르시오. (　　)
   ① 첫 번째 제안은 거절하기
   ②'이럴 때는 어떻게 하지?'를 질문하기
   ③ 양보를 협상이라 생각하지 말기
   ④ 다급한 사정을 상대에게 알리지 말기

10. 협상의 의미에 대한 설명으로 적절하지 않은 것을 고르시오. (　　)
   ① 협동 전략은 Win-Win전략으로 I win, You win, We win' 전략이다.
   ② 수용 전략은 Lose-Win전략으로 'I lose You win' 전략이다.
   ③ 회피 전략은 Lose-Lose전략으로 'I lose, You lose, We lose' 전략이다.
   ④ 타협 전략은 Win-Lose전략으로 'I win, You lose' 전략이다.

5. 협상 대상의 설득 방법

1) 설득의 개념

설득은 비즈니스를 하는 사람뿐 아니라 우리 모두가 익혀야 할 생존기술이다. 특히 협상에서 설득은 필수적이다.

설득이란 무엇일까? 설득에 대하여 이희승의 『국어대사전』에서는 '여러 가지로 설명하여 납득시킴.'이라 정의하였고, 미국의 『웹스터 대사전(Webster's Dictionary)』에서는 '의논이나 탄원 또는 충고에 의하여 행동의 과정이나 위치, 믿음을 움직이는 것'이라고 정의하고 있다. 전영우의 『국어화법론』은 '설득이란 청자로 하여금 어떤 사실을 강도 있게 느끼게 하고, 사고하게 하며, 믿도록 하는 것이다.'라고 정의하였으며 신군재는 '설득이란 인간의 행동을 결정하는 여러 가지 요소를 동원하여 상대를 이해 · 납득 · 공감시켜서 사고나 행동에 변화를 일으키는 언어적 수단이다.'라고 정의하였다. 즉, 설득은 듣는 이로 하여금 자신의 의도한 바를 긍정하고 수용하도록 하는 것이다.

2) 설득의 과정

이와 같은 설득이 일어나는 과정은 일반적으로 5단계의 과정으로 나타난다(신군재, 2013, pp. 231-232).

- 1단계는 '주의'로, 상대방의 주목을 얻는 것을 말한다. 이 단계가 없다면 설득 과정 자체가 시작될 수 없다.
- 2단계는 '이해'로, 일단 관심을 가진 피설득자가 메시지를 이해하거나 파악하는 단계이다.

- 3단계는 '수용'으로, 피설득자가 주의와 이해를 거쳐 메시지 내용을 수락하거나 거부하는 단계이다.
- 4단계는 '보유'로, 메시지 내용을 이해하고 수용한 피설득자가 실제행동으로 옮기기 전까지 관련내용을 기억하고 유지하는 단계이다.
- 5단계는 '행동'으로, 피설득자가 메시지 내용을 이해하고 수용하여 일정 기간 동안 유지한 뒤에 바꾸어 행동하는 단계이다.

3) 설득의 일반 원리 및 원칙

설득의 원리로는 첫째, 설득은 상대의 마음을 움직여 생각이나 행동을 수정하도록 하는 말하기 행위이다. 따라서 설득은 상대를 하나의 인격체로 상정하여 이야기해야 한다. 둘째, 설득은 목적이나 과정, 수단에 있어 윤리적으로 타당해야 한다. 셋째, 설득은 합리적이어야 한다. 넷째, 설득은 일종의 게임의 구조를 가진다. 상대방과의 이기고 지는 구조를 가지기 때문이다. 그러나 승패를 지나치게 의식하는 설득 행위는 설득의 본질을 손상시킬 수도 있으므로 싸우지 않고 이기는 정신을 살려야 한다. 다섯째, 구체적 조건성이 반영되어야 한다. 즉, 구체적인 조건을 통하여 상대를 설득하려 하는 협상적 요소를 포함한다.

한편, 설득을 위한 원칙에는 상호성의 원칙, 일관성의 원칙, 사회적 증거의 원칙, 호감의 원칙, 권위의 원칙, 희귀성의 원칙이 있다(Cialdini, 2002)

4) 설득하는 방법

협상에 있어 상대방을 설득하는 일은 필수적이다. 상대방을 설득하는 방법은 상대방에 따라, 상황에 따라 매우 다양하다. 설득에는 이성적인 요인뿐만 아니라 감정적인 요인도 작용하기 때문이다.

(1) 다양한 설득의 전략

① See-Feel-Change 전략

설득 전략으로 'See(보고)-Feel(느끼고)-Change(변화한다)' 전략을 사용할 수 있다. 즉, 설득 전략을 사용하여 갈등관리를 순조롭게 하고, 설득 전략을 통해서 협상의 목적을 성공적으로 달성할 수 있다. 협상 전략 관점에서 볼 때, 'See' 전략은 시각화하고 직접 보게 하여 이해시키는 전략이며, 'Feel' 전략은 스스로가 느끼게 하여 감동시키는 전략이며, 'Change' 전략은 변화시켜 설득에 성공한다는 전략이다.

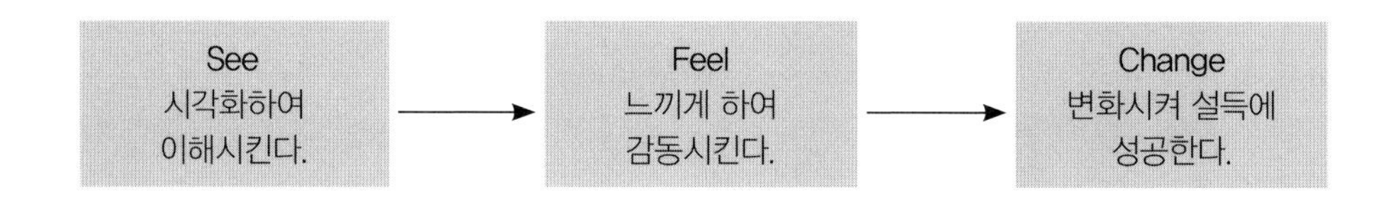

② 상대방 이해 전략

협상 상대방을 설득하기 위해서는 설득에 장애가 되는 요인들을 척결해야 한다. 협상 전략에 있어서 상대방 이해 전략이란 협상 과정상의 갈등해결을 위해서 상대방에 대한 이해가 선행되어 있으면 갈등해결이 용이하다는 것이다.

예컨대 상사가 부하를 설득하기 위해서는 부하에 대한 이해가 선행되어야 한다. 경영자가 근로자들을 설득하기 위해서는 근로자들에 대한 이해가 선행되어야 하며, 부서 간의 갈등에 있어서도 상대방 부서를 설득하기 위해서는 상대방 부서에 대한 이해가 선행되어야 한다.

③ 호혜관계 형성 전략

호혜관계 형성 전략이란 협상 당사자 간에 어떤 혜택들을 주고받은 관계가 형성되어 있으면 그 협상 과정상의 갈등해결에 용이하다는 것이다. 예컨대 부처 간에 도움을 받으면 도움을 주어야 한다는 것이다. 이는 빚은 갚아야 한다거나 약속은 지켜야 한다는 것과 같은 사회적 의무에 관한 교육과 학습의 영향이다.

상사와 부하 간의 호의에 있어서, 부하가 원하든 원치 않든 관계 없이 모든 호의가 이에 해당된다. 따라서 부하를 일단 빚진 상태로 만들면 된다. 즉, 부하에게 먼저 무언가를 도와주면 된다. 시민과의 관계에서도 마찬가지이다. 정부는 시민에게 먼저 어떤 호혜를 베풀면 된다. 그렇게 되면 부하와 상사 간 또는 시민과 정부 간에 호혜관계에 놓이게 된다. 평소에 이렇게 호혜관계를 잘 형성해 놓으면 차후에 어떤 정책을 추진할 때 다른 사람으로부터 협조를 잘 받아 낼 수 있다.

④ 헌신과 일관성 전략

헌신과 일관성 전략이란 협상 당사자 간에 기대하는 바에 일관성 있게 헌신적으로 부응하여 행동하게 되면 협상 과정상의 갈등해결이 용이하다는 것이다. 헌신과 일관성이란 상대방의 기대에 헌신적이고 일관성 있게 부응하여 행동하는 것이다. 이는 일종의 습관 같은 것으로 반복하다 보면 존재하지 않는 것도 존재하는 것처럼 착각해서 생기게 된다.

상사가 부하들에게 대하는 행동도 마찬가지로 적용된다. 사소한 습관에서부터 큰 것으로 지속적으로 진행해야 한다. 도중에 나쁜 습관을 이것저것 허락하게 되면 헌신과 일관성의 법칙이 깨어지기 때문에 부하들은 자신들도 모르는 사이에 나쁜 버릇을 가지게 된다.

⑤ 사회적 입증 전략

사회적 입증 전략이란 어떤 과학적인 논리보다도 동료나 사람들의 행동에 의해서 상대방 설득을 진행하는 것이 협상 과정상의 갈등해결이 더 쉽다는 것이다.

사회적 입증이란 사람은 과학적 이론보다 자신의 동료나 이웃의 말이나 행동에 의해서 쉽게 설득된다는 것과 관련된 기술이다. 광고에서 말하는 소위 '입소문'을 통해서 설득하는 것이 광고를 내보내서 설득하는 것보다 더 효과가 있다는 것이다.

⑥ 연결 전략

연결 전략이란 협상 과정상의 갈등상태가 발생했을 때 그 갈등 문제와 갈등관리자를 연결하는 것이 아니라 그 갈등을 야기한 사람과 관리자를 연결하면 갈등해결이 용이해진다는 것이다.

연결 전략은 제품(예컨대 정부정책)과 자신을 연결하는 것이 아니라 그 제품을 판매(예컨대 집행)하는 사람과 자신을 연결한다. 따라서 어떤 정책을 집행할 때 그 정책에 이해관계를 가진 집단들에게 우호적인 사람으로 하여금 집행하게 되면 그 정책으로 인해 발생하는 갈등을 용이하게 해결할 수 있다. 따라서 연결 전략을 효과적으로 사용하기 위해서는 우호적이거나 좋은 이미지, 협력적인 행정이나 정책들을 사용하여 다른 사람을 설득시키는 것이 용이하다.

⑦ 권위 전략

권위 전략이란 직위나 전문성, 외모 등을 이용하면 협상 과정상의 갈등해결에 도움이 될 수 있다는 것이다. 설득 기술에 있어서 권위란 직위, 전문성, 외모 등에 의한 기술이다. 사람들은 자신보다 더 높은 직위, 더 많은 지식을 가지고 있다고 느끼는 사람에게 설득당하기가 쉽다. 계장의 말보다 국장의 말이 더 권위가 있고 설득력이 높다. 마찬가지로 비전문가보다 전문가의 말에 더 동조하게 된다. 전문성이 있는 사람이 그렇지 않은 사람보다 더 설득력이 있다.

⑧ 희소성 해결 전략

희소성 해결 전략이란 인적·물적 자원 등의 희소성을 해결하는 것이 협상 과정상의 갈등해결에 용이하다는 것이다. 그러나 이 희소성의 문제는 그 희소한 것을 강력히 소유하고자 하는 사람 또는 집단들의 소유욕이 있을 때에 한해서 통용된다. 즉, 아무리 자원이 희소하더라도 그것을 소유하고자 하는 사람이 없으면 그 희소성으로 인해서 갈등이 야기되지 않는다는 것이다. 사람들은 시간적으로 희소하고 사회경제적으로 희소한 것 등에 대해서 더 강력히 소유하고자 하는 욕구를 가지고 목숨을 걸 정도로 설득을 잘 당한다는 것이다.

⑨ 반항심 극복 전략

반항심이란 협상 과정상의 갈등관리를 위해서 자신의 행동을 통제하려는 상대방에게 반항한다는 것에 관련된 것이다. 로미오와 줄리엣 효과는 희소성과 반항 심리를 잘 묘사하고 있다. 부모들의 '하지 마라'는 반대가 연인들로 하여금 반항 심리를 불러일으켜 더 깊은 사랑을 하게 만든다. 부모들의 반대가 심화되면 될수록 로미오와 줄리엣에게 희소성이 더욱 강화되고 반항심을 더욱 자극하여 더 깊은 사랑에 빠지게 만들었고 결국엔 자살로 이어졌다는 것이다.

부하나 시민들을 설득하는 데도 마찬가지이다. 억압하면 할수록 더욱 반항하게 될 가능성은 높아진다. 부하나 시민들을 비난하거나 부정하는 말이나 행동으로 설득시키려 하면 부하나 시민들로 하여금 반항 심리를 유발시켜 설득에 실패하게 될 확률이 높다.

(2) 피셔의 요구사항 경향

피셔에 따르면 대부분의 설득 상황은 요구와 제안 그리고 위협으로 특징지을 수 있다. 피셔는 대부분의 협상 상황에서 협상가들은 자신들의 요구사항을 강조하며 상대를 위협하려는 경향이 있다고 지적한다.

설득 쟁점의 모든 특징은 이 안에 위치시킬 수 있다. 주어진 쟁점의 특징은 상대가 앞의 질문에 어떻게 대답할 것인가에 대한 추정을 통해 밝혀질 수 있다.

〈표 5-5〉 피셔의 요구사항 경향

	의사결정 (당신이 바라는 결정)	제안 (의사결정의 결과)	위협 (비의사결정의 결과)
누가	누가 의사결정을 하는가?	의사결정이 이뤄진다면, 누가 이득을 얻는가?	의사결정이 이뤄지지 않는다면, 누가 피해를 입는가?
무엇을	정확하게 어떤 의사결정을 원하는가?	의사결정이 이뤄진다면, 어떤 편익과 비용이 기대되는가?	의사결정이 이뤄지지 않는다면, 어떤 위험과 잠재적 이득을 기대할 수 있는가?
언제	의사결정이 이뤄져야 하는 때는?	의사결정의 이득이 있다면, 언제 발생하는가?	비의사결정의 결과는 얼마나 빨리 느껴지는가?
왜	무엇이 의사결정을 옳고 적절하고 적법한 결정이게 하는가?	이 결과는 공정하고 적법한가?	이들 결과가 공정하고 적법하게 하는 것은 무엇인가?

출처: Lewicki et al. (2008), p. 526.

사례 예시

사례 A

가랑비에 옷이 젖는 줄 모른다

로저 도슨은 고등학교 졸업을 앞둔 딸 줄리아에게 선물을 주기로 했다. 줄리아는 아버지에게 받고 싶은 선물이 세 가지나 있었다. 바로 5주 일정의 유럽 여행과 용돈 1,200달러, 그리고 새 트렁크였다. 하지만 영특한 그녀는 이 세 가지를 한 번에 요구하지 않고 하나씩 시간차를 두어 받아 냈다. 우선 줄리아는 아버지에게 유럽 여행을 허락받았다. 그리고 몇 주 뒤 여행 경비로 용돈 1,200달러를 보태 달라고 부탁했다. 그러고는 여행을 떠나기 전, 다시 한 번 애교를 가득 담아 아버지를 설득했다.

“다른 친구들은 모두 새 트렁크를 샀대요. 설마 저 혼자 낡은 여행 가방을 들고 가게 두지는 않으실 거죠?”

결국 로저 도슨은 딸의 귀여운 협박에 넘어가 세 번째 요구까지 모두 들어줄 수밖에 없었다.

로저 도슨은 이때의 경험을 들려주며 이렇게 말했다.

"만약 줄리아가 처음부터 세 가지 선물을 모두 해 달라고 졸랐다면 1,200달러의 용돈과 여행 가방은 선물해 줄 수 없다고 못 박았을 겁니다. 줄리아 역시 내가 그러리라는 걸 알았기 때문에 일명 '잠식 전략'을 쓴 것 같습니다. 하나하나 자기가 원하는 것을 요구하고 결국 모두 손에 넣었죠. 그야말로 협상의 고수였던 셈입니다."

출처: 왕화이산(2016), pp. 211-212.

사례 B

보편 심리 키워드 – 권위

전자 부품 공급업자 A는 제조업체와 거래 협상을 할 때 자기 회사 제품의 품질에 아무런 문제가 없음을 증명하기 위해 각종 자료를 준비했다. 그러나 제조업체 사장은 지금까지 그 업체의 제품을 써 본 적이 없었기 때문에 자료만 보고는 쉽게 결단을 내리지 못했다. 제조업체 사장은 영 마음이 내키지 않아 기존에 써 본 제품을 염두에 두고 거래를 거절하려고 했다. 그렇다고 기존 제품 품질이 이 부품 회사보다 더 뛰어난 것은 아니었다.

공급업자는 제조업체 사장이 마음을 바꾸려 하자 기지를 발휘했다.

"혹시 세계적으로 유명한 ○○브랜드를 아십니까?"

"물론이죠. 우리 집에도 그 브랜드 제품이 있답니다."

공급업자는 다시 물었다.

"그 제품의 품질이 어떠셨나요?"

"과연 이름값을 하더군요."

공급업자는 이때가 기회다 싶었다.

"그러셨군요. 만족하셨다니 저도 기쁩니다. 사실 저희 회사는 그 브랜드 제품의 생산업체에 계속 부품을 공급해 왔고, 며칠 전에도 장기 공급계약을 맺었죠."

제조업체 사장은 그 말을 듣는 순간 표정이 싹 바뀌더니 바로 A와 계약을 맺었다.

출처: 왕화이산(2016), pp. 226-227.

탐구활동

✎ 상대방을 설득시키기 위해 활용할 수 있는 전략으로는 여러 가지가 있다. 다음에 제시된 설득전략에 대해서 간단하게 적어 보고, 구체적인 예를 한 가지씩 적어 보시오.

설득전략	의미	사례
See-Feel-Change 전략		
상대방 이해 전략		
호혜관계 형성 전략		
헌신과 일관성 전략		
사회적 입증 전략		
연결 전략		
권위 전략		
희소성 해결 전략		
반항심 극복 전략		

출처: 한국산업인력공단(2007), p. 145.

Tip

'잠식전략'은 상대가 거절할 수 없는 상황을 만들어 자신의 이익을 조금씩 챙겨 나가는 것으로, 협상 후반부에 쓰면 더 큰 효과를 거둘 수 있다. 이 전략을 잘 활용하면 상대가 절대 양보하지 않으리라 여겼던 것도 하나둘씩 내 것으로 만들 수 있다.

상대가 확신을 갖지 못할 때는 권위 있는 대상을 끌어들여 자신의 장점을 부각할 필요가 있다. 이것은 상대의 의심을 풀어 주고 협상의 가치를 높이는 계기가 된다. 하버드 협상연구소는 협상가가 자신을 소개할 때 이런 권위 법칙을 활용해 실력을 인정받는 것도 협상을 유리하게 이끌어 가는 전략이라고 말한다. 다만 이 전략은 상대가 그 권위에 호감을 보이리라는 확신이 있어야 쓸 수 있다. 그렇지 않으면 괜한 반감만 사서 정반대의 결과를 초래하게 된다.

학습평가

정답 및 해설 p. 400

※ 다음 문장의 내용이 맞으면 ○, 틀리면 × 표시를 하시오.

1. 협상에 있어 상대방을 설득시키는 방법 중 호혜관계 형성 전략이란 협상 당사자 간에 어떤 혜택들을 주고받은 관계가 형성되어 있으면 그 협상 과정상의 갈등해결에 용이하다는 것이다. (　　)

2. 사회적 입증 전략이란 동료나 사람들의 행동에 의해서 상대방 설득하는 것이 협상 과정상의 갈등해결이 더 쉽다는 것이다. (　　)

3. 연결 전략이란 협상 과정상의 갈등상태가 발생했을 때 그 갈등 문제와 갈등관리자를 연결하는 것이다. (　　)

4. 상대방 이해 전략은 협상 과정상의 갈등해결을 위해서 상대방에 대한 이해가 선행되어 있으면 갈등해결이 용이하다는 것이다. (　　)

5. 연결 전략의 기술을 효과적으로 사용하기 위해서는 우호적이거나 좋은 이미지, 협력적인 행정이나 정책들을 사용하여 다른 사람을 설득시키는 것이 용이하다. (　　)

※ 괄호 안에 알맞은 말을 넣으시오.

6. (　　　　　)란 직위나 전문성, 외모 등을 이용하면 협상 과정상의 갈등해결에 도움이 될 수 있다는 것이다.

7. (　　　　　)해결 전략이란 인적 · 물적 자원 등의 희소성을 해결하는 것이 협상 과정상의 갈등해결에 용이하다는 것이다.

8. (　　　　　)극복 전략이란 협상 과정상의 갈등관리를 위해서 자신의 행동을 통제하려는 상대방에게 반항한다는 것에 관련된 것이다.

※ 다음 문항을 읽고 물음에 답하시오.

9. 상대방을 설득시키기 위해 활용할 수 있는 전략 중 적당하지 않은 것을 고르시오. (　　)
① See-Feel-Change 전략
② 상대방 이해 전략
③ 헌신과 주관성 전략
④ 사회적 입증 전략

10. 설득의 과정에 대한 설명으로 적절하지 않는 것을 고르시오. (　　)
① 1단계 '주의': 상대방의 주목을 얻는 것을 말한다.
② 2단계 '이해': 일단 관심을 가진 상대방이 메시지를 이해하거나 파악하는 단계이다.
③ 3단계 '수용': 상대방의 주의와 이해를 거쳐 메시지 내용을 수락하거나 거부하는 단계이다.
④ 4단계 '행동': 피설득자가 메시지 내용을 이해하고 수용하여 일정기간 동안 유지한 뒤에 바꾸어 행동하는 단계이다.

학습정리

1. 협상이란 갈등상태에 있는 이해당사자들이 대화와 논쟁을 통해서 서로를 설득하여 문제를 해결하려는 정보전달 과정이자 의사결정 과정이다.

2. 협상의 일반적인 유형에는 크게 나의 이익만을 추구하고 이익을 나누는 분배적 협상과 상호 가치를 키워 상호 이익을 크게 하는 통합적 협상으로 구분할 수 있다.

3. 협상 과정은 관점에 따라 다양한 형태로 언급될 수 있다. 협상 과정을 5단계로 구분하면 ① 협상 시작, ② 상호이해, ③ 실질이해, ④ 해결방안, ⑤ 합의문서 등으로 구분할 수 있다. 또한, 협상 과정을 협상 진행 단계를 중심으로 구분하면 협상 전단계, 협상 진행단계, 협상 후단계 등으로 구분할 수 있다.

4. 리처드 셸의 협상 과정은 ① 협상상황 분석과 협상전략 수립, ② 정보교환 및 의사소통, ③ 가격협상, ④ 마무리 협의로 구분할 수 있다.

5. 협상에서 전략은 무엇보다 중요하다. 전략을 수립하지 않거나 잘못된 전략으로 협상에 임할 경우 실제 협상 과정에서 낭패를 보기 십상이다. 따라서 다양한 시나리오에 따라 협상 전략이 수립되어야 하며 성공적인 협상의 원리와 원칙을 숙지하고 있어야 한다.

6. 협상에 활용되는 전략은 다양하다. 대체로 협상 전략은 협동 전략, 수용 전략, 회피 전략, 경쟁(강압) 전략 등으로 구분할 수 있다. 협동 전략은 "Win-Win" 전략, 수용 전략은 "Lose-Win" 전략, 회피 전략은 "Lose-Lose" 전략, 경쟁(강압) 전략은 "Win-Lose" 전략으로 요약할 수 있다.

7. 협상에 있어 상대방을 설득시키는 일은 필수적이다. 상대방을 설득시키기 위해 활용할 수 있는 전략으로는 See-Feel-Change 전략, 상대방 이해 전략, 호혜관계 형성 전략, 헌신과 일관성 전략, 사회적 입증 전략, 연결 전략, 권위 전략, 희소성 해결 전략, 반항심 극복 전략 등이 있다.

제6장

고객서비스능력

학습목표

구분	학습목표
일반목표	직장생활에서 고객서비스에 대한 이해와 서비스 현장에서 일어나는 고객에 대한 대처방법과 고객만족을 이끌어 낼 수 있는 능력을 기를 수 있다.
세부목표	1. 고객서비스의 개념과 중요성을 설명할 수 있다. 2. 고객불만의 요인을 파악할 수 있다. 3. 고객의 불만 표현 시 고객의 유형을 알고, 고객을 응대할 수 있다. 4. 고객불만처리 과정에 따라 고객의 불만을 해결할 수 있다. 5. 직장생활에서 고객만족조사를 활용할 수 있다.

1. 고객서비스의 개념 및 중요성
2. 고객불만의 요인
3. 불만 유형과 응대방법
4. 불만처리 프로세스
5. 고객만족조사의 목적과 방법

주요용어 정리

고객서비스(customer service)
재화나 서비스 제품을 구입하는 고객에게 제공하는 서비스를 말한다.

고객불만
우리가 제공한 재화나 서비스와 관련하여 우리에게 접수된 불만족의 공식적인 진술서로 정의된다.

불만처리
우리에게 접수된 불만족 진술서의 관리와 우리가 불만고객에게 제공한 정보를 말한다.

불만 유형
고객이 불만을 표현하는 방식으로서 빨리빨리형 고객, 잘난 척하는 고객, 무리한 요구형, 흥분하는 고객, 의심이 많은 고객, 신중한 고객 등을 말한다.

1. 고객서비스의 개념 및 중요성

1) 고객서비스의 개념

고객서비스(customer service)는 재화나 서비스 제품을 구입한 고객에게 제공하는 사후 관리 서비스를 말한다. 라스멜(Rathmell)은 서비스를 '시장에서 판매되는 무형의 상품'으로 정의하고, 무형과 유형의 구분을 손으로 만질 수 있느냐의 여부에 따라 나누고 있다. 따라서 서비스란 무형적 성격을 띠는 일련의 활동으로서 고객과 서비스 직원의 상호관계에서부터 발생하며 고객의 입장에서 고객의 문제를 해결해 주는 개념이다. 고객서비스는 시장 창조를 위해 매우 중요한 기능이고, 고객을 만족

〈표 6-1〉 '서비스' 용어의 사용

서비스의 의미	용어의 사용 예
접객을 맡은 종사원, 기업 그 자체로서 고객을 응대하는 자세나 태도	• 종업원이 친절하고 서비스가 좋다. • 서비스가 나빠졌다.
기업 전체로서의 본연의 자세	• 회사의 철학은 서비스 정신에 투철한 것이다.
구체적 업무행위, 제도	• 백화점의 배달 서비스, 추석선물 상담 서비스 • 서비스가 좋은 상점을 이용한다. • 내구소비재의 판매에서는 애프터서비스가 중요한 의미를 가지고 있다.
금융적 급부	• 지중해 유람선 상품은 무이자 할부 판매 서비스를 이용하실 수 있습니다.
경제적 가치물(무형재의 의미)	• 호텔, 식당, 영화관 등은 서비스업에 포함된다.
기업의 희생적 저가, 무료 제공 행위	• 기내용 가방을 서비스해 드리겠습니다. • 오늘의 서비스 품목
애정, 우정, 의리, 교제, 호의	• 옛 친구에게 정성을 다해서 서비스를 했다.

출처: 박혜정(2010), p. 41.

시키고, 고객과 우호관계를 장기적으로 유지하면서 고객을 조직화하는 일련의 활동이다. 〈표 6-1〉은 고객서비스 용어의 사용을 살펴본 것이다.

2) 고객서비스의 중요성

과거에는 제품을 만들어서 팔기만 하면 되었지만, 이제는 공급이 많아지면서 시장의 주인은 공급자가 아니라 고객, 즉 수요자가 되었다. 끊임없이 변화하는 시장상황에서 신속하게 대처하지 못한다면 고객으로부터 외면당할 것이다. 이제는 고객을 끌어들이고, 고객을 만족시키고, 그 고객을 유지해야 한다. 고객은 이제 '상품'이 아닌 '서비스'를 산다. 고객을 중요시 여기지 않는 기업에 고객은 등을 돌리고 만다. 이제는 '서비스만이 살 길'이라고 외치는 기업들이 늘고 있다. 상품만을 가지고는 고객만족은 물론 경쟁력이나 차별성을 부각시킬 수 없기 때문이다. 고객을 만족시키기 위해서는 철저한 고객서비스가 실행되어야 한다. 고객의 작은 불만이라도 철저하게 점검해서 100% 만족시키고자 하는 자세가 중요하다. 고객만족은 기업의 입장에서 생각할 것이 아니라 고객이 만족할 때까지, 고객의 입장에서 불만족이 없어질 때까지 실시되어야 한다. 고객서비스의 궁극적인 목표는 고객만족과 충성도를 확보를 통해 이윤을 추구하는 데 있다. 기업의 존재는 고객이 존재함을 전제로 한다. 앞으로 기업이 살아남기 위해서는 고객의 목소리를 존중하고 고객이 원하는 것인 무엇인지 들어야 하는 적극적인 자세가 요구된다.

고객만족 경영의 최고 이론가인 칼 알브레히트(Karl Albrecht)는 "고객의 기대는 진화한다."고 하였다. 고객들은 양질의 서비스를 받아 본 경험으로 인해 더 높은 고객서비스를 원한다. 인터넷의 발달로 고객의 욕구와 기대는 날로 커지는 것이다. 고객의 기대를 충족시켜 경쟁에서 이기려면 기업이 더 빠르게 변하여 고객만족을 이루어 내야만 한다. 고객들이 상품과 서비스를 결정하는 과정에서 기대하는 것은 매우 다양하다. 고객서비스 현장에 있는 담당자는 고객이 원하는 것이 무엇인지 알기 위해 고객에게 질문해서 고객이 기대하고 원하는 바를 충족시켜야 한다. 욕구가

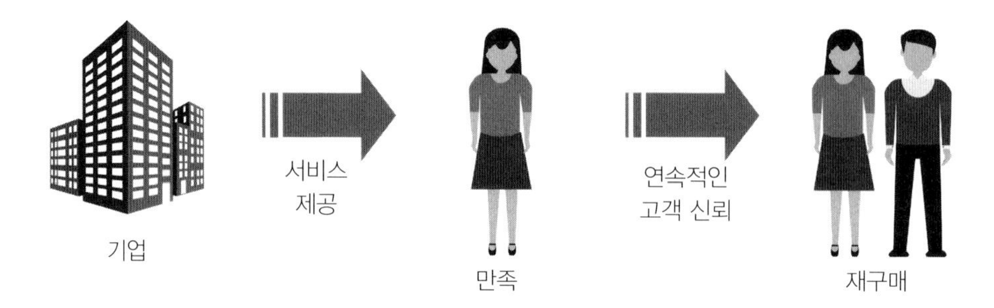

[그림 6-1] 고객만족이란?

충족된 고객은 기업에 대한 좋은 느낌을 가지게 되어 지속적인 거래가 이루어지고, 미래고객과 충성고객이 될 가능성이 높아진다. 고객을 만족시키는 기업은 살아남을 수 있지만 고객을 만족시키는 못하는 기업은 사라질 수밖에 없다.

고객만족 경영은 언제부터, 왜 시작하였는가? 고객만족 경영은 GE(General Electric)가 고객만족의 중요성을 인식하고, 1962년에 고객 상담실을 만들고 고객의 문의와 불만을 전화로 접수를 받으면서 시작되었다. 고객만족 경영 전문가들은 고객의 소리를 듣고 분석하는 조직을 만들었다는 데 보다 큰 의미를 두어 GE를 출발점으로 삼는 것이다.

스칸디나비아 항공사(Scandinavian Airline System: SAS)는 고객만족 경영의 시초이다. 오일쇼크로 인해 여행객이 줄어들고 기름값은 폭등하여 전세계 항공사들이 적자에 허덕이고 있을 때 얀 칼슨(Jan Carlzon) 사장이 부임해 회사의 고객접점 서비스를 개선하여 800만 달러의 적자 기업이 1년 만에 7,100만 달러의 흑자 기업으로 전환되었다. 스칸디나비아 항공사에 고객감동의 접점을 창조하여 흑자로 전환시키고, 세계 최고의 서비스를 제공하는 항공사로 만들었다. 얀 칼슨 사장은 고객을 만족시키는 과정에서 고객의 입장에서 경영활동을 전개하였다. 즉, 고객 만족은 고객과 직원이 서로 접촉하는 접점(Contact Point)에서 받은 서비스의 만족도에 따라 결정되기 때문에 최일선 직원이 고객만족을 성공시키는 열쇠라고 생각하였다. 최일선에 있는 직원들에게 어떤 간섭이나 쓸데없이 불필요한 위계질서를 거치지 않도록 배려하는 조직 구조로 기업 내부를 쇄신함으로써 전통적인 피라미드 조직을 붕

괴시켜 역피라미드로 만들었다. 얀 칼슨은 중간관리자에게 이렇게 말했다. "당신의 임무는 최일선에 있는 직원들을 감독하는 것이 아니라 그들을 지원하는 것이다." 이는 '중간관리자들은 최일선에 있는 직원들에게 무엇이 문제인지, 내가 어떻게 해줘야 좋은 서비스가 가능한지'를 함께 고민하고, 그들을 도와줘야 함을 의미한다.

3) 고객이 기대하는 것

고객의 서비스에 대한 기대는 매우 단순하고 기본적이다. 이 기본만 잘 지켜도 고객은 감동한다. 고객만족을 추구하는 기업이라면 '만들 수 있는 것'이 아니라 '고객인 원하는 것'을 만들고, 고객이 원하는 인적서비스를 제공해야 한다. 기업이 좋은 제품을 개발했다고 하더라도 고객의 의견을 무시하고 제대로 된 서비스를 하지 않는다면 그 제품은 아무런 의미가 없다. 언제나 고객을 생각하고, 고객의 의견을 듣고, 고객과 상생한다고 생각하면 기업이 발전할 수밖에 없다.

고객이 원하는 일반적인 사항들을 요약해 보면 다음과 같다.

- 상품에 대한 기대
  - 품질: 고객의 사용 목적에 상품이 얼마나 적합한가의 정도
  - 안전: 신체에 해를 입히지 않는 안전도
  - 가격: 상품을 구매하는 고객이 지불할 금전적 반응
- 서비스에 대한 기대
  - 분위기: 편리하고 청결함, 쾌적한 분위기 등
  - 응대 서비스: 서비스를 요구할 때 즉시 제공할 수 있는 능력
  (정중한 서비스, 적극적인 서비스, 정보의 정확성, 공감, 정당한 대우 등)
  - 불만처리: 불만처리의 신속한 처리, 처리결과에 대한 만족 등
- 기업이미지에 대한 기대
  - 사회공헌 활동: 지역 활동 및 사회복지 활동 등

-환경보호 활동: 환경보호 및 캠페인 활동 등

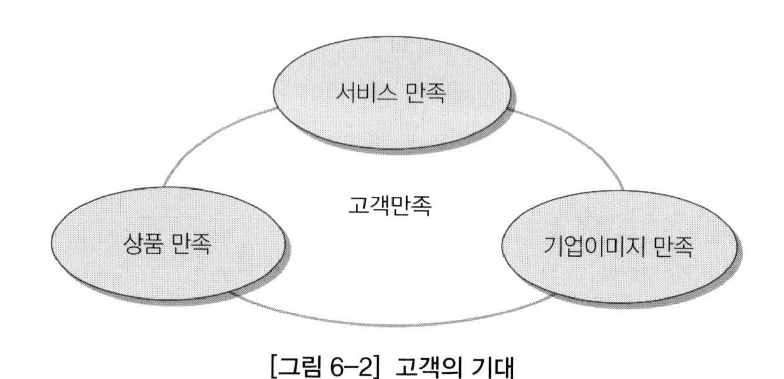

[그림 6-2] 고객의 기대

앞의 세 가지 기대 중에서 상품은 차별화가 가능하나 경쟁사의 모방이 쉬워 차별화가 오래가지 않는다. 하지만 인적응대 서비스는 얼마든지 독창성을 발휘할 수 있는 것이며, 또한 타사가 쉽게 모방하기도 어렵다. 따라서 고객과 직접적인 접촉이 빈번한 기업에는 다른 기업과는 다른 '차별화할 수 있는 서비스'가 무엇보다 중요하다.

4) 고객만족 불평고객응대 체크리스트

자신의 점수를 표기한 후 합계를 구해 보라. (매우 그렇다: 10점/ 보통이다: 5점/ 그렇지 않다: 0점)

〈표 6-2〉 고객만족 불평고객응대 체크리스트

내용	매우 그렇다	보통 이다	그렇지 않다
1. 고객이 화를 낸다고 해도 나는 같이 화를 내지 않고 끝까지 감정을 조절할 수 있는가?			
2. 고객의 말을 중간에 끊지 않고 끝까지 경청하는가?			
3. 고객이 불평할 때 정중한 태도를 유지하는가?			
4. 고객의 불평하는 동안 고객에게 집중하는가?			
5. 그만한 일에 화를 내느냐고 고객을 몰아세우지 않는가?			
6. 적절한 질문으로 고객의 상황을 이해하려고 하는가?			
7. 문제 해결을 위해 신속하게 행동하는가?			
8. 응대 처리가 늦어지면 고객에게 중간보고를 하는가?			
9. 끝까지 최선을 다하려고 노력하는가?			
10. 적절한 해결책을 강구하여 제시하는가?			

출처 : 행정안전부 고객만족매뉴얼(2008).

- 90점 이상~100점: 불평을 기회로 삼고 문제점을 인식하고 해결하는 데 적극적 노력을 하시는 분이시군요. 훌륭합니다.
- 70점 이상~90점 미만: 불만을 만족으로 바꿀 수 있는 것은 '한결같은 서비스 마인드와 적극적인 자세'입니다. 조금만 더 신경 쓰고 노력하는 자세를 보여주세요.
- 70점 미만: 불평 고객이 오히려 고마운 사람이라는 인식 전환이 무엇보다 필요한 분인 것 같군요.

사례 예시

만족한 고객만 주머니를 연다

스웨덴 항공회사인 SAS는 1981년 오일쇼크에 따른 세계경기 침체로 심각한 불황에 빠졌다. 그해 800만 달러라는 당시로서는 엄청난 규모의 적자를 냈다. 회사가 위기에 직면하자 이사회는 사장을 해임하고 계열사 대표를 맡고 있던 39세의 젊은 얀 칼슨(Jan Carlzon)을 신임 사장으로 앉혔다. 당시 다른 항공사들은 에너지 비용을 줄이기 위한 '에너지 보더링(Energy Bordering)' 전략으로 위기를 극복해 나가고 있었다. 하지만 칼슨은 정반대의 길을 택해 1년 뒤 괄목할 만한 성공을 일궈 냈다. 바로 매출 20억 달러에 7,100만 달러의 이익을 낸 것이다. 게다가 유럽 최고의 '비즈니스맨을 위한 항공사'라는 명성까지 얻었다.

칼슨이 적사 항공사를 흑자로 돌려놓을 수 있었던 전략은 무엇일까?

그것은 바로 사람을 현혹시키는 철학, 다시 말해 '고객이 사고 싶어 하는 것을 팔아라.'라는 그의 서비스 마인드에서 비롯됐다. 그는 고객을 직접 만나는 직원들이 서비스보다는 개인적 업무에 정신이 팔려 있고 행정부서는 형식과 보고서에만 집중하고 있다고 SAS의 문제점을 분석했다. 따라서 직원들의 고정관념을 바꾸는 일이 선결과제였다. 그래서 칼슨은 직원들에게 '고객 중심'의 사고를 가질 것을 요구하고 실천해 나갔다.

칼슨은 "고객 중심 사고가 계통을 밟아 하부로 전달되기를 기다렸다가는 이미 정착도 되기 전에 게임이 끝날 것"이라는 생각에 직접 전 세계를 돌아다니며 2만여 명의 직원들과 미팅을 갖고 고객 중심 사고만이 살 길이라는 것을 전파해 나갔다. 칼슨이 실천한 가장 대표적인 고객서비스 프로그램은 BMA(Businessman's Airlines Project)였다. BMA는 스칸디나비아와 유럽 대륙을 낮에 정기적으로 이용하는 비즈니스 클래스 고객을 위한 서비스이다. 비즈니스 클래스 고객에게는 이코노미 고객과 달리 커튼이 쳐진 별도의 공간을 마련해 안락함을 제공하는 등 기존 요금으로 더 좋은 서비스를 제공했다. 또 하나는 '정시출발' 전략이었다. 비즈니스맨의 생명인 시간 엄수를 위한 것이었다. 이 같은 서비스의 제공으로 3개월 만에 '유럽에서 시간을 가장 잘 지키는 항공사'라는 이미지를 만들 수 있었다. 서비스가 기업 경쟁력의 핵심 요소로 부각되면서 이 회사처럼 서비스 품질을 높이기 위해 노력하는 기업들이 늘고 있다. 고객에게 회사의 이미지를 높여 매출 향상을 가져올 수 있기 때문이다.

출처: 한국경제(2004. 6. 14.).

탐구활동

✎ 고객서비스가 무엇인지 각자 적어 보고, 자신이 실천해야 될 고객서비스 세 가지를 적어 보시오.

고객서비스	실천해야 될 고객서비스

✎ 고객이 직원에게 원하는 욕구들이다. 다음에 나오는 고객의 욕구를 만족시키는 방안을 적어 보시오.

고객의 욕구	욕구를 만족시키는 방안들
• 기억되기를 바라는 욕구 • 중요한 사람으로 인식되고픈 욕구 • 칭찬받고 존경받고 싶어 하는 욕구 • 환영받고 싶어 하는 욕구 • 편안해지고 싶어 하는 욕구	

✎ 고객을 감동시킬 수 있다고 생각하는 고객서비스 아이디어를 적어 보시오.

Tip

서비스의 특성

1. 서비스는 제공하는 순간에 생산된다. 미리 만들어 놓을 수도 없고 언제라도 제공할 수 있도록 저장해 둘 수도 없다.

2. 서비스는 한곳에서 생산, 검사, 비축, 저장을 할 수 있는 것이 아니다. 서비스는 어디든지 고객이 있는 곳에서 경영자의 눈, 영향력 행사가 곤란한 일선 현장 담당자에 의해 제공된다.

3. 서비스는 미리 전시하거나 견본을 보여 줄 수 없다. 제공자가 보여 주는 여러 가지 견본은 다른 고객을 위한 것이며, 자기 자신을 위한 서비스는 아직 존재하지 않으며 체험하기 전에는 알 수가 없다.

4. 서비스를 받은 사람은 만질 수 있는 것은 아무것도 갖지 못한다. 서비스의 가치는 오로지 고객의 개인적 경험에 의존한다(고객이 판단한다).

5. 그 개인적 경험을 제삼자에게 팔거나 넘겨 줄 수 있는 것이 아니다.

6. 서비스는 만약 부적절하게 제공되더라도 취소할 수 없다. 보상이나 사과가 고객에게 할 수 있는 유일한 수단이다.

7. 품질보증은 서비스 제공 전에 되어 있어야 하지 제공 후에 보증이란 없다. 이것은 상품 생산의 경우에도 마찬가지이다.

8. 서비스의 제공은 사람의 상호작용에 의해 이루어진다. 구매자와 판매자가 개인적으로 접촉함으로써 서비스가 생산된다.

9. 고객의 사전 기대에 의해 그 만족이 크게 좌우된다. 따라서 서비스의 품질은 아주 주관적이다.

10. 고객에게 서비스가 제공되는 과정에서 관계하는 사람이 많으면 고객의 만족 가능성은 낮아진다.

출처: Karl Albrecht(1995).

정답 및 해설 p. 401

※ 다음 문장의 내용이 맞으면 ○, 틀리면 × 표시를 하시오.

1. 서비스란 무형적 성격을 띠는 일련의 활동으로서 고객과 서비스 직원의 상호관계에서부터 발생하며 고객의 입장에서 고객의 문제를 해결해 주는 것이라는 개념이다. ( )

2. 시장의 주인은 공급자이다. ( )

3. 얀 칼슨(Jan Carlzon)은 중간관리자에게 이렇게 말했다. "당신의 임무는 최일선에 있는 직원들을 감독하는 것이다." ( )

4. 고객서비스 현장에 있는 담당자는 고객이 원하는 것이 무엇인지 알기 위해 고객에게 질문해서 고객이 기대하고 원하는 바를 충족시켜야 한다. ( )

5. 고객만족을 추구하는 기업이라면 '만들 수 있는 것'이 아니라 '고객이 원하는 것'을 만들고, 고객이 원하는 인적서비스를 제공해야 한다. ( )

※ 괄호 안에 알맞은 말을 넣으시오.

6. (   )는 재화나 서비스 상품을 구입한 고객에게 제공하는 사후관리 서비스를 말한다.

7. (   )는 고객만족 경영의 시초이다. 오일쇼크로 인해 여행객이 줄어들고 기름값은 폭등하여 전 세계 항공사 적자에 허덕이고 있을 때 (   ) 사장이 부임해 회사의 고객접점 서비스를 개선하여 800만 달러의 적자 기업이 1년 만에 7,100만 달러의 흑자 기업으로 전환되었다.

※ 다음 문항을 읽고 물음에 답하시오.

8. 서비스의 의미와 용어의 사용을 올바르게 연결하시오.

① 기업 전체로서의 본연의 자세	A. 옛 친구에게 정성을 다해서 서비스
② 애정, 우정, 의리, 교제, 호의	B. 기내용 가방 서비스
③ 구체적 업무행위, 제도	C. 백화점 배달서비스
④ 기업의 희생적 저가, 무료 제공 행위	D. 회사의 철학은 서비스정신에 투철한 것

9. 고객서비스의 중요성이 아닌 것을 고르시오. ( )
   ① 시장의 주인은 공급자가 아니라 고객이다.
   ② 고객은 '상품'이 아닌 '서비스'를 산다.
   ③ 고객서비스의 목표는 고객만족과 충성도를 확보를 통해 이윤을 추구하는 데 있다.
   ④ 고객의 큰 불만을 철저하게 점검해서 100% 만족시키고자 하는 자세가 중요하다.

10. 고객의 계층 중 상품을 구매하는 정도가 가장 높은 순으로 나열된 것은? ( )
   ① 단골고객 – 골수 단골고객 – 고객 – 손님 – 잠재고객 – 가망고객
   ② 단골고객 – 고객 – 손님 – 잠재고객 – 고망고객 – 골수 단골고객
   ③ 골수 단골고객 – 단골고객 – 손님 – 고객 – 잠재고객 – 가망고객
   ④ 골수 단골고객 – 단골고객 – 고객 – 손님 – 가망고객 – 잠재고객

2. 고객불만의 요인

1) 불만이란?

불만이란 마음이 흡족하지 않은 것을 말한다. 고객불만에는 두 가지가 있다. 첫 번째는 컴플레인(complaints)으로, 상대방의 잘못된 행위에 대한 불만사항 통보로 나타나는 주의 정도의 불만족이며, 행동 또는 자체내부의 조치에 의해 해결될 수 있는 불만족(불평하다/투덜거리다/푸념하다/한탄하다)이다. 두 번째는 클레임(claim)으로, 상대방의 잘못된 행위에 대한 시정요구로 클레임 처리가 되지 않을 경우에는 고객에게 물리적 · 정신적 보상, 크게는 법적으로 보상하여 해결해야 하는(당연한 것으로서 권리를 주장하다, 요구하다, 청구하다) 것이다. 불만을 제대로 해결해 주지 못할 경우 고객은 테러리스트가 되어 나쁜 구전으로 신규고객 확보에 장애가 되고 또한 문제를 개선할 기회를 상실하여 상품과 서비스의 품질이 저하되며, 이에 따라 기업은 매출과 수익이 줄고 직원은 사기가 줄어들어 결국은 시장에서 퇴출당하게 된다. 즉, 기업의 잘못된 고객불만 처리는 고객과 기업 그리고 직원 간의 부정적인 연쇄반응으로 악순환의 고리가 연출된다.

2) 불만고객 관리

고객의 불만족은 고객이 상품이나 무형적 서비스를 구매하는 과정에서 비호의 감정적 경험으로 소비자의 기대를 만족시키지 못하는 경우나 서비스 제공자가 제공한 대가가 부적절하다고 보는 소비자의 인지적 상태를 말한다(박은경, 양용호, 최병길, 2010). 즉, 고객의 불만이란 기대에 미치지 못할 때 불평불만을 토로하는 행위이다. 구매 시와 구매 후 고객을 관리하는 것은 서비스 기업에 있어 중요한 문제이다. 대부분의 고객은 어느 정도 합리적인 근거를 가지고 불평불만을 이야기하게 되는데, 이때 고객을 무시하거나 외면하게 되면 기업에 큰 손실을 가져올 수도 있다. 하지만 불평불만을 제기하는 고객을 더 친절하게 응대해서 만족시키면 단골고객과 충성고객으로 만들 수 있는 중요한 전환점이 될 수도 있다. 불평하는 고객이 있다는 것은 또 다른 기회가 될 수 있다는 의미이다. 고객의 불평은 곧 기회이다.

3) 불만고객의 중요성

불만을 지적하는 고객이야말로 고마운 고객이다. 불평하는 고객은 직원에게 불편과 문제점을 말해 줌으로써 개선의 기회를 제공해 주는 것이다. 따라서 불평고객의 소리에 귀를 기울이고 불편과 문제점을 지적해 준 고객에게 감사하는 마음을 갖는 것이 진정한 서비스 정신이다.

미국의 소비자 관련 회사인 TARP(Technical Assistance Research Programs)가 소사한 미국 내 고객불만 처리의 연구에 따르면 불만고객 96%는 불만을 말하지 않고 거래를 중단한다. 거래를 중단하는 고객들은 실망한 부분을 따로 언급하기를 싫어하기 때문에 기업들은 대부분 어떤 이유로 고객이 거래를 중단하는지조차 알지 못하게 된다. 그렇게 떠난 불만고객은 동료나 주변사람들에게 불만을 말한다. 거래 시 서비스에 불만족한 고객은 8~10명에게 불만을 전하고, 만족한 고객은 4~5명에게 이야기하는 홍보 효과가 있다. 불만족한 고객 중 90%는 그 기업과 거래를 완전히 중단하며, 불만이 해결된 54%의 고객만이 거래를 계속한다.

따라서 고객만족을 추구하는 기업이라면 '꾸짖는 고객을 보면 보석이 있는 곳을 가르쳐 주는 사람'이라고 생각하고 불만이 있을 때 신속하게 해결할 수 있도록 해야 한다. 꾸짖는 고객이 우리에게 주는 의미를 살펴보자.

(1) 제품이나 서비스의 문제점을 일찍 발견하고 개선하여 제품이나 서비스를 향상시킬 수 있는 좋은 정보를 얻게 된다.

고객의 불평불만을 통해 기업이 생각하지 못한 부분에 대해 정보를 얻기 때문에 그것을 잘 분석하면 고객의 기대에 못 미치는 서비스 영역이 어디인지를 알 수 있게 되므로 고객의 불평불만은 기업에게 중요한 정보를 제공하는 것이다. 고객이 상품이나 서비스를 이용하면서 어떤 불만을 느꼈는지, 어떻게 개선할 것인지 말해 준다는 것은 기업에 관심과 애정이 있다는 것이고, 또한 기업 측에서는 이러한 고객의 불만사항을 바로 해결해 줄 수 있어야 그 관심이 지속될 수 있다.

고객을 지속적으로 충성고객으로 만들기 위해서는 무엇보다도 숨겨져 있는 고객의 불만사항을 놓치지 말아야 한다. 하지만 고객들은 불만을 잘 말하지 않는다. 그 이유로는 귀찮아서, 어디에 말해야 할지 몰라서, 이야기해 본들 소용이 없을 것 같아서, 시간과 수고의 낭비라서, 차라리 한 번 손해 보고 앞으로 거래를 끊으면 된다고 생각해서, 시간이 지나고 말하려니 증거로 제시하기 모호해서, 불쾌한 것은 빨리 잊고 싶어서, 특정한 사람의 행동을 비난하기 싫어서, 불만을 말하면 불이익이 올지 몰라서, 까다로운 사람이라는 이미지를 주기 싫어서 등이 있다.

제품의 서비스나 문제점을 일찍 발견하고 개선하기 위해서는 고객이 말하는 작은 불만사항들을 잘 파악해 낼 필요가 있다. 고객이 말하는 작은 불만들은 고객이 우리 기업을 위해 시간과 돈을 들여 가며 제공해 주는 귀중한 정보이기 때문이다.

고객의 작은 불만을 즉시 처리하면 100배의 비용이 절약된다는 세계적인 물류기업의 사례를 살펴보자. 페덱스(FedEx)는 서비스 부문에서 말콤 볼드리지 국가품질상(Malcolm Baldrige National Quality Award)을 수상한 바 있다. 페덱스는 최상의 서비스 수준을 유지하기 위해 1: 10: 100의 법칙을 철저히 적용하고 있다. 이 법칙은 불량이 생길 경우 바로 고치면 1의 원가가 들지만, 책임 소재 추궁이나 문책이 두려워 이를 숨긴 채 회사 문을 나서면 10원의 원가가 들며, 이것이 고객 불평을 유발하면 100원의 원가가 든다는 것이다. 다시 말하면 작은 실수를 그대로 내버려 뒀을 경우 그 비용이 적게는 10배, 크게는 100배까지 불어나는 큰 문제로 바뀐다는 뜻이다. 이러한 페덱스의 이론은 품질경영 부문에서 이미 교과서처럼 인식되고 있다.

〈표 6-3〉 1:10:100 법칙

1:10:100 법칙 : 성공한 조직은 바로 이런 법칙을 누구보다 잘 알고 있으며 몸소 실천했다.
• 내가 결함을 발견했을 때 해결에 소요되는 시간(비용) : 1
• 내부고객이 결힘을 발견했을 때 해결에 소요되는 시간(비용) : 10
• 외부고객이 결함을 발견했을 때 해결에 소요되는 시간(비용) : 100

(2) 고객과의 신뢰가 강화되어 열성팬으로 만들 수 있는 좋은 기회가 될 수 있다.

상품이나 서비스에 대해서 불만을 잘 해결함으로 인해 고객과 더욱 친해질 수 있고 또한 열성팬을 확보할 수 있으니 일석이조라고 할 수 있다. 조사에 의하면 상품이나 서비스에 만족한 고객들보다 불만족스러웠던 고객이 적절한 대응을 통해 만족하게 되었을 때, 보다 더 충성스런 고객이 된다고 한다. 고객의 불평불만에 얼마나 빨리 대응하여 문제를 해결하느냐에 따라 충성도가 다르게 나타났다고 한다. 그 충성도는 결국 열성팬을 확보할 수 있는 기회가 된다.

(3) 고객에 대한 불만이 신속하게 처리될 경우 만족한 고객의 재구매율과 고객유지율이 증가한다.

고객들은 상품이나 서비스에 불만을 이야기했을 때 불만이 잘 해결되고 만족하면 같은 상표의 상품을 사지만 불만이 제대로 해결되지 않았을 때는 같은 상표의 상품을 잘 사지 않는다고 한다. 이처럼 신속하게 처리될 경우 재구매율과 고객유지율이 증가한다.

(4) 만족한 고객은 홍보대사가 되어 구전효과를 통해 신규고객 창출의 기회가 된다.

구전(word of mouth)이란 사람들 사이의 대면을 통한 커뮤니케이션으로 고객이 상품구매에 따르는 위험을 줄이기 위해 정보를 수집하는 과정에서 쉽게 이용하는

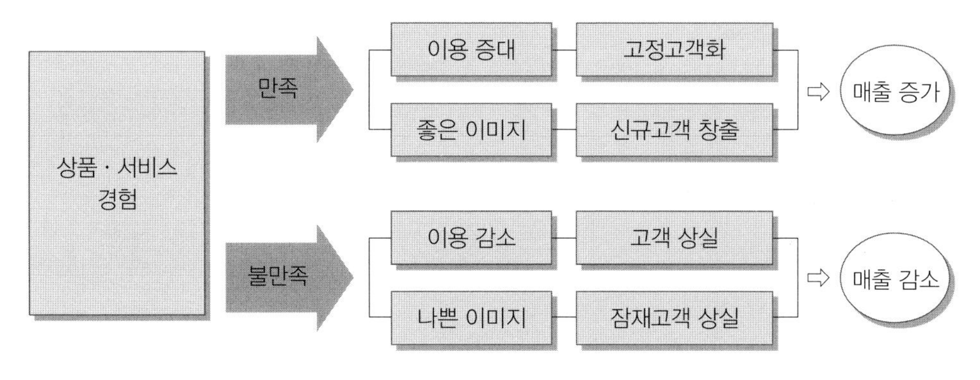

[그림 6-3] 불만고객의 중요성

방법이다.

불만족한 고객은 친구, 이웃, 친지들에게 자신의 불만족스러웠던 경험을 적극적으로 홍보하고, 만족한 고객은 상품을 재구매하고, 잠재고객에게 긍정적인 구전을 하고, 또 서비스 홍보맨의 역할을 한다. 고객들은 만족하면 평균 8명에게 전달하고, 불만족한 고객은 평균 25명에게 전달한다.

4) 불만고객 발생원인

고객의 욕구가 다양화 · 개성화되고 소비환경이 급속히 바뀌는 상황에서 서비스 접점의 전 과정에 걸쳐 수많은 요인들이 발생할 수 있다. 불만고객 발생요인은 크게 회사 문제, 직원의 문제, 고객 자신의 문제로 분류할 수 있으며, 이 중 가장 큰 원인은 직원들의 고객응대 과정에서 비롯되는 것으로 조사되었다. 즉, 직원의 응대가 불친절하거나, 규정만 내세우는 안내, 업무처리 미숙, 타 부서로 책임회피로 인한 불만이 전체대비 65%로 가장 많이 발생하는 것으로 나타났다. 이것을 자세히 살펴보면 처음에 불만고객의 불만은 회사문제로 시작되었는데, 중간에 직원의 불친절한 응대에 고객은 회사에 대한 불만은 잊고 직원에 대한 불만만 쌓이게 된 것을 알 수 있다.

(1) 회사 문제(20%)

- 인적자원
- 프로세스 및 프로그램
- 제품 및 서비스 시스템
- 내부 커뮤니케이션
- 기술 및 지원시스템

(2) 고객 자신의 문제(15%)

- 제품이나 서비스 정보를 정확하게 사용하지 못하는 경우
- 고객이 지시사항을 따르는 역할을 완수하지 못하는 경우
- 고객의 지나친 기대: 기억되기를 바라는 욕구, 중요한 사람으로 인식되고픈 욕구, 칭찬받고 존경받고 싶어 하는 욕구, 환영받고 싶어 하는 욕구, 편안해지고 싶어 하는 욕구 등

(3) 직원의 고객응대 과정(65%, 가장 큰 원인으로 작용)

〈표 6-4〉 입장의 차이

구분	직원의 입장	고객의 입장
업무적인 원인	• 직원의 업무지식 부족 • 직원의 의사소통 기술 부족 • 고객감정에 대한 공감능력 부족 • 서비스 마인드 부족	• 회사에 대한 이해 부족 • 자기중심적 생각
심리적인 원인	• 귀찮다(바쁘다). • 회사의 규정을 어길 수 없다. • 자신의 서비스는 문제가 없다. • 나는 서비스부분에 전문가이다. 등	• 업무처리 지연에 대한 초조감 • 상품이 여기뿐이냐는 비교심리 • 자존감의 손상 • 열등의식 등

① 원인

- 퉁명스러운 말씨
- 직원의 용모/복장 불결
- 고객의 기대에 못 미치는 서비스
- 지연된 서비스
- 약속 미이행
- 고객 감정에 대한 배려 부족
- 불완전한 설명과 서툰 의사소통
- 단정적 거절
- 직원의 실수와 무례한 태도
- 고객 측의 실수
- 제3의 원인

② 비언어적 커뮤니케이션의 유형과 해석(고객을 화나게 하는 행동)

비언어적 커뮤니케이션(nonverbal communication)은 외모, 자세, 표정, 동작, 시선, 음성 등으로 구성되며, 이 요소들이 서로 어우러져 고객에게 시각정보로 전달된다. 비언어적 커뮤니케이션은 언어적 커뮤니케이션의 메시지와는 달리 발신자의 숨은 의도를 감추지 못한다. 언어적 메시지와 비언어적 메시지가 서로 충돌할 때, 우리가 더욱 신뢰할 수 있는 것은 비언어적 메시지라고도 말할 수 있다. 왜냐하면 비언어적 커뮤니케이션은 우리가 미처 인식하지 못하는 무의식의 세계까지도 보여주기 때문이다. 비언어적 커뮤니케이션의 중요한 특성과 유형을 살펴보면 다음과 같다.

- 언어적 커뮤니케이션보다 더 신뢰할 만하다.
- 감정적 호소력이 매우 크다.
- 비언어적 부호는 문화적 영향을 받지만 공통적 의미를 나타낸다.

• 지속적이고 자연스러운 특성을 갖고 있다.
• 비언어적 부호는 동시다발적으로 일어난다.

〈표 6-5〉 비언어적 커뮤니케이션의 유형

유형	내용	전달경로	효과
유사언어	목소리톤, 억양, 음질, 음량, …	청각	동일한 메시지의 감동의 폭 좌우
기호언어	상징, 숫자, 장식, 표시, 마크, 교통표지판, …	시각	막연한 이념을 구체화
행동언어	제스처, 태도, 표정, …	시각	말로 하기 어려운 숨겨진 메시지, 심정을 전달
대상언어	옷차림, 헤어스타일, …	시각	사람의 개성, 취향을 드러내어 이해증진
접촉언어	포옹, 손잡기, …	촉각	애정, 혐오감을 표현하는 직접적인 행동
감정언어	침묵, 시간, 공간	감정	침묵: 주로 거절을 의미 시간: 관심과 신뢰감 공간: 개인성격과 의식조명

③ 언어적 커뮤니케이션(고객을 화나게 하는 말)

• 고객님, 제가 그런 뜻으로 말씀 드린 건 아니잖아요!
• 그건 안 됩니다.
• 입장이 곤란합니다.
• 바쁘다니까 다음에 하세요.
• 책임문제가 따릅니다.
• 제 소관이 아닙니다.
• 잘 모르겠습니다.
• 그럼 그때 말씀하시지 왜 이제 와서 그러세요.
• 알아는 보겠습니다.
• 근무시간이 끝났습니다.

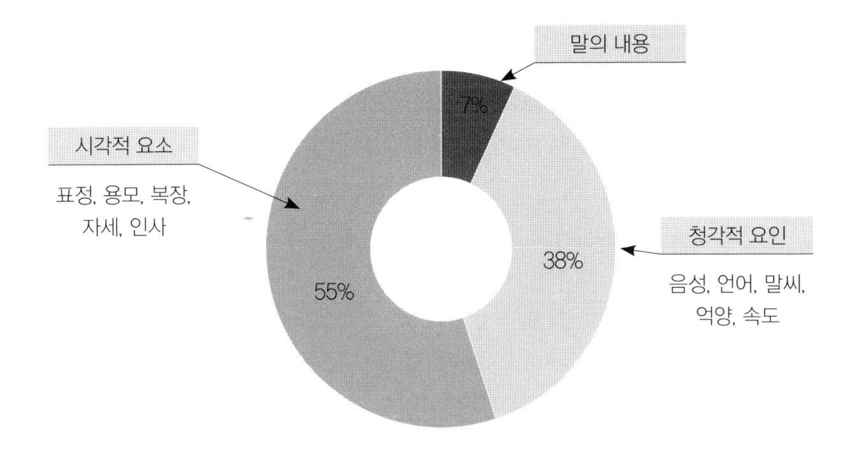

[그림 6-4] 메라비언(Albert Mehrabian) 법칙

미국의 행동심리학자인 앨버트 메라비언(Albert Mehrabian) 박사는 사람의 첫인상을 결정하는 요소로 시각적 요소를 55%, 청각적 요소를 38%, 사람이 하는 말의 내용을 7%로 보았다. 직업에 따라서 비중에 대한 가중치는 다소 달라질 수 있으나 거의 비슷한 비율로 평가받는다. 따라서 불만고객과의 응대과정에서 밝은 표정과 바른 자세 등 고객과 대화를 시작하기 전에 느껴지는 좋은 시각적 이미지는 곧 절반의 성공을 의미한다.

④ 칠거지악, 고객을 쫓아 버리는 서비스

칼 알브레히트(Karl Albrecht)는 "조직 외부에 양질의 서비스를 제공하려면 먼저 조직 내부에 양질의 서비스를 제공할 수 있는 체제를 구축해야 한다."고 말하면서, 서비스업에서 공통적으로 발견되는 직원의 응대태도 불량을 서비스 칠거지악이라 명명하였다.

〈표 6-6〉 고객을 쫓아 버리는 칠거지악

칠거지악	고객을 쫓아 버리는 서비스
무관심	나와는 상관없다는 식의 태도 고객이 다가와도 쳐다보지 않는 행위 "저어, 여기요."
무시	고객의 요구나 문제를 못 본 척하고 고객을 피하는 태도 "퇴근시간이라 안 되는데요."
냉담	적대감, 퉁명스러움, 친근하지 못함, 고객사정을 고려하지 않음, 조급함을 표시하는 것 "조금 전에 끝났다고 말했잖아요."
건방진 태도	낯설어하는 고객에게 생색을 내거나 어딘지 모르게 건방진 태도 "무슨 말인지 모르겠어요?"
로봇화	직원이 기계적으로 응대하여 고객 개인 사정에 맞는 따뜻함이나 인간미를 전혀 느낄 수 없는 태도 "어서 오세요." "안녕히 가세요." 등 영혼 없는 말
규정 제일	고객만족보다는 기업의 내부 규정을 앞세워 예외를 인정할 수 없거나 상식이 통하지 않는 경우 "규정이라 어쩔 수 없어요."
발뺌	"죄송합니다만, ○○○로 가 주십시오. 여기는 담당이 아닙니다." 식으로 책임을 돌리는 행위 "저쪽에서 알아보세요."

사례 예시

만족한 고객은 또 방문하게 된다

"대한민국에서 친절로 소문난 안동병원이 MK 택시로부터 맨 먼저 배워 간 것은 인사하는 것이었습니다. 인사하는 것이 간단하고 쉬운 것 같지만, 그렇지가 않습니다. 우리는 전 사원들을 인사하게 하기 위해 수없이 많은 교육을 시켜 왔지만, 솔직히 지금도 100퍼센트는 안 됩니다.

사실은 모든 친절의 기본이 인사하는 것입니다. 인사가 되어야 다른 것도 되고, 인사가 안 되면 아무 것도 안 됩니다.

처음에 우리 MK 택시에서 인사운동을 실행할 때 엄청난 반발이 있었습니다. 이를 무릅쓰고 우리는 밀고 나갔고, 안동병원도 마찬가지였습니다. 그랬더니, 사람들이 몰려들기 시작했다는 것입니다. 병원에 환자가 많다는 것이 마냥 좋아할 일만은 아니겠지만, 어쨌든 환자들이 다른 병원으로 가지 않고 안동병원으로 몰려들었다는 말입니다.

갑자기 의료진이 좋아진 것도 아니고, 새로운 장비를 도입한 것도 아닙니다. 고객을 끌어들인 건, 안동병원 관계자들의 증언에 의하면, 다른 병원이 하지 않는 친절을 병원 운영에 끌어들였을 뿐이라는 것입니다. 인사를 하고 친절을 베푼 것, 그뿐이었다는 것입니다. 그렇게 사소한 일이 큰 변화를 일으킵니다. 큰 감동은 실은 그처럼 사소한 데서 말미암는 것입니다. 친절은 돈이 아니라 생명입니다."

(MK 택시 유태식 부회장)

〈안동병원 우리의 실천〉

- 우리는 하찮은 것부터 지킨다.
- 우리는 작은 물건이라도 아낀다.
- 우리는 행동으로 실천한다.

〈안동병원 우리의 서비스〉

- 제가 먼저 인사하겠습니다.
- 제가 먼저 다가서겠습니다.
- 제가 끝까지 책임지겠습니다.

탐구활동

✎ 고객응대 과정 중 고객이 불만을 제기하는 원인을 적어 보시오.

원인	해결방법

✎ 고객응대 과정 중 언어적 커뮤니케이션을 적어 보시오.

그만할 것	시작할 것

✎ 고객응대 과정 중 비언어적 커뮤니케이션을 적어 보시오.

그만할 것	시작할 것

Tip

불평 · 불만 고객 없이 살 수 없다

'고객'이라는 단어는 顧(돌아볼 고), 客(손 객)으로 접대하는 사람이나 기업의 입장에서 볼 때 다시 보았으면, 또 와 주었으면 하는 사람을 '고객'이라 한다.

고객은 돈이다.
고객은 왕이다.
고객은 주인이다.
고객은 항상 옳다.
고객은 욕심쟁이다.
고객은 기업의 생존이다.
고객은 나에게 월급을 주는 사람이다.
우리의 운명은 고객의 손에 달려 있다.
20%의 충성고객이 80%의 매출을 올려 준다.
가장 무서운 고객은 말없이 떠나는 고객이다.
고객이야말로 우리가 여기서 일하고 있는 목적이다.
고객은 회사의 근무하는 모든 사람을 해고시킬 수 있다.
고객과의 말싸움에서 이길 수 있는 사람은 아무도 없다.
고객은 우리에게 자신이 원하는 것을 요구하는 사람이다.
고객이 '님'이 되면 흥하고, 고객이 '남'이 되면 망한다.
고객은 말다툼을 하거나 누가 잘했는지 겨루는 대상이 아니다.
고객은 직접 찾아오든 혹은 우편을 통해 오든, 기업에게 가장 중요한 사람이다.
고객은 기업에 의존하지 않는다. 단지 기업이 고객에게 의존할 뿐이다.
고객은 기업이 하는 일의 방해물이 아니라 목적이다.
기업은 고객을 만족시킴으로써 고객에게 호의를 베푸는 것이 아니라, 고객이 기업에게 그런 기회를 제공함으로써 기업에게 호의를 베푸는 것이다.
고객은 논쟁할 상대가 아니다. 누구도 고객과의 논쟁에서 이긴 사람은 없다.
고객은 기업에게 자신이 원하는 요구사항을 전달한다.
그것을 고객과 기업 모두에게 이익이 되도록 만드는 것은 기업이 해야 할 일이다.

출처: 이유재(1997).

학습평가

정답 및 해설 p. 402

※ 다음 문장의 내용이 맞으면 ○, 틀리면 × 표시를 하시오.

1. 불만이란 기대에 미치지 못할 때 불평불만을 토로하는 행위이다. (　　)

2. 불평하는 고객은 직원에게 불편과 문제점을 말해 줌으로써 개선의 기회를 제공해 주는 것이다. (　　)

3. 비언어적 커뮤니케이션은 언어적 커뮤니케이션의 메시지와는 달리 발신자는 숨은 의도를 감출 수 있다. (　　)

4. 불만고객의 응대 과정에서 밝은 표정과 바른 자세 등 고객과 대화를 시작하기 전에 느껴지는 좋은 시각적 이미지는 곧 절반의 성공을 의미한다. (　　)

5. 불평불만을 제기하는 고객을 더 친절하게 응대해서 만족시키면 단골고객과 충성고객이 될 수 있는 중요한 전환점이 될 수도 있다. (　　)

※ 괄호 안에 알맞은 말을 넣으시오.

6. 미국의 행동심리학자인 (　　　　　) 박사는 사람의 첫인상을 결정하는 요소로 시각적 요소를 55%, 청각적 요소를 38%, 사람이 하는 말의 내용을 7%로 보았다.

7. 불만고객 발생원인은 크게 (　　　　　), (　　　　　), (　　　　　)(으)로 분류할 수 있다.

※ 다음 문항을 읽고 물음에 답하시오.

8. 기업의 불만고객의 중요성에 해당하지 않은 것을 고르시오. (　　)
   ① 문제점을 일찍 발견하고 해결할 수 있다.
   ② 열성팬으로 만들 수 있는 기회가 될 수 있다.
   ③ 고객과 유대관계 강화로 고객유지율이 증가한다.
   ④ 고객불만 정보는 조직에서 인사평가에 유용한 자료로 활용할 수 있다.

9. 칼 알브레히트가 제시한 서비스업에서 공통적으로 발견되는 직원의 응대태도 불량의 한 예로 "죄송합니다만 ○○으로 가 주십시오. 여기는 담당이 아닙니다."라고 응대한 태도는 서비스 칠거지악 중 어느 요소에 해당하는 것을 고르시오. (　　)
   ① 발뺌
   ② 무관심
   ③ 로봇화
   ④ 냉담

10. 기업에 대한 고객의 불만 원인 중 기업의 심리적 원인에 해당하는 것을 고르시오. (　　)
   ① 직원의 업무지식 부족
   ② 회사의 규정을 어길 수 없다는 직원의 대처방식
   ③ 고객감정에 대한 공감능력 부족
   ④ 서비스 마인드 부족

3. 불만 유형과 응대방법

1) 고객들이 불만을 표현하는 유형

고객들이 불만을 표현하는 유형은 매우 다양하다. 고객 유형에 따라서 상품이나 서비스에 만족하는 고객이 있는가 하면, 만족하지 못하는 고객도 있다. 고객의 유형에 따라 적절한 응대방법이 요구된다. 고객과의 관계에 있어서도 고객의 심리를 파악하는 한편, 고객 한 사람 한 사람의 특수한 사정까지 헤아려서 응대하는 유능한 서비스 전문가가 되어야 한다. 서비스 전문가로서 다양한 유형의 응대방법과 불만 고객 유형별 응대방법을 살펴보면 다음과 같다.

〈표 6-7〉 다양한 유형의 응대방법

유형	응대방법
노년층 고객	• 공손하게 응대한다. • 말을 천천히 하고 끝까지 친절하게 응대한다. • 경어 사용과 호칭에 유의한다.
여성 고객	• 직원의 사소한 말이나 행동에 예민하기 때문에 감정적 응대를 한다. • 고객을 대하는 말씨와 태도에 유의한다. • 유아나 어린이를 동반한 경우, 유아나 어린이의 이름을 불러 준다.
어린이 고객	• 어린이 눈높이에 맞추어 응대한다. • 반말을 하지 않는다. • 어린이 고객의 요구에는 즉시 응대한다.
유명 고객	• 개인적인 질문을 하지 않는다. • 사진촬영을 요구하는 등의 행동을 절대 하지 않는다.
고집불통 고객	• 고객이 말하는 것에 집중하여 그들의 의도를 이해하려고 노력한다. • 보통의 어조와 크기로 분명하고 천천히 말한다.

처음 이용하는 고객	• 고객이 이용 경험이 없음을 알고 있다는 내색을 하지 않는다. • 처음 방문하는 곳이니 편안하게 느끼도록 대한다. • 고객의 질문에 주변의 고객들이 눈치채지 않도록 조용한 목소리로 정확하게 답변을 한다. • 상황에 따라 충분한 도움을 제공한다.
최우수 고객	• 최우수 고객이라고 과하게 치중하여 다른 고객에게 불쾌감을 주지 않도록 한다. • 최우수 고객에 대한 각별한 예우와, 다른 고객에 대한 원만한 서비스라는 두 가지 측면을 모두 고려하여야 한다.
장애 고객	• 장애고객은 특별한 사람이 아니라 '우리와 똑같은 사람'이라는 인식을 해야 한다. • 장애인이라는 말을 고객 앞에서 사용하지 않도록 한다. • 불필요한 도움을 주어서 고객을 당황하게 하지 않도록 유의한다. • 도움이 필요한 상황에는 민감해야 한다. • 장애고객이 먼저 요구하기 전에 "무엇을 도와드릴까요?"라고 물어보는 것이 좋다.

〈표 6-8〉 불만고객 유형별 응대방법

유형	응대방법
빨리빨리형 고객	• 고객의 페이스에 따라 신속하게 응대하고 민첩하게 행동한다. • 고객이 답답함을 느끼지 않도록 즉각적으로 답변을 제공한다. • 언짢은 내색을 보이거나 원리원칙만을 내세우지 않는다.
잘난 척하는 고객	• 인정받기를 좋아하기 때문에 칭찬해 주어야 한다. • 필요 이상으로 낮은 자세를 보이지 않도록 주의한다.
무리한 요구형 고객	• 먼저 고객의 입장을 충분히 이해한다. • 요구가 무리하다는 것을 납득할 수 있도록 설명한다. • 무안을 주는 것은 절대 금물이다.
흥분하는 고객	• 침착하게 대화를 진행한다. • 말투나 태도에 주의한다. • 고객을 흥분시키지 않도록 한다.

의심이 많은 고객	• 자신감 있는 태도로 간결하고 명확하게 설명한다. • 적극적인 응대와 실제 사례와 데이터를 제시한다. • 애매한 설명은 또 다른 의심대상이 될 수 있으므로 자신감 있는 설명을 한다.
신중한 고객	• 초조해하지 않고 질문에 성의껏 답한다. • 사례나 타고객의 반응을 예로 들며 추가로 설명한다. • 혼자 생각할 수 있는 시간적 여유를 준다.
신경질적인 고객	• 인내를 가지고 응대한다. • 말씨나 태도에 주의를 한다. • 불필요한 대화를 줄이고 신속히 조치한다.
거만한 고객	• 되도록 정중하게 대한다. • 고객의 특이사항을 찾아내어 칭찬을 한다. • 욕구가 충족되도록 추켜세운다.
온순 · 얌전 · 과묵형 고객	• 되도록 예의 바르게 응대한다. • 말씨 하나하나 표현에 주의한다. • 다른 고객을 대하는 모습도 영향을 줄 수 있으므로 언행에 주의한다.
깐깐한 고객	• 정중하고 친절하게 응대한다. • 잘못을 지적할 때는 반론을 펴기보다는 '지적해 주셔서 고맙습니다.' 하고 받아들이는 자세를 보인다.
명랑한 고객	• 정중하고 밝은 표정으로 응대한다. • Yes, No의 입장을 분명히 밝힌다. • 상대방의 쾌활함에 대해 예의에 어긋남이 없도록 언행을 신경 쓴다.

2) 응대방법

(1) 고객의 입장에서 생각하라

고객의 입장이나 상황에서 감정이입 후 고객이 어떤 대접을 받기를 원하는지 무슨 말을 듣고 싶은지 생각해 본다. 일단 불만을 제기하기 위해 전화를 한 고객의 경우 대부분이 한 가지 이상의 입장만을 고집하다가 문제가 더 커지는 경우가 종종 있다. 따라서 고객의 입장에서 고객을 위한 방향으로 상담을 진행한다. 고객을 최대한 배려한다는 관점을 표명한 후에 "고객님이 왜 화가 나셨는지 이해가 됩니다. 정말 저라도 화가 나겠군요."라고 고객의 입장에 공감을 표시하여 고객의 마음을 풀어 준다면 상담을 원활하게 이끌어 나갈 수 있다.

(2) 회사의 규정을 먼저 설명하려 하지 말라

화가 난 것은 감정적인 것이므로 논리적으로 대응해서는 안 된다. 규정이나 기준을 설명하려다 보면 고객의 감정을 더 악화시키는 경우가 있다. 따라서 고객의 이야기를 충분히 경청한 후에 현재 시스템상 운영 여건에 문제가 있다는 말씀을 드리고 양해를 구하는 형태를 취한다. 여기서 회사의 규정만을 설명하려 하면 고객의 상담자를 회사의 대변자로 여기게 되므로 "저는 고객님의 억울한 사연을 듣고 회사로부터 보상을 받아 내는 사람입니다. 하지만 이러면 ~에서는 받아 내기 어렵습니다."라고 설명하며 최대한 보상을 받을 수 있도록 노력하겠다고 하면 고객을 쉽게 자기 편으로 만들 수 있다. 불만 고객은 회사의 규정이나 운영 시스템에 불만을 제기하는 것이지 상담자 개인에게 화를 내는 것이 아니다. 따라서 고객의 반말이나 높은 언성, 행동 등에 화를 내거나 개인적인 말을 하는 것은 금물이다.

3) 유의할 언어표현

옛말에 '가는 말이 고와야 오는 말도 곱다.'는 말이 있다. 이야기 하나를 예로 살펴보자.

옛날 어느 시골 장터에 '김돌쇠'라는 이름을 가진 백정이 고기를 팔고 있었다. 하루는 두 젊은 선비가 고기를 사러 왔다. 첫 번째 선비가 "어이~ 돌쇠야! 쇠고기 한 근만 팔거라."라며 한 근을 샀고, 또 다른 한 선비는 상대가 비록 천한 백정이나 나이 지긋한 사람에게 함부로 말하기 민망해 "김 서방, 나도 쇠고기 한 근만 주게나."라고 예의를 갖추어 말하며 똑같이 고기 한 근을 샀다. 그런데 참 이상한 일이 일어났다. 똑같은 한 근인데 누가 봐도 첫 번째 젊은 선비에게 준 고기보다 두 번째 선비에게 준 고기가 곱절이나 될 만큼 양이 많았다. 그것을 본 첫 번째 선비가 대뜸 큰 소리로 "야! 이 백정놈아, 왜 사람을 차별하느냐!"며 따지자 푸줏간 주인이 웃으면서 말했다. "아~ 그거야 손님을 차별하는 것이 아니라 고기를 판 사람이 다르기 때문이지요. 선비님께 고기를 판 사람은 백정이었고, 저 선비님께 고기를 판 사람은 김서방이었으니 고기 분량이 다를 수밖에 없지요."

어떤 상황에서도 부드럽고 정중하게 대화하는 언어 습관은 중요하다. 특히 불만고객과 의견이 다를 경우 서로 감정적으로 대화를 하게 되는데, 이때 너무 예민하게 반응할 필요는 없다. '자신의 사고방식에 따른 나와 다른 의견일 뿐'이라고 받아들이면 된다.

만약 상대방의 의견이 나와 다르다고 해서 단호한 목소리와 경직된 표정으로 반대 의견을 직접적으로 표현하거나 고압적인 자세로 듣는다면 불만고객 또한 마음이 불편해지고 공격적인 자세로 나를 대하게 될 것이다. 서비스 현장에 있는 직원은 좋은 매너로 말하고 듣는 태도를 가져야 한다. 고객서비스 제공자로서 어떻게 말하고 어떻게 듣는가를 살펴보면 다음과 같다.

(1) 부정적인 언어 사용 자제

〈표 6-9〉 고객을 내쫓는 말과 고객을 부르는 말

고객을 내쫓는 말	고객을 부르는 말
안 됩니다.	• 힘들 것 같습니다. • ~하면 가능합니다.
못합니다.	• 도움을 드리지 못해 죄송합니다. • 도와 드릴 수 있는 방법을 찾아보겠습니다.
모르겠습니다.	• 알아봐 드리겠습니다. • 찾아보겠습니다.
할 수 없습니다.	• 제가 도와 드릴 수 있는 것은 ~입니다.
잠깐만요. 기다리세요.	• 죄송합니다만, 잠시만 기다려 주시겠습니까?

(2) 공감어

문제를 경험한 고객이나 문제를 가지고 온 고객의 공통점은 감정을 마음속에 가지고 있다는 것이다. 고객의 감정이 고조되어 있는 상태에서 이성적인 이야기는 통하지 않는다. 문제해결을 위해서는 고객의 마음을 헤아려 주는 공감어가 반드시 필요하다. 공감어를 살펴보면 다음과 같다.

- 네, 제가 고객님 입장이어도 그렇게 했을 겁니다.
- 맞아요, 저도 그럴 때 있어요.
- 저라도 당황스러웠을 것 같아요.
- 네, 그런 일도 있으셨군요.
- 아, 그러시군요. 그러셨어요?
- 네, 그래서 많이 속상하셨죠?
- 많이 번거로우셨죠?

(3) 맞장구

고객의 말에 반응 없이 가만히 듣고만 있는 것이 아니라 가볍게 반응을 보여 줌으로써 고객의 기분을 돋워 줄 수 있다.

- 네, 그 말씀도 맞습니다.
- 네, 물론입니다.
- 네, 그럼요~ 당연하죠!
- 네, 잘 알고 계시네요.

(4) yes but 화법

yes but 화법이란 협상, 상거래, 일상생활 등에서 상대방과 의견차이가 있을 때 상대의 기분을 나쁘게 하지 않으면서 자신의 의견을 제시하는 방법이다. 불만고객

응대방법 시 의견차이가 존재할 경우 반박하거나 받아치기식의 공격을 하면 불만이 더 커질 수 있으므로 yes but 화법으로 대응해야 한다. yes but 화법이란 상대의 의견이 옳은지 그른지 판단하지 말고 고객의 말을 충분히 공감하고, 고객의 의견을 존중해 주는 것이다. 나의 주장이 맞고, 고객의 주장은 틀리다고 말하는 것은 상대방을 공격하면서 자신의 의견이 옳다고 주장하는 반응이다. 이 주장을 yes but 화법으로 고쳐 보면 다음과 같다.

- **고객이 서비스 현장에서 건의나 지적할 때**

"좋은 말씀이십니다. 저도 고객님의 입장이라면 그렇게 생각할 수 있을 것 같습니다. 소중한 의견을 주셔서 너무 감사합니다."

- **직원의 잘못된 서비스로 항의할 경우**

"고객님 말씀이 맞습니다. 대단히 죄송합니다. 해당부서와 상의 후 최대한 도움을 드릴 수 있는 방법을 찾아 몇 분 후에 알려 드리도록 하겠습니다. 다시는 그러한 일이 없도록 하겠습니다."

- **막무가내로 소리 지르거나 욕설을 퍼부을 때**

"죄송합니다만 고객님의 마음은 충분히 알겠습니다. 그런데 그렇게 말씀을 하시면 해결책을 찾기가 좀 더 어려워집니다. 조금만 진정하시고 설명해 주시면 제가 최대한 도움을 드리도록 하겠습니다."

이와 같이 yes but 화법은 듣기 싫은 소리를 들어도 화를 내지 않고 차분히 대응하는 것이 포인트이다. 또 고객의 주장이 잘못되었고 자신의 주장이 옳다는 확신을 가지고 있더라도 이것을 고객에게 표현하지 않는 것이 특징이다. 자신의 감정을 내려놓고 고객의 감정을 먼저 헤아리는 것이 고객의 노여움을 줄여 주는 지름길이다.

사례 예시

고객들의 불만 유형

사례 A

한 여성이 숙녀복 매장에 들어와 이리저리 돌아다니면서 옷을 만지더니 매장 매니저에게 디자인이 촌스러워, 색상이 어두워, 바느질이 왜 이래, 싸구려 같아 등 계속 불평불만을 하면서 이 물건들보다 더 고급스러운 옷을 보여 달라고 한다.

사례 B

한 고객이 빠른 걸음으로 들어와 블루투스 코너가 어디 있냐고 묻더니 블루투스에 대한 상담을 하고 싶다고 매장의 전문가를 찾았다. 하지만 그 매장을 찾는 고객이 많아서 상담이 지체되자 자신에게 상담을 빨리 해 주지 않는다고 불만을 터뜨렸다.

사례 C

한 고객이 커피숍에 들어와 “왜 이렇게 커피가 비싸?” “왜 커피숍이 금연이야?” “왜 이렇게 커피가 늦게 나와?” “커피맛이 왜 이래?” “커피가 너무 달아.” 등 신경질적으로 직원에게 불평불만을 터뜨리고 있다.

사례 D

한 여성이 주방용품 매장에 들어와 압력솥을 만지면서 꼭 매니저가 와서 설명을 해 달라고 요구한다. 매니저가 설명하고 있는 중에 계속 의심을 하면서 여러 가지 질문을 한다.

탐구활동

✎ 진상 고객을 만났던 사례를 작성해 보시오.

성격 특성	요구사항	기타 특이사항

✎ 자신은 어떤 고객유형에 해당하며, 그렇게 생각하는 이유가 무엇인지 작성해 보시오.

자신의 유형	그렇게 생각하는 이유

✎ 불만고객 응대 시 고객을 만족시킬 수 있는 언어표현을 적어 보시오.

Tip

불만고객, 일단 경청하라

불만고객을 응대하는 최상의 비결은 바로 '고객의 말을 잘 들어 주는 것'이다. 고객을 이해하고 문제를 해결하고자 한다면 두 배는 더 많이 들어야 한다.

1. 고객의 말을 잘 듣는 경청의 원칙
- 고객의 입장이 되어 듣는다.
- 고객의 표정과 동작을 잘 살핀다.
- 감각을 총동원하여 듣는다.
- 맞장구를 친다.
- 고객의 이야기를 중단시키지 않는다.
- 가능하면 메모장을 들고 고객이 요구하는 사항을 적으면서 듣는다.
- 상대방을 정면으로 바라본다.
- 가끔 상대방 쪽으로 몸을 기울인다.
- 시선을 지속적으로 맞춘다.
- 편안한 자세를 취한다.

2. 적극적 경청에서 맞장구치는 요령
- 적절한 제스처 보여 주기(고개 끄덕이기, 몸 기울이기)
- 음성 반응 표현하기("많이 속상하셨죠?")
- 상대방의 말을 반복하고 요약해 주기("고객님 말씀은 ~시군요.", 감정까지 느낀다.)

3. 경청 시 주의할 점
- 고객의 말을 중간에서 끊지 않는다.
- 시선이 다른 곳을 향해 있거나 지루한 표정을 짓지 않는다.
- 들으면서 동시에 다른 사람에게 이야기하지 않는다.

학 습 평 가

정답 및 해설 p. 403

※ 다음 문장의 내용이 맞으면 ○, 틀리면 × 표시를 하시오.

1. 고집불통 고객에게는 고객이 말하는 것에 집중하여 그들의 의도를 이해하려고 노력한다. (　　)

2. 잘난 척하는 고객에게는 사례나 타고객의 반응을 예로 들며 추가로 설명한다. (　　)

3. 회사의 규정을 먼저 설명하라. 불만고객에게 회사의 규정이나 기준을 설명하면 고객의 감정을 약화시킬 수 있다. (　　)

4. 고객의 말에 반응 없이 가만히 듣고만 있는 것이 아니라 가볍게 반응을 보여 줌으로써 고객의 기분을 돋워 줄 수 있다. (　　)

5. yes but 화법이란 협상, 상거래, 일상생활 등에서 상대방과 의견차이가 있을 때 상대의 기분을 나쁘게 하지 않으면서 자신의 의견을 제시하는 방법이다. (　　)

※ 괄호 안에 알맞은 말을 넣으시오.

6. (　　　　　　)은 고객의 질문에 주변의 고객들이 눈치채지 않도록 조용한 목소리로 정확하게 답변하고, 상황에 따라 충분한 도움을 제공한다.

7. (　　　　　　)은 침착하게 대화를 진행하고, 고객을 흥분시키지 않도록 한다.

※ 다음 문항을 읽고 물음에 답하시오.

8. 다음 예시에서 제시된 응대방법은 다양한 유형의 응대방법 중 어떤 유형의 고객에게 적합한 내용인지 고르시오. (　　)

> • 직원의 사소한 말이나 행동에 예민하기 때문에 감정적 응대를 한다.
> • 고객을 대하는 말씨와 태도에 유의한다.
> • 유아나 어린이를 동반한 경우, 유아나 어린이의 이름을 불러 준다.

① 여성 고객
② 유명 고객
③ 고집불통 고객
④ 처음 이용하는 고객

9. 고객 불만 표현 유형에 알맞은 응대 지침에 연결하시오.

① 빨리빨리형 고객	A. 고객의 특이사항을 찾아내어 칭찬
② 의심이 많은 고객	B. 고객이 답답함을 느끼지 않도록 즉각적으로 답변
③ 거만한 고객	C. 실제 사례와 데이터를 제시
④ 깐깐한 고객	D. '지적해 주셔서 고맙습니다.' 하고 받아들이는 자세를 보임

10. 공감적 경청을 위한 대화법 중 'yes but 화법'에 해당하는 것은? (　　)
① 네, 그 말씀도 맞습니다.
② 네, 그래서 많이 속상하셨죠?
③ 네, 제가 고객님 입장이어도 그렇게 했을 겁니다.
④ 네, 맞습니다. 그런데 그렇게 말씀을 하시면 해결책을 찾기가 좀 더 어려워집니다.

4. 불만처리 프로세스

1) 불만고객 처리 4원칙

어떤 기업이든 고객을 완벽하게 만족시키는 곳은 없다. 고객들이 불만을 표현하는 유형도 매우 다양하듯이 고객들이 갖는 불만도 매우 다양하다. 고객들로부터 불만을 접하게 되면 접점에 있는 직원들은 언짢고 기분이 나쁘지만 표현할 수가 없다. 그러나 그들이 또 다른 불만을 초래할 수 있으므로 다음과 같은 처리 4원칙이 요구된다.

- 제1원칙: 공성성 유시
  사람들은 자신이 원하는 것, 자신이 바라는 것에 미치지 못하면 차별대우를 받았다는 생각에 불만을 제기한다. 직원들은 고객의 불만처리 과정에서 공정성을 유지해야 할 뿐만 아니라 고객에게도 공정성을 보여야 한다.
- 제2원칙: 효과적인 대응
  불만처리 과정에서 발생하는 보상에 대한 비용 절감을 의식하다가 큰 손실을 초래하는 경우가 있다. 하지만 보상에 쓰는 돈의 총액 중에서 불만처리에 드는 비용의 적은 부분을 차지하지만 고객에게 보여 주는 데는 효과가 크다.
- 제3원칙: 고객의 프라이버시 존중
  불만처리 과정에서 고객의 행동에 대한 비밀을 지켜 주기를 바라는 심리가 있다. 비밀을 지켜 줌으로써 고객은 더욱 감사한 마음을 갖게 되고 충성 고객이 될 가능성이 높아진다.
- 제4원칙: 체계적 관리
  고객이 제기한 불편 내용에 대해 조치를 취하고 결과를 고객에게 알린 다음 고객 불만 사례와 그 처리 내용을 조직 내의 다른 사람들과 공유한다.

2) 불만고객 단계별 응대법

(1) 1단계: 자기감정 다스리기

고객서비스 담당 직원이 자기감정을 잘 다스리지 못하면 크나큰 실수를 하게 된다. 고객의 입장에서 상품의 품질이나 직원에게 불만이 있을 때 불평하는 것은 당연한 일이므로 '나한테 왜 이러지?'라고 생각해서는 안 된다. 직원이 고객과 같이 흥분하면 자기감정을 다스리지 못해서 화난 표정과 화난 말투 때문에 고객의 더 큰 불평불만을 초래하게 된다. 직원은 마음속으로 고객의 입장에서 생각하고 '나도 저 상황이라면 저럴 수밖에 없을 것이다. 내가 고객의 입장이라도 화가 날 만한 일이다.'라는 이해가 필요하다. 때로는 직원이 감당하기 힘들 정도로 과격한 언어로 불만을 토로하는 고객이 있는데, 이러한 때라도 가장 먼저 자신의 감정을 다스리는 것이 중요하다. 만일 자신이 감정을 다스릴 수 없다면 상사에게 보고 후 이 사건을 처리하도록 하여 그 자리를 피하는 것도 문제해결을 위한 하나의 방법이다.

(2) 2단계: 공감적 경청하기

공감이란 어떤 대상과 함께 감정을 느끼는 것을 말한다. '그 대상이 되어 감정을 느끼는 것' '내가 저 고객이라면 어떤 기분이었을까?' 등 고객의 문제를 내 것처럼 생각하고 고객의 감정을 이해하고 받아들이겠다는 뜻을 보이는 것이다. 고객의 불평을 경청하고, 공감하면서 고객의 입장이 되어 화가 날 수도 있다고 생각해 보고 응대하면 고객의 불만을 줄일 수 있다. 사람은 누구나 화가 날 때 누군가가 내 이야기를 들어 주고 공감해 주면 감정이 어느 정도 누그러지기 때문이다. 그러나 서비스 현장에 있는 직원이 사무적이고 상투적인 말만 한다면 더 큰 화가 제기될 수 있다. 직원이 고객의 불평불만을 경청하고 공감해 주면, 고객은 일단 화를 가라앉히게 되므로 "네, 무슨 말씀이신지 잘 알겠습니다." "저도 고객님과 같은 일을 당했다면 저 역시 화가 났을 겁니다. 불편을 끼쳐 드려 정말 죄송합니다."와 같이 응대한다.

(3) 3단계: 사과하기

고객의 의견에 공감적 경청을 한 후 그 문제점을 인정하고 잘못된 부분이 있다면 재빨리 진심으로 사과한다. 매 순간 진심으로 최선을 다해 응대하는 것이 중요하다. 진심 어린 사과는 고객의 마음을 가라앉히고 호감을 갖게 한다. 혹시 고객에게 잘못이 있다고 하더라도 직원의 역할은 고객에게 책임을 묻는 것이 아니라는 점을 알아야 한다.

(4) 4단계: 원인 파악하기

고객의 불평사항을 잘 듣고 사과를 했다면 그다음은 원인 파악에 들어간다. 신속한 문제해결을 위해 궁금한 사항이 있다면 질문한다. 질문을 잘 활용하고 고객의 말에 잘 공감하면 상황에 대한 적절한 진단이 가능하다. 질문 시 의심하듯이 말한다면 2차 컴플레인이 제기될 수 있다는 점을 주의한다.

(5) 5단계: 신속한 문제해결

잘못된 부분에 대해 일의 우선순위를 세워 신속한 해결책을 제안한다. 이때 과다한 보상으로 물리적인 상황을 마무리하려고 하면 무성의하게 보일 수 있다. 정신적 보상을 함께 해야만 진정한 위로가 된다. "이렇게 해 드리면 어떻겠습니까?" "어떤 쪽이 더 좋으십니까?"라고 의견을 묻는 것도 좋은 방법이다.

(6) 6단계: 감사 표현하기

불평 고객에게 긍정적 마무리를 하지 못하게 되면 처음에는 상품에 대한 불평이었던 일들이 직원에 대한 불평으로 이어진다. 불평하는 고객은 나에게 기회를 주는 고마운 고객이라는 생각으로, 개선하기 위해 최대한 노력하겠다는 성의 있는 모습과 감사하는 마음을 보여 주어야 한다. "늘 변함없는 관심을 보여 주셔서 진심으로 감사합니다." "앞으로 이런 일이 일어나지 않도록 하겠습니다." "좋은 의견을 주셔서 감사합니다." 등으로 마무리하면 된다.

(7) 7단계: 재발방지책 수립하기

최종 마무리 후 다시 한 번 결과를 확인한다. 최종 마무리가 잘 되면 고객불만 사례를 회사 및 전 직원에게 알려 재발방지책을 수립하고 새로운 고객응대방안 등을 마련하여 같은 문제가 재발하지 않도록 한다.

3) 삼변주의

불만처리 과정에서 자기 혼자서 해결하려 하지 말고 상사나 선배에게 인계하여 해결장소나 시간을 아낌으로써 원만한 해결을 볼 수 있다. 이와 같이 사람, 장소, 시간을 삼변주의라고 한다.

(1) 사람을 바꾸기

고객이 "당신하고는 말이 안 통해. 상사 나오라고 해!"라고 몰아붙이면, 되도록 책임자, 상급자와 상담할 수 있도록 한다. 고객 중에는 미묘한 우월감을 가지고 있는 사람이 있다. 상사가 나와서 정중하게 사과를 하면 '내가 상사의 사과를 받아 냈어.'라는 마음 때문에 오히려 문제가 쉽게 해결되는 경우도 있다. 사람이 바뀌면 상황도 바뀔 수 있는 경우가 많다.

(2) 장소를 바꾸기

고객이 큰 소리로 불평하는 곳이 다른 고객이 많은 장소라면 다른 고객이 듣지 않는 장소로 고객을 안내해야 한다. 다른 고객들까지 불만이 터져 나올 수 있기 때문이다. 현장에서 불평할 경우 별실로 장소를 옮겨 고객이 흥분을 가라앉힐 수 있도록 하는 것이 좋다. "고객님, 차 한잔 드시면서 이야기 나누겠습니다. 이쪽으로 모시겠습니다."라고 하면서 별실로 안내한다. 고객이 서 있을 경우에는 반드시 앉게 하여 진정시키고, 앉아 있는 고객에게 어떤 음료를 좋아하는지 의향을 물어보고 좋아하는 음료를 제공하는 것이 고객의 기분을 덜 상하게 할 수 있다. 안정적이고 편안한 사무실이라면 공격적인 자세도 다소 완화될 수 있기 때문이다. 특별한 대우를 받고 있다는 생각이 들면 흥분도 수그러들고 우호적인 관계로 탈바꿈할 수 있다.

(3) 시간을 바꾸기

고객이 감정적으로 흥분하였을 때는 즉답과 변명을 피하고 화가 진정될 수 있는 시간을 확보한다. 고객이 제기한 불평 사항이 관련 부서나 상사의 협의가 필요해 즉시 답변하기가 곤란할 때에는 양해를 구하는 것이 좋다. 즉시 처리할 수 없는 사유를 고객에게 정중히 설명하고 양해를 구한 뒤에 되도록 신속하게 처리한다. 처리하는 중에 늦어지는 경우에는 반드시 고객에게 중간 보고를 통해 예상 처리 시간과 일정을 통보한다.

4) 불만고객의 입소문에서 마우스 소문으로

기대 이상의 좋은 서비스를 받았을 때보다 기대 이하의 나쁜 서비스를 받았을 경우 부정적 파급 효과가 5배나 더 빠르다고 한다. 부정적 영향이 긍정적 영향보다 더욱 빨리 퍼진다는 것이다. 현대사회의 고객은 참을성이 없고, 자신의 의견을 밝히는 데 거리낌이 없다. 기대 이하이거나 고객과 공감하지 않는 기업을 더 이상 참고 넘어가지 않는다. 그 방법이 입소문이다. 게다가 오늘날은 SNS의 발달로 마우스(mouse) 소문이 그 자리를 차지하고 있다. 이제 고객은 단 한 번의 클릭만으로 그들의 불만을 수천 명, 수만 명에게 공유할 수 있다. 그야말로 '발 없는 말이 천 리를 가는' 격이다. 앞으로 고객들의 불평불만은 모르는 사람들에게까지도 급격하게 퍼져나갈 것이다. 과거의 고객은 담당 직원에게 화를 내는 정도로 그쳤지만 지금의 고객은 인터넷 같은 매체를 통해 많은 사람들에게 자신의 불평을 공론화하여 온 세상에 알리고자 한다. 월마트의 설립자 샘 월튼(Sam Walton)은 이런 말을 했다. "보스는 딱 하나뿐이다. 바로 고객이다. 고객은 회장 이하, 회사에 있는 모든 사람을 해고할 수 있다. 단순히 다른 곳이나 다른 것에 돈을 쓰는 방법으로 말이다." 샘 월튼의 말처럼 고객은 모든 직원들을 해고할 수 있다. 따라서 불평하는 고객을 짜증 나고 열 받게 하는 사람이라고 치부하기보다 우호적인 감정으로 받아들이고 적극적으로 응대하는 자세가 중요하다.

사례 예시

'우리의 고객은 항상 옳다.'에서 시작된다.

스튜 레오나드 슈퍼마켓은 일반 슈퍼마켓과는 달리 우유, 오렌지 주스, 커피 등의 상품만을 취급하는 평범하지 않은 점포로, 요즘에도 조미료, 주류, 스낵과자 등은 판매하지 않는다. 진열 상품의 수는 600여 종으로 일반 슈퍼마켓의 15% 수준밖에 되지 않지만 연간 350만 명의 고객이 최고 30km 떨어진 곳에서까지 이곳을 찾아온다.

스튜 레오나드를 유명하게 한 것은 슈퍼마켓 앞에 놓여 있는 다음의 규칙이 새겨진 폴리시(원칙) 스톤이라고 불리는 4톤이나 되는 큰 돌이다.

규칙 1. 우리의 고객은 항상 옳다.
규칙 2. 만일 뭔가 잘못되었다면 규칙 1을 다시 읽어 보라.

이 규칙에는 창업자 스튜(Stew)의 아픈 기억이 담겨 있다. 점포를 연 지 얼마 안 됐을 때였다. 한 노부인이 어제 산 달걀이 상했다며 반품하러 온 것이다. 상품관리를 첫 번째 원칙으로 삼았던 스튜는 "우리 가게에서 그런 상품을 팔았을 리가 없습니다. 당신이 잘못 취급한 것이 틀림없습니다." 라고 잘라 말했다. 기가 막힌 노부인은 불같이 화를 내며 돌아갔고, 그때 부인이 했던 말이 그 후 스튜의 사업 방향을 결정지었다.

"나는 이 사실을 알려 주기 위해 12마일(약 20킬로미터)이나 떨어진 곳에서 온 거야. 좋아! 내 눈에 흙이 들어가기 전에는 이 가게에 절대로 다시 안 와!"

스튜는 곧 자신이 잘못했음을 깨닫고 고객을 일순간이라도 의심한 것은 장사하는 사람으로서 자격이 없다고 결론지었다. 이를 통해 '어떠한 의견이든 고객의 말은 모두 옳다. 예외는 없다. 고객의 목소리대로 경영하자.' 라고 결심하여 폴리시 스톤을 세우게 되었다.

출처: 사토 요시나오(2002).

탐구활동

다음 상황에서 어떻게 대처할지 그 과정을 구체적으로 작성해 보시오.
(불만고객 단계별 응대법 적용하기)

> 한 고객이 호텔 데스크로 와서 자신을 오늘 6시로 예약한 김미경이라고 밝혔다. 그러나 예약 기록에는 오늘 저녁 6시 예약이 없다. 이 사실을 말했더니 고객은 화를 내며 전에도 이런 일이 있었다며 점점 더 흥분하며 당장 조치를 취하라고 데스크 앞에서 큰 소란을 피우고 있다.

위 사례에서 어떻게 대처할지 그 과정을 구체적으로 작성해 보시오.
(불만고객 단계별 응대법 삼변주의 적용하기)

위 사례에서 고객 불만이 잘 해결된 경우 호텔에 미치는 긍정적 영향을 적으시오.

Tip

고객존중 10계명

1. 고객의 신뢰를 얻어라: 존중, 성실, 품질, 고객권익보호에 관련된 이야기이다. 이 첫 번째 계명을 체득할 수 없다면 다른 계명은 읽어 볼 필요도 없다.
2. 고객의 마음을 움직여라: 고객이 열중할 수 있는 경험, 동기를 유발시키는 메시지, 적절한 자선활동 등을 통해 그들과 의미 있는 정서적 유대감을 쌓는다. 제품과 서비스를 뛰어넘어 고객의 마음과 정신에 다가가는 것이 점점 더 중요해지고 있다.
3. 고객의 삶을 쉽게 만들어라: 단순함, 속도, 유용성은 고객들을 편하게 해 주는 핵심요소이다. 복잡성이 진보의 상징이라고 생각하는 우를 범하지 말라. 우리 삶에서는 가장 쉬운 것이 가장 좋은 것이다.
4. 고객에게 권한을 주어라: 고객들은 선택권과 통제력을 요구하고 있다. 특히 스스로 진행속도를 조절할 수 있는 셀프서비스를 운영하는 서비스 조직에 대해 이런 요구를 갖는다. 고객에게 운전석을 양보하라. 그렇지 않으면 그들은 단 1초도 기다리지 않고 당신 차에서 떠나 버릴 것이다.
5. 고객의 길잡이가 되어라: 전문가의 조언과 교육, 정보라는 체를 가지고 튼실한 알맹이만을 가려 내라. 고객의 모든 의사결정 과정과 그 외 경험에서 그들과 나란히 서서 그들의 눈높이에 맞춰 진행을 도와라.
6. 언제 어디서나 접근 가능하도록 하라: 9시에서 5시까지만으로는 부족하다. 고객들은 기업이 어떤 경로를 통해서든 24시간 내내 자신과 함께 하기를 기대하기 때문이다.
7. 고객을 알아라: 고객이 원하는 것이 무엇인지 알지 못하고서는 그들의 충성을 얻을 수 없다. 그들의 목소리를 듣고 배워라. 데이터의 바다에 빠질 게 아니라, 고객들의 실생활 속으로 파고들어라.
8. 고객의 기대를 뛰어넘어라: 아주 까다로운 고객조차 때로는 감탄한다. 특별한 우대, 놀랄 만한 서비스, 한 걸음 더 나아가는 노력으로 당신이 정말로 그들을 중요하게 여긴다는 것을 알리고, 그들의 마음을 사로잡아라.
9. 고객에게 보상을 하라: 중요한 고객들을 VIP로 대접하라. 포인트 적립 프로그램, 접근을 가능케 해 주는 특권, 그 외 여러 매력적인 방법으로 감사를 표하고 충성을 굳혀 나가라.
10. 고객 곁에 머물러라: 고객과의 관계는 하루아침에 만들어지는 게 아니라 한평생을 통해 만들어 가는 것이다. 고객들이 당신 곁에 머물기를 원한다면, 당신 역시 고객 곁에 머물러라. 구매 후 약속을 지키고, 효과적인 방법으로 고객들이 접촉할 수 있게 해 주며, 시간이 흘러 고객들의 요구가 변화하는 데 따라 당신의 브랜드도 같이 변화해 나가라.

출처: Mooney, & Bergheim(2002).

정답 및 해설 p. 404

※ 다음 문장의 내용이 맞으면 ◯, 틀리면 × 표시를 하시오.

1. 공감적 경청이란 어떤 대상과 함께 감정을 느끼는 것을 말한다. '그 대상이 되어 감정을 느끼는 것' '내가 저 고객이라면 어떤 기분이었을까?' 등 고객의 문제를 내 것처럼 생각하고 고객의 감정을 이해하고 받아들이겠다는 뜻을 보이는 것이다. (　　)

2. 불만처리 과정에서 발생했던 불미스러웠던 행동들은 인터넷에 상세하게 올려야 한다. (　　)

3. 직원들은 불만처리 과정에서 공정하지 않더라도 고객이 보기에 공정하게 보이도록 한다. (　　)

4. 불만처리 과정에서 고객의 불만 사항에 대해서 잘못을 인정하거나 사과하면 안 된다. (　　)

5. 한번 발생한 고객불만 사례 및 처리 결과는 회사 및 전 직원에게 공유하여 재발을 방지해야 한다. (　　)

※ 괄호 안에 알맞은 말을 넣으시오.

6. 불만처리 과정에서 혼자서 해결하려 하지 말고 상사나 선배에게 인계하여 해결장소나 시간을 아낌으로써 원만한 해결을 볼 수 있다. 이와 같이 (　　　　　　), (　　　　　　), (　　　　　　)을 삼변주의라고 한다.

7. 기대 이상의 좋은 서비스를 받았을 때보다 기대 이하의 나쁜 서비스를 받았을 경우 부정적 파급 효과가 (　　　　　　)나 더 빠르다고 한다. 부정적 영향이 긍정적 영향보다 더욱 빨리 퍼진다는 것이다.

※ 다음 문항을 읽고 물음에 답하시오.

8. 불만고객 단계별 응대법이 맞는 것을 고르시오. (　　)
① 자기감정 다스리기 – 경청 – 사과 – 원인 파악 – 문제해결 – 감사 – 재발방지책 수립하기
② 자기감정 다스리기 – 사과 – 경청 – 원인 파악 – 문제해결 – 감사 – 재발방지책 수립하기
③ 재발방지책 수립하기 – 경청 – 사과 – 원인 파악 – 문제해결 – 감사 – 자기감정 다스리기
④ 재발방지책 수립하기 – 사과 – 경청 – 원인 파악 – 문제해결 – 감사 – 자기감정 다스리기

9. 다음 중 고객불만 해결 방법에 해당하지 않는 것을 고르시오. (　　)
① 문제해결 방법이 결정되면 접점에서 자신의 능력으로 신속히 처리한다.
② 고객의 말을 경청하면서 중요한 부분을 메모한다.
③ 재발 방지를 위해 다양한 각도에서 분석하고 검토한다.
④ 우선 고객의 불만 사항을 끝까지 경청한다.

10. 불만고객 단계별 응대법에서 고객의 불만 원인을 파악하기 위한 질문기법의 효과에 해당하는 것을 고르시오. (　　)
① 대화의 초점을 흐리게 하여 주위를 환기시킬 수 있다.
② 효과적인 질문은 신속한 원인파악을 가능하게 한다.
③ 고객으로 하여금 말하고자 하는 부분을 잊어버리게 한다.
④ 주의를 분산시켜 질문에 대한 빠른 답을 얻을 수 없게 한다.

5. 고객만족조사의 목적과 방법

1) 고객만족조사의 목적

고객만족조사의 목적은 고객 요구를 파악하여 고객서비스의 효율성을 높이고, 고객만족도 향상을 통한 성과 창출과 경쟁력을 증대시키는 것이라고 할 수 있다. 고객만족조사 결과에 숨겨진 고객의 니즈(needs)를 파악함과 동시에 이를 기업 내부로 환류 · 적용함으로써 고객만족 활동의 방향을 결정짓는 중요한 시점이 될 수 있다. 기업에 만족한 고객은 제품이나 서비스를 계속적으로 구매하려는 성향을 나타내며, 타인들에게도 긍정적인 구전을 일으켜 수익을 창출시킨다. 경쟁이 치열할수록 고객만족도는 그 의미가 중요해진다. 경쟁이 치열한 산업에서는 신규 고객을 획득하는 데 드는 비용은 증가하고, 기존 고객을 오래 유지함으로써 창출되는 이익은 높기 때문이다. 고객만족조사는 기업이 제공하는 서비스에 고객이 어느 정도 만족하고 있는지 측정하는 활동으로 서비스 질의 개선 및 향상에 매우 중요하다. 고객만족조사를 통하여, 기업은 서비스에 대한 만족여부와 경쟁기업의 서비스에 대한 정보를 얻을 수 있다.

2) 고객만족조사의 방법

(1) 조사 분야 및 대상 설정

고객만족조사는 조사 대상과 조사의 분야, 즉 누구를 대상으로 하여 무엇을 파악할 것인가에 따라 조사의 성격을 구분하는 것이 필요하다. 일반적으로 고객만족조사라고 하면, 외부 고객만을 대상으로 실시한다고 생각하지만 조사 대상자에 따라 내부 고객, 외부 고객으로 분류될 수 있다.

- 외부를 대상으로 고객만족 수준을 파악하고자 함 → CSI(외부고객 만족도조사)
- 내부 직원들의 전화응대 수준을 진단하고자 함 → SQI(전화응대서비스 품질조사)
- 내부 부서 간 업무지원 만족수준을 파악하고자 함 → ICSI(내부고객 만족도조사)

외부 고객이 조사 대상이면 어떤 제품에 대한 고객만족조사인지, 아니면 서비스에 대한 고객들의 만족도를 조사할 것인지를 명확히 선정해야 한다.

(2) 조사 목적 설정

자료 조사의 첫 단계는 주제를 정하고 주제와 관련된 개념들을 정리하여 조사 목적을 정하는 것이다. 조사 목적에 따라 방향이나 방법 등이 달라질 수 있으므로 명확하고 구체적인 조사 목적을 세워야 한다.

첫째, 전체적 경향의 파악이다. 고객만족도 수준은 현재 어떠한 상황에 있는지, 어떻게 변화하고 있는지, 어떠한 요인에 의해 결정되는지, 고객의 심리는 어떻게 되어 있는지 등을 조사한다.

둘째, 고객에 대한 개별대응 및 고객과의 관계유지 파악이다. 중요한 고객 한 명 한 명의 불만 해소, 니즈 파악, 비즈니스 관련 정보 입수 등이 중요하다.

셋째, 평가 목적이다. 포괄적인 질문이나 상세한 질문은 불필요하다. 평균치 계산으로 많은 목적이 달성된다.

넷째, 개선 목적이다. 가능한 한 고객의 감정에 따른 질문 작성이 요구되고, 상세한 질문이나 자유회답이 바람직하다.

(3) 조사 방법 및 횟수

고객만족조사를 위한 조사 방법의 선택은 조사의 목적과 얻고자 하는 결과의 형태에 따라 결정하는 것이 바람직하다. 고객만족조사에 활동되는 방법은 크게 정량적 조사와 정성적 조사로 구분된다. 정량적(quantitative) 조사는 전체 모집단(population)을 대표할 수 있는 표본(sample)을 대상으로 구조화된 질문지와 같은 수단을 통해 자료를 수집하는 방법으로 조사의 결과로 얻어지는 정보가 양적으로 표현되는 조사 방법이다. 정량적 조사 방법의 종류로는 개별면접조사, 전화조사, 우편조사 등이 있다. 정성적(qualitative) 조사는 적은 인원의 사람들을 대상으로 하여 고객들의 니즈(needs)나 욕구(desires) 등과 관련된 의견들을 심층적으로 파악하는 조사방법으로 질적 조사라고도 말할 수 있다. 따라서 정량적 조사의 결과에서 불투명한 점과 더 찾아내고자 하는 점을 깊게 파고들고 싶을 때 적합하다. 정성적 조사 방법의 종류로는 심층면접법, 표적집단 면접법, 관찰법 등이 있다. 조사 방법에서 조사 횟수는 보통 1회 조사를 하는 경우가 많지만, 1회 조사는 실패하기 쉽기 때문에 연속 조사를 하는 것을 권장한다.

〈표 6-10〉 조사방법별 장단점

	기법을 적용해야 하는 경우	장점	단점	종류
정량적 조사	• 가설 검증을 통한 확정적인 결론 획득 • 시장 세분화/목표시장 선정 • 시장 경쟁상황 및 소비자 태도 · 행동 파악	• 자료의 객관성 • 자료의 대표성 • 신뢰도 측정 • 다목적성	• 장시간 소요 • 고비용	• 개별면접법 • 전화면접법 • 우편면접법
정성적 조사	• 양적 조사의 사전 단계 • 가설의 발견 • 예비적 정보의 수집 • 고객의 언어의 발견 및 확인 • 소비자의 정보 획득 • 신속한 정보 획득	• 유연성 • 현장성 • 심층적 • 신속성 • 저비용	• 전체시장을 대표하지 못함 • 조사결과 해석이 주관적	• 심층면접법 • 표적집단 면접법 • 관찰법

〈표 6-11〉 조사 종류별 장단점

조사방법 특성	장점	단점
면접조사	• 다양한 질문 가능 • 신뢰성 있는 자료 확보 가능 • 응답자 리스트가 없어도 조사 가능 • 높은 응답률 • 고객유형별 표본 할당 가능	• 조사시간 길다 • 시급성을 요하는 조사는 부적합 • 비용이 많이 듦 • 면접원이 편견가능성
전화조사	• 면접조사 대비 저렴함 • 계절, 날씨에 영향을 받지 않음 • 면접원에 대한 편견 최소화 • 비교적 높은 응답률 • 신속한 조사 진행 • 넓은 지역을 대상으로 조사 가능	• 조사시간 제한적(선물 문항이 한정됨) • 응답자리스트가 있어야 함
우편조사	• 면접조사 대비 저렴함 • 응답사 편리한 시간 이용가능 • 면접원에 대한 편견 최소화 • 묻기 힘든 다양한 질문 가능 • 광범위한 지역과 대상을 상대로 조사 가능	• 낮은 회수율 • 조사기간이 길어짐 • 표본할당이 어려움 • 응답자 통제 어려움 • 응답자에 의한 에러발생 가능성 높음
심층 면접법	• 응답자의 폭넓은 의견 반영이 가능 • 면접 상황 적응도가 높음 • 신축성이 높음	• 시간과 비용이 많이 소요 • 조사원의 능력에 따라 조사결과의 신뢰도와 타당성 변화가 큼
표적집단 면접법	• 자유로운 의견 교환을 통해 새로운 정보 생산이 가능 • 사회자가 배석하여 동떨어진 의견은 일부 통제가 가능	• 타인의 영향을 받을 가능성 • 사회자의 능력에 따라 큰 편차가 발생
관찰법	• 관찰 대상의 행동을 생생하게 기록 가능 • 응답자의 협조 의도나 응답능력에 무관 • 응답과정에서 발생하는 오차가 감소	• 관찰자의 편견 개입 가능성 있음 • 관찰하고자 하는 현상을 적시에 관찰하기가 힘듦 • 시간과 비용, 노력이 많이 소요

(4) 조사 결과 활용 계획

조사 결과 활용 계획은 조사 목적과 같다. 조사 결과를 평가에 반영하기 위한 것인지, 서비스를 개선하기 위한 것인지, 제품을 개선하기 위한 것인지에 따라 활용 계획은 달라진다. 목적에 맞는 활용 계획을 설정해 놓는 것이 조사의 방향에 일관성을 유지하는 데 도움이 된다.

사례 예시

고객을 감동시키는 만족서비스를 실천하라

A생명은 모든 직원의 고객서비스 수준을 평가해 우수 직원에게 최고 500만 원을 수당으로 지급하는 '고객만족점수제'를 도입했다. 이 제도에 따라 A생명의 전 직원은 매달 활동 영역별 심사기준에 따라 고객서비스 수준을 평가받은 뒤 '고객서비스 점수'를 부여받게 된다. 또한 개인별 평가와 함께 팀과 그룹 단위별로 평가가 이뤄져 평가 결과에 따라 그룹별로 '고객만족 등급'이 부여된다. 평가점수가 높은 직원들은 1인당 10만 원에서 최고 500만 원까지의 특별수당을 받고 해외여행 등의 특전을 받게 되며, 인사고과에도 반영된다.

T이사는 "직원 개개인의 고객서비스 수준을 적절히 평가해 보상함으로써 직원의 서비스 수준을 개선하고 고객만족을 실천하기 위해 제도를 도입했다."며 "직원 간 선의의 경쟁을 통해 고객서비스 수준이 향상될 것으로 기대한다."고 말했다.

또, 마케팅 인사이트가 실시한 2011년도 '자동차 품질 및 고객만족조사'에서 R사는 소비자가 평가한 영업만족, A/S만족, 종합체감만족 등 '자동차 고객만족 부문'에서 10년 연속 1위를 차지했다. 이에 더해 제품품질과 서비스품질 모두에서 경쟁업체들을 앞서는 것으로 평가되어 2011년 고객평가 8개 부문 중 6개 부문을 석권했다. 이로써 이 회사는 고객만족 1위 기업의 이미지와 고객충성도를 더욱 강화해 나갈 수 있게 되었다.

출처 : 한국산업인력공단(2007).

탐구활동

직장에서 경영자에게 보고할 고객만족조사 기본 계획서를 작성해 보시오.

1. 조사 분야 및 대상 설정

2. 조사 목적 설정

3. 조사 방법 및 횟수

4. 조사일정

5. 조사 결과 활용 계획

6. 소요 예산

7. 예상되는 문제점

사례 예시

아모레퍼시픽, 고객만족 위한 뷰티슈머 웹사이트 오픈

아모레퍼시픽은 고객의 의견을 더욱 가까이에서 청취하기 위해 아모레퍼시픽 뷰티슈머 웹사이트 오픈을 통해 고객만족 경영에 매진한다고 밝혔다.

아모레퍼시픽 통합 멤버십 가입 고객이라면 누구나 뷰티슈머 웹사이트를 통해 제품 품평, 컨셉 및 신제품 제안 등 다양한 분야에 의견을 개진해 제품 및 서비스 개발에 참여할 수 있다. 아름다움에 관심 있는 모든 고객을 뜻하는 뷰티슈머는 그간 매년 약 300여 명 규모로 운영해 온 프로슈머의 대상을 대폭 확대한 것으로, 더 많은 의견에 귀 기울여 고객만족에 앞장서겠다는 아모레퍼시픽의 의지를 담고 있다.

뷰티슈머는 제품 개발 단계부터 ▲FGI(Focus Group Interview, 제품 및 컨셉 개발을 위해 회사로 내방하여 직접 의견을 들으며 소통하는 조사), ▲HUT(Home Use Test, 제품 개발 단계에서 우편으로 테스트 제품을 배송, 집에서 사용 후 고객의 의견을 듣고 반영하는 조사), ▲온라인 설문 등 다양한 형태로 의견을 개진할 수 있다. 제품 체험 이벤트 등을 통해 사용 후기 및 뷰티 노하우를 자유롭게 나누는 장으로 활용될 예정이다.

또한 뷰티슈머 웹사이트 오픈을 맞아 지난 16일부터 일주일 간 한율 '백화고 영양 활력 앰플'체험단을 모집한다. 이는 지난 4월 2주에 걸쳐 실시된 뷰티슈머 조사를 바탕으로 사용감을 비롯한 상세한 고객 니즈를 반영해 9월 초 출시한 것으로, 거칠고 메마른 피부로 고민하는 여성들의 피부를 부드럽고 촉촉하게 가꾸어주는 제품이다. 이번 이벤트는 제품 개발에 참여하지 않은 뷰티슈머에게 체험 기회를 확대하기 위해 마련됐다.

아모레퍼시픽 고객상담팀은 "뷰티슈머는 고객의 다양한 니즈를 파악하는 동시에 일련의 경험을 고객과 공유하는 상호적 소통공간으로 발전할 것"이라며 "아모레퍼시픽 고객 만족 경영을 극대화할 창구가 될 것으로 기대한다."라고 말했다.

한편 아모레퍼시픽은 국내뿐 아니라 재한 중국 고객을 대상으로 별도의 뷰티슈머인 '수혜당'을 선발하여 중국 수출 상품에 대한 품평, 개발, 제안 등을 진행함으로써 중국 고객들의 목소리도 적극적으로 청취하고 있다.

출처: 세계일보(2015. 9. 17.).

학 습 평 가

정답 및 해설 p. 405

※ 다음 문장의 내용이 맞으면 ○, 틀리면 × 표시를 하시오.

1. 조사 분야와 대상은 명확하게 설정해야만 한다. (　　)

2. 조사 결과 활용 계획은 세울 필요가 없다. (　　)

3. 고객서비스 질의 개선 및 향상을 위해서는 고객의 요구 변화에 관심을 가지고 지속적으로 조사 · 측정해야 한다. (　　)

4. 고객만족 설문조사는 외부를 대상으로만 고객만족 수준을 파악해야 한다. (　　)

5. 고객들은 제품을 구매하는 과정에서 서비스나 경험 등에 대한 평가를 하며, 그 평가는 변하지 않는다. (　　)

※ 괄호 안에 알맞은 말을 넣으시오.

6. 고객만족조사에서 이루어져야 할 4가지 항목을 적으시오.
   (　　　　　　　　), (　　　　　　　　), (　　　　　　　　), (　　　　　　　　)

7. 고객만족조사 방법 중 정량적 조사 기법의 장점을 3가지 적으시오.
   (　　　　　　　　), (　　　　　　　　), (　　　　　　　　)

※ 다음 문항을 읽고 물음에 답하시오.

8. 고객만족조사 방법 중 정성적(qualitative) 조사에 해당하는 것을 고르시오. (　　)
   ① 전화면접법
   ② 우편면접법
   ③ 개별면접법
   ④ 심층면접법

9. 다음 예시에서 고객만족도(CSI) 조사 목적으로만 묶인 것을 고르시오. (　　)

가. 신규 고객의 획득　나. 고객만족도의 수준 파악　다. 고객유지율 유지 및 제고
라. 제품 및 서비스 품질 개선　마. 기업 외부의 프로세스 개선 도모

① 가, 나, 다
② 가, 나, 라
③ 나, 다, 라
④ 나, 다, 마

10. 고객만족도 조사에서 정성적(qualitative) 조사 기법을 적용해야 할 상황을 고르시오. (　　)
① 신속한 정보 획득
② 가설 검증을 통한 확정적인 결론 획득
③ 시장 경쟁상황 및 소비자 행동파악
④ 시장 세분화 또는 목표시장 선정

학습정리

1. 시장의 공급이 많아지면서 시장의 주인은 공급자가 아니라 고객(소비자)이 되었다. 이제는 고객을 끌어들이고, 고객을 만족시키고, 그 고객을 유지해야 한다. 고객은 이제 '제품'이 아닌 '서비스'를 산다. 때문에 고객서비스는 더욱 중요해졌다.

2. 불만고객의 중요성

만족 고객	불만족 고객
• 재구매율이 높다. • 신규고객을 창출 • 고객과의 유대강화 • 열성팬 확보 • 홍보대사 8명의 효과	• 재구매를 하지 않는다. • 신규고객 감소 • 고객과의 감정격화 • 반대파 확보 • 홍보대사 25명의 효과

3. 불만고객 유형의 응대방법
   - 빨리빨리형 고객: 신속하게 응대하고 답변한다.
   - 잘난 척하는 고객: 칭찬해 주어야 한다.
   - 무리한 요구를 하는 고객: 고객의 입장을 충분히 이해해 준다.
   - 흥분하는 고객: 고객을 흥분시키지 않도록 침착하게 대화를 해야 한다.
   - 의심이 많은 고객: 실제 사례와 객관적인 데이터를 제시해 준다.
   - 신중한 고객: 타고객의 예를 들며 설명한다.
   - 신경질적인 고객: 인내를 가지고 응대한다.
   - 거만한 고객: 정중하게 응대한다.
   - 온순 · 얌전 · 과묵형 고객: 예의 바르게 응대한다.
   - 깐깐한 고객: 정중하게 응대한다.
   - 명랑한 고객: Yes, No의 입장을 분명히 밝히며 응대한다.

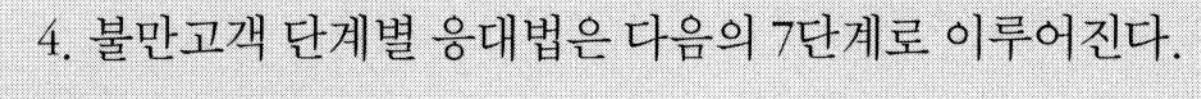

5. 불만고객 단계별 응대법에서 주의할 점은 다음과 같다.

1) 사람을 바꾼다: 최초 응대자를 교체한다. 되도록 상사가 응대한다.
2) 장소를 바꾼다: 서 있을 경우 앉게 하여 진정시킨다, 매장보다는 사무실과 고객센터 등으로 안내한다.
3) 시간을 바꾼다: 고객이 진정할 시간을 준다. 고객에게 꼭 중간보고를 한다.

6. 고객만족조사 계획에서 수행되어야 할 것

1) 조사 분야 및 대상 설정: 명확히 설정해야만 정확한 조사가 될 수 있다.
2) 조사 목적 설정: 전체적 경향의 파악, 고객에 대한 개별대응 및 고객과의 관계 유지 파악, 평가, 개선 등의 목적이 있다.
3) 조사 방법 및 횟수: 정량적(quantitative) 조사는 면접조사, 전화조사, 우편조사가, 정성적(qualitative) 조사는 면접법, 관찰법, 투사법이 주로 활용된다. 조사 횟수는 연속 조사를 권장한다.
4) 조사 결과 활용 계획: 조사목적에 맞게 구체적인 활용 계획을 작성한다.

사후평가

체크리스트

직업기초능력으로서 대인관계능력을 학습한 것을 토대로 다음 표에서 자신의 수준에 해당하는 칸에 체크하시오.

구분	문항	매우 미흡	미흡	보통	우수	매우 우수
대인관계능력	1. 나는 대인관계능력의 의미를 설명할 수 있다.	1	2	3	4	5
	2. 나는 대인관계 형성 시 중요한 요소를 설명할 수 있다.	1	2	3	4	5
	3. 나는 대인관계 향상이 무엇인지 설명할 수 있다.	1	2	3	4	5
	4. 나는 다양한 대인관계 향상 방법을 설명할 수 있다.	1	2	3	4	5
	5. 나는 다양한 대인관계 향상 방법을 실제 직업생활에서 활용할 수 있다.	1	2	3	4	5
팀워크능력	1. 나는 팀워크의 정의를 설명할 수 있다.	1	2	3	4	5
	2. 나는 팀워크와 응집성의 차이에 대해 설명할 수 있다.	1	2	3	4	5
	3. 나는 팀워크의 유형에 대해 설명할 수 있다.	1	2	3	4	5
	4. 나는 효과적인 팀의 특징에 대해 설명할 수 있다.	1	2	3	4	5
	5. 나는 멤버십의 정의를 설명할 수 있다.	1	2	3	4	5
	6. 나는 멤버십의 유형과 그에 따른 특징을 설명할 수 있다.	1	2	3	4	5
	7. 나는 팀워크의 촉진을 위한 조건에 대해 설명할 수 있다.	1	2	3	4	5
	8. 나는 실제 현재 소속된 팀의 팀워크를 촉진할 수 있다.	1	2	3	4	5

리더십 능력	1. 나는 리더십의 의미를 설명할 수 있다.	1	2	3	4	5
	2. 나는 리더와 관리자의 차이를 설명할 수 있다.	1	2	3	4	5
	3. 나는 다양한 형태의 리더십 유형을 설명할 수 있다.	1	2	3	4	5
	4. 나는 조직 구성원들에게 동기를 부여할 수 있는 방법을 설명할 수 있다.	1	2	3	4	5
	5. 나는 코칭의 의미를 안다.	1	2	3	4	5
	6. 나는 코칭의 기본원칙에 대해 설명할 수 있다.	1	2	3	4	5
	7. 나는 임파워먼트의 의미를 설명할 수 있다.	1	2	3	4	5
	8. 나는 임파워먼트가 잘 발휘될 수 있는 여건을 설명할 수 있다.	1	2	3	4	5
	9. 나는 변화관리의 중요성을 설명할 수 있다.	1	2	3	4	5
	10. 나는 일반적인 변화관리의 3단계를 설명할 수 있다.	1	2	3	4	5
갈등 관리 능력	1. 나는 갈등의 의미를 설명할 수 있다.	1	2	3	4	5
	2. 나는 갈등의 단서가 무엇인지 실명할 수 있다.	1	2	3	4	5
	3. 나는 갈등의 원인이 무엇인지 설명할 수 있다.	1	2	3	4	5
	4. 나는 갈등의 두 가지 쟁점인 핵심 문제와 감정적 문제를 구별할 수 있다.	1	2	3	4	5
	5. 나는 갈등해결방법을 모색하는 데 있어서 중요한 사항을 설명할 수 있다.	1	2	3	4	5
	6. 나는 윈-윈 갈등 관리법이 무엇인지 설명할 수 있다.	1	2	3	4	5
	7. 나는 윈-윈 전략에 기초하여 갈등해결 7단계를 해결할 수 있다.	1	2	3	4	5
	8. 나는 조직의 갈등을 줄일 수 있는 지침을 설명할 수 있다.	1	2	3	4	5
협상 능력	1. 나는 협상의 의미를 설명할 수 있다.	1	2	3	4	5
	2. 나는 협상의 중요성을 설명할 수 있다.	1	2	3	4	5
	3. 나는 협상 과정 5단계를 설명할 수 있다.	1	2	3	4	5
	4. 나는 협상 과정에서 해야 할 일을 설명할 수 있다.	1	2	3	4	5
	5. 나는 협상 전략에 대해 설명할 수 있다.	1	2	3	4	5
	6. 나는 다양한 협상 전략을 활용해야 하는 경우를 설명할 수 있다.	1	2	3	4	5
	7. 나는 상대방을 설득하는 다양한 방법을 설명할 수 있다.	1	2	3	4	5
	8. 나는 상대방과 상황에 따라 적절한 방법을 활용하여 상대방을 설득시킬 수 있다.	1	2	3	4	5

고객 서비스 능력	1. 나는 고객서비스의 정의를 설명할 수 있다.	1	2	3	4	5
	2. 나는 고객서비스가 기업의 성장과 어떤 관계에 있는지 설명할 수 있다.	1	2	3	4	5
	3. 나는 고객불만 표현 유형을 설명할 수 있다.	1	2	3	4	5
	4. 나는 고객불만 표현 유형에 따라 대처방법을 설명할 수 있다.	1	2	3	4	5
	5. 나는 고객불만처리 과정을 설명할 수 있다.	1	2	3	4	5
	6. 나는 고객만족의 중요성을 설명할 수 있다.	1	2	3	4	5
	7. 나는 고객만족조사 계획의 필수 요소를 설명할 수 있다.	1	2	3	4	5
	8. 나는 실제 고객만족조사를 계획할 수 있다.	1	2	3	4	5

평가 방법

체크리스트의 문항별로 자신이 체크한 결과를 다음의 표를 이용하여 해당하는 개수를 적어 보시오.

학습모듈	점수	총점	총점/문항 수	교재 페이지
대인관계능력	1점 × (　　)개		총점/5 = (　)	pp. 16-48
	2점 × (　　)개			
	3점 × (　　)개			
	4점 × (　　)개			
	5점 × (　　)개			
팀워크능력	1점 × (　　)개		총점/5 = (　)	pp. 50-114
	2점 × (　　)개			
	3점 × (　　)개			
	4점 × (　　)개			
	5점 × (　　)개			

리더십능력	1점 × (　　)개		총점/5 = (　)	pp. 116-185
	2점 × (　　)개			
	3점 × (　　)개			
	4점 × (　　)개			
	5점 × (　　)개			
갈등관리능력	1점 × (　　)개		총점/5 = (　)	pp. 186-247
	2점 × (　　)개			
	3점 × (　　)개			
	4점 × (　　)개			
	5점 × (　　)개			
협상능력	1점 × (　　)개		총점/5 = (　)	pp. 248-313
	2점 × (　　)개			
	3점 × (　　)개			
	4점 × (　　)개			
	5점 × (　　)개			
고객서비스 능력	1점 × (　　)개		총점/5 = (　)	pp. 314-375
	2점 × (　　)개			
	3점 × (　　)개			
	4점 × (　　)개			
	5점 × (　　)개			

평가 결과

모듈별 평균 점수(총점/문항 수)

3점 이상: 우수

3점 미만: 부족

평가 수준이 '부족'인 학습자는 해당 학습모듈의 교재 페이지를 참조하여 다시 학습하시오.

정답 및 해설

대인관계능력

제1장 1

1. 정답: (◯)
2. 정답: (◯)
3. 정답: (×)
4. 정답: (◯)
5. 정답: (◯)
6. 정답: (협조적인) (갈등)

해설: 대인관계능력이란 직장생활에서 협조적인 관계를 유지하고 조직 구성원들에게 도움을 줄 수 있으며, 조직 내부 및 외부의 갈등을 원만히 해결하고 고객의 요구를 충족시켜 줄 수 있는 능력이다.

7. 정답: (조력적인 관계)

해설: 바람직한 대인관계는 긍정적인 관계, 조력적인 관계, 생산적인 관계 등으로 표현할 수 있다.

8. 정답: (상호의존적)(심리적 지향성)

해설: 대인관계란 두 사람이 함께하며 여러 상황과 과제해결에 있어 상호의존적으로 행동함으로써 만들어지는 두 사람 사이의 연계를 의미하는 것으로 사람을 대하는 개개인의 보편적인 심리적 지향성이다.

9. 정답: ①

해설: 인간관계에서 중요한 것은 상대를 생각하는 역지사지와 배려이다.

10. 정답: ④

해설: 개인의 영리목적을 행한다면 대인관계가 원만하게 이루어지지 않는다.

제1장 2

1. 정답: (○)

2. 정답: (×)

3. 정답: (○)

4. 정답: (×)

5. 정답: (○)

6. 정답: (약속이행) (언행일치) (진지한 사과)

해설: NCS직업기초능력에서 대인관계를 향상시키는 실천방법으로는 상대방에 대한 이해와 양보, 사소한 일에 대한 관심, 약속 이행, 칭찬하고 감사하는 마음, 언행일치, 진지한 사과이다.

7. 정답: ④

해설: 대인관계를 향상시키는 방법으로 서로의 생각을 존중해야 한다.

8. 정답: ①

해설: 대인관계를 형성할 때 가장 중요한 요소는 무엇보다 사람 됨됨이다. 사람 됨됨이란 상대방에 대한 배려, 인성, 존중 등이 갖추어진 사람이다.

9. 정답: (밝은 얼굴 표정)

해설: 비언어적 대인관계 기술에는 밝은 얼굴 표정과 눈 맞춤, 몸동작(신체언어), 물리적 거리나 서로 앉는 방향에서 서로의 공감대를 형성하는 것이 있다.

10. 정답: (상호 간에 신뢰, 존중하기)

해설: 언어적 대인관계 기술은 상대방의 말을 경청하고 질문하기, 공감하기, 상호 간에 신뢰를 가지며 존중하여야 한다.

팀워크능력

제2장 1

1. 정답: (○)
2. 정답: (○)
3. 정답: (○)
4. 정답: (○)
5. 정답: (○)
6. 정답: (공식적팀)

해설: 팀이 지속되는 정도와 팀의 기본과제가 기업 활동의 기복적 활동인가 아니면 개선이나 문제해결을 위한 곳이냐에 따라서 여러 가지 형태로 구분이 가능하다.

7. 정답: (작업팀)

해설: 제품을 생산하거나 서비스를 창출하는 등, 기업의 지속적이고 기본적인 과업을 수행하기 위해 문제점을 분석하고 이를 해결하기 위하여 임시적으로 운용하는 팀이 여기에 속한다.

8. 정답: (혼합팀)

해설: 동일한 팀 형태로 전체적으로 통일시켜 일률적으로 운영하지 않고 각각의 부서의 특성에 따라 다양한 형태의 팀을 도입하는 경우이다.

9. 정답: (완전자율경영)

해설: 자율 경영팀의 특징과 권한을 가질 뿐 아니라 팀 자체에 대한 설계, 즉 팀의 수행과업의 결정권, 팀의 구성 권한까지 갖고 있는 팀의 유형이다.

10. 정답: (프로젝트팀)

해설: 업무 성격상 기존조직의 형태를 유지하면서 특수한 목적에 따라 프로젝트나 특수업무를 수행하기 위해 별도로 조직하는 행태의 개발연구만을 담당하는 연구소 조직형으로 구분한다.

제2장 2

1. 정답: (◯)
2. 정답: (◯)
3. 정답: (×)
4. 정답: (◯)
5. 정답: (◯)
6. 정답: (효과적인 팀의 운영원리)

해설: 팀은 자체의 운영방식에 대해 일상적으로 점검할 필요가 있다. '지속적인 개선'과 '전향적 관리'는 효과적인 팀의 운영원리이다.

7. 정답: (방법)

해설: 조직적인 팀은 출발에서부터 규약, 절차, 방법을 명확하게 규정한다. 잘 짜여진 구조를 가진 팀은 자체적으로 해결해야 하는 모든 업무과제의 요구에 부응할 수 있다.

8. 정답: ②

해설: 팀워크의 발달과 팀 구성원들이 공동의 목적을 달성하기 위해 각자가 맡은 역할에 따라 서로 협력적으로 행동하는 상대를 배려하는 우정과 인정이 있어야 한다.

9. 정답: ③

해설: 효과적인 팀은 업무지원과 피드백이 주어지고 구성원들이 서로 의존하지 않는 팀이다.

10. 정답: ①

해설: 효과적인 팀의 특성으로 적절한 것은 결과에 초점을 맞추며 개인의 강점을 활용하는 것이다.

제2장 3

1. 정답: (×)
2. 정답: (◯)
3. 정답: (◯)
4. 정답: (◯)

5. 정답: (○)
6. 정답: (상호 보완적)
해설: 리더십과 멤버십은 서로 다른 개념이며 각기 별도의 역할을 가지고 있다. 그러나 두 개념은 독립적인 관계가 아니라 상호 보완적이며 필수적인 존재이다.
7. 정답: (팔로워십)
해설: 조직의 성공에서 리더십이 기여하는 바는 20%에 지나지 않는다고 한다. 나머지 80%의 기여는 오직 팔로워십에 달려 있다.
8. 정답: ①
해설: 멤버십 유형 중 "실무형"의 특징으로는 실패에 따른 후회보다는 안전을 선택한다.
9. 정답: ④
해설: 멤버십 유형 중 "수동형"으로 적절한 것은 책임감 결여, 방관자적 입장, 비효율적형이 있다.
10. 정답: ①
해설: 멤버십 유형으로는 모범형(주도형), 수동형, 소외형, 실무형, 순응형이 있다.

제2장 4

1. 정답: (○)
2. 정답: (×)
3. 정답: (○)
4. 정답: (○)
5. 정답: (○)
6. 정답: (권한부여)
해설: 임파워먼트(empowerment)란 조직 현장의 구성원에게 업무 재량을 위임하고 자주적이고 주체적인 체제 속에서 사람이나 조직의 의욕과 성과를 이끌어 내기 위한 '권한부여' '권한이양'을 말한다.

7. 정답: (피드백)

해설: 피드백은 현재는 일을 마치고 그것에 대한 평가를 해서 앞으로 같은 일을 했을 때 실수를 반복하지 않고, 더 나은 결과를 얻기 위한 것이라는 뜻으로 사용된다.

8. 정답: ②

해설: 팀워크의 창의적 조성을 위해서 상식에서 벗어난 아이디어에 대해 비판하지 않는다. 많은 양의 아이디어를 요구하지 않는다. 사람들이 침묵하지 않도록 자극을 주지 않는다. 관점을 바꿔 보며 팀원의 말에 흥미를 가지고 대하지 않는다.

9. 정답: ④

해설: 동료 피드백을 장려하는 데 도움이 되는 것은 명확하고 간명한 목표와 우선순위를 설정하며 행동과 수행을 관찰하는 것이며, 뛰어난 수행성과에 대해 인정해야 한다. 또한 개선점은 즉시 피드백해야 한다.

10. 정답: ①

해설: 팀워크의 조건으로 적절한 것은 '팀원 간의 신뢰를 쌓는다.'이다.

리더십능력

제3장 1

1. 정답: (○)
2. 정답: (×)
3. 정답: (○)
4. 정답: (○)
5. 정답: (×)
6. 정답: ④

해설: 조직에서 리더란 공식적인 힘을 말하는데, 부하와 리더는 업무를 협동으로 서로 보완하며 여러 가지 방향으로 접근하여야 한다.

7. 정답: ③

해설: 권력의 수직관계를 전제로 하는 것은 힘이라고 할 수 있다. 따라서 힘에는 다양한 권력이 존재한다.

8. 정답: ①

해설: 여러 학자들마다 조직의 대인관계에 대해 상호작용이 중요하다고 역설하였지만 특히 상호작용을 강조한 인물은 배스(Bass)이다.

9. 정답: ②

해설: 관리자는 체계나 기구, 조직 구성원의 관리 등을 중시하며 특히 업무성과에 초점을 맞춘다.

10. 정답: ③

해설: 조직의 비전을 창조하고 방향을 제시하는 역할은 리더의 역할이다.

제3장 2

1. 정답: (×)

2. 정답: (×)

3. 정답: (○)

4. 정답: (○)

5. 정답: (○)

6. 정답: ③

해설: 서번트의 대표적인 인물은 나이팅게일이라고 볼 수 있으며 헌신 · 봉사하는 능력을 발휘하는 리더십이다.

7. 정답: ②

해설: 리더의 특성은 학자들마다 조금씩 다른 관점을 보이지만 방관적인 태도는 오히려 리더십을 발휘하는 데 방해요소에 포함된다.

8. 정답: ④
해설: 변혁적 리더십은 자기혁신과 자아실현, 긍정적인 칭찬과 행동을 실천하는 리더십이다. 평등은 서번트 리더십에서 더 많이 다루어진다.
9. 정답: ①
해설: 개인이 주체가 되는 것이 아니라 모두 다 함께 서로 도우며 활동하는 리더십을 발휘하는 것이 서번트 리더십이다.
10. 정답: ②

제3장 3

1. 정답: (○)
2. 정답: (○)
3. 정답: (×)
해설: 인간의 능력은 개개인마다 다를 수 있으며 개인의 개발이나 환경에 따라 다를 수 있다.
4. 정답: (○)
5. 정답: (○)
6. 정답: ③
해설: 리더는 자율적인 사고로 때로는 비평을 하되 비판은 하지 않아야 한다.
7. 정답: ④
해설: 눈앞의 현상을 보고 판단하기보다는 그 이면도 이해하여야 한다.
8. 정답: ②
해설: 경력 중기에는 전문성 발휘와 창의성을 키우고 경력 말기에는 의사결정 능력을 키우며 경력 초기에 주로 계획과 구상을 한다.
9. 정답: ③

10. 정답: ①

해설: 리더는 방향이 결정되기 전에는 여러 방향으로 접근을 시도하지만 목표와 방향이 결정되었으면 한 방향으로 집중한다.

제3장 4

1. 정답: (◯)
2. 정답: (◯)
3. 정답: (◯)
4. 정답: (◯)
5. 정답: (◯)
6. 정답: ④

해설: 리더의 영향력과 자신감은 임파워먼트의 구성요소이지만 지나친 과업 몰입은 임파워먼트의 요소로 부적합하다.

7. 정답: ①

해설: 종업원의 지나친 성취 욕구는 협동과 상호작용에 방해가 되며 비호의적이다.

8. 정답: ④

해설: 일시적인 종업원제는 효율이 떨어진다. 따라서 비효율적이다.

9. 정답: ③

해설: 보수적 태도는 임파워먼트가 잘 이루어지지 않는다. 개방적 태도로써 조직원들을 이해하여야 한다.

10. 정답: ②

해설: 리더와 조직 구성원은 서로 신뢰감을 형성하여야 한다. 그래야만 업무에 효과적이며 플러스 작용효과가 온다.

제3장 5

1. 정답: (○)

2. 정답: (○)

3. 정답: (×)

해설: 코칭의 기본원칙은 서로 자유로운 상태에서 논의하고 리더는 전체 모두에게 관심을 쏟아야 한다.

4. 정답: (×)

5. 정답: (○)

6. 정답: ④

해설: 코칭을 할 때 개방적인 자세로 상대방과 대화하여야 한다. 때로는 팀 차원적으로 상호 소통하여야 한다.

7. 정답: ①, ②, ④

해설: 보다 긍정적이고 미래지향적인 자세로 코칭을 하여야 한다.

8. 정답: ②

해설: 확대질문은 여러 가지 답이 나올 수 있음을 명심하자. 한 가지 답이 나온다는 것은 한 방향으로 흘러가기 쉽다.

9. 정답: ③

해설: 코칭은 피코치에게 정답을 주는 것보다 바람직한 방향으로 나아갈 수 있도록 도움을 주는 것이다.

10. 정답: ④

해설: 인간의 행위를 유발시키는 모든 영향력은 포함하는 것은 아니다. 조직의 성과나 목표 달성에 대한 동기를 부여하는 것이다.

제3장 6

1. 정답: (○)

해설: 변화 저항은 다양한 조건에서 일어날 수 있다.

2. 정답: (○)
3. 정답: (×)
해설: CEO들은 혁신이나 변화, 가치, 창조 등을 선호한다.
4. 정답: (○)
5. 정답: (○)
6. 정답: ②
해설: 21세기 조직의 형태는 자기중심주의를 벗어나 인본주의를 지향하고 있다. 따라서 자기중심적 사고는 지양하여야 한다.
7. 정답: ②
8. 정답: ③
해설: 리더는 현장의 목소리를 적극 경청하고 반영해야 하며, 이것 역시 중요한 리더십의 관리이다.
9. 정답: ①
해설: 변화에 잘 대처하기 위해서는 해빙단계, 변화단계, 재빙단계의 변화과정이 있다.
10. 정답: ②
해설: 때로는 지시형 리더십과 지도형 리더십이 효과적일 때도 있다.

갈등관리능력

제4장 1

1. 정답: (×)
2. 정답: (×)
3. 정답: (×)
4. 정답: (×)
5. 정답: (○)

6. 정답: (내적), (외적)

해설: 갈등은 결국 두 사람의 대립 현상이며 자기 내면에서 심리적 변화가 일어나는 내적 갈등과 타인과의 관계에서 발생하는 외적 갈등이다.

7. 정답: (원만한 관계)

해설: 원만할 때는 갈등이 나타나지 않을 수 있지만 원만한 관계가 아닐 때는 갈등이 단계를 거쳐 진행될 수 있다.

8. 정답: (순기능적), (역기능적)

해설: 순기능으로의 갈등은 인간의 삶의 질을 개선과 행복을 추구하기도 하며 역기능은 관계형성의 주범이 되기도 하여 개인의 삶을 황폐화시키기도 한다.

9. 정답: ①

해설: 지나치게 감정적인 논평과 제안은 갈등을 확인할 수 있는 단서가 된다.

10. 정답: ②

해설: 갈등의 순기능으로는 혁신과 변화를 초래하며 새로운 관계 형성으로 의사결정의 질을 개선한다.

제4장 2

1. 정답: (불필요한 갈등), (해결할 수 있는 갈등)

해설: 갈등에는 두 가지 유형이 있는데, 첫 번째 유형은 불필요한 갈등이고, 두 번째 유형은 해결할 수 있는 갈등이다.

2. 정답: ②

해설: 인간관계의 관점은 자연스럽게 발생하며, 갈등의 존재를 합리화하기도 하며 제거할 수 없는 것도 있다.

3. 정답: ④

해설: 실제로 존재하는 갈등을 파악하기 위해서는 먼저 자신의 패러다임을 점검하는 것이 중요하다.

4. 정답: ③

해설: 자연스럽게 발생하는 것은 인간관계의 관점이며 갈등존재 자체를 개인적이든 조직적이든 합리화도 할 수 있다.

5. 정답: ①

해설: 갈등관리 유형 중 회피형의 문제점은 사안의 미해결 시 신뢰성 약화, 그리고 상대방 의심이다.

6. 정답: ①

해설: 갈등관리 유형 중 순응형의 문제점으로 기강의 해이, 욕구불만 증대, 자존심 손상이 나타난다.

7. 정답: ④

해설: 타협형의 갈등관리 유형의 문제점은 합의안에 아무도 만족하지 않을 수 있으며 단기적, 임시적 조치로 인해 기만으로 의심을 받을 수 있고 실리추구로 인한 큰 사안, 명분이나 원칙, 장기적 목표에 손상이 생길 수 있다.

8. 정답: ④

해설: 협력형의 갈등관리 유형에 필요한 상황은 쌍방의 관심사가 모두 고려되어야 할 정도로 중요하여 통합의 해결책을 마련해야 할 때, 의견을 통합함으로써 관계자들의 협력을 얻을 수 있을 때, 사안이 모두에게 중요하여 여러 사람의 견해와 통찰력을 모아야 할 때이다.

9. 정답: ②

해설: 신속하게 단호한 결정을 해야 할 때 필요하며, 양보할 수 없는 중요한 문제일 때, 개혁 조치를 단행해야 할 때 등이 지배형(경쟁형)의 갈등관리 유형이 필요한 때이다.

10. 정답: ④

해설: 갈등해결을 위한 패러다임 변화에 도움이 되는 테크닉에는 생각의 전환, 역지사지의 정신과 긍정적인 태도가 있다.

제4장 3

1. 정답: ②

해설: 갈등을 피하면 안 되고 의사소통을 통하여 해결하여야 하며 문제의 본질적인 해결책을 얻는 방법을 강구하며 갈등 당사자 서로가 원하는 바를 얻을 수 있는 방법이다.

2. 정답: ④

해설: 윈-윈(Win-Win) 관리법은 성공적인 업무관계를 유지하는 데 효과적인 방법 중 하나이다.

3. 정답: ①, ②

해설: 상대방에게 중요한 기준을 명확히 하며, 자신에게 어떠한 기준이 중요한지 말한다.

4. 정답: ①

해설: 윈-윈(Win-Win) 의 관리법으로는 다른 사람들의 입장을 이해하고 사람들이 당황하는 모습을 자세히 살피며 어려운 문제는 피하지 말고 맞서며 자신의 의견을 명확하게 밝히고 지속적으로 강화한다.

5. 정답: ③

해설: 정보력은 가장 큰 무기이며, 관계가 좋아야 많은 정보를 공유할 수 있다.

6. 정답: ①

해설: 갈등관리 방법으로는 무조건 듣고 프레임을 넓히고 관계를 우선시해야 한다.

7. 정답: ④

해설: 코스(Coase)가 주장했듯이 갈등은 사회통합적 효과도 있는 것이고, 사회혁신적 발전을 가져오기도 한다.

8. 정답: ③

해설: 갈등관리 유형 중 양쪽 모두 다 만족할 수 있는 갈등해소책을 적극적으로 찾으려는 방법으로는 협력형이 적합하다.

9. 정답: ①

해설: 잘 설정된 목표에서 성공적인 윈-윈(Win-Win)의 구체적인 방법으로는 목표가 명확해야 하며, 전략을 세울 수 있으며 상대방을 설득할 수 있어야 하는 것이다.

10. 정답: ①

해설: 긍정적인 접근방식으로 윈-윈 절차인 협동적인 절차에 임할 자세가 되어 있는지 알아보는 단계이다.

제4장 4

1. 정답: (○)
2. 정답: (○)
3. 정답: (×)
4. 정답: (×)
5. 정답: (○)
6. 정답: 개인, 집단

해설: 조직에서의 갈등은 개인이나 집단의 기대가 타인이나 타집단에 의해 좌절되는 상황을 말한다.

7. 정답: ④

해설: 상대를 충분히 이해하고 상대방의 입장이었으면 나는 어떻게 대처했을까를 생각해보면서 그를 토대로 표현한다.

8. 정답: ④

해설: 다양성과 창조성이 증대되며 다양성과 창조성이 증대된다면 더 많은 선택의 권한도 있을 수 있다.

9. 정답: ①

해설: 집단 내 갈등의 역기능은 상호 경계 의식의 증가, 편견의 증가, 파벌 의식 고조, 독재자 출현이 있다.

10. 정답: ②

해설: 조직의 갈등을 줄이면 이익이 되는 부분은 조직의 생산성을 높이는 지름길이 되며 조직의 갈등을 제대로 경영한다면, 오히려 조직에 에너지를 불어 넣어 줄 수도 있다.

제4장 5

1. 정답: ②

해설: 갈등에서는 어려운 문제도 피하지 않고 갈등을 줄이려고 노력해야 한다.

2. 정답: ① – A
   ② – E
   ③ – D
   ④ – B
   ⑤ – C

3. 정답: ①

해설: 브레인스토밍의 옳은 방법은 여러 사람이 자유롭게 아이디어를 창출하여 하나의 주제에 대하여 생각나는 대로 자신의 생각을 아낌없이 말하여야 하며 비난이나 비판은 자제하여야 한다.

4. 정답: ④

해설: 갈등을 성공적으로 해결하기 위한 방법 중 한 측면으로는 쟁점의 양 측면을 모두 이해해야 한다.

5. 정답: ②

해설: 갈등해결방법 모색에는 다른 사람들의 입장을 이해하며 어려운 문제는 피하지 말고 맞서야 하며 자신의 의견을 명확하게 밝히고 지속적으로 강화한다.

6. 정답: ④

해설: 갈등을 성공적으로 해결하려면 조직과 조직원 감정을 배제하고 행위에 대해서 솔직한 의사를 타진하되 예의를 갖추는 화법이 중요하다.

7. 정답: ①

해설: 갈등이 너무 심하면 조직 내부적으로 상호 신뢰감이 없어지고 혼란과 분열 등을 초래하여 결과적으 로 생산성 저하는 물론 조직에 대한 충성도가 낮아진다.

8. 정답: ①, ②, ③, ④

해설: 성공적 갈등관리 방법에서 갈등의 촉진 방안에는 의사전달 경로 및 인물의 변경, 정보의 조작, 이질감의 조성, 경쟁유도 등이 있다.

9. 정답: ②

해설: 갈등의 예방 방안이란 미래에 발생 가능성이 높은 갈등을 사전에 방지하려는 전략으로 균형된 자세 유지, 상호 의존성 높은 조직 변경, 불필요한 경쟁 회피가 있다.

10. 정답: ④

해설: 갈등의 예방 방안이란 미래에 발생 가능성이 높은 갈등을 사전에 방지하려는 전략으로 균형된 자세 유지, 공동의 적 무시, 상호 의존성 높은 조직 변경이 있다.

협상능력

제5장 1

1. 정답: (○)

2. 정답: (×)

해설: 협상 과정은 기본적으로 준비단계, 협상단계, 합의 후 평가단계의 순서이다.

3. 정답: (×)

해설: 선호가 서로 다른 협상 당사자들이 합의에 도달하기 위해 공동으로 의사결정하는 과정은 교섭 차원의 협상이다.

4. 정답: (×)

해설: 협상이 성공적으로 타결되기 위해서는 무엇보다도 양쪽의 당사자가 상호 이익을 얻을 수 있는 가능성이 높아야 하고 그 기대가 일치해야 한다.

5. 정답: (×)

해설: 갈등관계에 있는 이해당사자들이 대화를 통해서 갈등을 해결하고자 하는 상호작용 과정은 갈등해결 차원의 협상이다.

6. 정답: (자신) (상대방)

7. 정답: (자기주장) (공동 관심사)
8. 정답: (주제) (관계) (과정) (결과)
9. 정답: ②, ③, ④
10. 정답: ④
해설: 교섭차원의 협상은 선호가 서로 다른 협상 당사자들이 합의에 도달하기 위해 공동으로 의사결정하는 과정이다.

제5장 2

1. 정답: (○)
2. 정답: (○)
3. 정답: (○)
4. 정답: (×)
해설: 상호교환을 통하여 각자의 필요를 충족시키는 방법은 흥정식 협상이다.
5. 정답: (×)
해설: 갈등이라는 문제를 파악하여 해결을 위한 대안을 강구하고, 이러한 대안의 결과를 가능한 한 정확하고 상세하게 추정하여, 그러한 결과 중에서 최선이라고 판단되는 대안을 공동으로 선택하면서 문제에 접근하는 방법은 협동식 협상이다.
6. 정답: (연성 입장협상전략) (경성 입장협상전략)
7. 정답: (연성 입장협상전략)
8. 정답: (경성 입장협상전략)
9. 정답: ④
해설: 관련자 모두의 목적을 실현할 수 있는 대안을 찾으려고 진지하게 노력하여야 한다.
10. 정답: ④
해설: 협상결과를 객관적인 기준에 입각하여 판단한다는 원칙

제5장 3

1. 정답: (○)

2. 정답: (○)

3. 정답: (×)

해설: 무관심 상황은 상대와의 관계도, 기대되는 협상 성과도 크지 않다고 판단되는 상황이다.

4. 정답: (○)

5. 정답: (×)

해설: 문제해결 상황은 모두 기대가 되는 성과가 크다고 판단되는 상황이다.

6. 정답: (닻 내리기)

7. 정답: (가격제시)

8. 정답: (종결)

9. 정답: ④

해설: 협상 상대가 협상에 대하여 책임을 질 수 있고 타결권한을 가지고 있는 사람인지 확인하고 시작하는 협상은 잘못된 사람과 협상하는 실수상황에서의 대처방안이다.

10. 정답: ③

해설: ①, ②, ④는 협상의 통제권을 잃을까 두려워하는 실수상황에서의 대처방안이다.

제5장 4

1. 정답: (○)

2. 정답: (○)

3. 정답: (×)

해설: 협상에 임하는 자신의 기본 태도를 결정하기 전에 할 수 있는 한도까지 정보를 모아야 하는 것은 '객관적 자료를 제시하기'이다.

4. 정답: (×)

해설: 상대방이 재협상을 요구할 수도, 우리가 요구할 수도 있다는 것을 생각해야 하는 것은 재협상의 가능성을 염두에 두기이다.

5. 정답: (○)

6. 정답: (안 됩니다.)

7. 정답: (바이어) (셀러)

8. 정답: (마감시간)

9. 정답: ②

해설: '이럴 때는 어떻게 하지?'를 반복하기

10. 정답: ④

해설: 경쟁 전략이 Win-Lose전략으로 'I win, You lose' 전략이다.

제5장 5

1. 정답: (○)

2. 정답: (○)

3. 정답: (×)

해설: 연결 전략이란 협상 과정상의 갈등상태가 발생했을 때 그 갈등 문제와 갈등관리자를 연결하는 것이 아니라 그 갈등을 야기한 사람과 관리자를 연결하면 갈등해결이 용이해진다는 것이다.

4. 정답: (○)

5. 정답: (○)

6. 정답: (권위)

7. 정답: (희소성)

8. 정답: (반항심)

9. 정답: ③

해설: 헌신과 일관성 전략

10. 정답: ④
해설: 피설득자가 메시지 내용을 이해하고 수용하여 일정기간 동안 유지한 뒤에 바꾸어 행동하는 단계는 5단계이다.

고객서비스능력

제6장 1

1. 정답: (○)
2. 정답: (×)
해설: 시장의 주인은 공급자가 아니라 고객이다. 즉, 시장의 주인은 공급자가 아니라 수요자이다. 끊임없이 변화하는 시장상황에서 신속하게 대처하지 못한다면 고객으로부터 외면당할 것이다.
3. 정답: (×)
해설: 얀 칼슨(Jan Carlzon)은 중간관리자에게 이렇게 말했다. "당신의 임무는 최일선에 있는 직원들을 감독하는 것이 아니라 그들을 지원하는 것이다."
4. 정답: (○)
5. 정답: (○)
6. 정답: (고객서비스)
7. 정답: (SAS)(얀 칼슨)
해설: SAS(Scandinavian Airline System)는 고객만족경영의 시초이다. 얀 칼슨(Jan Carlzon)은 진실의 순간의 개념을 마케팅 철학으로 승화시켜 기업에 적용하고 확립시켰다.
8. 정답: ① – D
② – A
③ – C
④ – B

9. 정답: ④

해설: 고객의 작은 불만이라도 철저하게 점검해서 100% 만족시키고자 하는 자세가 중요하다.

10. 정답: ④

해설: 고객계층별 종류

- 잠재고객: 해당 기업의 상품이나 서비스를 구매할 가능성이 있는 모든 사람
- 가망고객: 해당 기업의 상품이나 서비스를 필요로 하고, 그것을 구입할 능력이 있는 한정된 사람
- 손님: 해당 기업의 상품이나 서비스를 구매한 사람
- 고객: 해당 기업의 상품이나 서비스를 2번 이상 구매한 사람
- 단골고객: 손님이 사용할 상품이나 서비스는 무엇이든지 해당 기업에서 구매하는 손님
- 골수 단골고객: 구매활동은 단골손님과 유사하나, 심리적으로 깊이 반해 버린 상태에 있는 손님

제6장 2

1. 정답: (○)

2. 정답: (○)

3. 정답: (×)

해설: 비언어적 커뮤니케이션은 언어 커뮤니케이션의 메시지와는 달리 발신자는 숨은 의도를 감추지 못한다. 왜냐하면 비언어적 커뮤니케이션은 우리가 미처 인식하지 못하는 무의식의 세계까지도 보여 주기 때문이다.

4. 정답: (○)

5. 정답: (○)

6. 정답: (앨버트 메라비언)

7. 정답: (회사문제) (직원의 문제) (고객 자신의 문제)

해설: 회사문제(20%), 직원의 문제(65%), 고객 자신의 문제(15%)로 분류

8. 정답: ④

해설: 고객 불만 정보는 조직에서 인사평가보다는 기업경영에 유용한 자료로 활용해야 한다.

9. 정답: ①

해설: ② 무관심: 나와 상관없다는 식의 태도, 고객이 다가와도 쳐다보지 않는 행위

③ 로봇화: 직원이 기계적으로 응대하므로 고객 개인 사정에 맞는 따뜻함이나 인간미를 전혀 느낄 수 없는 태도

④ 냉담: 적대감, 퉁명스러움, 친근하지 못함, 고객사정을 고려하지 않음, 조급함을 표시하는 것

10. 정답: ②

해설: 업무적인 원인

- 직원의 업무지식 부족
- 직원의 의사소통 기술 부족
- 고객감정에 대한 공감능력부족
- 서비스 마인드 부족

심리적인 원인

- 귀찮다(바쁘다).
- 회사의 규정을 어길 수 없다.
- 자신의 서비스는 문제가 없다.
- 나는 서비스 부분에 전문가 등

제6장 3

1. 정답: (◯)

2. 정답: (×)

해설: 잘난 척하는 고객은 인정받기를 좋아하기 때문에 칭찬해 주어야 하며, 필요 이상으로 낮은 자세를 보이지 않도록 주의한다.

3. 정답: (×)

해설: 회사의 규정을 먼저 설명하려 하지 말라. 화가 난 것은 감정적인 것이므로 논리적으로 대응해서는 안 된다. 규정이나 기준을 설명하려다 보면 고객의 감정을 더 악화시키는 경우가 있다.

4. 정답: (◯)

5. 정답: (◯)

6. 정답: (처음 이용하는 고객)

7. 정답: (흥분하는 고객)

8. 정답: ①

해설: 여성 고객은 감정적 응대가 중요하다.

9. 정답: ① – B
② – C
③ – A
④ – D

10. 정답: ④

해설: yes but 화법이란 상대의 의견을 옳은지 그른지 판단하지 말고 고객의 말에 충분히 공감하고, 고객의 의견을 존중해 주는 것이다.

제6장 4

1. 정답: (◯)

2. 정답: (×)

해설: 불만처리 과정에서 고객의 행동에 대한 비밀을 지켜 주기를 바라는 심리가 있다. 비밀을 지켜 줌으로써 고객은 더욱 감사한 마음을 갖게 되고 충성 고객이 될 가능성이 높아진다.

3. 정답: (×)

해설: 직원들은 불만처리 과정에서 공정성을 유지해야 할 뿐만 아니라 고객에게도 공정성을 보여야 한다.

4. 정답: (×)

해설: 고객의 의견을 공감적 경청을 한 후 그 문제점을 인정하고 잘못된 부분이 있다면 재빨리 진심으로 사과한다.

5. 정답: (○)

6. 정답: (사람) (장소) (시간)

7. 정답: 5배

8. 정답: ①

해설: 접점직원이 고객과 같이 흥분하면 자기감정을 다스리지 못해서 화난 표정과 화난 말투 때문에 더 큰 불평불만을 초래하게 된다. 직원의 자기감정 다스리기가 더 중요하다.

9. 정답: ①

해설: 해답이 나오면 접점에서 자신의 능력으로 해결이 가능한 문제인지, 상사에게 도움을 청해야 하는 것인지 결정해야 한다.

10. 정답: ②

해설: 질문기법의 효과

- 대화의 초점이 흐려졌을 때 주위를 환기시킬 수 있다.
- 고객으로 하여금 말하고자 하는 중요한 부분을 다시 한 번 상기시키게 한다.
- 질문은 주위를 집중시켜 질문에 대한 빠른 답을 얻을 수 있다.

제6장 5

1. 정답: (○)

2. 정답: (×)

해설: 조사결과 활용 계획은 조사목적에 맞게 구체적으로 작성한다.

3. 정답: (○)

4. 정답: (×)

해설: 외부를 대상으로 고객만족 수준을 파악하고자 함 → CSI(외부고객 만족도조사)

내부 직원들의 전화응대 수준을 진단하고자 함 → SQI(전화응대서비스 품질조사)

내부 부서 간 업무지원 만족수준을 파악하고자 함 → ICSI(내부고객 만족도조사)

5. 정답: (×)

해설: 고객들은 제품을 구매하는 과정에서 서비스나 경험 등에 대한 평가를 수시로 하고 불만족하면 그 기업을 떠난다.

6. 정답: (조사 분야 및 대상 설정) (조사목적 설정) (조사방법 및 횟수) (조사결과 활용 계획)

7. 정답: (자료의 객관성) (자료의 대표성) (신뢰도 측정) (다목적성) 중 세 가지

8. 정답: ④

해설: 정성적 조사의 종류에는 심층면접법, 표적집단 면접법, 관찰법이 있다.

9. 정답: ③

해설: 고객만족도(CSI) 조사 목적

- 고객만족도의 수준 파악
- 고객유지율 유지
- 제품 및 서비스 품질 개선
- 기업 내부의 프로세스 개선

10. 정답: ①

해설: 정성적 조사기법이 필요한 경우

- 양적 조사의 사전 단계
- 가설의 발견
- 예비적 정보의 수집
- 고객의 언어의 발견 및 확인
- 소비자의 정보 획득
- 신속한 정보 획득

정량적 조사기법이 필요한 경우

- 가설 검증을 통한 확정적인 결론 획득
- 시장 세분화/목표시장 선정
- 시장 경쟁상황 및 소비자 태도 · 행동 파악

참고문헌

구동우(2009). 호텔기업에서 상사의 서번트 리더십이 조직 팀웍에 미치는 영향. 세종대학교 대학원 석사학위논문.

김기홍(2006). 서희, 협상을 말하다. 서울: 새로운제안.

김두열(2015). 어떻게 협상할 것인가. 서울: 페가수스.

김세은(2010). 간호사의 갈등관리유형과 의사소통능력에 대한 연구. 아주대학교 일반대학원 석사학위논문.

김소형(2011). 직장인의 자아존중감 및 성인애착이 대인관계문제에 미치는 영향. 동국대학교 석사학위논문.

김영길(2009). 학교조직의 조직문화와 리더십 유형이 조직효과성에 미치는 영향. 조선대학교 박사학위논문.

김은희(2007). 성과관리제도하에서 팀장급 리더들의 코칭활동이 구성원 직무 성과에 미치는 영향 연구. 서울시립대학교 대학원 석사학위논문.

김윤호, 김태완(2015). 리더십의 이해. 서울: 형설출판사.

김종운(2017). (만남 그리고 성장을 위한) 인간관계 심리학. 서울: 학지사.

김효석, 이인환(2012). 팔로우: 당신을 행복으로 이끄는 인생의 원리. 서울: 미다스북스.

김희곤(2010). 3A-ETP가 팀워 수준 및 팀 효과성에 미치는 영향에 관한 연구. 경희대학교 경영대학원 석사학위논문.

김희봉(2013). 팔로워십 역량의 중요도 및 역량개발 요구도 분석: 대기업 구성원의 직책별 인식을 중심으로. 한양대학교 대학원 박사학위논문.

네이버 지식백과(2013. 2. 25). 커뮤니케이션의 의미. 커뮤니케이션북스.

류승희(2000). 부부갈등에 대한 자녀의 지각과 자아개념과의 관계. 숙명여자대학교 교육대학원 석사논문

문병량(2009). 축구선수들이 지각하는 지도자 리더십유형과 임파워먼트 그리고 조직유효성의 관계. 건국대학교 대학원 박사학위논문.

문용식(1997). 스피치커뮤니케이션의 이론과 실제. 서울: 한국로고스연구원.

박경애, 이재규, 권해수(1998). 대인관계 향상 프로그램 개발연구. 청소년상담연구.

박규상(2008). 자기 비난적 우울과 의존적 우울에 따른 분리 개별화 수준 및 대인관계성향의 차이: 청소년을 대상으로. 가톨릭대학교 상담심리대학원 석사학위논문.

박은경, 양용호, 최병길(2010). 서비스 실패요인별 고객의 불만족과 불평행동에 미치는 영향. 서비스경영학회지, 11(5).

박정애(2000). 만 4세 유아의 공격행동에 대한 연구: 기질과 스트레스와의 관계를 중심으로. 건국대학교 교육대학원 석사학위논문.

박주희, 안재두(2006). 고객서비스. 대구: 대명.

박태영, 신원정(2011). 대인관계 갈등을 경험하고 있는 여고생에 대한 가족치료 사례연구. 한국가족치료학회지, 19(3).

박현정(2011). 스마트한 고객서비스. 서울: 팜파스.

박혜정(2010). 고객서비스실무. 서울: 백산출판사.

백종섭(2015). 갈등관리와 협상전략: 원칙, 술수, 전술. 서울: 창민사.

변종원(2007). 협상의 원포인트 레슨: 준비부터 계약까지 프로가 짚어주는 성공전략. 서울: 랜덤하우스코리아.

부산일보(2012. 3. 13.). 취업포털 인크루트.

사토 요시나오(2002). WINNERS.(은영미 역). 서울: 청아출판사.

시요우민 류원릐, 무윈우(2011). 리더십과 동기부여(领导与激励). (이영주 역). 서울: 시그마북스. (원저는 년에 출판).

신군재(2013). 갈등관리와 협상. 서울: 무역경영사.

신득렬(1988). 인간행동의 이해: 원인과 이유. 계명행동과학, 1(1), 33-43.

아이하라 다카오(2012). 평판이 스펙이다: 보이지 않는 강력한 이력서 평판의 힘(会社人生は「評判」で決まる). (박재현 역). 서울: 더난콘텐츠그룹. (원저는 2012년에 출판).

안상헌(2004). 모든 것을 고객중심으로 바꿔라. 서울: 살림출판사.

에노모토 히네타케(2004). 마법의 코칭(部下を伸ばすコーチング). (황소연 역). 서울: 새로운 제안.

왕하이산(2016). 하버드 협상 수업: 말하는 대로 얻어내는 14가지 법칙(在哈佛学谈判). (홍민경 역). 서울: 이지북: 자음과모음. (원저는 2015년에 출판).

우재현(1992). 교류분석(TA)입문. 대구: 정암서원.

원융희(2012). 고객서비스 테크닉: 기업과 개인의 경쟁력이 있는 이미지 구축. 서울: 백산출판사.

원창희(2012). 갈등관리의 이해. 서울: 한국문화사.

유순근(2016). 비즈니스 커뮤니케이션. 서울: 무역경영사.

이달곤(2005). 협상론: 협상의 과정, 구조, 그리고 전략(3판). 경기: 법문사.

이무석(2005). 30년만의 휴식. 서울: 비전과 리더십.

이미셸린(2013). 전시회 부스요원의 감성지능과 효능감이 팀워크역량과 참가업체에 미치는 영향. 동국대학교 대학원 석사학위논문.

이서희(2014). CS leaders 관리사. 서울: 지식날개.

이성호, 박신숙(2015). 공공갈등관리 법제에 관한 법리분석 및 정책적 함의. 한국갈등관리연구, 2(1).

이소희(2008). 멋진 응원, 코칭: 행복한 성공을 이루는 사랑과 지혜의 대화기술. 서울: 신정.

이유재(1997). 울고 웃는 고객 이야기. 서울: 연암사.

이재희, 임영수, 이채은, 이지현, 김경진(2016). (NCS 직업기초능력)대인관계능력. 경기: 양성원.

이창호, 양평호(2014). 명품 인맥 관리의 기술. 서울: 해피앤북스.

이치우(2012). 팔로워십이 혁신행위에 미치는 영향: LMX의 조절효과 중심으로. 경북대학교 대학원 석사학위논문.

이현주(2010). 코칭리더십과 조직몰입과의 관계에서 팔로워십의 매개효과 연구. 고려대학교 교육대학원 석사학위논문.

정인아(1993). 사회적 지지와 대인관련 스트레스에 따른 대인관계 행동. 이화여자대학교 대학원 석사학위논문.

조 지라드 외(2009). 사람을 움직이는 대화의 기술. (김용환 역). 서울: 버들미디어.

조관일(2006). 서비스에 승부를 걸어라. 경기: 북이십일.

진주화(2016. 12.) LG경제연구원. 동아일보.

체육학대사전(2000. 2. 25.)

최기영(2003). 리더십 특성과 임파워먼트, 조직유효성 간의 관계에 관한 연구. 충남대학교 경영대학원 석사학위논문.

최철규, 김한솔(2013). 협상은 감정이다. 경기: 쌤앤파커스.

한국경제(2004. 6. 14).

한국산업인력공단(2007). 대인관계능력: 기초직업능력프로그램: 학습자용 워크북.

한국산업인력공단. 교수자용 매뉴얼.

한국코칭센터(2013). CO-Active Coaching Fundamentals(2013). 한국코칭학회.

한국표준협회 NCS연구회(2016). NCS 직업기초능력평가: 대인관계능력. 서울: 박문각.

행정안전부(2008). 고객만족매뉴얼. 영진미디어.

행정자치부(2006). 지방자치단체 고객만족(CS)행정 실행매뉴얼.

홍의숙, 이희경 (2010). 코칭의 5가지 비밀: 사람과 조직을 키우는 힘. 서울: 다산북스.

Cialdini, R. B. (2002). 설득의 심리학(*Influence*). (이현우 역). 서울: 21세기북스. (원저는 1997년에 출판).

Covey, S. R. (2017). 살고 사랑하고 업적을 남겨라(*Wisdom and teachings of Stephen R. Covey*). (김경섭 역). 경기: 김영사. (원저는 2012년에 출판).

Daniel, D. (2005). 갈등을 경영하라(*Conflict resolution*). (서창수 역). 서울: 라이트북닷컴. (원저는 2000년에 출판).

Fisher, R., Ury, W. W., & Patton, B. (1991). *Getting to YES: Negotiating Agreement Without Giving In*. Boston: Houghton Mifflin Company.

Glasser, W. (2008). 당신의 삶은 누가 통제하는가(*Control theory: a new explanation of how we control our life*). (김인자 역). 서울: 한국심리상담연구소. (원저는 1985년에 출판).

Greenleaf, R. K. (2006). 서번트 리더십(*Servant leadership*). (강주헌 역). 서울: 참솔. (원저는 2002년에 출판).

Harris, E. K. (2010). 고객서비스 전략: 고객감동을 위한 실무지침서(*Customer service: a practical approach*). (이은희, 김경자 공역). 서울: 시그마북스. (원저는 2010년에 출판).

Karl Albrecht(2003). 서비스 아메리카(장정빈 역). 물푸레.

Kelly Mooney · Laura Bergheim(임지원 역. 2002). 고객이 정답이다.

Lencioni, P. M. (2007). 팀이 빠지기 쉬운 5가지 함정(*Five dysfunctions of a team*). (서진영

역). 서울: 위즈덤하우스. (원저는 2007년에 출판).

Lewicki, R. J., Hiam, A, & Olander, K. W. (1996). Selecting a Strategy.

Lewicki, R. J., Bruce, B., Saunders, D. M., & Minton, J. W. (2008). **(전략적 과학으로 승부하는) 협상의 즐거움**(*Essentials of negotiation*). (김성형 역). 서울: 스마트비즈니스. (원저는 2007년에 출판).

Lewicki, R. J., Saunders, D. M., & Barry, B. (2010). Negotiation: Readings, Exercises and Cases sixth edition, NY: McGraw-Hill Irwin.

Martin, W. B. (2012). **고객서비스 업무의 실제**(*Providing quality service: what every hospitality service provider needs to know*). (최복수 외 공역). 서울: 한올출판사. (원저는 2003년에 출판).

Mink, O. G., Owen, K. Q., & Mink, B. P. (1993). *Developing high-performance people: The art of coaching*. Reading. MA: Addison-Wesley.

Miller, B. C. (2008). **15분에 끝내는 팀워크 강화프로그램50: 언제 어디서나 손쉽게 할 수 있는 팀빌딩 액티비티**(*Quick team-building activities for busy managers: 50 exercises that get results in just 15 minutes*). (김현진 역). 경기: 느낌이있는책. (원저는 2013년에 출판).

Smith, C. A., Organ, D. W., & Near, J. P. (1983). Organizational Citizenship Behavior: It's nature and antecedents. *Journal of Applied Psychology, 68*(4), 653-663.

Stevens, D. (2014). **똑똑한 고객서비스**(*Brilliant customer service*). (박선령 역). 서울: 시그마북스. (원저는 2012년에 출판).

Yukl, G. A. (1998). *Leadership in Organization*(3rd Ed.). Prentice Hall International.

참고한 사이트

http://kiyoo.tistory.com/188 [학습(공부)하는 블로그]

http://richjob.tistory.com [풍요롭고 건강한 세상], club. koreadaily. com

http://richjob.tistory.com/231, 풍요롭고 건강한 세상

http://blog.naver.com/aimshome/220452933584

http://blog.naver.com/scghrd_s/220515683786 세대 간 직장에서의 갈등.

http://bonlivre.tistory.com/412 새로운 시대의 리더십 명언 10가지.

저자 소개

하나연(Ha Nayeon, 제1, 2장)
경성대학교 교육학 평생교육 HRD 박사 졸업
현 한국승강기대학교 겸임교수
　동원과학기술대학교 외래교수
　학부모 지원청 부모교육 전문 강사
　부산지방검찰청 청소년 상담위원

박진주(Park Jinju, 제3장)
경성대학교 대학원 상담심리 석사 졸업
경성대학교 교육학 평생교육 HRD 박사 졸업
(주)한국수력원자력 홍보부 근무
현 상당중학교 전문상담사

정경옥(Jeong Gyeongok, 제6장)
부산대학교 교육대학원 교육학과 평생교육전공 석사 졸업
부경대학교 교육학과 교육컨설팅 박사과정 중
현 소통은 人이다 원장
　부산경상대학교 부동산경영과 겸임교수

김정란(Kim Juongran, 제5장)
경성대학교 교육대학원 상담심리 석사 졸업
경성대학교 교육학 평생교육 HRD 박사 졸업
현 연일중학교 전문상담교사
　한국미술치료상담학회 교수위원

전예숙(Jeon Yaesook, 제4장)
경성대학교 교육학 박사 졸업
현 국제대학교 외래교수
　동주대학교 외래교수
　부산광역시 교육청 전문상담사
　부모교육 전문 강사

NCS직업기초능력
대인관계능력
Interpersonal Competency

2018년 3월 15일 1판 1쇄 발행
2021년 3월 25일 1판 3쇄 발행

지은이 • 하나연 · 박진주 · 정경옥 · 김정란 · 전예숙

펴낸이 • 김 진 환
펴낸곳 • (주) 학지사
04031 서울특별시 마포구 양화로 15길 20 마인드월드빌딩 5층
대표전화 • 02) 330-5114 팩스 • 02) 324-2345
등록번호 • 제313-2006-000265호
홈페이지 • http://www.hakjisa.co.kr
페이스북 • https://www.facebook.com/hakjisabook

ISBN 978-89-997-1361-3 93370

정가 20,000원

이 도서의 국립중앙도서관 출판시도서목록(CIP)은 서지정보유통지원시스템 홈페이지(http://seoji.nl.go.kr)와 국가자료공동목록시스템(http://www.nl.go.kr/kolisnet)에서 이용하실 수 있습니다.
(CIP제어번호: CIP2018004387)